6

ah
[BIO]GRAFÍAS
[AN]DALUCÍA
[Y] LA HISTORIA

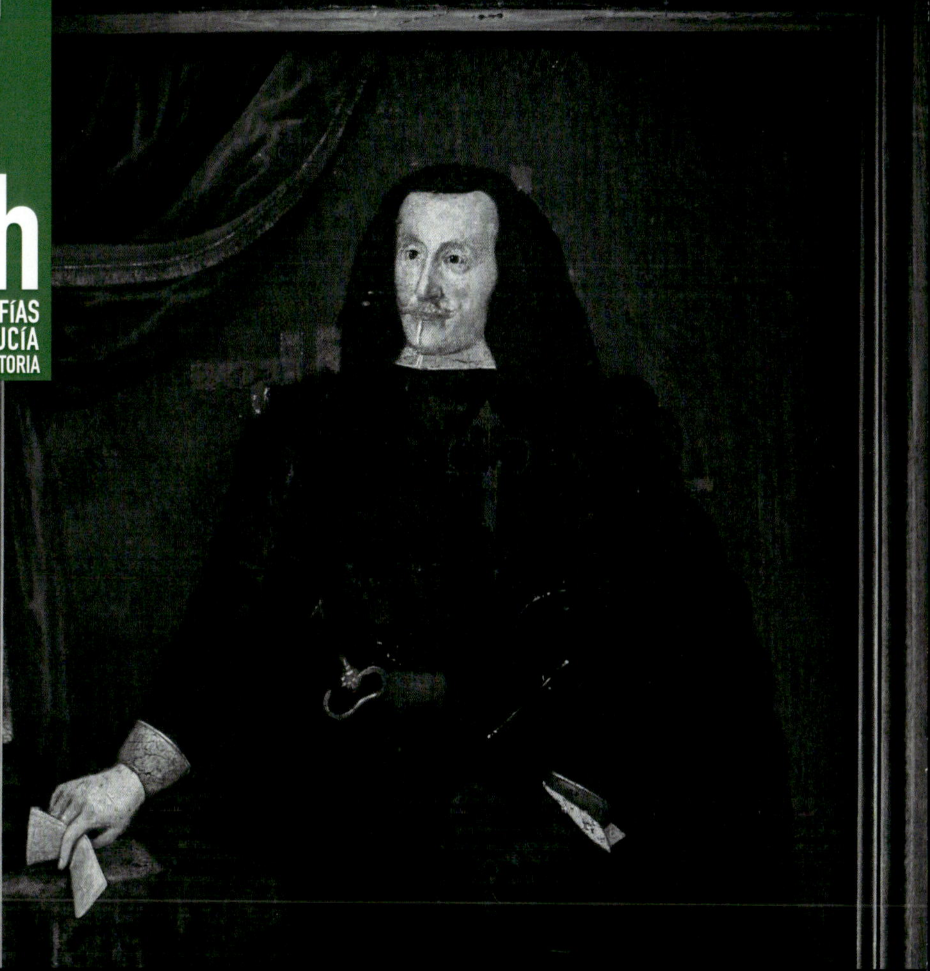

EL CONDE DE SANTISTEBAN

De menino a virrey del Perú (1607-1666)

Ismael Jiménez Jiménez

Consejería de la Presidencia, Interior, Diálogo Social y Simplificación Administrativa

Centro de Estudios Andaluces

Jiménez Jiménez, Ismael, 1987-

El conde de Santisteban. De menino a virrey del Perú (1607-1666) / Ismael Jiménez Jiménez. – Sevilla : Fundación Centro de Estudios Andaluces, 2024 (Biografías AH; 6)

329 páginas ; 22,5 cm

ISBN: 978-84-10064-10-2. - ISSN: 3020-9692.
DOI: https://doi.org/10.54790/fcentrahum.18

1. Biografía. 2. Historia moderna. 3. Virreyes – América española. 4. América española – Historia

94(85)

Edita:

Fundación Pública Andaluza Centro de Estudios Andaluces M. P.,
Consejería de la Presidencia, Interior, Diálogo Social y Simplificación Administrativa,
Junta de Andalucía

Fundación Pública Andaluza Centro de Estudios Andaluces
Avda. Blas Infante s/n — Coria del Río. 41100 Sevilla
Tel.: 955 055 210 - Fax: 955 055 211
www.centrodeestudiosandaluces.es

Primera edición, octubre de 2024

ISBN: 978-84-10064-10-2
ISSN: 3020-9692
DL: SE 1721-2024
DOI: https://doi.org/10.54790/fcentrahum.18

A María, *ojazules*

CENTRA
Humanidades

ÍNDICE

PRÓLOGO

La historia de este libro y la historia que cuenta este libro tienen un rasgo común: su carácter itinerante. Las primeras páginas de la obra se gestaron en tierras sevillanas, fueron tomando cuerpo en Valladolid y Granada para alcanzar su versión definitiva, de nuevo, en Sevilla. Su contenido, del mismo modo, remite al largo periplo que durante el siglo XVII su actor principal, Diego de Benavides y de la Cueva, protagonizó desde la villa jiennense de su Santisteban del Puerto natal hasta la capital limeña donde falleció. Entre ambas localizaciones, asistimos a su niñez en la corte de Madrid, su paso por Italia, Rosellón y Extremadura como soldado, su estancia en Galicia como capitán general, su mando de virrey en Navarra, preludio del que finalmente desempeñaría en Perú. La itinerancia de estas dos historias revela un curioso entrelazamiento de constancia, superación y destino que bien puede aplicarse al biógrafo y al biografiado. El primero, Ismael Jiménez Jiménez, es un acreditado peruanista que, pese a su juventud, ha demostrado poseer una fina intuición para la investigación histórica y una aquilatada calidad humana en el trato personal. Doy testimonio de ello conociendo su producción científica y la amistad que hemos ido fraguando a lo largo de los años y que explica el privilegio que me ha concedido de prologar este libro. Como experto investigador, su mejor tarjeta de presentación es la magnífica imagen de la sociedad andina del seiscientos que nos ha dibujado con trazos certeros y pinceladas coloristas. La podemos disfrutar en su libro *Poder, redes y corrupción en Perú,1660-1705* (Sevilla, 2019), fruto de su tesis doctoral que fue merecedora en su día de la máxima calificación y la mención de Doctorado Internacional. Ahora vuelve al mismo escenario de la mano de un Benavides y de la Cueva en la cima de su *cursus honorum.* Su profunda dedicación al estudio del Perú del siglo XVII es inseparable de su pasión por el mundo cofrade, tanto hispano como americano, como también lo viene a corroborar un nutrido conjunto de sus publicaciones. Cofrade y devoto de las Hermandades sevillanas de Jesús Despojado, del Calvario, del Museo, Sacramental del Sagrario y Madre de Dios del Rosario, compagina investigación y devoción con tanta alegría como sacrificio.

La propuesta de Ismael Jiménez de incursionar en un tiempo y un territorio que conoce con detalle y retratar a un personaje de la talla del virrey conde de Santisteban no es casual. Responde a una nueva y necesaria aproximación al protagonista a la luz de las nuevas informaciones y tendencias historiográficas. El resultado, como podrá comprobar el lector, es una obra que supera ampliamente los márgenes americanistas del personaje y emerge como una documentada monografía que abarca toda su trayectoria vital. En este punto resulta pertinente preguntarse, como lo hace el mismo autor, si a estas alturas era precisa una nueva biografía de Diego de Benavides. La respuesta es, obviamente, positiva y las razones son muchas y poderosas como se revelan en los sucesivos capítulos de este libro. Baste señalar, como argumento de peso, que estamos ante la biografía general más completa del personaje disponible en la actualidad. Si bien es cierto que se han publicado trabajos sobre algunas de las facetas de Diego de Benavides (pensemos, por ejemplo, en las contribuciones de Eiras Roel sobre el Reino de Galicia, las de Presumido Casado sobre el virreinato de Navarra o las de Mercado Egea sobre el virreinato del Perú), no existía, sin embargo, un acercamiento global al protagonista y su época como el que nos ocupa. Además, es obligado destacar el sobresaliente esfuerzo realizado para abordar cuestiones todavía poco o nada estudiadas, replantear dudas, rectificar errores aún presentes y, en definitiva, profundizar en las actuaciones de Diego de Benavides a través de una exhaustiva y meticulosa prospección archivística que acredita el valor científico del texto.

Un valor indiscutible del libro es su apuesta decidida por el género biográfico tan denostado en décadas pasadas y ahora afortunadamente recuperado para la escritura de la Historia. La «edad de la biografía» de la que hablaba Bowker en 1993 ha vuelto con renovadas propuestas y perspectivas de análisis para reivindicar el papel del individuo en la historia. El texto de Ismael Jiménez es un magnífico ejemplo de ello porque no estamos ante una biografía al uso, sino ante un proyecto biográfico de altos vuelos que busca integrar el apunte biográfico en el contexto histórico, político, económico y sociocultural de su época. En otras palabras, lo que se pretende es la comprensión de un personaje en el marco de la realidad de su tiempo y, a la vez, la percepción de cómo esa realidad modeló las actuaciones de aquel. El hombre y su tiempo interactuando de forma constante en busca de un destino propio. La conclusión es enriquecedora y, lejos de la tradicional biografía, estas páginas se abren a las instituciones, a los grupos de poder o a las mentalidades de un tiempo concreto. Todo ello aflora en la visión que Ismael Jiménez nos brinda de la figura de Diego de Benavides. Sobrevuela en todas estas páginas la idea de que el universo de valores de una época ayuda a comprender la actuación del individuo del mismo modo que las actitudes personales pueden terminar convirtiéndose en modelos de análisis general. Así, este libro interpela al convencimiento de que el género biográfico no solo contribuye a un mejor conocimiento del biografiado, sino también a una mejor comprensión del pasado. El autor ha puesto especial atención en incardinar la vida del VIII conde de Santisteban en el entorno donde nació y creció, familia, amistades, lecturas, influencias, acontecimientos, problemas, crisis y todas aquellas circunstancias que de forma directa o indirecta moldearon su carácter. Los nueve capítulos del libro rebosan información al respecto y es mérito de su autor la capacidad y solvencia con la que ha ido hilvanando toda la documentación recabada en hasta doce archivos de ámbito nacional y americano. Su estructura responde a un evidente criterio cronológico (la vida es tiempo) y es determinante el año 1660 para el establecimiento de dos partes diferenciadas que transitan por el antes y el después de su nombramiento como virrey del Perú.

Gran conocedor del tema, Ismael Jiménez presenta un lúcido panorama de las redes clientelares tejidas por los Benavides y sus hábiles políticas matrimoniales que posicionaron al futuro virrey en la órbita del monarca Felipe IV. No menos notable fue su acierto a la hora de aceptar oficios militares y que actuaron como un resorte para escalar posiciones dentro de la Monarquía. Semejante estrategia tuvo sus efectos en forma de nombramientos de importancia como el de capitán general de Galicia, virrey de Navarra y virrey del Perú. Este último, verdadero colofón a una trayectoria que comenzó a perfilarse cincuenta años antes cuando su padre logró introducirlo como menino en la Corte. No fue tarea cómoda el desempeño de estos cargos. Al contrario, Diego de Benavides y de la Cueva hubo de hacer frente a problemas de diversa índole (militares, falta de recursos, enfrentamiento con otros poderes…). La experiencia peruana fue, sin duda, la más difícil y conflictiva por la precaria situación de la Real Hacienda con la que se encontró y el nivel de corrupción de los diferentes poderes locales. Nada más ilustrativo al respecto que la lectura de los capítulos 7 y 8 para percatarse del alcance de las fuerzas enfrentadas al virrey y la extensión de las prácticas corruptas. El lector sabrá apreciar el comportamiento de un virrey acosado por la escasez de recursos y la intransigencia de unos grupos patrimoniales reacios a perder un ápice de sus privilegios. Es, sin duda, en la etapa americana donde Ismael Jiménez perfila con más detalle al personaje y a la Lima que le tocó vivir. A la descripción de los poderes fácticos y el estado de corrupción imperante ya comentados, se suman unas sagaces páginas finales centradas en la muerte del virrey, sus honras fúnebres y las disputas de poder surgidas tras su fallecimiento, fiel exponente de las miserias humanas que concitaba el ejercicio del poder. La imperturbable voluntad de Benavides y de la Cueva de ser sepultado en el convento de San Francisco de su Santisteban natal no fue cumplida. Gracias a este libro hoy sabemos el lugar preciso donde reposan los restos del jiennense, esto es, el claustro mayor del convento limeño de Santo Domingo, a los pies del retablo de la capilla del Nacimiento de Jesús. El destino fue esquivo para que tan intenso itinerario biográfico no concluyera allí donde se había iniciado. Cabe mencionar, no obstante, que, en los propios feudos del señorío de los Benavides, en la Colegiata de Santiago de la cercana villa de Castellar, fue predicada un año después con todos los honores debidos una *Fúnebre oración*, resumen panegírico de quien fuera VIII conde de Santisteban del Puerto.

El camino recorrido por el texto hasta su publicación por el Centro de Estudios Andaluces de la Junta de Andalucía no ha sido fácil, pero la tenacidad de su autor, su fe en la obra y, quizás también, el destino, han dado los frutos esperados. No es exagerado afirmar que este libro supone un avance crucial en el conocimiento de la figura de Diego de Benavides y de la Cueva y su época, así como un sugerente ejercicio para calibrar hasta qué punto los condicionantes de su entorno modelaron al personaje y cómo este dejó su impronta en el devenir histórico. Con prosa fluida que convierte su lectura en verdadero entretenimiento, Ismael Jiménez ha sabido llevar a buen puerto una obra oportuna y necesaria, tanto por sus planteamientos como por el vacío historiográfico que viene a cubrir. La pluralidad de fuentes consultadas y la selecta bibliografía reseñada hablan del rigor con el que se ha recorrido esta travesía científica. El personaje lo merecía y este retrato poliédrico y global salda una deuda histórica.

Miguel Molina Martínez
Universidad de Granada

ABREVIATURAS

ADM	Archivo Ducal de Medinaceli
AGA	Archivo General de Andalucía
AGI	Archivo General de Indias
AGNP	Archivo General de la Nación del Perú
AGS	Archivo General de Simancas
AHN	Archivo Histórico Nacional
AHPC	Archivo Histórico Provincial de Cádiz
AHPL	Archivo Histórico Provincial de Lugo
AHPP	Archivo Histórico Provincial de Pontevedra
AMC	Archivo Militar de La Coruña
BHUCM	Biblioteca Histórica de la Universidad Complutense de Madrid
BNE	Biblioteca Nacional de España

INTRODUCCIÓN

Acabando el verano austral, en el viejo palacio de Pizarro en Lima expiraba el virrey del Perú. Fue un 17 de marzo de 1666 y quien fallecía en el cuarto bajo de la residencia virreinal era Diego de Benavides y de la Cueva, conde de Santisteban del Puerto.

Tras un lustro de gobierno en el Perú, este noble jiennense pasaba a mejor vida y dejaba tras de sí una larga estela al servicio de la Monarquía hispánica. Criado como menino del futuro Felipe IV, la hoja que recogía sus méritos incluía empleos militares en la invasión del Piamonte, la frontera extremeña y el Reino de Galicia durante la sublevación del duque de Braganza; pero también otros laureles de índole política como virrey de Navarra y del referido Perú, amén de consejero de Guerra. En todas estas plazas, Diego de Benavides siempre hubo de desempeñarse lo mejor que pudo y, como leerán, en ciertas ocasiones estas plazas requirieron de gran habilidad negociadora y de gestión con unos escasos recursos. Más bien que mal, nuestro protagonista cumplió con lo que se le demandó.

En cualquier caso, el Santisteban que presentamos fue un hombre de su tiempo: un noble perteneciente a un linaje que buscaba ascender dentro de su estamento mediante el servicio tenaz a Felipe IV. Benavides era un sujeto siempre a disposición de la Monarquía hispánica y, como encontrarán, esto lo llevó a cabo incluso a pesar de sus acusados problemas económicos. El conde fue un individuo inserto en las parcialidades políticas surgidas tras la caída del conde-duque de Olivares, pero sin distinguirse en demasía por el bando de «su patrón», el marqués del Carpio. En definitiva, en las siguientes páginas tendrán a su disposición el camino de un hombre propio de la estructura de la Monarquía del *Rey Planeta*, alguien quien, sin ser figura estelar del periodo —entendemos por ellas al propio soberano, a Olivares y a Carpio—, describió a la perfección una época. Así, el peso efectivo de Santisteban durante este reinado ya será una cuestión a evaluar por usted mismo.

El historiador peruano Guillermo Lohmann Villena llegó a manifestar que aunque las corrientes historiográficas de la segunda mitad del siglo XX casi siempre pusieron el foco en las estructuras sociales, las ideologías o las corrientes de opinión, dejando a un lado al individuo como auténtico resorte de los procesos históricos, siempre será necesario enfocar al hombre, pues es él, y únicamente él, el sujeto de la historia[1]. Así dejamos caer el haz de luz sobre Diego de Benavides, con la intención de que conociendo mejor su vida podamos entender muchos de los acontecimientos que tuvieron lugar en las décadas centrales del siglo XVII.

La pregunta es obligada: ¿por qué una biografía del conde de Santisteban? A este interrogante podemos responder con varios argumentos. En primer lugar, por la posición del propio Diego de Benavides como un individuo que se encontraba presente en algunos de los espacios y acontecimientos claves del reinado de Felipe IV. En segundo término, por la importancia creciente que la nobleza del, llamémosle, segundo escalón comenzó a adquirir desde el ascenso de Olivares al valimiento, en cuyo sentido Santisteban puede ser objeto de análisis tanto de crecimiento como de consolidación y proceder. En tercer y, para no alargar esta introducción en demasía, último lugar, por el papel destacable que el conde tuvo en su gestión peruana, pues llegó a Lima en una situación de extrema vulnerabilidad de la Hacienda virreinal y, tras solventar un buen número de obstáculos, la recondujo. Premisas que consideramos en extremo interesantes y que no fueron recogidas en el breve trabajo del cronista Mercado Egea[2].

Por tanto, razones para trabajar a Diego de Benavides no faltan. Aun así, si me lo permiten, añadiría una más. Para el ámbito de los estudios americanistas el género de la biografía de virreyes lleva algún tiempo orillado. A pesar de que disponemos de monografías del tenor sobre el gobernador Pedro de la Gasca[3], los virreyes conde de Nieva[4], Francisco de Toledo[5], marqués de Montesclaros[6], conde de Chinchón[7], conde de Lemos[8], marqués de Villagarcía[9], Amat[10], Abascal[11] o el conde de los Andes[12], aún queda bastante trabajo para completar científicamente la serie de los cuarenta *alter ego* del Perú. En nuestra opinión, rescatar esta forma de acercarnos al pasado americano no solo es útil, también necesaria. Conocer la trayectoria de la máxima representación del rey en las Indias, de la más alta figura en los planos gubernativos, militar, fiscal e incluso judicial —no hay que olvidar que fueron presidentes de las audiencias virreinales— y eclesiástico —en calidad de vicepatronos de la Iglesia americana—, nos permite diseccionar mejor no solo una época, sino también los porqués de cada una de las acciones que estos hombres llevaron a cabo en suelo del Nuevo Mundo. Por tanto, consideramos y defendemos que este género biográfico no solo es útil para aumentar el conocimiento, sino también indispensable para comprender el pasado.

Además de esto, en esta concisa introducción queremos hacer un ejercicio de públicas disculpas. Sin retractarnos de todo su contenido, en 2015 publicamos un artículo titulado «Un virreinato"sin virrey": el Perú y sus poderes político-económicos en tiempos del conde de Santisteban (1661-1666)», en el que cargamos sobremanera las tintas contra Diego de Benavides[13]. Con la serenidad que da el tiempo y tras el ímpetu de la juventud en la que se escribieron aquellas páginas, admitimos fallos de apreciación sobre la figura del conde de Santisteban, culpándolo de situaciones que ahora, tras este trabajo de investigación de más de un lustro, podemos más achacar al contexto político, la escasez de medios con que casi siempre contó en sus empleos y la fuerza de las instituciones locales peruanas, y no tanto al propio individuo. Desde estas páginas y en recuerdo al hombre que fue, no a los cargos y títulos que ostentó, queremos resarcir aquellos párrafos.

Para completar todos estos propósitos iniciales, la investigación que se traduce en este libro ha recorrido un buen número de archivos y bibliotecas. De esta manera, el texto se presenta estructurado en nueve capítulos, los cuales a su vez se dividen en dos mitades. En la primera parte podrán leer un bloque inicial dedicado al origen de Diego de Benavides, su inserción en la corte como menino y las estrategias políticas de su progenitor, su formación y producción intelectual, las relaciones que su parentela mantuvo con otros linajes y la formación de su propia familia mediante el concierto de tres matrimonios. El segundo capítulo versa sobre el empleo militar del conde de Santisteban en tres escenarios muy diferenciados. En estas páginas podrán leer la participación de Benavides en la invasión del Piamonte a partir de 1637, su retorno a la Península Ibérica con una parada importante en la recuperación de la fortaleza de Salces en el Rosellón y su actuación como maestre de campo en la Extremadura frente de guerra contra el rebelde Braganza. En el tercer capítulo podrán adentrarse en el desempeño del conde en el Reino de Galicia como su gobernador y capitán general. Este fue el primero de los tres grandes empleos que ocupó Santisteban y en el cual comenzaron a relucir sus mejores dotes como gestor de escasos recursos y negociador ante los poderes locales. El cuarto y último capítulo de esta primera parte está dedicado al tiempo de Diego de Benavides como virrey de Navarra. Deteniéndonos en la particular estructura de este Reino y en la importancia de sus Cortes e instituciones, podrán leer la relación que el conde mantuvo con estas y cómo estableciendo ciertos equilibrios fue capaz de obtener recursos del territorio. Además, en estas páginas desgranamos la participación del virrey en la Paz de los Pirineos y la publicación de su afamado memorial de 1660, el contenedor textual del *leitmotiv* (casi) de su vida: la consecución de la Grandeza de España para su casa.

Así alcanzamos la segunda parte de este libro, la dedicada al virreinato de Santisteban en el Perú. Este último bloque está conformado por un total de cinco capítulos, en los cuales trazamos un recorrido que va desde la elección del conde como *alter ego* de Felipe IV en Lima hasta su fallecimiento seis años después. Así, el capítulo quinto está dedicado a la provisión de Diego de Benavides como virrey, a su obstinación en no partir hasta obtener de la Real Hacienda ciertos gajes y al desastroso naufragio de los galeones que esta demora ocasionó. En el sexto capítulo analizamos los objetivos que el Consejo de Indias marcó para su administración peruana y los problemas que halló en el territorio o fueron surgiendo durante este periodo. Por todo ello, prestamos especial atención al desempeño de Santisteban en corregir el déficit mastodóntico que presentaba el Fisco virreinal y en el despliegue de sus dotes negociadoras para concertar un acuerdo con los cargadores limeños sobre los impuestos comerciales. Asimismo, desgranamos el inicio de la doble visita que tuvo lugar mientras Santisteban permanecía en la Ciudad de los Reyes y las complicaciones que esta generó. No obstante, dichos problemas casi fueron menores frente a las rebeliones que Diego de Benavides sufrió dentro del Perú, las cuales, como comprobarán, apenas pudo contener o sofocar.

El séptimo capítulo está dedicado a la relación que hubo de darse entre el virrey conde de Santisteban y los poderes que estaban establecidos en el Perú. En este sentido, después de analizar qué entendemos por poder y las particularidades de este en las Indias, es decir, el factor distancia, la existencia de cortes y estructuras clientelares, nos adentramos en enfrentar a Santisteban con instituciones y grupos. Por ello encontrarán epígrafes dedicados a las relaciones entre el virrey y los soldados, eclesiásticos y comerciantes; el virrey y la Audiencia de Lima; el virrey y los empleados de la Real Hacienda; el virrey y el Cabildo de la Ciudad de los Reyes, y, por último, el virrey y la Real Universidad de San Marcos. Un capítulo que entendemos viene a demostrar cómo la capital del Perú se había asentado como uno de esos núcleos de la «monarquía policéntrica» y cómo el *alter ego* debía tener muy en cuenta a estos poderes locales a la hora de tomar decisiones. Esta sección nos permite comprender de forma más aproximada lo desgranado en el octavo capítulo. Dicho bloque está dedicado a la corrupción que hemos podido detectar durante el periodo de gobierno del conde de Santisteban en el Perú. Consideramos, probablemente por nuestra personal dedicación al tema, que esta cuestión fue capital en las décadas centrales del siglo XVII, pues las prácticas *contra legem*, ya fuese codificada o consuetudinaria, se expandieron por encima de lo que hubiera sido deseable. En cualquier caso, la corrupción condicionó la gestión de Santisteban en Perú, pues intentar atajarla significaba en muchos casos un enfrentamiento directo con los individuos que conformaban las instituciones locales referidas. Además, la escasa capacidad punitiva-coercitiva de la Monarquía contra estos ejercicios dejó a Diego de Benavides con menos posibilidad aún de frenar este fenómeno.

El último capítulo, el noveno, de esta parte indiana está dedicado a la muerte del conde de Santisteban. Fallecido en Lima, Diego de Benavides había dejado un testamento y un par de codicilos ordenando su legado en razón a cada momento. Como leerán, este contexto cambió radicalmente de uno a otro de los tres documentos, pero sí existió algo constante: el deseo de su sepultura. Para su desgracia, tras años sirviendo en España, Italia o Perú, Santisteban no pudo descansar en el espacio que anhelaba.

Las páginas que tienen entre sus manos conforman la biografía político-personal del VIII conde de Santisteban, un hombre de su tiempo. Con seguridad, amable lector, le surgirán dudas y preguntas a lo largo de la exposición y también porqués de no habernos adentrado más en unas u otras cuestiones. Les pido, por favor, que disculpen todas estas. Así, no nos resta sino agradecerles su tiempo e interés por este libro.

Resulta absolutamente obligatorio reseñar en esta introducción el agradecimiento público a todas aquellas personas que, de una u otra forma, han apoyado, aconsejado y facilitado esta investigación. Así, quiero reconocer la ayuda prestada por mis compañeros de la Universidad de Valladolid; especial referencia al catedrático doctor Alberto Marcos Martín, por su asesoría en el periodo peninsular del conde de Santisteban y sus indicaciones en el Archivo General de Simancas, y al profesor doctor Jesús María Porro Gutiérrez, por su paciencia y sugerencias en cada café que dedicábamos a este libro. De igual manera, el catedrático doctor Miguel Molina Martínez, de la Universidad de Granada, apuntó acertadamente ideas sobre la estructura de estas páginas y ha sido indispensable para que usted tenga frente a sí el texto. Además, goza de un agradecimiento personal añadido al prestarse amablemente a prologar con su sabiduría y trayectoria peruanista esta investigación.

Es de justicia recordar la indispensable ayuda de diferentes archiveros. En primer lugar, he de agradecer el auténtico socorro prestado por Ana Amigo López, archivera de Simancas. Sin su disposición, facilidades y sugerencias no hubiese sido posible componer algunos de los capítulos de este libro. Gracias de todo corazón. Asimismo, quisiera reconocer las facilidades dispensadas por Manuel Álvarez, archivero de Indias, y Antonio López, técnico del Archivo Histórico Provincial de Lugo. De igual manera, casi como archivero digital, quiero mostrar reconocimiento al arquitecto Juan Pablo El Sous Zavala, quien siempre ha estado presto a colaborar y enviar cuantas imágenes he necesitado.

También he de agradecer en estos párrafos a los profesores doctor Álvaro Recio y doctor Diego Romero por la lectura de este manuscrito y, especialmente, por la paciencia que han tenido al teléfono y en persona cada vez que sacaba a colación a Diego de Benavides. Es un privilegio teneros como amigos y despertaros interés por un tema alejado de vuestra especialidad historiográfica.

Por último, pero ni mucho menos en ese grado de importancia, agradecer el apoyo de mis padres, mi hermana y la familia de *Sai* —Juan, Víctor, Noelia y José Manuel—. Ellos vieron parte de la construcción de estas páginas y todos ofrecieron cuanta ayuda estaba a su alcance. A Chari Vizcaíno por saber emplear las palabras certeras durante un embotellamiento. Y, por supuesto, a María. Puerto de salida y retorno de mi vida. El verdadero pilar de este trabajo. Sin ella la investigación hubiese dormido el sueño de los justos.

1

DIEGO DE BENAVIDES: INICIOS, DESARROLLO CORTESANO Y FAMILIA

Orígenes, primeros pasos y formación

La villa de Santisteban del Puerto, en la comarca del Condado jiennense, a inicios del siglo XVII ya estaba asentada como la capital de los estados nobiliarios de la casa de Benavides. En esta localidad, entre el 18, el 21 o el 25 de febrero de 1607, nació Diego de Benavides y de la Cueva, el primero de los hijos varones de Francisco de Benavides, VII conde de Santisteban del Puerto, y Brianda de Bazán[1]. El niño fue bautizado en la iglesia que su familia había cedido a la villa, un castillo medieval fuertemente transformado para adaptarse como parroquia y que completaba el patronazgo que los Benavides ejercían sobre la iglesia local, pues también fundaron el convento de San Francisco y la cofradía aneja de la Santa Vera Cruz. Como padrinos del Sacramento y de los primeros pasos de Diego de Benavides actuó la pareja formada por el pintor Francisco Pacheco y su tía paterna, Antonia de Benavides[2].

El heredero del condado de Santisteban, como el resto de sus hermanos, desde muy joven fue dirigido hacia el ámbito cortesano. El VII conde comprendió que el porvenir de su linaje se hallaba en situar convenientemente a sus hijos cerca del rey. A este fin no existió mejor oficio infantil que conseguir que sus varones fuesen nombrados meninos, un empleo que el propio conde había servido para la reina Margarita entre 1599 y 1605[3]. Estos niños provenían de la aristocracia y en la práctica se criaban junto al monarca y su heredero, entrando a su servicio desde temprana edad y ligándose a la Monarquía de por vida, tanto en su porvenir como en su desgracia. En este sentido, como apuntó Malcolm, algunos de los meninos que comenzaron a servir al futuro Felipe IV envejecerían junto a él en distintos empleos[4]. Uno de ellos sería el propio Diego de Benavides, quien con solo cinco años, en 1612, ya ejercía como menino del príncipe Felipe. No obstante, el signo de esta relación tampoco está muy claro, pues hay quien manifiesta que entre el futuro rey y el conde se estableció una gran confianza y quien duda de ello, apostando más por un trato cordial[5].

Fuese en un signo u otro, lo cierto fue que el VII conde de Santisteban insertó a sus hijos en el mecanismo que la nobleza de Felipe III estaba empleando para aupar a su linaje. Así, sabemos que fue común la práctica de situar a los vástagos como meninos, pero también el envío de los hijos a centros universitarios para obtener licenciaturas en Leyes y, de esta manera, poder labrar su propio *cursus honorum* en la Monarquía hispánica. Aunque este ejercicio fue más común entre los «segundones», pues de esta forma se aseguraban acceder a tribunales o al Consejo de Órdenes antes de dar el salto a los grandes órganos colegiados, también fue la trayectoria predominante entre los hombres que acompañaron en el gobierno a Felipe IV a partir de 1643[6]. Ahí, entre estos herederos nobiliarios con educación superior, fue donde entró nuestro protagonista.

Diego de Benavides, siendo ya menino, se formó académicamente en el Colegio Imperial de la Compañía de Jesús en Madrid. En esta institución destacó como estudiante de Letras y ello le valió para participar en el cortejo que la Compañía organizó para celebrar las canonizaciones de Ignacio de Loyola y Francisco Javier el 12 de junio de 1622[7]. De aquí, Benavides pasó a cursar estudios universitarios en Salamanca, siendo recibido como colegial en San Bartolomé y completando una riquísima educación humanística que se verá reflejada en su producción escrituraria[8].

Fruto de esta formación, Diego de Benavides daría a imprenta varias obras. De entre estas destacó una antología titulada *Horae Succissivae*, un texto recopilado por sus hijos Francisco y Manuel de Benavides e impreso por Juan Coronneau en 1660. En este libro, conservado en la Biblioteca Nacional de España, Benavides estructura tres partes con variados temas: la primera parte, o «Carmina», compuesta por poemas en latín dedicados a Felipe IV, el cardenal-infante, el marqués de Leganés, el marqués del Carpio, la Paz de los Pirineos y el asedio a Vercelli; en el segundo bloque, o «Elogia Varia», se recopilaron poemas latinos de tema religioso y laudas a Felipe IV, el marqués del Carpio, el marqués de Santa Cruz y el cardenal Mazarino; y la tercera parte, u «Oracula divina», contiene textos glosados de carácter reflexivo sobre la política y sus protagonistas. Por todo ello, como recoge el doctor Higueras Maldonado, Diego de Benavides fue descrito por el bibliófilo sevillano Nicolás Antonio como «vir non equestri modo virtute, sed felicissimo ingenio, florenti eruditione, prudentia et pietate singulare, flos et ornamentum Hispaniae nobilitatis» —«hombre no de proezas ecuestres, sino del genio más logrado, de floreciente erudición, prudencia y singular piedad, flor y ornato de la nobleza de España»—[9].

El acceso al rey. La estrategia cortesana del VII conde de Santisteban

Sin embargo, el futuro de Benavides no estuvo ligado en exclusiva a su formación y relación con el príncipe. Este porvenir tenía una fuerte dependencia de las relaciones cortesanas que entablase y las que su propio padre dejase bien atadas. Los condes de Santisteban, a pesar de residir en la Corte, no se hallaban entre los sujetos más ligados a los reyes y eso, por tanto, suponía un hándicap a la hora de asentar su posición u optar a cargos de relevancia en la Monarquía. Para incrementar su ascendencia, Francisco de Benavides comprendió que el mejor método era «servir para continuar sirviendo»[10] y así empleó su vida y encauzó la de sus hijos para estar entre los designados por el soberano. De igual manera, el VII conde de Santisteban entendió que los cargos y puestos cortesanos eran de una importancia vital en este juego político, pues sin ellos era casi imposible el acceso al monarca. De entre estos empleos, los gentileshombres eran los más destacados, pues, entre el numeroso grupo de nobles y oficiales alrededor del Alcázar de Madrid, estos tenían acceso a espacios reservados y actividades exclusivas junto al rey[11]. Además, gracias a este oficio destacaban unas casas frente a otras, pues aunque muchos gentileshombres no tenían tarea específica que realizar ni utilidad práctica alguna que cumplir, la ostentación de su símbolo externo —la famosa «llave capona» colgada al cuello— confería un estatus y demostraba externamente el trato personal con el monarca. Aún más, aunque un gentilhombre no se hallase en la corte, la exhibición del símbolo hacía ver que «era Palacio» sin necesidad de encontrarse en él[12].

La batalla entre la nobleza por acceder a este privilegio fue encarnizada, pues ese «servir para continuar sirviendo» aseguraba no solo la carrera del individuo, sino la de su descendencia. De esta manera, al subir al trono Felipe IV nos encontramos con que la lista de sus gentileshombres era muy limitada, pero todos y cada uno de ellos, o sus hijos, tendrán protagonismo durante su reinado. Estos gentileshombres fueron el III conde de Olivares —valido hasta 1643—, el II marqués de Castel Rodrigo —gobernador de Flandes entre 1644 y 1647—, el príncipe de Esquilache —quien había sido virrey del Perú hasta 1621—, el V marqués del Carpio —padre de Luis Méndez de Haro—, el IV duque de Terranova —consejero de Estado y Guerra, embajador en Viena y Roma— y el VII conde de Santisteban —padre de nuestro protagonista y que servía este oficio desde 1615—. Junto a estos, el nuevo rey concedió la «llave capona» al futuro duque del Infantado —virrey de Sicilia entre 1651 y 1655—, al conde de Portalegre, al heredero del conde de Peñaranda —virrey de Nápoles (1658-1664) y presidente del Consejo de Órdenes (1651-1653) e Indias (1653-1671)—, al marqués de Belmonte y al duque de Aarschot[13]. Además, hemos de tener en cuenta que el resto de los hijos de esta élite nobiliaria también se situaban en espacios próximos a la Corona, bien sea como meninos o damas de las reinas, bien como parte de la casa de los infantes[14].

Pero el cénit de la carrera del VII conde de Santisteban estaba muy próximo a llegar, en fecha cercana a la entronización de Felipe IV, y supondría su asentamiento entre la nobleza palaciega. El 8 de febrero de 1624 el rey partió desde Madrid para hacer un viaje por Andalucía, llevando a cabo un proyecto que había comenzado a fraguarse a finales del año anterior o comienzos del citado[15]. Esta jornada surgió ante la necesidad de la Monarquía de convencer a las ciudades andaluzas para que ratificasen su voto al impuesto de millones, un periplo que también fue aprovechado por la nobleza regional para asentar su posición ante el nuevo monarca[16]. Aunque el resultado del viaje fue negativo, pues las ciudades no se atuvieron a la necesidad pecuniaria de la Real Hacienda y solo en febrero de 1626 cedieron parcialmente a los millones[17], la jornada sí sirvió de utilidad para una nobleza escogida que comenzaba a asentar sus bases en el nuevo reinado. Así, la comitiva real fue conformada por los siguientes individuos, citados en orden jerárquico: el infante Carlos de Austria, el conde de Olivares como sumiller de corps y caballerizo mayor, el duque del Infantado, el nuncio Sacchetti, el cardenal Zapata, los gentileshombres marqués de Castel Rodrigo, el almirante de Castilla, el conde de Santisteban, el marqués de Belmonte, el conde de Portalegre, el marqués del Carpio y su hijo, los mayordomos conde de Barajas y conde de la Puebla del Maestre, el secretario de Estado Andrés de Prada y sus asistentes Antonio de Losa y Antonio de Mendoza, el secretario de Cámara Pedro de Contreras y los secretarios Juan de Insausti y Francisco Alviz, el capellán mayor Diego de Guzmán, el confesor real fray Antonio de Sotomayor, el caballerizo Gaspar de Bonifaz, treinta y seis soldados de la guardia real al mando del teniente Fernando Verdugo e innumerables «oficios de boca»[18].

Que el VII conde de Santisteban formase parte de esta corte itinerante le confirió un estatus elevado y un acceso más frecuente al rey. Esta circunstancia, sin duda, ayudaba a la situación de su casa, máxime cuando sus estados fueron parada en el viaje de ida y vuelta. Así, el 14 de febrero de 1624, Felipe IV entró en la villa de Santisteban del Puerto, siendo recibido con grandes agasajos y fiestas y disfrutando de unas luminarias nocturnas costeadas por los Benavides[19]. Al día siguiente el monarca y sus acompañantes siguieron camino hasta Linares y el protagonismo del VII conde se diluyó hasta que el Cabildo de Jaén solicitó su asistencia, en calidad de caudillo mayor del Reino, ante la ausencia del corregidor para organizar el recibimiento real[20]. El paso de Felipe IV por Jaén fue brevísimo, apenas del 11 al 12 de abril, pues el 13 del mismo mes, tras almorzar en Úbeda, volvió a hospedarse en Santisteban del Puerto[21].

Esta estancia del rey por los estados jiennenses de los Benavides fue políticamente provechosa, pero no de igual sentido en lo económico. Los convites, fuegos artificiales y juegos de toros que se ofrecieron a Felipe IV supusieron a la hacienda del conde más de 40.000 reales[22]. Una inversión que podría haber sido más rentable si, como en el caso del marqués del Carpio, al VII conde de Santisteban lo hubiese acompañado su heredero. En cualquier caso, lo ganado cortesanamente por el padre siempre sería de utilidad para el hijo. Estas ventajas se fueron configurando desde su traslado a Madrid[23], con sus diferentes servicios como gentilhombre del príncipe y luego rey Felipe IV y con aportes materiales, como la recluta de las milicias de Jaén para socorrer a Cádiz en 1625. Es decir, el VII conde formaba parte del entorno real y ejercía labores más allá de las protocolarias o de estatus conferido por la «llave capona, valiéndose de esa política del honor»[24] para incrementar la posición de su casa.

Este posicionamiento, del que se beneficiaría Diego de Benavides, se mantuvo durante todo el condado de su padre. Buena muestra de ello fue que nuevamente el VII conde de Santisteban estaba entre la nobleza escogida para un evento importante de la Monarquía: el juramento del príncipe Baltasar Carlos en 1632[25]. Así pues, al final de la década, cuando se acercaba el otoño del conde-duque y el heredero de Santisteban, como veremos, se hallaba fuera de la Península Ibérica, la posición de los Benavides se podía calificar de solvente ante el rey, pero sin llegar a ser de una proximidad extrema. Esta situación permitió a Diego de Benavides no estar entre los señalados en la caída de Olivares y pasar a formar parte del círculo del *primus inter pares* don Luis Méndez de Haro[26].

Esta situación será clave en la vida política del VIII conde de Santisteban. Sin el conde-duque ejerciendo como valido y con su yerno, el duque de Medina de las Torres, en Italia como virrey de Nápoles, Felipe IV decidió tomar las riendas del gobierno sin apoyarse en nadie, aunque Haro desde las caballerizas mayores de Baltasar Carlos (1643) y el propio rey (1648) gozó de una importante influencia[27]. Aunque la historiografía transita entre la afirmación y la duda sobre si Haro fue o no valido, lo cierto fue que actuó como el ministro más prolífico desde la caída de Olivares y hasta su propia muerte en 1661[28]. La proximidad de los Benavides, padre e hijo, al rey como gentileshombres y a Haro como miembros de su partido incrementó sus posibilidades de acceder a cargos cortesanos y oficios de diferente naturaleza. En este sentido, debemos tener en cuenta que las relaciones personales entre el soberano y sus diferentes gentileshombres fueron un elemento clave para entender la trayectoria de muchos individuos[29].

De esta manera, comprendemos mejor cómo el triunfo de Haro fue también el motor del ascenso de diferentes personajes que habían ido fraguándose desde el inicio del reinado de Felipe IV, como García de Avellaneda y Haro, el conde de Castrillo, su tío, y su confidente, el conde de Peñaranda. Pero también de sujetos del partido olivarista que no abandonaron su influencia en la corte, como el militar marqués de Leganés, el diplomático conde de Monterrey o el financiero José González[30]. Será, como venimos apuntando, en esta esfera donde Diego de Benavides asentará su base para crecer políticamente.

Con los cimientos que había ido construyendo Francisco de Benavides hasta su muerte en 1640, con los propios méritos que se granjeó Diego de Benavides en la década de 1630 y con el empleo conveniente de sus hermanos, el VIII conde de Santisteban gozó siempre del favor del rey y de Luis Méndez de Haro. Así, la proximidad de las hermanas María y Luisa de Benavides a la condesa de Paredes, principal aliada de Haro en la casa de la reina Isabel, será una palanca para la trayectoria de Santisteban[31]. Junto a ello, las acciones de Haro para recabar fondos en Andalucía entre 1645 y 1646 también hubieron de contar, como lo hicieron con otros individuos de la región, con el apoyo de una casa de importancia en el Reino de Jaén, es decir, los Benavides. En este sentido, volvieron a aparecer los hermanos de Diego de Benavides como herramientas para el lustre de su linaje y, por supuesto, para su carrera política, pues Haro usó como criaturas suyas en esta última operación a Antonio y Álvaro de Benavides[32].

Solo un retorno haría temblar, con levedad, la posición cortesana-política construida por los Benavides y aprovechada por el VIII conde de Santisteban. En el verano de 1647 regresó a la corte el duque de Medina de las Torres y recuperando el cargo que «heredó» de su suegro, el conde-duque de Olivares: el sumiller de corps[33]. Gracias a este oficio tuvo acceso directo y diario a Felipe IV y su influencia creció, haciendo dudar a los miembros del partido de Haro sobre su futuro particular. Pero no solo dudaron por el puesto que ejerció Medina de las Torres, sino también porque gracias a esta plaza tenía bajo sus órdenes a los propios gentileshombres de la cámara[34]. En este nuevo contexto, a partir de 1648, aquellos gentileshombres que formaban parte del partido de Haro, como Diego de Benavides, comenzaron a dudar y temer por sus cargos y promociones. Más aún, como parte de Medina de las Torres reaparecieron casas de lustre en la corte, demandando cuotas de poder político, como los duques de Arcos, los duques de Alba y los marqueses de Velada[35]. Se generó a partir de entonces un equilibrio en el entorno político de Felipe IV que se prolongaría hasta la muerte de Luis Méndez de Haro en 1661[36]. Para entonces, como verán, el conde de Santisteban ya había alcanzado la cúspide de su carrera al servicio de la Monarquía.

Las relaciones cortesano-familiares de los Benavides

Para que Diego de Benavides alcanzase la representación directa del rey en el Perú, la labor del VII conde de Santisteban, su padre, fue fundamental, tanto para ello como de cara al aumento de lustre de su casa. No obstante, junto a Francisco de Benavides, se antoja necesario que hagamos mención al papel que jugaron sus hijos e incluso algún familiar «natural» en todo el entramado de posicionamiento y ascenso.

Francisco de Benavides contrajo su primer matrimonio en 1603 con Brianda de Bazán, hija del capitán general de la Armada del Mar Océano Álvaro de Bazán, I marqués de Santa Cruz. Ni que decir tiene la importancia que este enlace supuso para el linaje Benavides, pues a su trayectoria pasaron a sumarse para sus herederos los méritos de una de las más brillantes figuras del siglo XVI. Además, gracias a este enlace, el VII conde de Santisteban emparentó en calidad de cuñado con Álvaro de Bazán y Benavides, militar de tierra y mar destacado hasta su fallecimiento en Nápoles en 1646; quien además también era familia por ser hijo del citado marqués y María Manuel de Benavides, hija del V conde de Santisteban, por tanto, tía paterna de Francisco de Benavides.

Así, Diego de Benavides y de la Cueva, el VIII conde de Santisteban, gozó de ciertos contactos en el área militar gracias a su familia materna. No obstante, parece que no hizo empleo del mismo, como verán, ni se apoyó en el II marqués de Santa Cruz en ninguno de sus oficios al servicio de Felipe IV.

Mejor relación tuvo con otro tío paterno: Mendo de Benavides. Este señor había sido hijo extramatrimonial del VI conde de Santisteban con Teresa Merino, sobrina del cardenal Esteban Gabriel Merino. Si bien nunca obtuvo la condición legítima por parte de su padre, sí fue formado intelectual y eclesiásticamente. Gracias a esto, Mendo de Benavides, tras pasar por el Colegio de Santa Cruz de Valladolid, ingresó como fiscal de la Inquisición de Córdoba, iniciando una carrera en la que ocuparía las presidencias de la Chancillerías de Valladolid y Granada y los obispados de Segovia y Cartagena, donde falleció en 1644. Fue cuando Diego de Benavides heredó los estados de Santisteban cuando por fin le llegó el reconocimiento familiar, pues en 1640 el VIII conde lo admitió como tío legítimo y lo nombró albacea testamentario de su hermanastro. Antes, a pesar de no obtener esta declaración, había sido admitido por todos como parte del linaje, pues tanto el VII como el VIII conde lo nombraron administrador de sus estados[37]. Será en esta tarea donde Mendo de Benavides se mostrará de mayor utilidad para Diego de Benavides, descansando en él la responsabilidad de la gestión de los mayorazgos jiennenses mientras el conde servía a la Monarquía.

Regresando al matrimonio de Francisco de Benavides con Brianda de Bazán, del que nacerá Diego de Benavides como primer hijo varón, hemos de citar a otros hijos que jugaron un papel destacable, por diferentes causas y grados, en la trayectoria política del VIII conde de Santisteban. Nos detendremos en primer lugar en los hermanos, pues algunos de ellos ocuparon puestos reseñables en la Monarquía y con ellos mantuvo una fluida correspondencia durante su vida. Así, debemos empezar trayendo a estas páginas a Álvaro de Benavides. Nacido en Madrid en

1622, fue el tercer hijo del primer matrimonio del VII conde. Álvaro se formó en el Colegio Mayor de Cuenca en Salamanca y su valía le llevó a ocupar en dicha universidad las cátedras de Sexto, Víspera y Prima de Cánones y, finalmente, de Decreto en 1651. Tras un período como juez en Galicia, promocionó hasta la Chancillería de Valladolid, plaza desde la cual ascendió a los consejos en la corte. De esta manera, en 1658 Álvaro de Benavides ocupaba el asiento de fiscal del Consejo de Guerra, años en los que su hermano Diego ya se desempeñaba como virrey de Navarra[38]. Entre ambos hermanos se mantuvo una relación epistolar fluida y cercana. Así, el fiscal fue el encargado de tener informado a Diego de Benavides de cuantas cosas ocurrían en los consejos y en la corte, estuviese él en Pamplona o posteriormente en Lima[39].

La carrera de Álvaro de Benavides no terminó en el Consejo de Guerra y esto en buena medida fue gracias a su habilidad política. Como hermano de un servidor de primer orden, el VIII conde de Santisteban, y como hechura de Luis Méndez de Haro, el fiscal supo maniobrar bien en el entorno cortesano. Muestra de ello quedó recogida en el diario del marqués de Osera, donde además de admitirse la amistad con su hermano, se le califica como «hombre de calidad y partes» para ejercer el oficio. En el mismo texto se revelan las reticencias de Álvaro a ocupar la Fiscalía sin la aprobación de su hermano desde Navarra, pero esto no fue mayor cosa que una maniobra para retrasar la aceptación del oficio con vistas a poder ocupar uno más elevado. Así pues, el 8 de febrero de 1658 Álvaro de Benavides tomó posesión de la Fiscalía de Guerra y empezó a informar al conde de cuanto ocurría en una institución de la que él mismo era consejero[40].

La promoción dentro del sistema polisinodial le llegaría a Álvaro de Benavides pocos años después. El 14 de junio de 1660 fue nombrado fiscal del Consejo de Indias —cuando su hermano aún no había tomado posesión del virreinato del Perú, como verán en siguientes capítulos— y el 21 de junio de 1662 ascendió a la calidad de consejero en el mismo órgano. Desde la administración americana, Álvaro alcanzó el cénit al ser nombrado consejero de Castilla con solo 44 años, en 1666, blasón que unió a la encomienda santiaguista que disfrutaba sobre la Puebla de Sancho Pérez[41]. Sin embargo, el fallecimiento de su hermano como virrey en Lima en 1666 dejó a Álvaro sin un apoyo importante en su mejor momento como consejero e incluso con fuertes deudas, hasta el punto de solicitar a la Corona antes de morir que las rentas de la encomienda se prorrogasen a sus herederos, sus sobrinos, durante ocho años para satisfacer los débitos que dejaría[42].

El cuarto de los hijos del VII conde de Santisteban fue Antonio Ignacio de Benavides y Bazán. Nacido en Madrid en 1611, fue el hijo destinado a los oficios eclesiásticos. Nombrado caballero de Alcántara y consejero de Órdenes, destacó en el Cabildo eclesiástico de Toledo, ocupando una canonjía y dignidad hasta su muerte en 1692. Lo interesante en relación con Diego de Benavides fue que Antonio Ignacio ocupó el papel que dejó vacante Mendo de Benavides al fallecer en 1644, es decir, se responsabilizó de la administración de los estados de Santisteban mientras el titular se hallaba fuera al servicio de la Monarquía. En este sentido, como bien recoge la profesora Ponce Leiva, la comunicación entre el conde y Antonio Ignacio fue abundante, donde además de solicitar con insistencia, y en tono serio, fondos para la economía de la casa, se informó a Extremadura, Galicia, Navarra o Perú de los avatares sociales de la nobleza cortesana[43].

Pero que Antonio Ignacio de Benavides se ocupara de la administración de los estados de Santisteban a partir de 1644 no quiere decir que fuese la ocupación escogida por él. En este sentido resulta interesante el memorial que remitió a la Corona en noviembre de 1642. En este texto, Antonio Ignacio refiere que sus méritos como menino, colegial de Cuenca en Salamanca, rector y maestrescuela de esta universidad en sus vacantes, y sus servicios como camarero eclesiástico, limosnero mayor y sumiller de cortina del cardenal-infante hasta su muerte en 1641, bien le hacían merecedor de una plaza de consejero. En este memorial, Antonio Ignacio apuntaba al asiento de consejero de Indias que estaba vacante por el fallecimiento de Pedro de Vivanco y como aval presentaba cartas favorables de fray Antonio de Sotomayor, inquisidor general y confesor del rey, y del marqués de Valparaíso, consejero de Estado. Una hoja de servicios y unos apoyos, donde incluye los de su hermano mayor, que no sirvieron para que Antonio Ignacio abandonase ni la carrera eclesiástica ni el servicio administrativo, que pronto tomaría, a la casa de Santisteban, pues la respuesta al memorial fue un lacónico «quedo con cuidado de su persona»[44].

Enrique de Benavides de la Cueva y de Bazán fue el sexto de los hijos del VII conde de Santisteban. Nacido en Madrid en 1613, Enrique, tras su educación y servicio como menino, fue destinado a las armas[45]. Con 17 años, en 1630, ingresó en el ejército en Flandes y solo dos años después ya se desempeñaba como capitán de una compañía de caballería. Sin embargo, en 1634 cambió las armas ecuestres por las marítimas, pasando a las galeras de Sicilia y permaneciendo en este cuerpo hasta su retiro. En el mar Mediterráneo, Enrique de Benavides destacó en diferentes acciones, como los socorros a Tarragona (1641-1642), el de Orbetello (1645) ya como general, el sofoco del levantamiento de Nápoles (1648), el bloqueo de Barcelona (1651-1652) y un largo listado de acciones hasta ser llamado a Madrid para ocupar un asiento en el Consejo de Estado en 1678. A partir de aquella provisión solo abandonaría la corte para ocupar el virreinato de Navarra, como su hermano mayor, entre agosto de 1684 y abril de 1685. En 1696 renunció a su asiento en el Consejo de Estado en favor de su sobrino, el IX conde de Santisteban, y se retiró con la concesión de una Grandeza de España a título personal hasta su muerte en 1700. Paradójicamente este sería su único blasón, pues el resto de los que ostentó lo hizo por vía de matrimonio. En 1645 contrajo su primer matrimonio con Mencía Pimentel y Bazán, II marquesa de Bayona y III de El Viso, ahondando en los lazos entre este linaje y el de los Benavides; pero los títulos, al fallecer esta señora en 1673, pasaron a su primogénito, Francisco Diego de Bazán y Benavides. Igualmente, por su segundo matrimonio, celebrado en 1680 con Francisca de Castro y Enríquez de Cabrera, pasó a intitularse hasta 1697 como conde de Chinchón[46].

En lo que respecta a su relación con Diego de Benavides, parece que Enrique fue algo más distante que el resto de sus hermanos varones. Quizás el ejercicio de las armas alejado de la Península Ibérica hiciera que no fuera una figura de gran interés para el VIII conde de Santisteban. Curiosamente, para el IX conde su labor en aguas del Mediterráneo y el Tirreno sí fue de enorme relevancia y modelo de aprendizaje. En contraposición, Diego de Benavides sí mantuvo relaciones estrechas con sus hermanas, pues, además de los lazos sanguíneos, estas se antojaban como elementos cortesanos sumamente provechosos para su carrera. El VII conde había educado a sus hijas como correspondía a la nobleza próxima a la Corona y por ello las había situado, como a sus varones, en las proximidades de las reinas y las infantas, ya fuese como sus damas o como sus meninas.

En este sentido, el profesor Malcolm ya apuntaba que analizar los entornos cortesanos de las reinas podía revelarnos los escenarios políticos organizados. Ya fuese en el reinado de Isabel de Francia (1615-1644) o en el de Mariana de Austria (1649-1665), más aún tras la caída de Olivares, se buscó que no predominase un solo partido en el servicio a las reinas. Así, introducidas siendo niñas, Luisa y María de Benavides fueron creciendo como meninas y damas, representando los intereses de su hermano, el VIII conde de Santisteban, y de su bando, el de Luis Méndez de Haro[47].

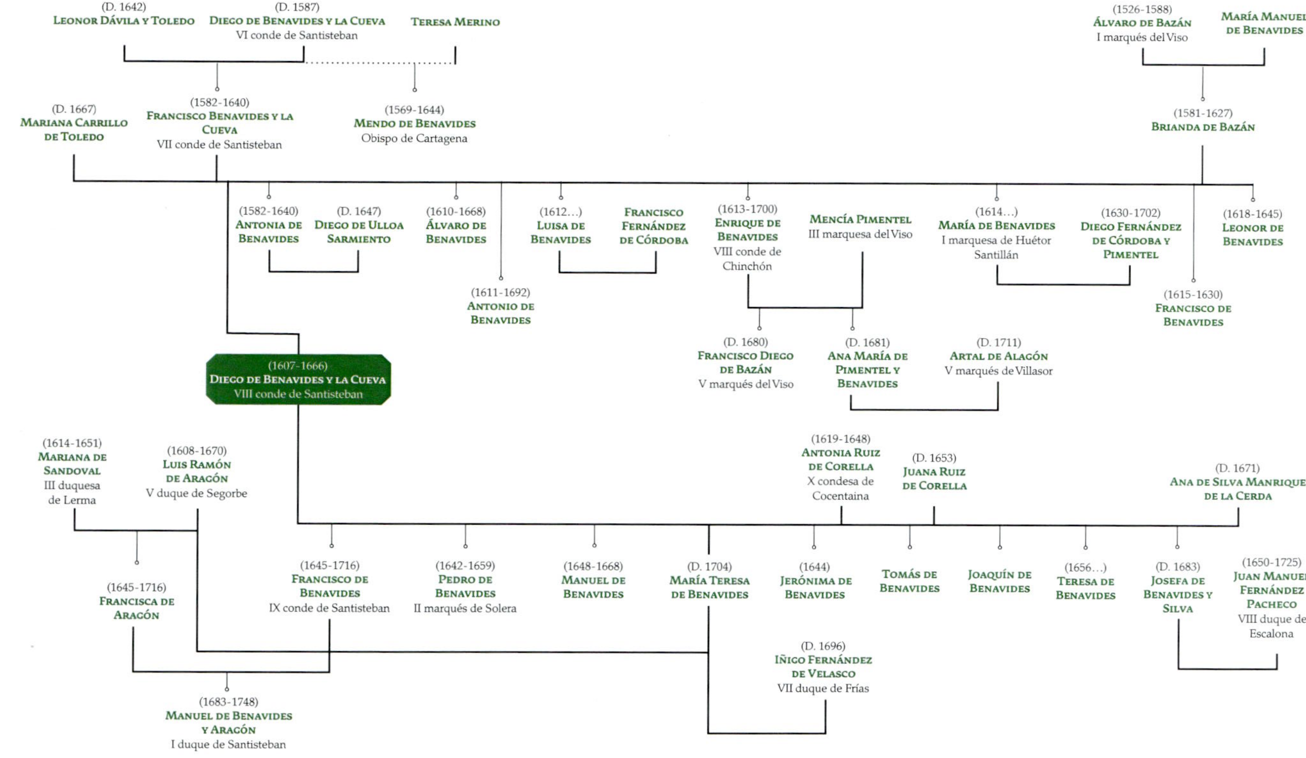

Gráfico 1. Genealogía de Diego de Benavides, VIII conde de Santisteban
Fuente: el autor.

Atractiva para la política resultó la figura de María. Nacida en Madrid en 1614, muy pronto comenzó a servir en la corte y a la misma vez que crecía físicamente lo hizo en el espacio palaciego. En estos años María se convirtió en dama de la reina Mariana de Austria y en una mujer codiciada por su soltería. Gracias al diario del marqués de Osera sabemos que María había tenido como «fino obligado y antiguo galán» nada más y nada menos que al duque de Medina de las Torres, la hechura de Olivares[48]. Parece ser que, tras el retorno del duque desde Italia, las galanterías volvieron, buscando entre otras cuestiones ganar influencia para sí en el círculo de la reina Mariana. Sin embargo, no debió de haber solo razones políticas, pues el mismo diarista recoge cómo en 1658, cuando la influencia de Luis Méndez de Haro se encontraba en su clímax, Medina de las Torres continuaba galanteando a una María de Benavides aún soltera[49].

La ausencia de matrimonio de María quizás se debiese a la política del linaje dirigida por el VIII conde de Santisteban, quien para la década de 1650 podría estar esperando a encontrar el más provechoso enlace para su hermana. Sin embargo, este no llegaría hasta fecha muy tardía, en 1661, cuando estando el conde en la corte se acordó la entrega de María a Diego Fernández de Córdoba y Pimentel, gentilhombre de la cámara del rey desde 1651[50]. Por este enlace, como dote, María recibió de Felipe IV, sin duda por influencia de la reina, el marquesado de Huétor de Santillán, el cual se perdió con su muerte hasta su rehabilitación en el siglo XX.

Mayor provecho en los enlaces obtuvo la casa de los Benavides con la primera de las hijas del VII conde, Antonia, y la citada Luisa. En el caso de Antonia, Francisco de Benavides concertó su matrimonio con Diego Ulloa Sarmiento, quien ejerció como mayordomo de Felipe IV y ostentó el título de II conde de Villalonso. De este casamiento no hubo descendencia y al quedar viuda Antonia, en 1647, permaneció en este estado hasta su fallecimiento en 1659. Parece ser que Antonia no quiso volver a participar en el juego del linaje, por lo que se sostuvo económicamente hasta su muerte gracias a que en 1653 el rey aprobó el traspaso de su dote de su hermano, el VIII conde, a ella[51].

En el caso de Luisa de Benavides, el matrimonio se concertó con Francisco Fernández de Córdoba, gentilhombre de la cámara de Felipe IV. Siendo dama de la reina y casada con alguien con acceso al rey, Luisa se convirtió en un elemento de gran interés para Diego de Benavides. En cualquier caso, los tres matrimonios de las hermanas del VIII conde de Santisteban vinieron a refrendar el ascenso de la familia y a enlazarla con otras casas de posición dentro de la Monarquía[52].

El propio conde continuaría con esta política familiar e incluso, primero por designio de su padre y posteriormente *motu proprio*, la refrendaría consigo mismo y con su descendencia. En este sentido, aunque Malcolm defienda lo contrario, casarse sí era un vehículo para entrar en una determinada facción, obteniendo de ella beneficios en forma de provisiones, empleos o incrementos de estatus. Donde sí concordamos con este profesor, los hechos son inequívocos, desde el prisma de Santisteban fue en que la nobleza cortesana en su gran mayoría solo contrajo nupcias con mujeres provenientes de un escaso grupo de familias, consolidando posiciones entretejidas una y otra vez. Estas casas, como cita Malcolm, fueron la propia de Santisteban, pero también la de Las Navas, Almazán, Mirabel, Montijo, Frías, Grajal, Leganés, Peñaranda, Puebla de Montalbán o Caracena[53].

Los matrimonios y la descendencia del VIII conde de Santisteban

En la búsqueda de lograr y mantener dicha política de linaje y matrimonios con el fin de obtener empleos y ascendencia en la estructura de la Monarquía hispánica, el espacio físico y su articulación se convirtieron en elementos a tener en cuenta[54]. En cierta forma, los enlaces y la acumulación de títulos, cargos y beneficios se negociaban de manera directa en la corte y de ahí que tener un espacio en la misma asegurase que estas «transacciones» fuesen lo más ventajoso posible. Desde finales del siglo XVI, residir en Madrid y tener vivienda anexa o próxima al Alcázar se traducía en la posibilidad de unas expectativas políticas más elevadas, incluso en cierta privanza con el monarca[55]. De ahí que progresivamente la nobleza, desde inicios del Seiscientos, fuese abandonado sus estados para trasladarse a la corte en búsqueda de su crecimiento en múltiples planos. Una de las grandes excepciones fue la casa ducal de Medina Sidonia, pero los condes de Santisteban sí sucumbieron a dicha mudanza.

El espacio cortesano de los Benavides se configuró gracias a la esposa del VI conde de Santisteban, Leonor Dávila Toledo. Observando certeramente el movimiento nobiliario, la citada condesa adquirió no para sí, sino para el futuro VII conde, unas casas junto a la parroquia de San Pedro el Real. Tras su adecuación, Leonor Dávila obtuvo de Felipe III la exención del impuesto de «huésped de aposento» en 1612 y desde entonces, tras donar la vivienda a su hijo, se convirtió en la residencia oficial de los Santisteban en la corte[56].

Sería desde esta nueva sede en Madrid desde donde el VII conde de Santisteban concertaría el primero de los matrimonios de su heredero.

Buscando afianzar sus lazos con la casa de los marqueses de Las Navas, Francisco de Benavides eligió para su primogénito a una sobrina-nieta de su madre, Leonor Dávila y Toledo. Esta mujer, que pasaría a ser la primera consorte de Diego de Benavides, era Antonia Ruiz de Corella y Dávila, primera hija de Jerónimo Ruiz de Corella, IX conde de Cocentaina y Jerónima Dávila Manrique, VI marquesa de Las Navas. Gracias a este origen, Antonia Ruiz de Corella ampliaba los estados de la casa de Benavides a la vertiente abulense de la sierra de Guadarrama y a la comarca del Condado de Alicante. Especialmente relevante fue esta segunda zona, pues en 1623, al fallecer su padre, se convirtió en la X condesa de Cocentaina.

Como condesa, Antonia Ruiz de Corella aceptó el matrimonio con Diego de Benavides, futuro VIII conde de Santisteban, en 1628. Los esponsales tuvieron lugar al año siguiente, el 31 de octubre de 1629, en la iglesia de San Juan Bautista de Las Navas del Marqués[57]. Según las capitulaciones matrimoniales firmadas por el VII conde de Santisteban, Diego de Benavides y la VI marquesa de Las Navas, al no tener hermanos la condesa, todos los títulos de su familia pasarían a su muerte no a su esposo, sino a los hijos varones que se engendrasen en esta unión[58]; aunque, como veremos, el primero de estos descendientes tardaría en llegar. También resultó interesante que como fruto de las citadas capitulaciones, la VI marquesa de Las Navas obligó a que el VII conde de Santisteban renunciase en favor de su hijo a la encomienda de la orden de Santiago que disfrutaba. Con este movimiento, la marquesa buscaba asegurar unas rentas mínimas para el sostén de su hija, la condesa de Cocentaina, y mantener la posición socio-nobiliaria, pues esta encomienda, la de Monreal, estaba dotada de unas rentas anuales de 3.000 ducados[59]. Además, este gobierno de orden militar fue el primero de los títulos personales que ostentó Diego de Benavides en su dilatadísima carrera.

El aspecto económico jugó una baza muy importante en este matrimonio. Las citadas capitulaciones obligaban a la entrega de unas arras de 6.000 ducados a la condesa y una asignación anual, para gastos de su cámara, de 2.000 ducados anuales. A cambio, el estado de Cocentaina habría de incorporarse al de Santisteban —no el título, como hemos señalado—, renunciando a los fueros valencianos y a su sucesión, en caso de no haber hijos varones, por parte de su hermana. Este condado alicantino estaba valorado en más de 50.000 ducados y por ello, además de estas capitulaciones, el matrimonio ligó para siempre a Diego de Benavides con las hermanas Ruiz de Corella[60].

Decimos esto por el hecho de que en 1645 la VI marquesa de Las Navas falleció y toda la herencia de sus progenitores fue reagrupada por Antonia de Corella y Dávila. Para entonces, de su matrimonio ya habían nacido cinco hijos y los títulos de Cocentaina y Las Navas tenían sucesor. Sin embargo, en 1648 fue la propia Antonia de Corella quien murió. Con este suceso, Diego de Benavides, para entonces ya VIII conde de Santisteban, tenía dos opciones: o compensar económicamente a su cuñada, tal y como quedaba recogido en las capitulaciones matrimoniales, para desligarse de su casa o contraer nupcias con ella. La opción escogida fue la segunda, recibiendo una cuantiosa dote y asegurando las enormes rentas que esta señora aún gozaba en los estados valencianos[61]. No obstante, con esta elección, Santisteban también solucionaba el problema nobiliario de la soltería-viudez.

En 1651, Diego de Benavides contrajo su segundo matrimonio con Juana Dávila y Corella, hermana de su desaparecida primera esposa[62]. Con este enlace, que requirió dispensa pontificia[63], Benavides aseguraba continuar con los términos pactados en las capitulaciones de 1628 y no recortar la herencia de su linaje. Sin embargo, para su desgracia personal, este matrimonio fue brevísimo, pues Juana Dávila falleció en 1653 a consecuencia del parto de un niño que también fue alumbrado muerto[64].

No quedó mucho tiempo viudo el VIII conde de Santisteban tras este segundo matrimonio, pues además el estado de su hacienda no permitía no disponer de una dote, tal como se apunta en la provisión que le fue concedida para que sus deudas debiesen ser pagadas por sus herederos si fallecía antes de 1661[65]. Así, en 1654 Diego de Benavides contrajo sus terceros y últimos esponsales. Se trató en este caso del enlace con Ana de Silva Manrique de la Cerda. El sacramento tuvo lugar en Pamplona, pero su concierto se celebró en la ciudad de Valladolid ante el escribano público Rodrigo Fernández de Vera. En estas capitulaciones se estableció que la citada Ana de Silva se desposaba con el entonces virrey de Navarra aportando una dote de 62.420 ducados, compuesta por su ajuar y diferentes censos y juros, de los cuales 11.000 ducados habrían de ser entregados directamente a Santisteban tras la boda[66].

Este tercer matrimonio rompía definitivamente las relaciones entre los Benavides y los Dávila. Una fractura que no se debió al deseo de Santisteban, sino al hecho de que el matrimonio entre Jerónimo Ruiz de Corella y Jerónima Dávila no tuvo más descendencia que las primeras dos esposas de Diego de Benavides[67]. Así, el VIII conde de Santisteban hubo de buscar esposa entre otras familias para volver a solucionar la cuestión personal de su viudez.

Sin embargo, parece ser que esta nueva esposa no cayó especialmente en gracia en la familia de los Benavides. Una vez trasladado el matrimonio al Perú en calidad de virreyes, la correspondencia entre Diego de Benavides y sus hermanos revela la poca sintonía entre estos y Ana de Silva. Las relaciones entre la tercera esposa y su confesor, el dominico fray Clemente de Chavarría, sobrepasaron la calidad de guía espiritual según los rumores de la corte y siguieron siendo avivadas residiendo ambos en Lima[68]. Según comunicaron los hermanos del virrey a este, en Madrid se aseguraba que Ana de Silva tenía «mucha mano en el gobierno» y que a través de su confesor intervenía en la provisión de corregimientos y otros oficios, tanto civiles como militares, a cambio de joyas y dinero como agradecimiento[69]. Sin duda, los hermanos, especialmente Álvaro, hicieron poco favor en España a la imagen del gobierno de Santisteban en Perú y todo por una cuestión, como parece, de antipatías hacia su tercera esposa.

De estos matrimonios, Diego de Benavides tuvo un total de nueve hijos. Del casamiento con Antonia de Corella nacieron cinco hijos: Pedro, quien como primogénito heredaría los títulos maternos en 1648, pero que fallecería en Pamplona en 1659 sin hacer lo propio con los paternos; Francisco, a la postre IX conde de Santisteban y fusionador de los linajes de Benavides, Dávila y Corella; Manuel, quien acompañaría a su padre al Perú; María Teresa y Jerónima Micaela. De la unión con Juana Dávila nació Tomás, quien murió siendo aún un niño. Y de los terceros esponsales, con Ana de Silva, vino al mundo Joaquín, muerto también tempranamente, Teresa, que pasó al Perú, y Josefa, natural de la Ciudad de los Reyes.

Estos descendientes nos resultan de gran interés en estas páginas por, al menos, dos cuestiones: en primer lugar, porque aseguraron la continuidad de la casa, asunto de gravedad para cualquier linaje, y, en segundo, porque los hijos eran herramientas de magnitud para el establecimiento de alianzas y partidos cortesanos o el engrandecimiento del propio apellido. En este sentido, al igual que hizo el VII conde de Santisteban con Diego de Benavides y sus hermanos, el VIII conde repetiría la maniobra nobiliaria con sus hijos. Así, en el caso de los mayores, Diego de Benavides orquestó un doble matrimonio que afianzase su posición tras el fallecimiento de su primogénito, Pedro. En 1660 concertó el matrimonio de su nuevo heredero, Francisco de Benavides Dávila y Corella, con Francisca Josefa de Aragón y Fernández de Córdoba y Sandoval, hija del VI duque de Segorbe y de la III duquesa de Lerma. Con 15 años él y 13 años ella, el casamiento se celebró en Lucena, en la iglesia de San Mateo, y perduró hasta la muerte de Francisca Josefa en 1697, siendo el único enlace del IX conde de Santisteban y del que nacieron hasta 17 vástagos[70].

Más allá de las cuestiones afectivas, el matrimonio entre el heredero de Santisteban y la hija del duque de Segorbe tuvo unas fuertes connotaciones nobiliarias y financieras. Según las capitulaciones matrimoniales, la esposa contraía nupcias con una dote de 100.000 ducados, conservando plena potestad sobre esta cantidad, y debía ser sostenida con 3.000 ducados anuales para los gastos de su cámara[71]. Cifras nada desdeñables que dan valor al gran movimiento matrimonial que el conde de Santisteban había logrado para el heredero de sus estados.

Pero estos esponsales no fueron los únicos. A la vez que Francisco se desposaba con la hija del duque de Segorbe, este hacía lo propio con una hija del conde de Santisteban, María Teresa de Benavides. Luis Ramón de Aragón Folc de Cardona y Córdoba, VI duque de Segorbe, había quedado viudo de Mariana de Sandoval y Rojas, III duquesa de Lerma, en 1651, por lo que para Diego de Benavides se presentó una oportunidad única de unir definitivamente su casa a una de las grandezas de España. Las capitulaciones para el matrimonio entre el duque y María Teresa se concertaron el 10 de julio de 1660. El contenido de las mismas obligaba al conde a aportar una dote de 100.000 ducados, desglosada en 20.000 en metálico y ajuar y el resto a depositar en los primeros siete años de matrimonio[72]. Como bien apuntó Cerezo San Gil, estas capitulaciones matrimoniales de los hijos del conde de Santisteban y la casa de Segorbe coinciden en cuantías y, semana arriba o abajo, en fechas, por lo que probablemente no fueran más que formalismos[73]. En cualquier caso, como hemos apuntado y podrán leer más adelante, la hacienda de Diego de Benavides no podría haber sostenido estos desembolsos, por lo que el matrimonio de sus vástagos estaba orientado únicamente hacia el engrandecimiento de su casa y la consolidación de su posición en la Monarquía tras haber ejercido como virrey de Navarra.

Este objetivo e interés quizás sea la razón que explica por qué durante su gobierno en el Perú —iniciado poco después del citado doble matrimonio de sus hijos— la correspondencia entre Santisteban y sus hermanos estuvo más enfocada en materias cortesanas, nombramientos, embajadas y consejos que en otras cuestiones[74]. El conocimiento de estos movimientos se antojaba como un adelanto a posibles cambios entre los protagonistas de la administración de la Monarquía y de ahí que siguiese siendo de tanto interés para un Santisteban en el cénit de su carrera[75]. Y es que la distancia no representaba ningún obstáculo para seguir siendo un sujeto presente en la corte, pues servir a la Corona en la distancia «había llegado a constituirse en *leitmotiv* esencial de la cultura cortesana hispánica»[76]. Aún más, como verán, el alejamiento de Madrid constituyó la realidad más frecuente de la carrera del conde de Santisteban.

Precisamente esa distancia, como apuntaba Malcolm para el caso de Luis Méndez de Haro, provocaba que el conde de Santisteban, en cualquiera de sus destinos, hubiese de mantener un contacto frecuente con familiares, allegados y deudos para seguir presente y en la actualidad de la corte[77]. Por supuesto, esa necesidad de Diego de Benavides requería de una contraprestación, solicitada, por aquellos que seguían sirviéndole desde el centro de la Monarquía. Así se entiende que durante su virreinato peruano recibiera peticiones familiares del cariz de favorecer a determinados agentes de negocios o a los propios parientes[78]. Pero incluso anteriormente, durante el gobierno de Galicia, para que los vástagos que dejaba atrás (Pedro, Francisco y Manuel) fuesen creciendo en la estructura hispánica por medio de cargos y ventajas pecuniarias[79].

Aunque gracias a toda esta correspondencia familiar-cortesana sostenida, Santisteban conoció constantemente qué se esperaba de él en Madrid. En este sentido, Antonio Ignacio de Benavides informó al conde que la Monarquía esperaba que acrecentase lo máximo posible su primera remesa argentífera como virrey del Perú; una información que le fue corroborada por el fiscal del Consejo de Indias, su otro hermano, Álvaro de Benavides[80]. De ello podemos deducir que el incremento del tesoro con destino a Sevilla era lo que se demandaba de Diego de Benavides como *alter ego* de Felipe IV en el Perú y a ello, como verán, dedicaría buena parte de sus primeros esfuerzos en la Ciudad de los Reyes[81]. La consecución de estos objetivos, de los que daban pertinente noticia, sería la mejor carta de presentación para cada uno de los ascensos del conde de Santisteban, aunque en el caso indiano no hubo promoción alguna.

De esta manera, como hemos ido apuntando, la formación y permanencia de Diego de Benavides en el entorno cortesano, primero como menino y luego como gentilhombre de la cámara del rey; la política matrimonial hábilmente trazada por el VII conde de Santisteban —y continuada por nuestro protagonista— para enlazar su casa con otras prominentes en el ámbito del lustre nobiliario y la política; la situación interesada de los hermanos e hijos en los diferentes órganos de la administración; la adscripción de los Benavides a un bando concreto, el de Méndez de Haro, tras la caída del conde-duque de Olivares, y la inserción en el juego del don y el contra don de las redes clientelares, serán, en conjunción y junto a sus méritos personales, las herramientas que permitirán construir al VIII conde de Santisteban un *cursus honorum* extenso al servicio de Felipe IV.

2

SOLDADO DE LA MONARQUÍA HISPÁNICA: ITALIA, ROSELLÓN Y EXTREMADURA

El marqués de Solera en la invasión del Piamonte

Durante el tránsito al siglo XVII y sus primeras décadas, el servicio a la Corona mediante las armas por parte de la nobleza fue sustituyéndose progresivamente por el desempeño en los oficios cortesanos[1]. Esta tendencia arrastró a la inmensa mayoría de los linajes españoles, pero siempre hubo excepciones que buscaron en el ejército una manera muy honrada, rápida y, por así decirlo, publicitaria de ascender dentro de la Monarquía.

Una de estas salvedades nobiliarias fue la protagonizada por Diego de Benavides y de la Cueva. Contando ya con cierta edad, los treinta años cumplidos, el primogénito del VII conde de Santisteban permanecía en la corte sin acumular más servicios que su periodo como menino, el acceso a la cámara real como gentilhombre —algo en lo que acompañaba en oficio a su padre— y la encomienda santiaguista de Monreal heredada gracias a sus primeras capitulaciones matrimoniales. El tiempo pasaba y su necesidad personal de crecer en el servicio a Felipe IV se le hizo muy apremiante.

En este sentido, el contexto internacional de la Monarquía hispánica ofrecía a cualquier hombre, noble o pechero, la oportunidad de enrolarse en los ejércitos y, con méritos y la suerte de sobrevivir, ascender en el oficio y en el prestigio. Así pues, Diego de Benavides decidió asentar plaza como soldado raso de infantería en el Tercio de Saboya en 1637. Esta decisión vino acompañada del ascenso del señorío de Solera, mayorazgo adscrito a la casa de Benavides, a marquesado mediante provisión real de 18 de marzo del mismo año[2]. Con su flamante primer blasón nobiliario, Diego de Benavides puso rumbo a Milán.

En las posesiones de la Monarquía en el norte de Italia no se vivía una situación calmada. El inicio de las hostilidades entre España y Francia en mayo de 1635 había marcado como uno de los escenarios de disputa Lombardía y el Piamonte, por lo que Diego de Benavides habría de involucrarse de lleno en su ejercicio de las armas[3]. Este panorama ya podía deducirse desde al menos un año antes. El clima ascendente de la guerra de los Treinta Años había obligado a la Monarquía a remitir a Milán a Fernando de Austria, el cardenal-infante, con un nutrido ejército que lo acompañara hasta Bruselas, donde había de ejercer como gobernador general[4]. Las tropas desplazadas desde España y las levantadas en Italia por el marqués de Leganés pusieron rumbo a Flandes al final de la primavera y para auxiliar al emperador Fernando II acabaron enfrentándose a los ejércitos suecos y sajones en Nördlingen[5].

La aplastante victoria del cardenal-infante, junto al futuro emperador Fernando III y el marqués de Leganés, aseguró el flanco oriental de los Países Bajos católicos, pero encendió los ánimos de Francia. Así, en enero de 1635, Leganés fue recibido triunfalmente en el Alcázar de Madrid, donde a buen seguro su patrón, el conde-duque de Olivares, ensalzaría los méritos de su hechura. Sin embargo, la ignición de la guerra con Francia requirió de inmediato un reforzamiento del gobierno del Milanesado, ya que apoyándose en su alianza con Víctor Amadeo de Saboya, los galos habían comenzado a penetrar en territorio hispánico. De esta manera, el 24 de septiembre de 1635 fue nombrado gobernador general del Milanesado el marqués de Leganés y, dadas las urgencias, el 9 de octubre ya se hallaba en el territorio para ordenarlo militarmente[6].

La llegada de Leganés a Milán supuso el inicio de una serie de campañas frenéticas. El contexto que halló en Italia así lo requirió, pues en el otoño de 1635 el Milanesado se encontraba presionado desde el norte por los franceses —quienes además cerraron el paso de la Valtelina—, en el lado occidental por los piamonteses que avanzaban por el curso del

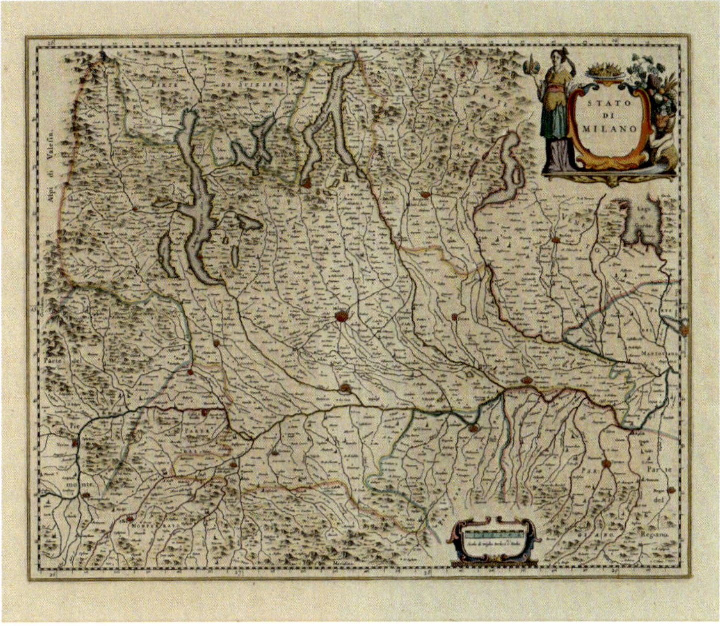

Imagen 1. Mapa del Milanesado.
Fuente: BNE, GMG/1133, v. 8, Joan Blaeu, 1669.

río Po y en los flancos sur-oriental por los ducados de Parma y Mantua que habían pasado a ser hostiles. Frente a ello, Leganés no podía contar más que con sus propios recursos, pues Olivares había establecido que todos los esfuerzos se concentrasen en Cataluña para desde ahí penetrar en Francia[7]. Así, con las fuerzas disponibles el gobernador estableció su cuartel en Mortara, en la frontera entre Lombardía y el Piamonte, y designó al marqués de Torrecuso como su lugarteniente[8].

Desde esta plaza, Leganés frenó los avances franco-saboyanos y sometió al ducado de Parma tras un rápido sitio a la ciudad de Plasencia, estableciendo una situación de cierta tranquilidad para aguardar la campaña de 1636. Durante el invierno, además de reforzar al ejército del Milanesado, el marqués remozó las fortificaciones de Valencia del Po y Alessandria y preparó unas defensas a lo largo del río Scrivia con objeto de impedir cualquier incursión sobre Milán[9].

Con estas precauciones dio inicio la campaña de 1636. Para estas operaciones, las tropas de Leganés y las francesas del general Crèquy maniobraron en la búsqueda de un choque directo. En junio, en los campos de Tornavento, tuvo lugar este enfrentamiento y su resultado fue favorable al bando español. Leganés, considerando que las fuerzas francesas eran superiores, optó por la retirada y siendo esto observado por Crèquy, replicó el movimiento abandonando el campo hasta Boffarola[10]. De esta manera, aunque no se produjo como tal la batalla, las fuerzas hispánicas pasaron a vencer estratégicamente y dominar la región de Novara hasta el río Sesia, la antesala del Piamonte[11].

El año 1636 acababa de forma absolutamente distinta a cómo había tomado el gobierno del Milanesado el marqués de Leganés el año anterior. Además, a los éxitos militares se añadió uno diplomático en la guerra contra franceses y saboyanos: el cardenal Mauricio de Saboya, hermano del duque Víctor Amadeo, se pasó al bando español[12]. Con todo lo que este movimiento supuso y las victorias de Leganés, el año de 1637 se presentaba estratégicamente muy favorable a los intereses de la Monarquía hispánica y así llegaría al Milanesado el soldado Diego de Benavides, marqués de Solera.

El heredero del condado de Santisteban sentó su plaza a las órdenes del gobernador de Milán en una campaña, la de 1637, que se inició más diplomática que militarmente. El cierre francés del paso de la Valtelina incomunicaba la conexión entre Lombardía y Flandes, arteria básica para la estrategia militar hispánica, por lo que se hacía indispensable reabrir las comunicaciones[13]. A esta tarea se dedicó durante el invierno de 1637 el marqués de Leganés, estableciendo contactos y negociaciones con los suizos católicos del cantón de los Grisones. Las reuniones y los acuerdos acabaron fructificando dos años después y facilitando el paso de las tropas y suministros entre Milán y Bruselas a través del valle de la Valtelina[14].

En el aspecto puramente marcial, el marqués de Leganés diseñó la campaña con objeto de tomar el Monferrato. Para ello, en mayo y junio de 1637, con Diego de Benavides pica en mano, tomaron las plazas de Corio y Nizza Monferrato. Con estas operaciones, las tropas franco-saboyanas solo pudieron optar a no ceder más terreno, pero una inoportuna enfermedad hizo que ni Leganés ni su sustituto, el portugués Francisco de Melo, pudiesen completar el objetivo anual[15]. Aún con este resultado, parece que al final de la campaña Benavides había demostrado méritos y capacidades militares suficientes como para ser ascendido de soldado a capitán de una compañía del Tercio de Saboya[16].

El marqués de Solera pudo comprobar cómo la campaña de 1638 tenía dos fines muy marcados: conservar los avances y posiciones en el Monferrato y recuperar la plaza de Breme, cuya toma al otro lado del Po había amenazado a Milán desde el inicio de las hostilidades. El ejército de Lombardía rápidamente tomó Ponzone y Leganés, para concentrarse sobre Breme, consignó al maestre de campo Tiberio Brancaccio al mando, con unas tropas en las que formaba Benavides, sobre Monferrato. Tomar esta plaza no solo significaba eliminar la amenaza sobre la capital lombarda, sino también dejar de distraer efectivos tras las líneas de avance y concentrarlos en la frontera oeste. Sin embargo, esto no iba a ser fácil, ya que los franceses, desde que tomaron Breme en 1635, no habían dejado de reforzar sus defensas[17]. Para hacer frente a ello, Leganés adelantó el inicio de la campaña al mes de febrero, sin contar aún con los reemplazos, pero cuando no se había producido el deshielo del río Po que dejaba impracticable los campos alrededor de la población. Así, se inició un sitio que cogió desprevenidos a los franceses y que en marzo permitió tomar la plaza al general de artillería Martín de Aragón[18]; además, en el apresurado socorro de la plaza falleció el general Crèquy, dejando a los galos sin su gran baza estratégica[19].

Con este inicio fulgurante de la campaña de 1638 y apenas iniciada la primavera, el Estado Mayor del marqués de Leganés aprobó continuar las acciones e invadir Saboya. La ciudad de Vercelli, plaza fortificada dentro del territorio piamontés, recibió el sitio del ejército hispánico y tras dos meses de cerco acabó rindiéndose el 5 de julio[20]. Así, la toma de la fortaleza vercellesi fue la primera de las grandes acciones militares en las que participó Diego de Benavides como soldado a su costa[21]. Con esta población en manos hispánicas, Francisco de Melo, alentado por estos éxitos, prosiguió su avance y en octubre, al acabar la campaña, sumó las plazas piamontesas de Pomal y Pontestura[22]. Para entonces, las instrucciones fueron conservar lo avanzado y no poner en riesgo la nueva situación de iniciativa para los españoles[23].

Las operaciones militares de 1639 dieron comienzo con Diego de Benavides ya ascendido a una capitanía del regimiento de corazas[24]. Pero al igual que ocurrió en 1636, una acción diplomática cambiaría lo proyectado sobre el terreno. En este caso se trató de la alianza de Tomás de Saboya con la Monarquía católica[25]. Este era hermano del duque Víctor Amadeo II, quien falleció en octubre de 1637, y llegó a Lombardía con un decreto imperial —Saboya era parte del Sacro Imperio— para apartar a Cristina de Francia de la regencia que ejercía en la minoría de edad de Carlos Manuel II. Así, este alineamiento de Tomás de Saboya presentó nuevas ventajas para la campaña de 1639, pues, por un lado, las incursiones hispánicas en Piamonte podrían tener ciertas simpatías por parte de los enemigos de la regente y, por otro, permitía esgrimir que el ejército de Lombardía no hacía la guerra contra los saboyanos, sino contra los franceses que ocupaban su territorio[26].

En cualquier caso, Leganés y sus hombres señalaron como objetivo para 1639 la toma de Casale, emplazamiento en territorio saboyano. Para ello pretendían replicar lo ejecutado en Breme, es decir, adelantar al máximo el inicio de las operaciones y dividiendo el ejército en cuatro cuerpos asegurar el sitio y lo avanzado. Así, los 20.000 infantes y 6.000 caballos, donde estaba encuadrado el capitán de coraceros marqués de Solera, divididos bajo el mando de Leganés, Tomás de Saboya, Juan de Garay y Martín de Aragón, arrancaron su actividad en febrero de 1639[27].

El primer movimiento fue garantizar la conexión con los puertos de la costa ligur, lo cual implicaba una honda penetración en territorio piamontés y una justificación por parte de Leganés para no sufrir el hostigamiento constante de la población local[28]. De esta manera, en marzo de 1639 se puso cerco a las localidades de Cengio y Saliceto, las llaves al puerto de Finale y Savona que aún estaban en manos francesas y saboyanas. En esta operación el éxito cosechado por el ejército de Lombardía fue doble, pues a la misma vez que obtenía estas estratégicas plazas, destrozó el socorro comandado por el cardenal La Vallete y el marqués de Villars. Con estos triunfos en el sur, desde Vercelli los cuerpos de ejército de Leganés y Garay tomaron Crescentino —al sudoeste de la anterior— sobre el camino de Turín, tras derrotar los restos del socorro de Cengio. Y, al tiempo, Tomás de Saboya conquistaba Chivasso —al oeste de Crescentino, la auténtica puerta de Turín—, Chieri, Moncaleri, Biella e Ivrea, gracias a la movilidad de sus 2.500 caballos y dragones. De esta manera, los españoles pasaron a controlar las salidas piamontesas hacia el valle de Aosta y Francia, hacia Asti y hacia los puertos mediterráneos[29].

El cerco sobre Turín estaba planteado estratégicamente y sobre el terreno las tropas hispánicas se presentaron ante la capital saboyana el 13 de abril de 1639. Establecido este, Leganés aseguró las posiciones de retaguardia tomando Pontestura y Tomás de Saboya hizo lo propio con Villanova d'Asti, Moncalvo y Asti[30]. Sin embargo, el levantamiento del cerco de Turín, muy bien defendida por los franceses, permitió que La Vallete recuperase Chivasso y tensionase el Estado Mayor de Le-

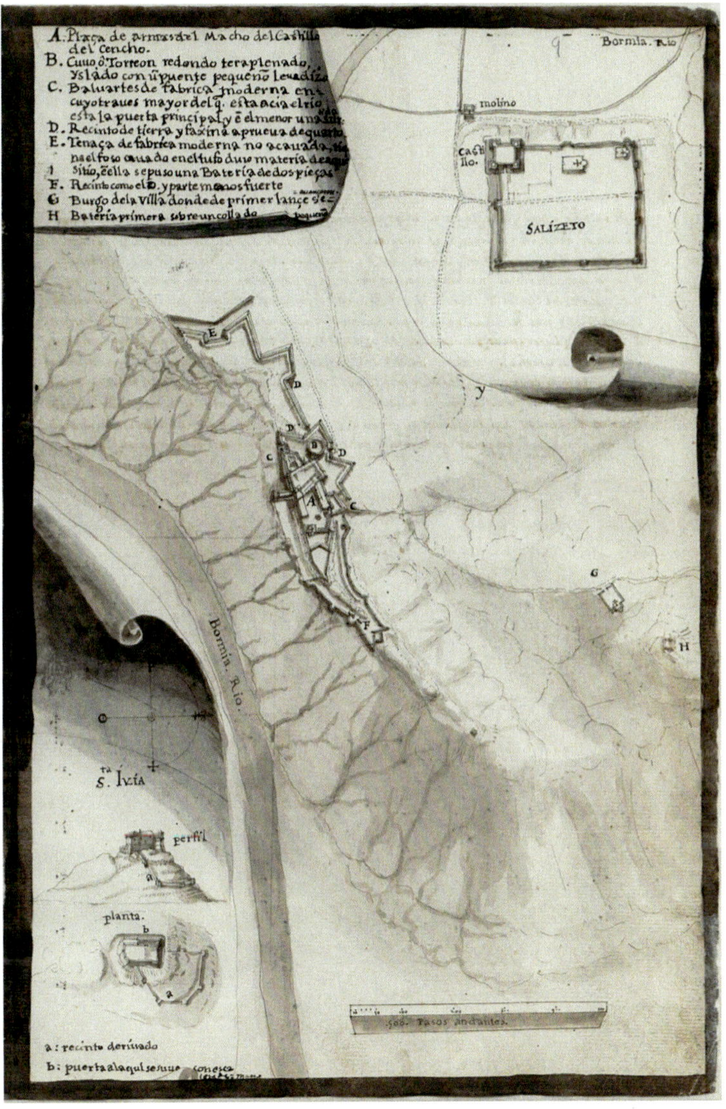

Imagen 2. Planos de Cengio y Saliceto.
Fuente: BNE, mss/12726, *Plantas de las plazas que redimió, fortificó y ganó [...] el marqués de Leganés*, 1641.

ganés. En este consejo, Tomás de Saboya no dejaba de presionar para establecer un cerco de mayores proporciones sobre Turín, pero dado lo avanzado de la campaña, junio de 1639, no se le concedió más que un contingente de 700 hombres para que organizase un golpe de mano. En efecto, el príncipe piamontés hubo de conformarse con ello y el 27 de julio acabó tomando Turín con un ardid, a excepción de su ciudadela, que quedó sitiada. La ciudad permaneció bajo poder español, pero el nuevo general francés, el conde de Harcourt, aprovechó esta fijación de tropas para retomar Chieri y conectándola con Chivasso sitiar a los sitiadores[31].

Así terminó la campaña de 1639, con una toma precaria de Turín, con la captura de numerosas plazas al norte, al sur y al este de la capital saboyana, pero sin la consecución del objetivo inicial: la conquista de Casale. Por ello, el propósito de las operaciones de 1640 no sería otro que capturar esta fortaleza sobre el Dora Baltea. Sin embargo, ni la campaña de 1639 ni la proyectada para el año siguiente pudieron contar con la participación del marqués de Solera.

Al inicio de los movimientos de 1639, el capitán coracero Diego de Benavides fue destinado a participar en la conquista de Cengio y Saliceto al mando de su compañía. Si bien ambas posiciones fueron tomadas, parece ser que lo escarpado del burgo alto de Cengio requirió de un asalto en toda regla. En esta acción participó, como parece que fue frecuente en él, Benavides y, aunque se logró tomar la fortificación, personalmente no quedó bien parado. En Cengio Diego de Benavides recibió dos picazos en la cara y las heridas imposibilitaron que continuase luchando durante el resto de la campaña primaveral. No obstante, según documentación posterior, se cita a Benavides como participante directo en la toma de Crescentino y en la de Turín, acciones que tuvieron lugar después del asalto a Cengio[32]. Si esta información es veraz, el marqués de Solera, estando herido, permaneció en el teatro de operaciones, aunque desconocemos a qué hospital militar se retiró al finalizar la campaña.

En cualquier caso, sí tenemos noticias de que sus acciones se hicieron conocidas entre el ejército de Lombardía. Al Consejo de Estado llegó una carta del propio marqués de Leganés dando cuenta «de lo bien que cumplió con las obligaciones de vuestra sangre en la ocasión de la toma de Cenchio». El valor y las acciones de Benavides fueron reconocidas por el Consejo, pero no recibió merced alguna en la respuesta, pues la minuta conservada deja en blanco dicho espacio[33].

Sin gracia alguna, Diego de Benavides hubo de recuperarse de los picazos en el rostro en algún hospital de campaña y durante el otoño de 1639 solicitó licencia para retornar a la Península Ibérica. Para entonces el marqués de Solera ya había obtenido las honras marciales y el prestigio de haber servido cualificadamente a la Monarquía en el campo de batalla, por lo que deseaba regresar a España. En este sentido, cabe recordar que la formación de Benavides no había sido militar y que lo aprendido sobre el terreno demostraba que era poseedor de unas cualidades innegables para el ejercicio de las armas. Así, por esta razón, la licencia del ejército de Lombardía le sería concedida, pero no para aposentarse en sus casas de la madrileña collación de San Pedro.

Una recuperación estratégica: Diego de Benavides en Salces

Mientras Diego de Benavides se recuperaba en el Milanesado de las heridas sufridas en el asalto a Cengio, en la Península Ibérica otro movimiento agitador comenzaba a tomar fuerza. Las tensiones entre los condados catalanes y la Corona comenzaron a crecer a raíz del intento de invasión francés en 1637, por lo que el cardenal Richelieu tuvo una puerta abierta para trasladar el teatro de operaciones de la guerra contra España desde el norte de Italia —donde, como han leído, el marqués de Leganés estaba ganando la partida— hasta el Rosellón[34].

Esta estrategia del «valido» francés se materializó a finales de la primavera de 1639, cuando el 10 de junio el príncipe de Condé penetró en tierras rosellonesas con 20.000 soldados y 3.000 caballos con el objetivo de tomar Salces. Los franceses pusieron sitio a la plaza, pero se encontraron con la resistencia de la guarnición napolitana y miliciana dirigida por Miguel Llorente Bravo de Chaves, enfermo de gota; la cual resistía con la esperanza de que el ejército real regresase a tiempo a Cataluña tras socorrer a Fuenterrabía el año anterior. En esta espera Salces resistió mes y medio en actitud defensiva, pues, aunque resistieron dos asaltos frontales, nunca pudieron practicar una salida que impidiese los trabajos franceses de zapa para deshacer las fortificaciones[35]. Así, el 19 de julio, 38 días después de haberse establecido el cerco, los galos volaron una cortina de muralla y desde aquel hueco se produjo el asalto general que condujo a la rendición de la guarnición y la huida de su gobernador[36].

El impacto en Madrid de esta acción francesa sobre el Rosellón fue duro. Sin embargo, mientras Condé reparó la fortificación y apostó a 2.400 soldados a cargo del barón de Espenan, Olivares apenas pudo esperar el retorno del ejército real desde Guipúzcoa para intentar una rápida recuperación de Salces. Para entonces, primeros días de agosto de 1639, el virrey de Cataluña, el conde de Santa Coloma, apenas contaba con más de 1.250 soldados, por lo que en la realidad no tenía capacidad de oponerse a la invasión francesa. Solo la milicia y la caballería de Cristóbal de Gallart —destacado regente de la Tesorería catalana y gobernador del territorio[37]— y Gaspar de Toralto —italiano, marqués de Toralto— pudieron impedir que los galos medrasen por el Rosellón y se hicieran con más plazas fortificadas[38].

Ante tal situación y por la tensión existente en el territorio, el virrey conde de Santa Coloma solicitó a la Corona que se hiciesen los esfuerzos necesarios para recuperar lo antes posible Salces y devolver al orden el norte de los condados catalanes. Para ello, Santa Coloma desde el mismo Rosellón suplicaba ante el rey, vía Consejo de Guerra, que se le despachasen con la mayor premura posible patentes de maestre de campo, sargento mayor y ayudantes para que así se pueda dar oficialidad a las tropas que el duque de Módena ha levado para ir a recuperar Salces[39]. Pero estas tropas no serían suficientes dadas las eficaces reparaciones francesas sobre Salces y lo bien pertrechada que se encontraba su guarnición. Además, la moral y las ansias por expulsar a los galos del Rosellón incrementaron la presión sobre la Monarquía desde todos los frentes. Así, para completar las tropas y conseguir una rápida reconquista se demandaron refuerzos desde otros frentes, a más de incidir en lo necesaria que resultaba la Unión de Armas diseñada por Olivares y vuelta a rechazar por los catalanes en las Cortes de 1632[40].

En la búsqueda de tropas para restaurar con premura el frente norpeninsular, al gobernador del Milanesado, el marqués de Leganés, le fueron remitidas informaciones y algunas demandas. En primer lugar, le comunicaron que el II marqués de los Balbases había sido nombrado capitán general del ejército de Cantabria y que se dirigía con la mayor rapidez posible hacia Cataluña. En segundo término, a Leganés se le solicitó que socorriese a las tropas de Santa Coloma «de bastimentos, municiones y todo lo demás», es decir, de hombres pertrechados[41]. Probablemente, aunque no tenemos noticias exactas, Leganés remitiría a Cataluña únicamente aquellos efectivos de los que podía prescindir. Entre estos con probabilidad estarían los soldados en la última fase de recuperación tras ser heridos o aquellos que habían obtenido licencia para regresar a España. Lo que no sabrían ni unos ni otros fue que regresaban de Italia para participar en la recuperación de Salces. Uno de ellos: Diego de Benavides[42].

En cualquier caso, provenientes de diversos frentes y cuarteles sobre la capital del Rosellón, Perpiñán, se fueron concentrando tropas con el objetivo de tomar Salces. Aunque el mando superior de estos soldados debió recaer en el virrey de Cataluña, el conde de Santa Coloma, este ejército fue encomendado al II marqués de los Balbases, quedando la dirección de la caballería en Álvaro de Quiñones, la artillería en el marqués de la Rena y las maestrías de campo en el marqués de Mortara, Fernando Miguel de Tejada, Jerónimo de Tuttavilla, Diego Caballero, el valón barón de Molinghen y el irlandés conde de Tyrconnell, quedando para los catalanes duque de Cardona y marqués de Aytona la dirección de todas las milicias levadas en los condados[43]. Así, el ejército destinado al Rosellón, tras sumarse las tropas de Santa Coloma, sumaría entre 23.000 y 26.000 hombres, aunque otras fuentes románticas elevan la cifra hasta los 40.000 soldados[44].

Diego de Benavides, como marqués de Solera y veterano de la invasión del Piamonte, probablemente fue enrolado dentro del tercio del II marqués de Mortara, cuyas tropas provenían directamente del Milanesado[45]. Estos soldados al mando del II marqués de Torrecuso fueron los que protagonizaron el asalto y toma de los reductos de Salces el 19 de septiembre, destrozando a la caballería gala y permitiendo tomar posesiones óptimas para el emplazamiento de la artillería[46]. El éxito podía haber sido completo aquella jornada, pero órdenes de Santa Coloma frenaron el avance y establecieron el sitio. Una decisión que permitió a los franceses organizar un socorro cuantioso —20.000 soldados y 4.000 caballos— que se presentó ante Salces el 23 de octubre. Sin embargo, la decisión de Santa Coloma, Balbases y demás generales y maestres de campo de no hacer frente a los galos y persistir sobre las posiciones del sitio fue relativamente exitosa. Los franceses atacaron el primero de noviembre a los ejércitos hispánicos por tres frentes y casi estuvieron a punto de deshacer el cerco sobre Salces, pero la defensa española enconada y la intervención personal en el frente de Torrecuso consiguieron deshacer los ímpetus galos[47].

Deshecho el socorro francés, a las tropas hispánicas solo le quedaba esperar sobre sus posiciones a que la guarnición se rindiese o a la preparación del asalto definitivo. En este compás se optó por la primera de las opciones para no desgastar más a las tropas propias —aunque la vida en un sitio no es que resultase muy cómoda—, una decisión apoyada a su vez en la renuncia del príncipe de Condé a organizar un segundo socorro sobre Salces. Además, el 31 de enero los soldados fueron refrescados y aliviados por la llegada del duque de Maqueda con la compañía de Francisco Mesía y otros 300 infantes para el tercio de Juan de Arce. En palabras del propio Santa Coloma, un refuerzo importante para la toma de la plaza[48].

La recuperación de Salces se produciría el 6 de enero de 1640. Tras diversas negociaciones, Espenan capituló junto con su guarnición, aunque antes acometió contra los sitiadores para intentar escapar. En esta acción fue decisiva la alerta del conde de Molina, gracias a quien se pudieron organizar las tropas y deshacer cualquier acción francesa[49]. Así pues, por su valentía demostrada, la citada jornada se permitió la salida de los franceses «con dos piezas de artillería, cajas templadas, banderas enarboladas, armas y bages» y se tomó Salces para alegría de todo el ejército desplegado y de la Monarquía hispánica[50].

Recuperado Salces y el Rosellón quedaban por delante tareas difíciles para Felipe IV. En primer lugar, había de designarse a un gobernador adecuado para la responsabilidad rosellonesa, pues Santa Coloma había remitido preso a Madrid al marqués de Torrecuso[51] y había quedado como dirigente el marqués de Mortara[52], siendo castellano de la propia Salces el teniente del maestre de campo Juan de Garay, Francisco Gutiérrez de Velasco[53]. En segundo término, que no último, se antojaba necesario ir licenciando a las tropas reunidas en el Rosellón, devolver algunos cuerpos a sus cuarteles de origen, apostar a otros sobre el territorio y conceder el permiso para regresar a sus solares a unos últimos que consideraban cumplido su servicio de armas al rey. Entre estos últimos se encontraba Diego de Benavides.

El nuevo conde, la guerra en Cataluña y la primera Jornada de Aragón

Tres años después de haber salido de la corte, tras haber peleado en Italia y sitiado Salces, el marqués de Solera mostró signos inequívocos de querer regresar a Madrid. Recuperada la importante plaza rosellonesa, Diego de Benavides solicitó la pertinente licencia al rey para volver, pero su concesión no fue para nada sencilla[54]. Las apetencias de la Francia de Luis XIII y Richelieu por el Rosellón desaconsejaban que se desmovilizaran todas las tropas de inmediato, máxime teniendo en cuenta las hostilidades desatadas desde 1635. Sin embargo, desde prácticamente la recuperación de Salces muchos soldados y oficiales solicitaron este retiro. Así, el maestre de campo napolitano Jerónimo de Tuttavilla demandó licencia para marchar a Madrid y como él otros, entre los que intuimos se encontraba Diego de Benavides[55]. Incluso el virrey Santa Coloma se mostraba favorable a que los infantes y los mandos pudieran marcharse del Rosellón, pues, en opinión mostrada al secretario del Consejo de Guerra, «esta campaña ha sido tan terrible» que se hacía necesario refrescar a los hombres[56].

No obstante, la expulsión de los franceses del territorio debía consolidarse con nombramientos y premiarse con mercedes. En este sentido, por ejemplo, el virrey de Cataluña solicitó al rey una recompensa a la altura para Juan de Benavides y de la Cerda, veedor general de los ejércitos del Principado, pues gracias a su costa pudo proveerse al ejército sitiador y emplearse los gastadores necesarios[57]. Una cuestión, la de la intendencia, clave cuando la guerra se desate al otro lado de los Pirineos. Antes de ello, Santa Coloma hubo de comunicar también lo complicado que resultaba encontrar gobernadores para el Rosellón. El virrey dio cuenta a Madrid que, en presencia del II marqués de los Balbases, el maestre de campo Diego Caballero rechazó la propuesta de ser gobernador de Salces[58]. Los motivos esgrimidos por Caballero fueron comunicados directamente al secretario Ruiz de Contreras, pues el maestre de campo consideraba que no se hallaba en condiciones de cumplir con esta responsabilidad «por hallarme con una pierna rota en servicio de Su Majestad»; razón por la que además pide tres meses de licencia y retiro al Consejo de Guerra[59].

Ante este escenario, Diego de Benavides podría haberse hecho con el gobierno de Salces, pero según parece nunca estuvo entre los posibles candidatos. Aquí, con seguridad, entraría en juego su corta, aunque intensa, carrera militar y también sus manifiestos deseos de regresar a la corte. En cualquier caso, el gobierno de las plazas rosellonesas quedó en manos del II marqués de Flores Dávila en marzo de 1641[60], quien recogió lo efectuado en el plano militar por el maestre de campo Juan de Garay en la región y en Salces por Benito de Quiroga[61].

Las necesidades de Diego de Benavides de regresar a la corte se incrementaron en primavera. Francisco de Benavides, el VII conde de Santisteban, su padre, estaba sufriendo un empeoramiento de su salud que hacía presagiar un pronto fallecimiento. Ante esta situación el conde testó en Madrid, ante el escribano Diego Martín Crespo, el 2 de abril, para acabar muriendo el 26 de septiembre de 1640[62]. No sabemos si su primogénito estuvo presente en las postrimerías del conde en las casas de San Pedro el Real de Madrid, pero sí tenemos constancia de que muy pronto se hizo reparto de los bienes, los títulos y los estados que dejó. De esta manera, incluso antes del óbito, Antonio de Benavides aceptó el tercio de mejora que dejó en el testamento su padre para él y para el hijo mayor[63]. Un mes después, el flamante VIII conde de Santisteban —a partir de aquí nos referiremos a Diego de Benavides también como Santisteban— visitó los estados jiennenses de su casa y tomó posesión de Santisteban del Puerto, Castellar y Las Navas[64], de

Imagen 3. Blasón de los Benavides y de la Cueva en las casas de San Pedro el Real de Madrid. Fuente: el autor.

lo correspondiente en Torreperogil[65] y Úbeda[66], de la villa de Espeluy[67] y los censos de Ibros[68], además de las posesiones de Pobar y Valtajeros, en Soria, mediante escribano público[69].

La administración de la casa de Santisteban, como referimos en el capítulo anterior, quedó en manos del tío paterno del nuevo conde, don Mendo de Benavides, obispo de Cartagena[70]. Esta posibilidad permitió al conde de Santisteban regresar a la corte y reintegrarse en la política de Felipe IV en el otoño de 1640, un momento de enorme tensión tras el levantamiento de los catalanes el 7 de junio y el pronunciamiento del duque de Braganza en Lisboa el primero de diciembre[71].

La respuesta de la Monarquía a estos nuevos frentes peninsulares requirió de la movilización de todos los medios, humanos y materiales, a su disposición y entre ellos estuvo el llamamiento a la nobleza[72]. De esta forma volvió a ser requerido el conde de Santisteban, pues en noviembre de 1640 recibió una orden real, vía el conde de Peñaranda, para que, tras agrupar a sus soldados y al millar de hombres levados por el corregidor de Granada, se encaminase hacia Molina de Aragón, nombrando para esta tropa a los oficiales que fuesen de su confianza[73]. Un par de meses antes, la Corona había publicado un bando desde el Consejo de Estado y firmado por el presidente del Consejo de Aragón, el cardenal Gaspar de Borja y Velasco, llamando al alistamiento de los naturales de Cataluña, Rosellón y Cerdaña bajo banderas de compañías de estas regiones[74]; algo que, junto a las «levas del uno por ciento» en todos los reinos peninsulares, habrían de configurar un gran ejército para reinstaurar el orden en Cataluña[75].

Estas armas reclutadas en otoño, aunque sin participación de Santisteban, penetraron a inicios de 1641 en territorio del Principado catalán al mando del marqués de los Vélez. En pinza con las tropas que desde el Rosellón mandaba Juan de Garay, habrían de tomar con celeridad Barcelona y acabar teóricamente con el levantamiento[76]. El enfrentamiento de este ejército con las tropas franco-catalanas se produjo el 26 de enero de 1641, saldándose con una estrepitosa derrota y el paso de la iniciativa bélica a manos galas[77]. El fracaso hispánico permitió al mariscal La Mothe poner cerco a Tarragona y a los navíos del arzobispo de Burdeos sitiar la ciudad por mar, cuya toma hubiese supuesto un jaque de gran magnitud para la Monarquía. Solo la victoria de las galeras del marqués de Villafranca y el duque de Maqueda sobre las francesas, el 20 de agosto de 1641, permitió un alivio aquel año a Felipe IV, pues gracias a esta acción Tarragona pudo ser socorrida desde el mar y obligar a La Mothe a mover sus tropas[78].

La Corona se hallaba ante una guerra total y para hacer frente a ella requería no solo de recursos, también de una dirección y una acción acertada. En este sentido, como bien demuestra el profesor Simon i Tarrés, la Junta de Ejecución dirigida por el conde-duque de Olivares decidió el 28 de agosto de 1641 que había que socorrer el sitiado Rosellón, tomar la ciudad de Lérida y organizar una jornada que pusiese a Felipe IV en el frente[79].

Aunque la historiografía más clásica sigue insistiendo en que el rey partió hacia Aragón por su propia cuenta[80], lo cierto fue que este desplazamiento estuvo muy bien planificado por el valido y por ello se retrasó hasta la llegada de la flota de la Nueva España en 1642[81]. Mientras tanto, había de mantenerse socorridas a las plazas sitiadas en el Rosellón y conservar estable la frontera en Aragón. Para lo primero se consiguió abastecer las plazas rosellonesas cercadas en diciembre de 1641 por la vía marítima desde la bahía de los Alfaques. Sin embargo, con el mismo objetivo, socorrer el Rosellón, en enero de 1642 partió un numeroso contingente de caballería al mando de Pedro Antonio de Aragón, heredero del ducado de Cardona, que acabó siendo destrozado por los franceses en marzo del mismo año[82].

Sin apoyo intendente, Colliure caería en primavera, casi a la misma vez que Felipe IV partía hacia el frente, y Perpiñán y Salces lo hicieron en agosto y septiembre. El 26 de abril el rey salió de Madrid para pasar por Aranjuez, Cuenca, Molina de Aragón y llegar a Zaragoza el 27 de julio de 1642. En este trayecto las compañías que se habían reclutado y las levas que la nobleza había aportado desde sus estados, o bien de Andalucía como hizo Luis Méndez de Haro, se le sumaron en el camino[83]. La lentitud de este desplazamiento, en el que Felipe IV estuvo rodeado de buena parte de su corte, incluyendo al conde de Santisteban, propició que las tropas franco-catalanas consiguiesen ventaja. Así, la toma del Rosellón fue continuada en la frontera aragonesa con el asedio y fallido asalto a Tortosa y con el ejército de La Mothe plantándose a las puertas de Lérida. A las afueras de la capital ilerdense, con el rey ya en Aragón, se encomendó el ejército hispánico de 20.000 hombres al marqués de Leganés con objeto de oponerse al franco-catalán de 13.000 soldados[84]. El 7 de octubre tuvo lugar el enfrentamiento abierto y el resultado del mismo fue un auténtico desastre para los estandartes hispánicos. Además, a la derrota de Leganés se sumó una retirada a Zaragoza que dejó numerosas bajas y permitió a los rebeldes continuar en posesión de Lérida[85].

A pesar de los resultados negativos de la campaña de 1642, Felipe IV había logrado sumergir a su corte en un ambiente militar, haciendo de Zaragoza la ciudad a la que convergían reclutas y mercenarios de toda la Península Ibérica y Europa[86]. En este contexto, el conde de Santisteban, gentilhombre, participó activamente como miembro del círculo real, pero desconocemos si tomó las armas junto a su antiguo capitán general Leganés en la batalla de Lérida o en cualquier otro movimiento. En cualquier caso, de lo que sí tenemos constancia cierta fue de que realizó un desembolso económico para mantener a toda una compañía en la coronelía del príncipe Baltasar Carlos[87].

Un consejero de Guerra destinado al frente luso-extremeño

La jornada real al frente aragonés se repitió en 1643 y en ella tenemos referencia documental de la presencia de Diego de Benavides. Para esta nueva campaña, que acabará con el desplazamiento de Diego de Benavides del entorno de Felipe IV, el Consejo de Estado planificó cuidadosamente qué hacer sobre dos opciones: mantener los esfuerzos en Cataluña o volcarlos hacia una Portugal «desatendida» desde el levantamiento del duque de Braganza[88].

La penetración portuguesa en tierras castellanas se había producido en 1642, aunque de baja intensidad, sobrepasando las fronteras gallegas y llegando hasta Ciudad Rodrigo por el este, por lo que el peligro de este frente se había materializado[89]. Antes de estos movimientos lusos, la Monarquía había confiado en que las tropas y bastimentos solicitados a «grandes títulos y prelados, cabildos seculares y eclesiásticos» servirían para defender este escenario bélico. La realidad fue bien diferente, pues los 6.000 infantes y 500 caballos previstos no se llegaron a completar y, por ejemplo, el conde de Santisteban solo respondió levando y costeando 50 soldados de infantería[90]. Así, como manifestó Juan de Garay, maestre de campo responsable de la frontera extremeña, era imposible sofocar rápidamente la rebelión lusa, pues en su opinión eran necesarios 16.000 soldados y 4.000 caballos para tomar Elvas y continuar hasta Lisboa[91].

En cualquier caso, los portugueses no mostraban signos de poder organizar una gran expedición hacia Castilla, ni tampoco de ser capaces de defenderse ante una invasión organizada y seria. A pesar de ello, la Monarquía de Felipe IV carecía de los medios para mantener un conflicto abierto y ofensivo en Cataluña y en Portugal, por lo que había que tomar decisiones y escoger dónde se mantendría una postura atacante y dónde se conservarían posiciones defensivas. Así se decidió que para la campaña de 1643 los esfuerzos se volcasen sobre el frente catalán y en el lado oeste se organizase un avance desde Extremadura, pero conservando con cautela las posiciones en Castilla, Galicia y Andalucía, a excepción de hostigamientos para distraer fuerzas lusas[92]. Para ello, el ejército de Extremadura había de ser formado prácticamente en la región, cubrir toda su linde portuguesa y financiarse casi en exclusiva por sus propios habitantes[93].

Con este planteamiento estratégico se inició la campaña de 1643, en la cual el rey volvería a desplazarse a Zaragoza acompañado por el príncipe Baltasar Carlos y la cámara de la que formaba parte Diego de Benavides. Para el frente portugués en el sector extremeño se designó al marqués de Leganés, quien tras la caída de Olivares en enero debía sustituir a un conde de Monterrey acusado de haber gastado 4 millones de ducados sin resultado alguno[94].

En la primavera, la corte ya se encontraba aposentada en el palacio episcopal zaragozano y aunque esta nueva alteración de la vida cotidiana, sumada a la guerra cercana, era de tener en cuenta, los choques entre los soldados acuartelados en aquella plaza de armas y la población civil hicieron más inestable la campaña[95]. En cualquier caso, la jornada se estaba reproduciendo por segundo año consecutivo y en su inicio formó parte el conde de Santisteban en una nueva y ascendente calidad. El 13 de marzo de 1643, aún en Madrid, Felipe IV recibió juramento de Diego de Benavides como nuevo consejero de Guerra. En este nuevo puesto y teniendo en cuenta las premuras económicas en que dejó la casa condal Francisco de Benavides, Santisteban reclamó al final de la campaña lo que se debía por sus derechos a casa y aposento como consejero, 4.000 reales[96], y lo propio por propinas y luminarias ordinarias y extraordinarias, 3.900 reales en plata doble[97].

Pero como hemos apuntado, el conde de Santisteban sería desplazado del escenario aragonés. Según el planteamiento del Consejo de Estado, el frente portugués iba a adoptar una posición defensiva en todos sus sectores, salvo el extremeño, y para ello, antes de ser depuesto tras la caída del conde-duque de Olivares, el conde de Monterrey necesitaba 9.000 hombres solo en Extremadura[98]. Una vez que estas fuerzas fueron entregadas al nuevo maestre de campo general Juan de Garay[99], el conde de Santisteban recibió el nombramiento de maestre de campo para el ejército emplazado en Badajoz[100]. Un segundo nombramiento en 1643 que se debió a los servicios prestados en Cataluña en la campaña anterior[101]. Sin embargo, desconocemos la fecha en la que se produjo y solo podemos constatar que Diego de Benavides ya se hallaba en este gobierno militar a finales de agosto de 1643, cuando desde la ciudad pacense impuso un censo para cumplir con la dote de su hermana Antonia[102]. Es cierto que antes de esta fecha existen noticias que relacionan a Santisteban con la guerra en Extremadura, pero ambas parecen darse desde Madrid. Por ejemplo, el 8 de junio el conde propuso al Consejo de Guerra sujetos para gobernar una compañía

Imagen 4. Mapa de Extremadura.
Fuente: Instituto Geográfico Nacional, 32-G-3, William J. Blaeu, 1640.

de caballería —el Consejo se limita a autorizar estos nombramientos solo si el conde-duque de Olivares, capitán general de la caballería de España, hace delegación—[103], o el 27 de julio, cuando solicitó que se le libre casa de aposento como maestre de campo general extremeño, lo cual se llevaría a consulta[104].

En cualquier caso, Santisteban, en el ejercicio de maestre de campo del ejército de Extremadura, mantuvo una posición defensiva, en contra de lo dispuesto en el diseño de la campaña por el Consejo de Estado, no atreviéndose a penetrar más allá de la frontera. Parece ser que esta postura fue tomada solo por lo menguado de las fuerzas disponibles, las cuales no eran suficientes como para mantener guarnecidas las plazas fuertes extremeñas y atacar a los portugueses. Por tanto, entre otras cuestiones, Santisteban permaneció en Badajoz, solicitando la reforma del sistema defensivo de una plaza tan capital. Esta petición le fue concedida por sus colegas de la Junta de Guerra, pero solo si empleaba en estas obras a sus tropas y a la población civil. A la postre, a pesar de esta aceptación y su necesidad, Santisteban no efectuó obra alguna dada la escasez monetaria que sufría[105].

En otro orden, Diego de Benavides hubo de preparar a sus tropas en septiembre de 1643 ante las noticias que llegaban de Portugal. Santisteban conoció la intención del conde de Óbidos de penetrar por el sur de Badajoz, cosa que efectuó ocasionando grandes daños, pero la escasez de armas de fuego le impidió salir a su encuentro. Solo la retirada de las tropas portuguesas a mediados de octubre impidió que los destrozos fueran mayores y la moral del ejército de Extremadura terminara por derrumbarse[106]. Así, la falta de recursos destinados por la Monarquía al frente portugués terminó por condicionar el resultado de sus tropas en aquel escenario, pues sin hombres ni armas era imposible presentar cualquier oposición. Otros ejemplos de ello fueron que, en diciembre de 1643, Santisteban hubo de autorizar la tala de las dehesas próximas a Badajoz para usar sus maderas en las reparaciones de armamento, fortificaciones y puentes[107], preguntar por la enajenación de los bienes de súbditos portugueses[108] e incluso negociar a la baja el abastecimiento de alimentos para sus tropas[109].

Además, por si los citados problemas no fuesen menores, Santisteban hubo de enfrentarse a desórdenes entre sus tropas y la población local. El propio Felipe IV llegó a expedir una real cédula en la cual conminaba a Diego de Benavides a traer al orden a los capitanes Juan Alfonso Altamirano, Alonso Manzano de Solís y Antonio Ximénez y al ayudante Juan Hurtado de Mendoza, todos del tercio del maestre de campo Diego de Avellaneda, por los disturbios, afrentas y daños ocasionados en la población de Cilleros y, en especial, contra su alcalde ordinario, Juan Alonso de Santibáñez[110]. A la falta de hombres, armas, materiales y dinero también se unieron problemas de disciplina, lo cual, todo junto, puede hacernos pensar lo complicado del gobierno marcial de este territorio.

Así transcurrió la campaña de 1643, tras la cual Diego de Benavides, con mucho deseo, solicitó licencia para regresar a Madrid y posteriormente pasar a Fraga, donde se hallaba Felipe IV. Buscar la presencia del rey tendría para el conde de Santisteban dos objetivos: refrendar —quizás excusar— su labor en el frente de Badajoz y posicionarse de cara a la campaña de 1644. Lo primero parece ser que simplemente fue escuchado. Lo segundo se resolvió nombrando al marqués de Torrecuso como general para Extremadura y ordenando a Santisteban que retornase a Madrid y se limitase a servir en el Consejo y Junta de Guerra[111]. Sin duda, un varapalo para la trayectoria ascendente de Diego de Benavides, pero una oportunidad para reasentarse, reordenar su casa y prepararse para los nuevos servicios que le demandaría la Monarquía.

Pero en esta separación de los frentes militares de Santisteban hay que anotar el papel importante que jugó su postura conservadora en tierras pacenses. Aunque bien fue cierto que en 1643 la Corona no facilitó para el conflicto portugués los hombres y recursos suficientes como para realizar la ofensiva planeada desde Badajoz, Diego de Benavides tampoco se mostró muy proclive a usar las tropas, cortas, y los bastimentos, siempre insuficientes, a su disposición. Así, como recoge Lohmann Villena, «por su comportamiento en esta campaña se granjeó el mote de *conde de Mariesteban*»[112] e incluso circularon panfletos con rimas dudando del valor de Santisteban por la influencia de Antonia Ruiz de Corella, la marquesa de Las Navas, su primera esposa:

Socorro piden al Conde
los pueblos en su aflicción
y el Conde a su petición
ni socorre ni responde.
Dentro en Badajoz se esconde
sus muros fortificando,
tiempo al enemigo dando
ni armas previene ni gente
que, como Fabio prudente,
piensa vencer dilatando.
No falta al Conde valor,
que es Cueva de Benavides,
nieto de españoles Cides,
del moro espanto y terror.
Que la Condesa y su amor
le detiene, es cosa clara;
pues al partir de su cara,
cuando Marte más le pica,
si espuela de honor le asica,
el freno de amor le para[113].

No podemos obviar que esta fama, merecida o no, llegaría a la corte desplazada en Zaragoza y Fraga y que ello pudo constituir uno de los motivos para que Santisteban fuese sustituido en el frente portugués por Torrecuso y mandado de vuelta a Madrid. En cualquier caso, la campaña de 1644 iba a arrojar un resultado muy diferente a los obtenidos en los años precedentes.

De nuevo con el rey en el frente aragonés, se equipó, armó y entrenó un contingente de 15.000 soldados, la mayoría con experiencia, que fue entregado al general portugués Felipe de Silva. El objetivo principal, que no el único: tomar la ciudad de Lérida[114]. Tras cortar el abasto de la capital ilerdense por el río Cinca, las tropas hispánicas consiguieron poner cerco a la plaza y tomarla, realizando Felipe IV su entrada triunfal en la misma el 7 de agosto de 1644. Gracias a esta decisiva conquista, el ejército de la Monarquía católica pudo penetrar con firmeza en territorio catalán y, lo que fue igual de importante, alejar de Aragón el frente de guerra[115]. A pesar de ello, la guerra no acabó de inmediato en el Principado, pero sí permitió que la plaza de armas se trasladase de Zaragoza a Fraga, donde, permítanme la licencia, Velázquez pudo pintar uno de los retratos más soberbios de cuantos realizó del *Rey Planeta*.

Mientras tanto, en el frente portugués, por la preferencia de recursos hacia el escenario catalán, la situación no varió tras la marcha del conde de Santisteban. Como hemos citado, el marqués de Torrecuso tomó el relevo como general del ejército de Extremadura a Diego de Benavides, haciendo su entrada en Badajoz el 9 de marzo de 1644[116]. El napolitano tuvo a su disposición algo más de 6.000 soldados y 2.000 caballos, es decir, una fuerza insuficiente y mal pertrechada para repetir aquella invasión que protagonizó el duque de Alba en 1580 y que el Consejo de Estado había planificado imitar. Por tanto, no quedó más remedio al militar napolitano que sostener una actitud defensiva, mientras observaba los saqueos lusos a Codosera, Villar del Rey, La Puebla o el repelido de Alburquerque[117]. Solo en Montijo pudo hacer frente, para detener estas razias, a los portugueses. En este campo, el 26 de mayo de 1644, comandando las tropas españolas el barón de Mollinghen, su lugarteniente, pudo derrotar al ejército rebelde de Matías de Albuquerque y mantener por el resto del año el *statu quo* en la frontera[118]. Además, como anécdota relacionada con Diego de Benavides, de este choque resultaron prisioneros una serie de portugueses que fueron encarcelados en la Alhambra de Granada y para los cuales, como miembro de la Junta de Guerra, el conde de Santisteban solicitó un buen trato[119].

Aún faltarían unos años para que Diego de Benavides hubiere de regresar al frente de batalla portugués. Hasta entonces, retirado de las armas por designio real, el conde de Santisteban permaneció en la corte ejerciendo en el Consejo de Guerra, con el grado marcial de maestre de campo y preparándose para el siguiente servicio que le encomendase Felipe IV.

3

SANTISTEBAN, CAPITÁN GENERAL DE GALICIA

La estrechez económica del conde

Apartado de los negocios militares en cualquiera de los frentes peninsulares, Diego de Benavides se asentó en Madrid en 1644. Las acciones llevadas a cabo en Extremadura habían mermado, en cierta manera, su prestigio y la visita realizada a Felipe IV en Fraga no pareció dar fruto alguno en forma de provisión. Así, el conde de Benavides se retiró a sus casas de la collación madrileña de San Pedro el Real, dedicándose casi en exclusiva a servir como consejero en la Junta y el Consejo de Guerra.

Sin embargo, el año de 1644 iba a traer más problemas para Santisteban. En octubre su tío natural, Mendo de Benavides, el obispo de Cartagena, empeoró gravemente su salud y acabó por fallecer el 17 de dicho mes. Si bien es cierto que antes de esta muerte el obispo había dejado fundado un patronato sobre Santiago del Castellar[1], en los estados del linaje, o un conveniente testamento[2] e inventario —sumamente interesante— de sus bienes[3], para Diego de Benavides significó perder al administrador de su casa, rentas y censos.

Este contratiempo no haría que el conde abandonase Madrid. Tras reparar su residencia comenzó a gestionar unos estados que durante bastante tiempo habían sido delegados[4]. Así tuvo que hacerse cargo de organizar el cobro de millones en el condado de Santisteban, pues la Monarquía se encontraba anhelante por maximizar cualquier recaudación y en este territorio no había quién se encargase. Por ello el administrador general del servicio de millones para el reino de Jaén conminó a Santisteban para que cuanto antes nombrase a los escribanos que cobrasen dicho tributo en sus señoríos[5].

No parece que la administración delegada de Santisteban en sus villas andaluzas fuese especialmente notable. Si bien fue cierto que la situación generalizada del país no era boyante, en el caso de las poblaciones del conde parece que el contexto fue aún más agudo. De esta manera se explica cómo el propio concejo de Santisteban hubo de solicitar licencia para enajenar bienes y cumplir con el servicio de millones[6]. Además de ello, parece que el conde no satisfacía sus obligaciones económicas con los delegados y así comenzaron a llegar pleitos como el de Mateo Fernández de Guernica, quien denunció a Santisteban por no pagarle sus servicios como gobernador de la villa jiennense[7].

Esta delicada situación de la hacienda y los estados del conde de Santisteban siempre fue motivo de su preocupación. Al menos así se demuestra durante estos años e incluso durante su virreinato en el Perú[8]. Sin embargo, una nueva llamada de Felipe IV en 1647 provocó que Diego de Benavides delegase los asuntos domésticos y la gestión de sus solares para servir en un nuevo puesto a la Monarquía hispánica. El destino: la capitanía general de Galicia. Diego de Benavides regresaba a un escenario de enfrentamiento bélico con Portugal.

La guerra en la frontera gallega

En el reino gallego la situación vivida durante la convulsa década de 1640 estaba marcada por la inestabilidad de ser un frente de guerra. Tras el levantamiento del duque de Braganza el sur de Galicia comenzó a sufrir hostigamientos e incursiones de las tropas portuguesas y las defensas terrestres no se encontraban especialmente guarnecidas, al contrario, claro está, que la fachada atlántica del territorio. Para poner en orden esta frontera se nombró capitán general y gobernador de Galicia en 1642 a fray Martín de Redín, gran prior de Navarra de la orden de San Juan, en sustitución del marqués de Valparaíso[9].

Llegado a tierras gallegas, el nuevo capitán general se afanó en la reorganización de todas las fronteras terrestres, desde el curso del río Miño hasta el sur de Orense en linde con León[10]. Esta actuación de Redín se saldó irregularmente, pues empleando a los soldados levados por su predecesor —cuya recluta había ocasionado protestas de la Junta del Reino al rey— pudo frenar el ataque de Ruy de Figueiredo, gobernador de Chaves y Tras-os-Montes, al valle de Verín y el sector de Puebla de Sanabria. Sin embargo, hacia el tramo oeste de la frontera, las tropas del conde de Castel Melhor, gobernador de Entre-Douro-e-Minho, conquistaron la plaza de Salvatierra, una cuña en territorio gallego que permanecería en manos portuguesas más de una década[11].

La pérdida de la fortaleza salvaterrense provocó que el gobierno de Redín, sin soldados de refresco ni abundancia de recursos provenientes de la Corona o el Reino, se reconfigurase *motu proprio*, coincidiendo con los designios del Consejo de Estado, como pudieron leer en el capítulo precedente. Así pues, el caballero maltés adoptó una política de guerra defensiva y, para evitar que otras poblaciones de peso cayesen en manos portuguesas, se afanó en las fortificaciones de Tuy, también al otro lado del Miño como Salvatierra, y Monterrey, al sur de Orense[12].

En estas tareas terminó la campaña de 1643, regresando Martín de Redín a Navarra y siendo sustituido como gobernador interino por un Agustín Spínola, cardenal-arzobispo de Santiago, recién regresado a Galicia tras participar en la Jornada de Aragón del año anterior[13]. Esta administración se prolongó hasta el 2 de diciembre de 1643, cuando llegó el nuevo capitán general, Enrique Enríquez de Pimentel y Guzmán, marqués de Távara. Para entonces, con el año marcial finalizado, la Monarquía preparaba la campaña de 1644 con el objetivo de recuperar Lérida y mantener la tensión en Flandes, donde la derrota en Rocroi aquel año generó una seria amenaza. Por ello el esfuerzo económico y humano de la Corona no tuvo apenas en cuenta a las necesidades existentes en Galicia.

Como capitán general, Távara volcó sus esfuerzos en conseguir de la Junta del Reino el apoyo financiero que no obtenía desde la corte. Una dedicación que fue en vano, pues nunca le fue concedido este apoyo, al igual que su intento de reclutar a 16.000 nuevos soldados y caballería. Sin dinero, armas y apenas hombres Távara no tuvo más remedio que continuar con una posición defensiva en Galicia y solo se aventuró a la recuperación de Salvatierra para devolver a los portugueses al otro lado del Miño. Dadas las condiciones, el proyecto de Távara se estrelló contra las fortificaciones salvaterrenses y arguyendo una enfermedad fue retirado de la capitanía general gallega para pasar a la de la frontera de Castilla con Portugal[14].

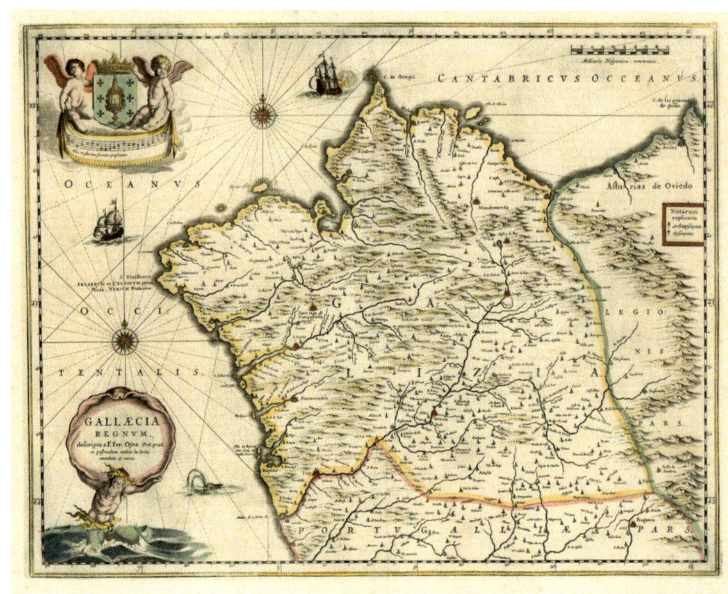

Imagen 5. Mapa del Reino de Galicia.
Fuente: Instituto Geográfico Nacional, 32-D-64, F. de Fer, 1639-1644.

El relevo de Távara en Galicia, en julio de 1645, provenía del otro frente de guerra peninsular, Cataluña, y era una de las figuras que aún criadas con el conde-duque de Olivares continuó teniendo una fuerte presencia en el entorno político de Felipe IV tras la caída del valido: Guillén Ramón de Moncada, IV marqués de Aytona[15]. Los primeros objetivos que se marcó el nuevo capitán general fueron reorganizar los efectivos y los cuadros militares del frente del río Miño y reparar y abastecer todas las guarniciones y presidios de la frontera con los medios a su alcance[16]. En este sentido, Aytona hizo ver que el orden entre las tropas se hacía absolutamente necesario, máxime si se disponía de tan pocos efectivos. Por eso, el general se afanó en mejorar las condiciones de vida de los soldados, evitando así las deserciones, y reanudando las levas interrumpidas durante los gobiernos de Redín y Távara. Así, Aytona consideró que eran necesarios 7.000 hombres para tener en guardia toda la frontera, pero solo contaba con 4.000. Para completar estos efectivos, el capitán general solicitó a la Junta del Reino el montante necesario para su recluta, vestimenta y alojamiento —pidió que se pagaran 7.000 camas—, pero los delegados no estuvieron de acuerdo en este desembolso. Esto provocó que solo hubiese financiación para 6.000 hombres en la campaña de 1645 y que solo al año siguiente se aumentaran los efectivos, aunque sin llegar a completarse los necesarios según el gobernador. Aytona únicamente disponía de 360.000 ducados para sostener al ejército de Galicia y esto era en extremo ajustado si se pretendía devolver a los portugueses al otro lado de la frontera e incluso realizar alguna pequeña incursión en territorio rebelde[17].

Estas estrecheces financieras y la imposibilidad de operar, casi ni defensivamente, en el plano militar terminaron por colmar la paciencia de Aytona, quien solicitó la renuncia voluntaria a la capitanía general a inicios de 1647, aunque pasaría al mismo oficio en Cataluña[18]. La primavera de ese año, es decir, el primer lapso de la campaña bélica, el gobierno de Galicia volvió a recaer de forma interina en el arzobispo de Santiago, sede que entonces ya ocupaba Fernando de Andrade Sotomayor[19]. En este tiempo el prelado convocó a la Junta del Reino con objeto de obtener mayor financiación para el ejército a través del encabezamiento de la renta de millones y las cuotas pecuniarias de cada provincia a las levas[20]. Se iniciaba entonces una Junta que iba a tener una duración prolongada y cuya resolución compitió al nuevo gobernador y capitán general de Galicia: el conde de Santisteban.

Santisteban, más general que gobernador, ante la Junta del Reino

Con objeto de dilucidar quién debería ser el nuevo gobernador de Galicia, en sustitución del marqués de Aytona, en los consejos de Estado, de Castilla y de Guerra se realizaron sendos sondeos. Por desgracia, no hemos podido localizar estas deliberaciones, ni la terna de candidatos, pero sí conocemos cuáles fueron los méritos por los que Diego de Benavides pasó a ocupar la capitanía general gallega. Según consta en la real provisión de nombramiento, al conde de Santisteban lo avalaban:

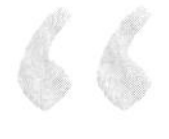

> Los servicios que me habéis hecho de diez años a esta parte de soldado en Lombardía, a donde pasasteis a servir a vuestra costa el año de 1637 y lo continuaste de capitán de infantería española y de caballos corazas hasta el año de 1639, hallándoos en las ocasiones del socorro de la Roca de Eraso, sitio y toma de Brema y Vercelli, entrada que se hizo al Monferrato cuando se ganó el castillo de Pomar, sitio y toma del castillo del Cenchio, donde fuisteis herido de dos picazos en el rostro asaltando una media

> luna, y en la sorpresa de Buiba, sitio y toma de Crescentino, entrada que se hizo hasta las puertas de Turín, toma de los burgos y puentes sobre el Po, en ocupar la ciudad de Asti y sus fuertes, sitio y expugnación de su ciudadela, sitio y toma de Tuin en que asististeis hasta que se ocupó por asalto y en la sorpresa de Turín y que por haberse ajustado en Italia la tregua general volvisteis a España el año de 1639 y os hallasteis en el sitio de Salces hasta que se recuperó la plaza y después el año de 1642 continuasteis vuestros servicios y levantasteis una compañía de infantería en el Regimiento del Príncipe, mi muy caro y amado hijo que esté en gloria, con que pasasteis a Zaragoza donde os mandé quedar asistiendo a mi persona y habiendo vuelto a esta Corte os nombré el año de 1644 por maestre de campo general del Ejercito de Badajoz y fronteras de Portugal excepto las de Ayamonte y Galicia, donde gobernasteis con aprobación hasta que pedisteis licencia para volver a vuestra casa a negocios que requieran la asistencia de vuestra persona y os mandé asistir en mi Junta de Guerra de España y en el Consejo de Guerra como lo ha así hecho con el afecto y desvelo que se debía esperar de las obligaciones de vuestra sangre[21].

Es decir, solo las acciones acumuladas en el ejercicio de las armas sirvieron como garantía para que Santisteban ocupase la capitanía general de Galicia; aunque, como señalamos, aquella actitud defensiva en la frontera extremeña fue parte responsable para que desde 1644 hasta este nombramiento en 1647 Diego de Benavides permaneciese alejado de cualquier escenario candente.

En cualquier caso, el nuevo cargo supuso para Santisteban el retorno a primera línea. Como capitán general de una Galicia en guerra con Portugal, el conde estuvo facultado para ordenar cualquier aspecto militar de aquel ejército, nombrar mandos, reclutar soldados y administrar económicamente a todos los cuerpos, con supervisión siempre de un veedor y contador; realizar alardes, convenir a los cabos mayores, maestres de campo, sargentos mayores, capitanes de caballo e infantería ordinaria y extraordinaria del Reino o de fuera de él; proveer y pagar cuantos presidios estaban en servicio en la frontera y en las costas; y mandar y hacer obedecer cuantas disposiciones dictases «como si yo [el rey] se lo mandase». Facultades que erigían a Santisteban mucho más como capitán general que como gobernador de Galicia, pero por las que cobraría 4.669 escudos anuales y un extra de 1.000 escudos por mes que estuviese en campaña[22]. Sin embargo, las penurias económicas de Diego de Benavides volvieron a reaparecer con este nombramiento y casi a la vez, en el margen del documento, que se le nombraba para Galicia se hacía mención a que debía la media annata por la décima y media del primer año, montando 237.660 maravedíes en vellón, por lo que se le cobraría de «lo primero que venciere en esta corte»[23]. En cualquier caso, esto no fue óbice para que ejerciera como capitán general de Galicia.

Lo recién expuesto sobre el nombramiento de Santisteban lo podemos comparar con otra real provisión de Felipe IV dada el 2 de abril de 1647. En ella se completaba lo dictado en una real provisión del 3 de marzo por la que se hacía al arzobispo de Santiago gobernador y capitán general «en ínterin que yo ordenaba otra cosa», es decir, hasta que Santisteban llegase a Galicia. En el primer documento citado no se alude a la calidad de Diego de Benavides como militar, ni a sus servicios en tres escenarios diferentes, sino a «vuestra suficiencia y habilidad y entendiendo así conviene al servicio de Dios y mío y a la buena administración de la justicia, paz y sosiego de los moradores y vasallos del dicho Reino de Galicia». Así, se realiza hincapié en que Santisteban será gobernador del territorio por tres años, con facultad para «oír, juzgar y determinar (…) pleitos y causas civiles y criminales de cualquier calidad» con la asistencia de los alcaldes mayores, en primera instancia y en apelación, pero en adelante se limita la acción de los gobernadores en las causas que lleguen a la Audiencia al hecho de no estar presente el alcalde mayor de la misma. Aun así, el poder judicial de Santisteban quedaba supeditado al consejo de un asesor letrado, quien habría de acompañarlo en todas las deliberaciones de este tenor. Es más, la real provisión incide en que ante negocios de especial gravedad el gobernador tendría que nombrar a jueces especializados y conforme al parecer de estos hacer cumplir las sentencias dictadas. Por tanto, a Santisteban se le limitó una de las más importantes funciones del gobierno, la justicia. Fue más, los propios jueces quedaron facultados a entrar en espacios marciales, pues los alcaldes mayores habrían de conocer «las presas que hicieren a corsarios y otros enemigos en el dicho Reino». Con todo sumado es posible deducir que en el nombramiento de Santisteban pesó mucho más la cuestión militar que el gobierno de Galicia, primándose su labor en el primer campo y dejándole para el segundo una responsabilidad menguada, aun conservando la apariencia con «la compañía de cuarenta lanzas y catorce peones según y cómo y en la forma que la han tenido los demás gobernadores»[24].

Esta cuestión de las esferas militares y gubernativas marcaría qué le demandaba la Monarquía al conde de Santisteban en el Reino de Galicia. En este sentido, Diego de Benavides tomó posesión de las casas del gobernador en La Coruña en el verano de 1647 y desde el primer momento mantuvo una fluida correspondencia con los consejos en Madrid. Para la Corona la convocatoria de la Junta del Reino era fundamental para poder sostener, en hombres y recursos, la guerra contra Portugal y tras una breve sustitución por el prelado de Santiago, se llamaron a inicios de 1648[25].

Las juntas gallegas del período del conde de Santisteban siempre tuvieron lugar en Tuy, por su emplazamiento estratégico en el conflicto luso, y desde el primer momento, incluso antes de su primera sesión, recordaron al capitán general que la guerra no se podría mantener solo con recursos locales, como hubiera sido deseable por la Monarquía. Así, en la felicitación a Santisteban por haber sido nombrado gobernador de Galicia, la Junta del Reino le recordó la necesidad de que desde Madrid se enviasen las asistencias necesarias para las tropas y los presidios, ya que sin ellas no se podrían socorrer ni a unas ni a otros[26]. Por tanto, Diego de Benavides, tras llegar a Galicia, se encontró con un nuevo escenario militar en el que los recursos eran exiguos y además con una exigencia notable tras la toma portuguesa de Salvatierra.

Santisteban estaba obligado a obtener fondos y aportes por parte de la Junta del Reino y ello se va a constituir casi en su gran objetivo. Si bien fue cierto que la economía gallega atravesaba dificultades, las demandas por parte del capitán general, además de necesarias, fueron constantes hasta finalizar su mandato[27]. La sublevación del duque de Braganza había hecho a Galicia tener una frontera más que defender, la terrestre, que se sumaba a su siempre amenazado frente marítimo. Por ello, las Juntas desde 1641 tuvieron como principal tema de debate la guerra y discutieron con ahínco su aporte a este conflicto. En cualquier caso, desde el levantamiento luso se entendió que la Junta del Reino habría de ser el principal apoyo del capitán general a la hora de obtener hombres y recursos[28].

Pero la realidad fue bien diferente y se fue transformando conforme avanzaba la década. La acción de la Junta del Reino que halló Santisteban estaba enfocada en seguir el estado de la guerra contra Portugal, regatear la movilización de soldados naturales y evitar la creación de «una segunda fiscalidad suplementaria a costa del país»[29]. En palabras del profesor Eiras Roel, las Juntas se caracterizaron por una resistencia pasiva a los gobernadores, las denuncias sobre la situación del frente y el estado de las tropas y eludir cualquier responsabilidad en el conflicto[30]. Así pues, a Santisteban no le quedaba en Galicia otra cosa que mantener las fronteras con los soldados y medios disponibles y negociar constantemente con unas Juntas «hostiles», sobre las cuales haría lacónicas informaciones cada vez que les solicitaba cualquier necesidad[31].

Pero cómo fueron y qué les solicitaron las Juntas de Galicia mientras fue capitán general el conde de Santisteban fue algo muy dependiente de las circunstancias de la guerra, mucho más que de los deseos de la Monarquía. Esto es algo que se puede deducir desde la primera Junta presidida por Diego de Benavides, la convocada en 1648 con un par de objetivos: por un lado, obtener de las ciudades y concejos gallegos un servicio específico para la caballería desplegada en la linde lusa, y por otro, el consentimiento para retener la cuarta parte de los juros, enajenar 250.000 ducados de renta sobre el segundo uno por ciento y aceptar el «servicio del chapín» para costear el casamiento de Felipe IV con Mariana de Austria[32]. Es decir, Santisteban había de obtener recursos para sus tropas y a esto se afanó antes que a los demás temas.

Negociando con el Reino

Sostener el ejército de Galicia no era una obligación liviana para ninguno de sus responsables: ni para la Monarquía, ni para el Reino, ni para el capitán general. En un momento de tensión bélica, con los portugueses insertos en tierras gallegas poseyendo Salvatierra, y económica, con las operaciones de resello del vellón, mantener a soldados y caballos se hizo necesario y oneroso. Por este motivo, el conde de Santisteban apretó cuanto pudo a las Juntas del Reino, para al menos poder socorrer a una de las armas del ejército en condiciones de plantar batalla, aunque fuese defensiva. Esta fue la razón que explica cómo en la Junta convocada en 1648, la primera de Diego de Benavides, el asunto principal a tratar fuese la aceptación de un tributo para sufragar los gastos de la necesaria caballería de la frontera. Este impuesto, valorado en 90.000 ducados, suponía un incremento de un cuarto en el aporte que Galicia hacía a los gastos militares de la Monarquía y por este aumento se convertiría en un tema de debate durante todo el gobierno de Santisteban[33].

Las negociaciones entre el capitán general y la Junta sobre este aspecto fueron arduas y alargadas en exceso. A las propuestas que Santisteban trasladaba desde Madrid, la Junta realizaba una contraoferta que debía ser de nuevo remitida a la corte para su estudio. Este sistema alargaba en demasía el abastecimiento de las tropas, por lo que el empeoramiento del ejército de Galicia fue constante. Por este motivo, mientras se renegociaba cada proposición, el gobernador llegó a abandonar las reuniones y marchar al frente para reorganizar las tropas y presidios en razón a los recursos disponibles. Así se explica cómo Santisteban se marchó de la Junta en 1650 para inspeccionar todo el sector fronterizo de Monterrey, dejando a cargo de la presidencia —puesto que siempre ocupaba el gobernador— a Antonio Cabreros y Avendal, alcalde mayor y asesor jurídico del conde[34].

En cualquier caso, el ejército gallego al mando de Santisteban sufría una falta de atención similar a las tropas que comandó en Extremadura. Por ello, gracias a una experiencia ya conocida, el capitán general defendió ante la Junta la necesidad de un «servicio de forrajes» para la caballería —como habrán deducido, principal arma en el sector en la guerra contra los portugueses—, pues de otra manera no se podían sostener y existía el serio riesgo de que en una nueva incursión los enemigos se apoderasen de más plazas gallegas. El recelo de los delegados de ciudades y concejos gallegos fue notable ante el incremento tributario exigido, pero Santisteban hubo de exponer como principal argumento que también Extremadura y Castilla estaban siendo obligadas a nuevos servicios para socorrer a los soldados de la frontera y no alojarlos en sus propias poblaciones[35].

Los argumentos expuestos por Santisteban, trasladados desde los consejos de Estado y de Guerra, no convencieron a los representantes del Reino. La Junta de 1648 se clausuró con la negativa a aportar esos nuevos 90.000 ducados para la caballería[36]. Por este motivo, la campaña militar de 1649 apenas podría presentar frente a los portugueses una postura de guerra defensiva, clamando al cielo porque estos no realizasen una nueva incursión sobre Galicia y se apoderasen de más fortificaciones y poblaciones estratégicas. Motivado por esta intranquilidad, Santisteban decidió rebajar las peticiones ante la Junta, pensando que era más útil un ejército reducido pero bien pertrechado que uno más amplio pero con necesidades importantes. Así, la propuesta que el gobernador realizó a la Junta de 1649 fue que el servicio de forrajes se redujese hasta los 62.000 escudos[37].

Esta nueva propuesta de Santisteban tampoco satisfizo a los delegados gallegos. Desde finales del otoño de 1649 la Junta debatió sobre esta contribución, pero lo hizo con los ánimos muy firmes en su rechazo. Así, ante esta falta de apoyo financiero para el ejército de Galicia, Santisteban expuso que la caballería se estaba deshaciendo por no poder sostener a sus hombres y aun a sus monturas —«habiendo muerto muchos caballos»— e incluso los presidios remozados, como el de Aytona, comenzaban a amenazar ruina. Aun con este estado de tropas y fortificaciones, la Junta persistió en su negativa a sufragar un menguado servicio de forrajes, obligando a Santisteban a emplear la amenaza para obtener algún caudal: si no se libraban fondos, ordenaría el alojamiento de la tropa y caballería en villas y ciudades próximas a la frontera[38].

Durante el año de 1650 no volvieron a reunirse los delegados gallegos y habría de esperarse a 1651 para la reanudación de estas negociaciones. Parece ser que para entonces, en la primavera de 1651, la proposición del gobernador obtuvo cierto consenso y aprobación por parte de la Junta, pero esta no fue aceptada por la Monarquía. En abril de 1651 fueron rechazadas las propuestas de la Junta de contribuir con un servicio de forrajes único por valor de 62.000 escudos y obligar a que la Real Hacienda realizara consignaciones fijas, periódicas y suficientes como para mantener ella sola a las tropas de Galicia[39]. Con esta negativa, según defiende Eiras Roel y coincidimos, buena parte del objetivo marcado a Santisteban como gobernador de Galicia se hacía inasumible. Diego de Benavides no solo había de defender la frontera gallega —nunca se le exigió incursiones en territorio portugués, pues, como en el caso extremeño, el Consejo de Estado y el de Guerra seguían dando prioridad a la guerra ofensiva en el frente catalán—, sino también conseguir del Reino una contribución económica anual que suplementase los pocos fondos que desde el Erario Regio se remitían para sostener al ejército allí desplegado[40].

A pesar de que esta situación podría provocar que Santisteban no cumpliese con uno de sus encargos como gobernador de Galicia, el conde se afanó en reconducir la negociación con la Junta. Ante los ánimos caldeados por el rechazo de la Corona a la contraoferta del servicio de forrajes, Santisteban insistió en llegar a un punto de acuerdo. Así lo comunicó el conde al Consejo de Guerra en abril de 1651, dando cuenta de su afán para ajustar lo máximo posible la contribución gallega a la caballería. Una gestión que fue bien vista desde Madrid y por la que se conminó al gobernador a «que procure con suavidad encaminar el servicio»[41].

La habilidad negociadora del conde de Santisteban —la cual saldrá a relucir de nuevo, como podrán leer, en Navarra y en el Perú— permitió reconducir la relación con el Reino. De esta manera, al cerrarse la Junta de 1651 fue aprobado un servicio de forrajes por valor de 62.000

escudos, pero sin exigirse una repetición del mismo a corto plazo[42]. El capitán general obtenía así, cuatro años después de haber tomado posesión, los fondos necesarios para mantener la caballería de la frontera; solicitando la oportuna aprobación de la Junta de Guerra para proceder a la recaudación y uso de estos tributos indispensables para las tropas montadas[43]. Si bien es cierto que al iniciar el conflicto estaban a disposición del gobernador 2.500 caballos teóricos, la partida del marqués de Valparaíso al frente catalán detrajo 1.400 efectivos de este arma, por lo que su uso siempre estuvo a expensa de mayores recursos para reclutar más efectivos. Además, los vaivenes económicos hicieron que antes de llegar Santisteban apenas hubiese en servicio 300 caballos en Tuy y Monterrey[44]. Por ello, la consecución del servicio de forrajes permitió a Diego de Benavides volver a poner en marcha una caballería decente para oponerse a las escaramuzas portuguesas.

Abastos y cuarteles: el grano gallego, para las tropas gallegas

Pero la concesión de los forrajes no supuso, ni mucho menos, la resolución de todos los problemas militares-intendentes del gobernador conde de Santisteban. La escasez de trigo para alimentar tropas y presidios siempre fue una preocupación para Santisteban y explica por qué negó la salida de barcos de Galicia cargados de grano con destino a Cepta [sic, Ceuta]. Esta decisión incumplía una orden que había recibido del Consejo de Guerra, pero razonada por el conde acabó por ser aceptada, solo por el lapso de un mes, en una sesión formada por los experimentados marqueses de Leganés y de Valparaíso —quien conocía de primera mano el contexto gallego— y el duque de Ciudad Real[45].

Pero la cuestión del abastecimiento de grano gallego no acabó con este caso. Santisteban hubo de luchar para mantener la producción de trigo como fuente de alimento para sus propias tropas. Así se explica cómo el factor de las galeras de España, Bentura Donís, no obtuvo el permiso del conde para sacar de Galicia las 13.000-14.000 fanegas de trigo que había comprado para proveer de bizcocho a sus buques apostados en el litoral catalán. Según Donís, el monto de este cereal ya se había pagado, pero Santisteban no permitía que de Galicia saliera más que un barco con grano —el total de fanegas habría de ser apontocado en tres navíos—, por lo que el factor demandaba al Consejo que se despachase orden al capitán general para el envío de todos los buques, «pues la necesidad es grande en Cataluña»[46].

Santisteban luchaba por mantener la producción cerealística gallega como fuente de sostén de sus tropas, pero la visión de la Monarquía no coincidía. La demanda del factor Donís hizo que el Consejo de Guerra remitiese en enero de 1652 un despacho urgente al gobernador de Galicia. En esta comunicación se le ordenaba que independientemente del estado en que se encontrase el Reino ayudase en el despacho de todos los barcos de trigo adquiridos por Donís, pues el destino de este grano eran los barcos que asediaban Barcelona y no existía otra fuente de aprovisionamiento que Galicia ante «la esterilidad de granos que se padece en la Andalucía»[47].

Aun obligado, el gobernador Santisteban nunca dejó de manifestar ante el Consejo de Guerra que no era posible mantener al ejército de Galicia sin bastimentos. En noviembre de 1651 el conde hizo saber a la Junta de Guerra que el proveedor Martín Rodríguez no había ajustado los precios del pan de munición —la recién citada alteración agraria, más la social, en Andalucía provocó que los costes del cereal subieran en exceso[48]— y que necesitaba facultad para acordar con él las cuantías, pues retrasar el concierto a la decisión de los consejeros provocaría graves desabastecimiento en sus tropas[49]. La petición de Santisteban fue llevada a la Junta particular, pero desconocemos cuál fue su resolución. Sí sabemos que en marzo de 1652 se trató en la Junta de Guerra la noticia de que el conde había llevado a cabo un ajuste de precios con el proveedor Martín Rodríguez para el abasto de pan al ejército de Galicia[50]. No tenemos o no hemos localizado el acuerdo para este aprovisionamiento de las tropas bajo el mando de Diego de Benavides, pero en ningún caso esto fue el final de los problemas de intendencia a los que hubo de hacer frente.

El ejército de Galicia no solo estaba compuesto por caballería. La infantería que componía el grueso de las tropas también consumía muchos recursos y por eso era fundamental que todas las ciudades y concejos del Reino aportasen según lo acordado en las Juntas. Sin embargo, no todas las entidades cumplieron escrupulosamente con las necesidades que se presentaban desde la frontera. El propio conde de Santisteban hubo de batallar en este sentido una vez conseguido el servicio de forrajes. Por ejemplo, tal y como comunicó al Consejo de Estado, la ciudad de Orense se excusaba permanentemente de satisfacer los 103.000 reales que debía por diversos servicios[51]. Este Consejo remitió la noticia a la Junta particular y a la Junta de Guerra la cuestión, pero quedaba claro que todos los fondos que pudiesen recaudarse eran más que necesarios para oponerse a los portugueses, ya fuese en una guerra defensiva o, más aún, planteando una campaña ofensiva.

La excusa del cabildo orensano podría pasar como una más de una ciudad agotada fiscalmente, que lo era, pero la particular noticia y batalla del conde de Santisteban se debía a que este dinero era el destinado para acuartelar a las tropas. Según el gobernador, Orense había ofrecido este dinero y el destino del mismo, pero luego se negó a satisfacerlo, por lo que demandó a la Junta de Guerra cómo había de proceder[52]. A una comunicación sobre el mismo tenor, en la cual Santisteban pidió el parecer de Fadrique Henríquez, recibió una respuesta un tanto lacónica: ya que Orense no estaba dispuesta a satisfacer los 103.000 reales para el alojo de los soldados, el conde como capitán general habría de mover las tropas a otro lugar.

> Escríbase al conde de Santisteban sobre el punto de mudar la gente que como gobernador y capitán general le toca así por la justicia distributiva como por saber las avenidas y partes por donde puede hacer entrada el enemigo que se le remite para que ejecute y si tiene alguna razón oculta para lo contrario debiera participarla[53].

Es decir, a Santisteban le negaban desde la corte la posibilidad de emplear su potestad como gobernador —un nuevo recorte en esta función— y limitaban su acción a las facultades como militar máximo en Galicia. Por ello, además de la consabida falta de recursos, Diego de Benavides no tuvo más remedio que minorar cualquier movimiento e incluso recortar gastos de un ejército muy menguado. En este sentido, Santisteban propuso a la Junta de Guerra que la mejor manera, con los recursos que podía disponer, para sostener en unas mínimas condiciones a las tropas gallegas pasaba por moderar las raciones que consumían. Esta medida, a todas luces impopular entre la soldadesca, no fue rechazada por la Junta de Guerra, sabedora que cuanto menores gastos supusiera el frente gallego más podrían destinar a la recuperación de Barcelona, pero se suspendió a la espera de la llegada de un nuevo capitán general para Galicia[54].

La primavera de 1652 debió ser de gran escasez para el ejército de la frontera, pues no se atisbaba ningún recurso extraordinario que mejorase las condiciones de unas tropas en absoluta posición defensiva. Así, el conde de Santisteban volvió a repetir la conveniencia de aminorar las raciones de los soldados. La respuesta de la Junta de Guerra volvió a ser escurridiza, pues supeditó la decisión al ya nombrado capitán general Vicente Gonzaga[55].

Sin duda, la noticia del relevo en Galicia debió ocasionar cierto alivio en Diego de Benavides. Como acabamos de citar, la primavera de 1652 estaba siendo de absoluta inacción en el plano militar, pero además tampoco había recursos como para socorrer adecuadamente a los soldados desplegados en las fronteras del Miño, Verín y Puebla de Sanabria. Ante estas necesidades, Santisteban hubo de recurrir a medidas urgentes como la toma forzada de 20.000 escudos provenientes de diversos atrasos, pues sin ellos le resultaba imposible socorrer las mesnadas[56], o comenzar a emplear la moneda de vellón para todos los pagos del consumo militar[57]. Aun así, para estos abastos el conde hubo de emplear otros medios. En este caso nos referimos a su propia hacienda personal, pues así lo hizo el propio conde al manifestar ante la Junta de Guerra que por su servicio en Galicia se habían embargado sus estados[58].

Esta situación de penuria económica por las necesidades del ejército a su mando pudo ser cierta, pero tampoco hay que olvidar otras cuestiones. Por ejemplo, Diego de Benavides siempre estuvo quejándose del estado de su hacienda y solicitando mercedes de la Monarquía. O también que al iniciar su período en Galicia, en 1648, había fallecido su primera mujer, Antonia Ruiz de Corella, y hubo de contraer nupcias, para no devolver la suculenta dote, con su hermana, Juana Ruiz de Corella, en 1651. En este sentido, el segundo matrimonio supuso en este contexto que estamos analizando fuertes desembolsos para Santisteban: en concepto de mantenimientos hubo de librar carta de pago en Pontevedra por valor de 5.000 ducados de vellón[59], o para obtener dispensa eclesiástica de parentesco desembolsó 125.323 reales de plata y 66.000 reales de vellón[60]. Por tanto, no podemos rechazar frontalmente que parte de la ruina de los estados de la casa de Benavides se debiera a la guerra contra Portugal en Galicia, pero tampoco adjudicar al periodo del conde de Santisteban en este Reino la única causa de esta situación.

El ejército del conde de Santisteban: levas, disciplinas y profesionales

Esta difícil situación financiera provocó, como resultaba lógico, que el ejército de Galicia bajo el mando del conde de Santisteban tuviese unas características muy propias y un alto grado de provisionalidad. Cuando se produjo la rebelión del duque de Braganza las tropas gallegas estaban concentradas en el litoral atlántico, por lo que se hizo necesario y apremiante disponer de otros cuerpos que se empleasen en la frontera sur. En 1641 la Junta del Reino aprobó que se levantase un ejército de 10.000 soldados con fines defensivos y una vez estabilizado el frente, penetrar en Portugal. Sin embargo, como hemos citado, muy pronto el levantamiento portugués pasó a un segundo plano en las estrategias diseñadas por la Monarquía y este ejército quedó en papel[61].

Así pues, las tropas que habían de defender Galicia competían a la labor y habilidad del capitán general para mantener a los soldados existentes y completar a éstos con diferentes levas. En este sentido, las reclutas ordenadas por los gobernadores tuvieron un escaso resultado por diferentes razones que, en conjunto, afectaron de lleno al propio Santisteban: el descenso demográfico gallego, el conocimiento general de las malas condiciones en el frente y los presidios, la irregularidad —incluso inexistencia— de las pagas para el sostenimiento básico y el alto grado de deserciones[62]. Por todo esto, Diego de Benavides siempre intentó socorrer y, especialmente, tener bajo disciplina marcial a las levas que convocó, y, en el caso de los soldados profesionales, rodearse de aquellos con quien mayor confianza tenía y mantener contento al resto de la oficialidad.

Esta situación explica la intensa relación epistolar de Santisteban con el Consejo de Guerra en los años finales de su gobierno en Galicia. Conservar en orden y disciplina militar a las levas era la única forma posible de sostener las posiciones defensivas en la frontera. Así, por ejemplo, el capitán general informaba al Consejo que unos soldados reclutados para la Armada habían estado ocasionando disturbios en La Coruña, llegando incluso a matar a un hombre. Por ello, informó al fiscal de Guerra solicitando la aplicación del fuero castrense, de forma ejemplarizante, para estos levados[63].

Algunos meses más tarde, en octubre de 1651, Santisteban hubo de notificar a la Junta de Guerra nuevas alteraciones. Semanas atrás, los portugueses llevaron a cabo una incursión al otro lado del río Miño, atacando posiciones del partido de Tuy. Según el gobernador, esta acción había provocado serias inquietudes entre la población de la región y el encargado de las milicias tudenses, el obispo Juan López de Vega, no actuó para reestablecer siquiera el orden civil. Por ello, Santisteban hubo de solicitar a la Junta «que conviene ordenar al obispo cuide de aquellos naturales», pues con la cortedad de hombres y medios que tenía no podía acudir a todos los sectores de la frontera. La Junta aceptó la petición de Diego de Benavides y se ordenó al mitrado calmar los ánimos con sus milicias[64].

No fue el único problema que tuvo Santisteban con relación al orden, la acción y las milicias locales. Para guarnecer de mejor forma la frontera en la guerra defensiva, el conde decidió que las milicias levadas en el valle de Mirón, al suroeste de la ciudad de La Coruña, contasen con mandos profesionales y se trasladasen al frente sur. Esta decisión, lógica para el razonamiento militar y teniendo en cuenta el escaso éxito de las levas y los pocos refuerzos profesionales remitidos por la Monarquía, buscaba dar mayor empaque a estos milicianos y ofrecer un relevo a las exhaustas tropas que guarnecían los presidios. Sin embargo, desde el valle de Mirón no se entendió la justificación de la acción de Santisteban y se apeló al propio Consejo de Guerra. Las milicias concejiles solicitaban al Consejo que en ningún caso se debía alterar su costumbre, es decir, servir en el territorio comarcano y con mandos extraídos entre los propios vecinos. Ante ello, los consejeros, desconocedores de la realidad gallega más allá de las amargas quejas de los gobernadores sobre la escasez de medios asignados, acabaron por solicitar a Santisteban que se informase primero de las costumbres milicianas a través de «los oficiales de sueldo» y luego decidiese qué hacer con estas levas[65].

Semanas después, Santisteban informó a estos habitantes de la parroquia de Monteagudo que había tenido respuesta personal del Consejo de Guerra y que actuaría en razón a lo que fuese más necesario para la conservación del Reino[66]. No debieron ser decisiones muy del agrado de los milicianos levados, aunque desconocemos con exactitud qué se llevó a cabo, pero durante todos los preparativos de la campaña de 1652 estos siguieron mostrando su malestar. Así, en mayo de ese mismo año obligaron, probablemente por su negativa a desplazar a las milicias, al conde de Santisteban a ajustar un nuevo acuerdo para la leva en el valle y la movilización de estas tropas[67].

No conservamos los términos del acuerdo entre el gobernador y los vecinos del valle de Mirón, pero podemos deducir que puntos importantes en esta entente serían la elección de locales como mandos de sus milicias y la limitación de repartimientos en la población. Este ejercicio es posible realizarlo dadas las peticiones que en el mismo tiempo hicieron otros concejos y jurisdicciones a tenor de las levas y los aportes al ejército gallego. Así, en el otoño de 1651, desde la parroquia de Baredo y los arrabales de Bayona se solicitó al Consejo de Guerra que el conde de Santisteban no los obligase a contribuir con nuevos repartimientos, tanto en metálico como en alojamientos de tropas, para la guerra, pues se encontraban en una situación precaria y además contaban con una orden eximente[68]. Igualmente, el abad benedictino de San Julián de Samos, con jurisdicción sobre todas las tierras del monasterio, solicitó que si extraían milicias de allí él tuviese la potestad de nombrar al capitán y a los demás cuadros de gobierno. Esto suponía una merma en la capacidad de Santisteban de disponer de estas milicias según las necesidades generales del ejército de Galicia y por ello solicitó al Consejo de Guerra que no concediesen dicha potestad al abad[69]. Finalmente, al abad no se le concedió la facultad de estos nombramientos, pero tampoco facilitó el levantamiento de tropas entre sus vasallos.

Esta actitud fue un muro frecuente al que hubo de enfrentarse Santisteban a la hora de extraer hombres o recursos del territorio. De esta manera, vecinos y mercaderes de las villas de Santalla y Zedir y los concejos de Miranda y Villamea pretendieron tener bajo su control a los soldados que se levasen en sus jurisdicciones mediante la elección de sus capitanías y, por si fuera poco, exenciones tributarias por estas contribuciones, lo que creemos se justificaría por el descenso de mano de obra ante la partida de estos milicianos[70]. Por tanto, como vienen leyendo, resultaba casi imposible relevar a las tropas que ya se empleaban en la frontera y ni tan siquiera reemplazar a los desertores y a las bajas. Una situación de gran dificultad para el capitán general que fuese y que en el caso del conde de Santisteban se prolongó incluso cuando abandonó Galicia. Así, por ejemplo, la compañía de milicias formada en San Miguel, al este de Lugo, se negaba a servir en otra parte que no fuese su propia comarca[71], y los capitanes que servían en estas tropas civiles se mostraban más preocupados por mantener sus cargos y preeminencias que por el adiestramiento, orden y ejercicio efectivo de sus vecinos[72].

Ante esta situación de difícil leva y disciplina, Santisteban optó por apoyarse todo lo posible en los militares profesionales que estaban sirviendo en el Reino. Para ello, Diego de Benavides solicitó con ahínco que el ejército gallego estuviese bien asistido por la Monarquía y, a partir de ahí, completar los cuadros de personal válido y de demostrada solvencia[73]. Buscando al menos una operatividad mínima en la guerra en la frontera, esta decisión chocaba con los intereses locales de los grupos citados anteriormente. Así, los capitanes de milicias trasladaron a los oficiales de la Real Hacienda su malestar porque Santisteban los estuviese sustituyendo por capitanes y alféreces provenientes del propio ejército. Esta protesta ante hechos consumados fue remitida por los empleados del fisco al Consejo de Guerra, pero en la corte se entendió la decisión del capitán general y se apoyó dicha sustitución con el fin ya señalado; es más, se ordenó que los oficiales reales en connivencia con los milicianos para esta protesta fuesen castigados[74].

Con este apoyo, en su etapa final como capitán general de Galicia, Diego de Benavides no disimuló a la hora de situar a personas de su confianza y, aunque *de facto* realizó los nombramientos a su criterio, solicitó al Consejo de Guerra la provisión oficial de estos sujetos[75]. En este sentido, Santisteban escribió recomendando a Jacinto Fernández[76] o las ventajas y soldadas merecidas a Juan Álvarez de Castro[77] y Juan Antonio de Aguirre[78]. Pero donde mayor influencia intentó ejercer fue en lo relacionado con Francisco de Velasco.

Este militar había ejercido como teniente de maestre de campo de Juan de Garay en el sitio de Salces, por lo que además de una gran experiencia marcial era conocido de Santisteban desde aquel complicado cerco en el Rosellón. Desconocemos si esta relación se mantuvo durante toda la década de 1640, pero lo cierto es que a finales de la gobernación gallega de Diego de Benavides volvieron a coincidir y fue un reencuentro provechoso para el conde. Esto puede deducirse del apoyo que Santisteban tuvo en Velasco en cuestiones como la recomendación de ventaja o ascenso para el capitán José de Villa, también del ejército gallego[79]. Poco después, Santisteban volvería a escribir a la corte, a un Consejo de Guerra casi pleno formado por Leganés, Medina de las Torres, Valparaíso, la Cerda, Ciudad Real, Sarmiento y Roca —solo faltaba el propio Santisteban—, para recomendar directamente a Francisco de Velasco para un empleo mayor que el que estaba ejerciendo como teniente general de caballería en la frontera galaicoportuguesa[80]. La petición fue elevada a consulta a Felipe IV, pero deducimos que no fue aceptada.

A pesar de esta petición de ascenso ignorada, Francisco de Velasco siguió atendiendo a la indispensable caballería gallega. Por esta fidelidad en el empleo, en el otoño de 1651, el conde de Santisteban volvió a escribir al Consejo en su favor, aunque en esta ocasión lo que solicitaba para Velasco era una licencia[81]. La reiteración epistolar entre el capitán general y el teniente general de caballería nos indica un alto grado de relación entre ambos, por lo que no debemos extrañarnos que este militar se convirtiera en la mano derecha de Santisteban en Galicia. Para ello, además de la gradación y la documentación solicitante, nos apoyamos en la experiencia castrense que Velasco aportaba en un contexto de guerra contra Portugal y el hecho de comandar la principal de las armas del ejército de Galicia, la caballería. En cualquier caso, teniendo en cuenta la petición de Santisteban y que la campaña estaba finalizada, el Consejo de Guerra respondió al conde que podía otorgar licencia a Velasco siempre y cuando esta empezara a finales de noviembre y se prolongase por el «tiempo más limitado que fuera posible»[82]. Sin embargo, parece que esta comunicación no llegó a Galicia con mucha celeridad, provocando que Santisteban volviese a escribir en favor de Velasco —demostrando esa afinidad entre ambos que acabamos de relacionar— y su licencia[83]. La insistencia dio su fruto y en respuesta a esta comunicación se reiteró con el lacónico «está bien» la dispensa al teniente general de caballería. Así partiría Velasco del frente gallego y no consta que regresase al lado de Santisteban para la campaña de 1652, por lo que es posible que se trasladase con las tropas de Juan José de Austria para participar en la toma de Barcelona, el gran frente de aquel año.

En cualquier caso, Santisteban siguió confiando en los soldados profesionales para al menos no sufrir nuevas incursiones portuguesas. Para ello no paró de demandar la llegada de militares experimentados y aunque en algunos casos merecieron su recomendación, en otros ocasionaron problemas. Tal fue el caso de un sargento mayor —la documentación silencia su nombre— que llegado a La Coruña no quiso ponerse bajo las órdenes del capitán Juan Pardo de Figueroa, pues, como el propio Consejo reconoció, quería estar a las órdenes del cabo de la Armada y no a la de la guarnición coruñesa[84]. Quizás esta situación de indisciplina fue motivada por el propio Santisteban, ya que en una comunicación posterior defendió que para el mejor aprovechamiento de las pocas tropas levadas de milicia se diesen todas sus sargentías mayores a capitanes reformados que estuviesen dispuestos a tomar estas plazas[85].

Aun llegando estos reformados, Santisteban no olvidó a los oficiales y soldados que ya servían bajo sus órdenes. Al igual que en casos ya citados, Benavides cuidó de sus cuadros y tropa con gestos como la solicitud de reserva del único hijo del soldado Pedro López[86], la petición de una ventaja para el mayordomo de artillería Juan Pérez por el tiempo que llevaba sirviendo en el oficio[87], la sugerencia de que el deshecho tercio de Muzaval [sic] fuese remozado y entregado a Luis de Vivero[88], el que se entreguen las soldadas de los alféreces Pedro Fernández y Juan Montero en las proveedurías gallegas[89] y lo propio al alférez Juan de Torres[90], que fuesen justamente reformados, tras sus años de servicio, el alférez Fernando de Varxiela y el sargento Lucas de Blaneo[91] e incluso, por no seguir abundando en ejemplos, atendió el deseo de su propio paje, Domingo Suárez, de pasar a servir en las galeras de Sicilia, apoyando su solicitud de ventaja —que le fue concedida— por haber sido criado de un consejero de Guerra[92].

En definitiva, Santisteban contó con pocos soldados profesionales y las levas en Galicia nunca fueron suficientes para relevar a estos, ni tan siquiera sirvieron para mantener un orden férreo en el Reino. Quizás por ello, estos militares fueron apoyados por Santisteban, pues aunque no formasen a su alrededor una especie de corte, sí se convirtieron en su único sostén marcial de garantías en el territorio. De otra manera difícilmente podríamos explicar las solicitudes casi permanentes en favor de «sus hombres».

Poco dinero para una frontera exigente

Los problemas de recluta, de orden y de mandos adecuados en Galicia fueron una constante desde la sublevación del duque de Braganza hasta, al menos, la marcha del conde de Santisteban de su capitanía general en 1652. A ello debe añadirse, como ya se ha comentado, la falta de financiación que sufría el ejército de Galicia, tanto por la proveniente desde la Monarquía como por la extraída desde el Reino. Todo ello mezclado provocó que la labor de Diego de Benavides en el gobierno gallego fuese una constante batalla... y no precisamente contra los portugueses.

La financiación de las tropas a disposición del conde de Santisteban había experimentado un antes y un después desde la concesión del servicio de forrajes por la Junta del Reino. En la realidad, antes de este aporte local y hasta la llegada efectiva de Santisteban en 1647, el ejército de Galicia consumía 24.000 escudos mensuales, esto es 288.000 escudos cada año. Con esta cantidad se entendía que podían cubrirse todos los gastos de la guerra defensiva en la frontera, pero aun con el añadido del servicio de forrajes las cuentas eran otras. En el otoño de 1650, el año antes de la citada contribución del Reino, se libró con destino a las tropas de Santisteban la cantidad de 620.000 escudos, pero con la condición de que con ello se sufragase hasta el mes de marzo de 1653. Con esta nueva consignación, los gastos permitidos al ejército gallego de Diego de Benavides bajaron hasta los 20.666 escudos mensuales. Montante insuficiente a pesar de que para reunir dicha cantidad se sumaron rentas, servicios, medias anatas, alcabalas, cientos y servicios ordinarios consignados en el Reino de Galicia[93].

La solución a este problema financiero no pudo ser otra que disminuir el ejército que servía en la frontera con Portugal y aguardar a expensas de las posibles incursiones enemigas. No obstante, parece ser que esta mengua en los recursos económicos no levantó una airada protesta ni en el propio Santisteban ni en los representantes del Reino, lo que nos puede hacer pensar algunas cosas: o bien en los presidios y fortalezas había un menor número de soldados que los consignados en las contadurías, o bien se produjeron recortes drásticos en el gasto marcial —algunos ya los hemos citado en páginas anteriores— para ajustarse al presupuesto. En nuestra opinión, la realidad hubo de ser una mezcla de ambas cuestiones.

Así, en el frente de guerra solo asistían 4.000 hombres —un millar en el sector de Monterrey y 3.000 en Tuy—, cifra lejana de los 16.000 demandados por el marqués de Távara, los 7.000 solicitados por el marqués de Aytona e incluso los 6.000 financiados en 1647, y, sin embargo, ni tan siquiera esta «exigua» tropa se abasteció convenientemente durante el gobierno de Santisteban. No solo esto, Diego de Benavides hubo también de lamentarse ante el pésimo estado en que se hallaban los presidios de la frontera y aunque reclamó fondos para su reparación, su petición acabó elevándose a consulta sin ningún efecto[94].

En este sentido, el conde de Santisteban llegó a insistir ante el Consejo, haciendo «memoria del miserable estado de los presidios de aquel Reino», sin obtener otra respuesta que la de la comunicación anterior[95]. Ante estos silencios y en una reiteración que da muestras del preocupante panorama al que había de hacer frente Diego de Benavides, aun tratándose de campañas meramente defensivas, de mantener posiciones, volvió a clamar por fondos para al menos adecentar las defensas de Bayona y La Coruña[96]. Quizás Santisteban pretendiese que al menos se financiase la defensa de la fachada atlántica, tan importante para el entramado de la Carrera de Indias, pero de nuevo su petición fue elevada a una consulta que nunca tuvo respuesta. Así, sin noticias ni remesas terminó por afrontar su último año de gobierno en Galicia el conde de Santisteban, pero antes de que se produjese su relevo notificó al Consejo que con dineros de la propia Tesorería del ejército había ordenado «los reparos que ha dispuesto para seguridad del fuerte de Santiago de Aytona»[97]; unas defensas claves para que bombardeando y ocupando Monçao, al otro lado del Miño, en 1659 se recuperase de manos portuguesas la plaza de Salvatierra.

En cualquier caso, incluso con este éxito exclusivamente personal de Santisteban, la situación al final de su gobierno en Galicia estaba alcanzando extremos asfixiantes. Así lo manifestó el propio Benavides delante de los representantes del Reino, pues en marzo de 1651 admitió que los 20.666 escudos mensuales eran insuficientes para sostener al ejército[98]. Con mucha probabilidad dicha afirmación pretendía ablandar a la Junta para obtener más recursos, pero los diputados negaron esta posibilidad considerando que lo ya provisto era suficiente para la defensa de Galicia[99]. Como bien expuso el profesor Eiras Roel, los representantes de concejos y ciudades llevaban en parte razón, pues lo que se recaudaba anualmente en el territorio superaba las necesidades económicas militares. Sin embargo, en el discurso de la Junta se obviaba que todo lo tributado había de satisfacer no solo los gastos del ejército, sino también de toda la administración y justicia existente en Galicia y, por tanto, la petición de Santisteban fue más que justa[100].

Las demandas de Diego de Benavides estaban muy argumentadas con anterioridad a la referida exposición, pero la situación se agravó en los meses siguientes. A tal extremo se llegó, que en la primavera de 1651 el propio conde hubo de hacer instancias desesperadas para que se aprovisionase de pólvora a las tropas y los presidios. Este insumo básico estaba por debajo de los umbrales mínimos para ser operativos y la llamada agobiada de Santisteban a la Junta de Guerra tampoco fue resuelta de inmediato, ya que según pareció el presidente del Consejo de Hacienda «no da cumplimiento a la orden para que se den medios para la provisión de esta pólvora»[101].

Pero la infrafinanciación no solo estaba mermando cualquier empleo de la artillería, también minaba a los propios hombres. La falta de fondos, como hemos ido señalando, provocaba que los salarios de los soldados no llegasen puntualmente, incluso que a veces no llegaran, por lo que servir en el ejército se hacía cada vez menos atractivo y ofrecía una excusa muy oportuna a los desertores. Para evitar esto y maximizar el empleo de los recursos existentes, Santisteban dispuso que el contador responsable de la Pagaduría se valiese de cuantos oficiales considerase oportuno, pues aunque ello ocasionara mayor gasto administrativo, podría resolver el problema de los retrasos y el orden contable[102]. En un sentido similar y como responsable último de la Real Hacienda gallega en calidad de gobernador, a Santisteban se le remitió desde el Consejo de Hacienda al contador Valdivieso, quien además había de auditar el Erario del Reino. Sin embargo, este oficial real no siempre se mostró muy cómodo ante el hecho de quedar supeditado a Diego de Benavides, por lo que obligó al capitán general a escribir sobre la cuestión y solicitar su asistencia permanente para el flujo de gastos. La respuesta del Consejo de Guerra a esta comunicación demostraba hasta qué punto coincidía con el conde en que la mejor manera de emplear los pocos recursos disponibles era contar con buenos oficiales fiscales: «Orden para que siempre que se ofreciere ocasión de valerse el conde del contador Valdivieso para cosas del servicio de S.M. lo haga sin que le embarace a la comisión que llevó por el Consejo de Hacienda»[103].

Pero ni aún con estos auxilios, llamémoslos, técnicos, el ejército de Galicia percibió sus pagas correctamente o con el mínimo retraso. Así, por ejemplo, Santisteban se lamentaba que en el otoño de 1651 el protomédico de las tropas gallegas, el doctor Castillo, se había «excusado de asistir». Según informaba el gobernador, este profesional indispensable para el ejército —y para su moral— desistía de seguir trabajando bajo salario de la Monarquía, pues no solo no cobraba mes a mes como exigía, sino que tan siquiera percibía el dinero en periodos regulares. Santisteban buscó que no se perdiera el servicio de Castillo, pero solo consiguió desde el Consejo que su solicitud se «guardase para la reformación»[104]. Caso similar fue el que ocurrió con Francisco Pérez de Soto, teniente general de la artillería de Galicia, quien demandaba cobrar en el territorio y mensualmente. Santisteban escribió en favor de tan indispensable militar para una guerra defensiva, pero solo obtuvo desde el Consejo un lacónico «es contra orden»[105].

Ante esta siempre complicada situación, Santisteban habría de hacer una llamada casi desesperada. En noviembre de 1651, en calidad de capitán general de Galicia, pidió, podemos aventurarnos a decir que al más puro modo de rogativa, que no se aminorasen más las consignaciones para el ejército del Reino bajo su gobierno. Los preparativos citados para la toma definitiva de Barcelona en la siguiente campaña hicieron pensar al gobernador gallego que aquellos escuálidos 20.666 escudos mensuales —recordemos: 3.334 escudos menos de los necesarios para el funcionamiento mínimo de las tropas y presidios— iban a ser reducidos aún más. Esto, sumado al delicado equilibrio moral entre los soldados por las malas condiciones en que servían y lo esporádico de sus salarios, obligaron a Santisteban a escribir para al menos conservar la citada asignación. Parece ser que Diego de Benavides ejercía alguna influencia en el Consejo de Guerra —o bien que los consejeros eran conscientes de que con menos fondos el riesgo de perder Galicia aumentaba exponencialmente—, por lo que se mandó respuesta al gobernador asegurando que no se iban a recortar más sus remesas[106].

El último servicio: reconfigurando tropas y contratando corsarios

La victoria de Juan José de Austria recuperando Barcelona en octubre de 1652 supuso un cambio de estrategia para la Monarquía, pero su prolongado sitio (más de un año) terminó de mermar la capacidad financiera disponible para Galicia y de agotar a su gobernador. Solo la ruptura de las negociaciones con los portugueses en 1656 provocó que el frente luso se convirtiese en prioritario, intensificándose las reclutas y destinándose mayor presupuesto a esta guerra[107]. Para entonces, Santisteban ya se hallaba en otro empleo al servicio de Felipe IV, pero antes, durante su último año de gobierno en Galicia, 1652, no paró de demandar soluciones. Una constante en este periodo.

Antes de iniciarse la campaña de 1652, con los medios disponibles para la frontera galaicoportuguesa, Santisteban expresó la opinión de que debían reformarse todas las tropas existentes —ni mucho menos completas en su número teórico de efectivos— y que con lo resultante se formasen únicamente cuatro tercios para ser entregados a oficiales de reconocida solvencia y de su confianza. El Consejo de Guerra aprobó lo expuesto por Santisteban y así se dio orden de ejecución[108]. Sin embargo, pocas semanas después el propio conde hubo de lamentarse ante la Junta de Guerra, pues su planteamiento de crear estas cuatro unidades reformadas estaba fracasando por el hecho del «corto número de gente con que se haya». A pesar de este estado, en la Junta se conminó a Santisteban a que buscase solución para el primer plan aprobado, ya que al comprobar los gastos de la Proveeduría no cuadraban las cifras. Resultaba que, como respondió la Junta al gobernador, «se ha hecho reparo en el gran consumo de pan siendo tan corto el número de gente», por lo cual en los guarismos remitidos a Madrid existían soldados más que suficientes para guarnecer la frontera, pero sobre el terreno las deserciones provocaban el lamento de Santisteban[109]. Dónde acabó el dinero entre lo gastado por las listas oficiales y lo cobrado, tarde y mal, por los soldados reales sigue siendo una pregunta que necesita de respuesta.

En cualquier caso, alegando las pocas tropas a su disposición, Diego de Benavides se quejaba constantemente de la escasa asistencia que recibía desde la corte y que por eso la frontera con Portugal apenas podía resistir el ataque de un enemigo «muy prevenido». La Junta de Guerra devolvió la comunicación advirtiendo que ya había provisto económicamente hasta 1653 al Reino y que con ello debía hacer frente a cualquier ofensiva lusa, fiando «de su cuidado la defensa de aquella frontera y el avisar de cuanto se ofreciere»[110]. Así pues, con lo disponible y auditando sus propios gastos entre lo recibido y la realidad, Santisteban hubo de reorganizar las tropas en la reformación que hemos referido, la de los cuatro tercios. Mal no fue su parecer ni su ejecución, pues en marzo de 1652 informó al Consejo de Guerra de haber realizado la reforma y otras modificaciones *motu proprio* en el ejército de Galicia, obteniendo en todos los casos la aprobación por parte de los consejeros[111].

Pero ni con este replanteamiento de las tropas en Galicia, el capitán general podría mantener cualquier tipo de choque. Máxime cuando durante todo el período que venimos analizando todos los esfuerzos, limitados, se volcaron hacia la frontera terrestre. De esta manera, el amplio y delicado frente marítimo quedaba en la práctica fuera de toda atención y Santisteban buscó una fórmula para ponerlo no solo en resguardo, sino también en disposición de ataque. Este medio orquestado sería la última gran aportación de Diego de Benavides como gobernador de Galicia.

Esta herramienta para abarcar el litoral atlántico no fue otra que el empleo de corsarios. Hasta Pontevedra, cuartel general habitual y sede recurrente de la Junta del Reino durante este periodo, se desplazó Alejandro de Mendoza, cónsul de las naciones flamencas y holandesas en Vigo, para ofrecer al conde de Santisteban la posibilidad de tener en servicio buques y tripulaciones de estas procedencias. Parece ser que lo expuesto por el cónsul convenció a Diego de Benavides y que con su venia se remitió a Madrid una solicitud para tres licencias de corso. El espacio acotado para estas patentes quedaba limitado a las costas de España, Francia y Berbería, con el objetivo de que «se limpiarán el mar de los enemigos que le infectan y particularmente para diversión de las del rebelde de Portugal». Para ello, Mendoza demandaba las siguientes patentes: una para el capitán Mateo Deschodt, vecino de Ostende, con la fragata San Francisco, de 250 toneladas, 140 hombres y 26 piezas de artillería; otra para el capitán Carlos Riddeer, flamenco, con la fragata Santa Clara, de 200 toneladas, 130 hombres y 24 piezas de artillería; y la última para el capitán Jacques de Bollaer, flamenco, con la fragata Santa Teresa, de 120 toneladas, 110 hombres y 20 piezas de artillería. Como garantía y aval, el cónsul Mendoza remitía al Consejo de Indias el recibo de haber entregado a Santisteban tres fianzas por cada uno de los buques, lo que demostraba tanto sus intenciones como la aprobación del gobernador, y demandaba una pronta concesión por hallarse ya las fragatas en Vigo, «siendo costoso mantenerlas amarradas sin actividad»[112].

Las ventajas de este sistema para defender el frente atlántico gallego y distraer recursos portugueses de la frontera terrestre eran muy notables para Santisteban. En este sentido, el conde remitió una carta al Consejo de Guerra informando que ya había cuatro fragatas ejerciendo el corso en aguas de Galicia y que estaban arrojando un resultado extraordinario. Además, estos buques eran propiedad de armadores de Ostende, lo que servía como garantía de éxito para la solicitud del cónsul Mendoza. Por ello, Santisteban consideraba que debían expedirse las licencias solicitadas y dar una patente propia a Mateo Scot, capitán de otra fragata flamenca. En palabras del gobernador, con estos cuatro navíos «seguirían limpias las costas y divertidos los buques portugueses» sin necesidad de derivar recursos financieros y humanos del ejército[113].

Analizados los detalles remitidos por el conde de Santisteban y por el cónsul Alejandro de Mendoza, una sesión del Consejo de Guerra formada por el marqués de Valparaíso, el cardenal Borja, el marqués de Mancera, el duque de Ciudad Real y Diego Sarmiento de Sotomayor, aprobó la utilización de estos cuatro buques corsarios[114]. Sin embargo, entre que se autorizó el empleo de las fragatas flamencas y que estas comenzaran a dar resultados pasaron unos meses, al menos hasta final de verano de 1652, por lo que estos frutos no fueron recogidos por Santisteban.

Pero ni estos laureles fueron adjudicados a Diego de Benavides, ni el siempre solicitado refuerzo militar pudo ser empleado por él. Como han podido leer, los soldados disponibles en los diferentes cuerpos y presidios desde Tuy hasta Puebla de Sanabria siempre fueron inferiores a los necesarios y ni se mandaron refuerzos por parte de la Monarquía, ni el Reino, con sus concejos, dio algún alivio con sus levas y milicias. Así, durante 1652 se vino barruntando la opción de destinar a Galicia algunas compañías de mercenarios una vez que Barcelona hubiese sido recuperada. Esta idea se materializó en 1653, cuando llegaron 10.000 de estos soldados gracias a tres asientos[115]. Que estas tropas pudieran ser destinadas a la guerra contra Portugal en la linde gallega ya se escapa del marco cronológico de este trabajo, pero sin duda unos años antes hubiesen sido de gran utilidad para el conde de Santisteban.

Cuando finalizaba esta campaña de 1652, Diego de Benavides ya tuvo noticias de que iba a llegar su relevo al frente de la capitanía general de Galicia. El elegido por Felipe IV era Vicente Gonzaga y Doria, lugarteniente de Juan José de Austria en el sitio de Barcelona. Así, en calidad de nuevo gobernador, a Gonzaga se le remitieron los despachos pertinentes en la primavera de 1652[116]. Sin embargo, la llegada del italiano a tierras gallegas —donde ya había ejercido el mando por un corto periodo de tiempo en 1640— quedaba supeditada a la toma de la capital del Principado[117]. Solo cuando el hijo natural del rey entró en Barcelona en octubre de 1652, el mecanismo para el reemplazo de Santisteban se puso en marcha. Semanas antes, probablemente por las noticias que habían llegado a Galicia, el conde remitió a la Junta de Guerra una relación «sobre el estado en que se haya el ejército», la cual pretendía servir como un estado de la cuestión preparativo para la llegada de Gonzaga, quien además contó con la aprobación de los consejeros para continuar las disposiciones militares iniciadas por el conde[118].

Casi cinco años después Diego de Benavides abandonaba Galicia y se dirigía de nuevo a sus casas en la corte. El conde de Santisteban regresaba a Madrid con los resultados de un gobierno nuevamente complicado. Al escenario de dirigir un territorio lindero con la rebelde Portugal del duque de Braganza se sumaron otras cuestiones que complicaron en demasía cualquier administración: falta de hombres, recursos financieros limitados, hostilidad de la Junta del Reino a prestar cualquier tipo de ayuda, deserciones, reclamaciones de preeminencias y cargos, etc., y otras problemáticas que hemos ido analizando. Así, el balance que pudo presentar Santisteban ante Felipe IV y, especialmente, Luis Méndez de Haro lo dibujaba como un capitán general cauto —no por pusilanimidad, sino por carecer de medios— y un gobernador hábil en las negociaciones. Unas cualidades que sirvieron como el mejor aval para que Diego de Benavides obtuviese un nuevo y más elevado empleo al servicio de la Monarquía hispánica.

4

EL VIRREY DE NAVARRA: FUEROS, GUERRA Y LA ISLA DE LOS FAISANES

La elección del virrey y sus objetivos en Pamplona

Diego de Benavides dejaba atrás el gobierno de Galicia con el sabor agridulce de haber mantenido intactas las fronteras con los medios disponibles, pero sin haber recuperado Salvaticrra o haber realizado alguna incursión en territorio portugués. Nombrado su relevo en Vicente Gonzaga, el conde de Santisteban regresaba a la corte con esta experiencia en su haber y el servicio demandado por la Monarquía cumplido. Sin embargo, en lo personal, el retorno fue bien diferente.

Tras haber fallecido Antonia Ruiz de Corella en 1648, Santisteban decidió que la mejor forma de no devolver la dote y evitar mantener la alta pensión acordada a su cuñada era contraer nupcias con esta misma, Juana Ruiz de Corella y Dávila. Estos esponsales tuvieron lugar en 1651, pero apenas fueron disfrutados por los contrayentes. En 1653, justo al regreso de Santisteban a Madrid, esta segunda esposa falleció de parto, dejando como único fruto a un niño pequeño, Tomás de Benavides. En este estado, en la primavera de 1653 Diego de Benavides se encontraba en la corte, sin empleo, endeudado y viudo.

La solución a esta situación iría viniendo progresivamente a lo largo de ese mismo año y en el siguiente ya se podría considerar, como leerán, solucionada. En lo personal, en octubre de 1654 Diego de Benavides contrajo su tercer y postrer matrimonio con Ana de Silva y Manrique, con una jugosa dote de 62.420 ducados[1]. En lo, llamémoslo, profesional, la primavera de 1653 comenzaría a dar respuesta a Santisteban con un nuevo empleo en la Monarquía hispánica: el virreinato de Navarra.

El servicio a Felipe IV en Navarra siempre fue bastante reputado entre la nobleza por variados motivos. Entre estos, la situación de guerra abierta con Francia hacía que el Reino navarro se hallase en dos frentes simultáneos: al norte contra los galos y, con el tapón oscense, al este frente a los catalanes. Así, atendiendo principalmente al foco septentrional, Navarra ofrecía a sus virreyes la oportunidad de adquirir importantes méritos de índole marcial; cuestión nada desdeñable para preferir este cargo, como vimos en capítulos precedentes. Además de ello y del prestigio de ser representante directo del rey, el virreinato navarro prometía un salario a tener en cuenta. Como bien apuntó Ostolaza Elizondo, lo devengado al virrey de Navarra era menor a lo percibido por el resto de sus homólogos, pero aún así fueron cifras a tener en cuenta. En este sentido, el monto anual devengado por los virreyes navarros se compuso de 4.000 ducados como salario personal, 500 ducados más en concepto de capitán general, 1.000 ducados para soldadas de su guardia, 500 ducados en concepto de alojamientos y 500 ducados para el sostén de su corte; es decir, el *alter ego* en Navarra percibía 6.500 ducados por año, los cuales eran extraídos de la Hacienda Real, y solo el último cargo de las rentas reales del Reino. Unos ingresos, como se ha apuntado, no muy elevados y de los que había que descontar la media annata, pero suficientes para mantenerse en la calidad del cargo. En cualquier caso, siempre existieron mecanismos para suplementar estos ingresos mediante licencias comerciales con Francia en momentos muy puntuales, como la guerra[2].

Así pues, cualquier persona designada por el rey, a propuesta del Consejo de Estado, para ocupar el virreinato de Navarra lo aceptaba más por el prestigio del cargo y los posibles méritos a sumar que por la cuestión económica. Por esto mismo, desde el inicio de las hostilidades con Francia en 1635, la frontera navarra permitía con cierta facilidad la suma de esos servicios a la hoja personal del virrey, por lo que su elección siempre requirió de estudio. Este contexto bélico romperá cierta estabilidad institucional navarra durante el reinado de Felipe IV, pues, como señaló Malcolm, Navarra y Sicilia eran los virreinatos donde no solían renovar a los representantes del rey, salvo, como verán, al conde de Santisteban[3].

La situación militar rompió la tranquilidad navarra y obviamente hizo reconfigurar los requisitos necesarios para ocupar su virreinato. Desde 1635 y especialmente tras el sitio francés a Fuenterrabía en 1638 y el estallido de la revuelta de los catalanes en 1640, para representar a Felipe IV en Navarra se demandó de los candidatos fidelidad, servicios satisfactoriamente prestados, experiencia marcial contrastada y calidad personal[4]. Unas cualidades que para 1653 cumplía a la perfección Diego de Benavides y que además contaba con el aval de pertenecer, aunque no en primer grado, al importante partido de Luis Méndez de Haro.

En cualquier caso, aún con estas garantías personales y de terceros, la elección de cualquier virrey siempre se antojó muy delicada. Esto fue así, entre otras cuestiones, por el poder que el monarca debía delegar a una persona concreta, la cual además quedaba fuera de una supervisión directa y constante[5]. Si a esto añadimos la difícil situación de Navarra, escoger al representante de Felipe IV y esperar que su labor al menos no abriese un nuevo frente bélico añadió una preocupación extra a las reuniones del Consejo.

Se ha venido sosteniendo que la primera vez que el conde de Santisteban entró en la terna para ser virrey de Navarra fue en marzo de 1653. Para entonces, y dada la delicadeza del contexto septentrional, se buscaba con premura un sustituto para el virrey duque de Escalona, quien había fallecido el 27 de febrero de 1653 en Pamplona tras un gobierno en que las Cortes del Reino rebajaron su aportación financiera y humana[6]. Así fue elevada al rey una terna conformada por el propio Santisteban, el marqués de Velada y el duque de Pastrana. Incluso el Consejo de Guerra, donde se sentaba Benavides, presentó su propia terna: el marqués de Mortara, el marqués de Aytona y «otro que no sabemos»[7].

A pesar de que se siga defendiendo que Santisteban comenzó a aparecer en la documentación navarra en marzo de 1653, otras fuentes retrasan la datación. El duque de Escalona había iniciado su virreinato en 1650 y por tanto en el último trimestre de 1652 ya se estaba buscando quién lo relevase en Pamplona, pues esta administración estaba limitada a un trienio. Así, en octubre de 1652 ya encontramos al conde de Santisteban provisto como nuevo virrey de Navarra, es decir, seis meses antes de lo que se ha venido repitiendo. Esto lo podemos corroborar gracias a la ayuda de costa que Felipe IV concedió a Diego de Benavides para que se desplazase hasta Navarra y comenzase a ejercer como su virrey:

Su Majestad. Por otra cédula fecha en nueve de octubre de 1652 refirió que al conde de Santisteban, a quien había nombrado por virrey de Navarra le había hecho merced de cuatro mil ducados de ayuda de costa. Convenía al servicio de Su Majestad que se fuese con toda brevedad. Mando al presidente y los del Consejo de Hacienda que se los librasen en cualesquiera fincas de rentas reales y en deudas extraordinarias y en otras que en cualquier manera hubiesen por recibido a la Real Hacienda en lo uno o en lo otro a donde lo tuviese más pronto y Su Majestad se le diesen las libranzas y despachos necesarios[8].

Por tanto, el conde de Santisteban había sido designado virrey de Navarra a inicios de octubre de 1652, con el duque de Escalona ejerciendo el empleo, pero aún no había hecho el viaje desde la corte a Pamplona. Todavía más, esta referida ayuda de costa que con tanta premura el rey mandó que se librara a Santisteban para que se desplazara hasta Navarra a inicios de 1653 todavía no había sido despachada. La solicitud al tenor de Diego de Benavides en enero de 1653 vuelve a indicarnos que efectivamente había sido provisto virrey de Navarra —en esta fecha aún podríamos retrasar un trimestre la datación defendida por alguna bibliografía—, pero que se mantenía en Madrid a espera de los nada despreciables 4.000 ducados de ayuda de costa[9].

Pero una cosa fueron las demandas financieras de Santisteban —a las que volveremos en siguientes capítulos— y otra las necesidades políticas de la Monarquía. El conde cumplía con los requisitos que tan certeramente ha analizado Presumido Casado, pero estos debían aplicarse en Navarra, no en la corte. Así, en un entorno en el que Luis Méndez de Haro dispuso que diferentes personas de su partido sirvieran a Felipe IV en otros tantos puestos alejados de Madrid, se conminó a Santisteban para que pusiese en práctica cuanto antes sus dotes militares y políticas en Pamplona[10]. A pesar de esta necesidad, incrementada por la muerte de Escalona en febrero, Diego de Benavides no se presentó en Navarra hasta el 3 de agosto de 1653, encontrándose con que su retraso había dejado unas Cortes interrumpidas por el fallecimiento de su antecesor y un gobierno interino muy favorable a las demandas del Reino[11].

Sin embargo, una vez que Santisteban hubo tomado posesión del virreinato pudo comprobar que la primera necesidad era la militar y que por ello mismo había sido escogido para tal empleo. Navarra era la puerta de entrada del francés hacia Castilla y por eso debía ser guarnecida de la mejor manera posible. Para esta tarea la experiencia de Santisteban en Extremadura y Galicia, donde empleó sus dotes para la guerra defensiva exprimiendo unos recursos muy escasos, se antojó fundamental y en gran manera su principal aval para ocupar el cargo[12]. Junto a ello, los frutos de la habilidad política y negociadora que Diego de Benavides había demostrado ante la Junta del Reino de Galicia hicieron pensar que ante las Cortes de Navarra obtendría unos resultados similares y conseguiría de ellas mayores aportaciones al esfuerzo bélico de la Monarquía.

Todo ello aunado, capacidades militares y negociadoras, marcarían los objetivos que Felipe IV habría señalado para el gobierno de Santisteban en Navarra: conservar el Reino frente a los ataques franceses y lograr del mismo más recursos. Para cumplimentar estos propósitos se despacharon las órdenes pertinentes y aunque para muchos virreyes de Navarra se desconocen las facultades y espacios de acción tolerados desde la corte, en el caso que nos ocupa sí podemos delimitar esta ratio[13]. Esto fue fundamental para calibrar la calidad del cargo de Santisteban y su diferencia con el empleo en Galicia. Citando a Cardim y Palos, «los gobernadores tenían ante todo funciones militares, mientras que los virreyes asumías prerrogativas propias de la dignidad del monarca»[14]. Siguiendo a estos autores comprendemos cómo Santisteban hubo de ejercer en Pamplona, complementando las labores que había desempeñado en otros destinos y debiendo acudir a más frentes que los meramente marciales.

Esta cuestión se atisba certeramente en las instrucciones que se despacharon al conde de Santisteban como virrey de Navarra[15]. Así, si comparamos este documento con sus obligaciones como gobernador de Galicia, comprenderemos perfectamente no solo las diferencias en el cargo, sino también qué esperaba de él la Monarquía. A pesar de que estas instrucciones se remitieron a Pamplona cuando Santisteban ya se hallaba allí y había tomado posesión del cargo, el 3 de agosto de 1653, su tenor tuvo características propias que lo alejaban del documento casi normalizado que se enviaba a los virreyes[16]. En este sentido, la Corona pedía a Diego de Benavides que estableciese cuanto antes una relación estrecha con las instituciones navarras, en especial con la Diputación del Reino y la Inquisición[17]. Esto lo podemos interpretar en el sentido de que lo último que deseaba la Monarquía, una vez recuperado casi íntegramente el Principado de Cataluña, era que dentro de la Península Ibérica surgiese un nuevo foco de insurrección, por lo que la política desplegada por Santisteban habría de buscar desde el primer momento un entendimiento con los navarros.

Pero como *alter ego* de Felipe IV en Navarra, Santisteban tenía que atender también las obligaciones que eran propias del soberano. En este sentido las instrucciones virreinales hacen especial mención al apartado de las gracias y mercedes, facultad personal del rey, que el conde debía gestionar directamente con la Cámara de Castilla y en ningún caso *motu proprio*. Con ello se remarcaba cierto control desde el poder central hacia el poder delegado en la periferia de la Península Ibérica, pero también suponía cierto límite a las provisiones discrecionales del virrey en favor de familiares, allegados y clientes. Así, aunque los nombramientos para cargos en personas de confianza fueron una de las claves del gobierno de los virreyes, en el caso navarro las instrucciones delimitaron mucho dichas mercedes. De esta manera, por ejemplo, Santisteban en el campo de la justicia solo fue facultado para proveer puestos ordinarios, quedando las posiciones judiciales más elevadas en designación exclusiva del rey, quien a su vez las delegaba a la Cámara de Castilla[18].

Aun con esta limitación, las instrucciones dejaban bien claro que el gobierno virreinal del conde de Santisteban en Navarra había de comenzar congraciándose lo máximo posible con las instituciones locales, pero sin olvidar que el principal objetivo de su estancia en Pamplona no era otro que mantener en calma el Reino y tener dispuestas sus armas para evitar cualquier intento francés de penetrar en el mismo[19]. En la búsqueda de estas metas comenzó su labor en agosto de 1653 Diego de Benavides, presentándose en primer lugar ante los organismos navarros.

Los límites virreinales: el Consejo de Navarra y la Diputación del Reino

Como virrey, la principal institución local con la que hubo de mantener relaciones el conde de Santisteban fue el Consejo Real de Navarra. Este órgano había conservado su sede en Pamplona tras la anexión castellana y se convirtió en el único de los consejos territoriales que no se trasladó a la corte madrileña. Además de esta particularidad, en 1525 se ordenó que virrey y consejo establecieran una estrecha cooperación, siempre y cuando se respetase la esfera de justicia y gobierno correspondiente al primero como *alter ego* del rey[20]. Aún con ello, el Consejo de Navarra nunca dejó de ejercer una fortísima influencia en los asuntos locales gracias a su conexión directa con el Consejo de Estado. Entre ambos consejos se mantuvo una comunicación constante compuesta de memoriales, informes y pareceres, noticias sobre el estado del Reino, análisis de los visitadores, testimonios sobre la amenaza francesa, peticiones y agravios de las Cortes y cuestiones judiciales, además, como no podía ser de otra forma, de pareceres recomendando a individuos para los más diferentes empleos[21].

Esta vía directa del Consejo de Navarra con el poder central dificultaría, que duda cabe, el trabajo de cualquier virrey. Santisteban, como los demás virreyes, hubieron de estar atentos a qué mensajes se mandaban hacia Madrid y, en la medida de lo posible, evitar que fuesen cuestiones contrarias a su labor. Así, como bien apuntó Presumido Casado, una de las principales tareas gubernativas del conde consistió en mantener informada a la corte por su propia vía y negociar constantemente con los poderes navarros para mantenerlos satisfechos, garantizando de esta forma su lealtad[22]. Por este motivo, la información cumplía aquel axioma por el que se convertía en poder y la mejor forma de acceder a esas posibles noticias que se remitiesen al Consejo de Estado, anticipándose a las fuerzas locales, no fue otra que la buena sintonía con el máximo dirigente del Consejo de Navarra: su regente.

En este sentido, el conde de Santisteban hubo de lidiar durante su virreinato con tres regentes diferentes. El primero de ellos fue Juan de Arce y Otalora, vallisoletano y oidor de su Chancillería, que fue nombrado regente del Consejo de Navarra en 1648[23]. En este empleo permaneció hasta 1654, a pesar de haber sido provisto como consejero de Órdenes en 1652, pues se le ordenó prorrogar su estancia para asistir a las Cortes navarras mientras tanto se producía la llegada del conde de Santisteban[24]. El relevo de este regente fue el inquisidor pucelano Diego García de Trasmiera, pero apenas un año después, en 1658, fue promovido a consejero del Santo Oficio[25]. Así, el último de los regentes del Consejo de Navarra con que hubo de mantener relaciones cordiales Santisteban fue el cordobés, oidor de la Chancillería de Valladolid, Lope de los Ríos y Guzmán. Un regente que permaneció en ejercicio hasta 1662, cuando pasó al Consejo de Órdenes[26].

Como pueden deducir, los regentes de la década de 1650 siguieron un patrón más o menos estable. Según este modelo, las máximas figuras del Consejo de Navarra provenían de uno de los dos altos tribunales de Castilla y tras un breve periodo de ejercicio pasaban a servir en uno de los consejos establecidos en la corte. Así, no es de extrañar que esta regencia se viese casi como un trampolín en el *cursus honorum* de la Monarquía hispánica y que, por tanto, también buscasen mantener una buena sintonía con los virreyes destinados a Pamplona.

En cualquier caso, la extracción judicial de los regentes se debía a su función principal. El Consejo Real de Navarra debía dar su parecer ante cualquier tipo de ordenamiento que remitiese el rey con aplicación en el Reino y determinar los fundamentos de derecho para que estas normas pudiesen ponerse en marcha o rechazarse. Esta capacidad hacía de este Consejo no solo la llave para la gobernabilidad del territorio, sino que también lo convertía en un instrumento de asesoramiento indispensable para todos los virreyes foráneos, como el caso de Santisteban[27]. Además, la unión del Consejo de Navarra con el *alter ego* del rey resultó siempre útil para la mediación con las Cortes del Reino y el resto de poderes del territorio, con lo cual buena parte del éxito de cualquier virreinato habría de basarse en esta relación[28].

Esta beneficiosa afinidad en ambos sentidos fue verificada por Presumido Casado al contabilizar el flujo de documentación entre el virrey y el Consejo de Navarra. Así, entre Santisteban y el Consejo se cruzaron 41 piezas, mientras que al propio virrey con carácter privativo solo llegaron 34 expedientes. Con ello concluye, nos sumamos a ello, que el virrey estaba sujeto para casi cualquier decisión al parecer y asesoramiento del Consejo Real, limitando incluso el gobierno cotidiano de Navarra y dejando en solitario únicamente al *alter ego* en la presidencia de las Cortes[29]. Por ello, aunque la calidad de Santisteban en Navarra fuese la de virrey, su ámbito cierto de actuación, individual y por iniciativa propia se encontraba con límites muy remarcados: las instrucciones y el Consejo.

Una de las mejores esferas para comprobar lo anterior fue el espacio de la justicia. Como representante directo del rey en Navarra, Santisteban debería haber sido el máximo magistrado, pero la realidad fue bien diferente. En este espacio Diego de Benavides encontró las acotaciones directas del propio Consejo Real de Navarra. Los togados de la institución, con la que, recordemos, debía mantener buena sintonía, eran los encargados de la justicia en el Reino y solo permitían que el virrey ejerciese un rol de mediador, como representante real, siempre y cuando fuese ecuánime. De esta manera, Santisteban comprobó en primera persona que desde mediados del siglo XVI se había ido rebajando la capacidad judicial de los virreyes navarros en favor únicamente del Consejo de Navarra. Así, al conde durante su estancia en Pamplona solo le quedó la facultad de intervenir en asuntos judiciales graves que afectasen a la Corona, el perdón de delitos que no fuesen de rebelión, asesinatos premeditados con arma de fuego o contra oficiales reales, y, he aquí su gran esfera, la jurisdicción marcial[30].

De esta manera podemos plantearnos si en la práctica Santisteban ejerció como virrey o como gobernador. La intervención acotada en la justicia y limitada únicamente a los asuntos militares acercaban más a Diego de Benavides al rol que había desempeñado en Galicia que a aquel que le había sido asignado en Navarra. En cualquier caso, los contextos son muy diferenciados y hay que tener en cuenta no solo el marco militar de ambos reinos en este periodo, sino también la tradición legal de cada cual. Así, mientras los gallegos se defendían de las exacciones en su Junta del Reino, los navarros tenían un Consejo Real en el propio territorio, que velaba por sus contribuciones, conservaba el ejercicio de la justicia y resguardaba sus códigos con una institución particular: la Diputación del Reino.

Este organismo propio de Navarra tenía como principal misión «atender a la guarda y cuidado de los fueros» del Reino y, por tanto, configuraba con el Consejo un binomio indisoluble para la legislación y el gobierno[31]. Esta dupla representaba una limitación palpable para el virrey, pues como representante del rey debía trabajar para mantener todos los fueros intactos, ya que ellos eran la garantía del reconocimiento del Reino hacia el monarca. Así que, ni que decir tiene, en un escenario de rebeliones dentro de la propia Península Ibérica evitar falta alguna contra los fueros navarros se convirtió en una línea roja que no se podía traspasar. Disipar cualquier foco de revuelta era obligatorio y de ahí que el virrey, en este caso el conde de Santisteban, se viese imposibilitado de acometer cualquier acción antes de comprometerse a guardar los fueros mediante juramento real. A partir de entonces, solo después de jurar estas leyes, el poder real representado podía intentar legislar y gobernar, sin inmiscuirse en asuntos judiciales, en Navarra, dando comienzo a un ejercicio de equilibrios entre el interés de la Monarquía y el de los poderes del Reino, quienes además podían declarar cualquier medida «contrafuero»[32]. Se presentaba así, sobre la mesa, para el conde de Santisteban uno de sus principales objetivos en el Reino de Navarra: la negociación con las Cortes.

Las Cortes navarras: negociación y concesiones

Al llegar Diego de Benavides a Navarra encontró a las Cortes reunidas. Su predecesor, el duque de Escalona, había convocado a los procuradores, pero su muerte finalizando febrero de 1652 dejaba a esta reunión sin su presidencia. Así, el conde de Santisteban hubo de enfrentarse inmediatamente ante estas Cortes, las cuales se encontraban paralizadas entre el óbito referido y su instalación en Pamplona. Esta situación añadió mayor presión al nuevo virrey, pues a la existente en el ámbito local se sumó la que desde la Monarquía se ejecutó. El rey deseaba que las Cortes de Navarra se redujesen en número y que todos los procuradores fuesen nombrados directamente por él, quitando esta prerrogativa al virrey, por lo que el manejo de la institución sería cada vez más sencillo y dócil a los deseos de la Corona. Sin embargo, Felipe IV y Santisteban eran conscientes de que no podían realizar una quita entre los procuradores en mitad de una reunión, por lo que hubieron de andarse con tacto en las negociaciones de cara a esta minoración en la próxima convocatoria[33].

Además de este deseo central de retomar unas Cortes paralizadas, los representantes de la Diputación de Navarra en Madrid también ejercieron presiones con objeto de la partida inmediata de Santisteban como virrey y la reanudación de las sesiones. Tal fue la ansiedad al respecto que los procuradores, el conde de Ablitas y Azpilicueta, ni tan siquiera se preocuparon por la elección del virrey, sino porque el provisto llegase cuanto antes a Navarra[34]. Y es que para todos, Monarquía y Reino, era clave la continuación de estas Cortes por varios motivos: controlar a los agentes locales, comprometer las diferentes contribuciones, refrendar poderes, etc. Tareas que se hallaban bloqueadas por la inexistencia de un virrey en ejercicio.

Pero de todas las cuestiones que urgía retomar en las Cortes iniciadas en 1652, la primera de ellas correspondía al aporte navarro al conflicto catalano-francés. En el siglo XVII diferentes virreyes habían forzado levas de soldados de Navarra para luchar contra Francia (1636-1637), levantar el cerco de Fuenterrabía (1638) o intentar sofocar a los catalanes (1640-1641), pero en todas estas reclutas se habían encontrado con la protesta de las Cortes y la declaración de «contrafuero» sobre estas exacciones. Para evitar que la molestia navarra fuese a más, desde 1642 Felipe IV ordenó que las levas en Navarra se negociaran y se votasen en las Cortes[35]. Esto se llevó a cabo el citado año y también en 1644, 1645, 1646 y, el que nos atañe, 1652[36].

Santisteban, nada más llegar a Pamplona en agosto de 1653 y reanudar las Cortes, hubo de hacer frente a esta petición de hombres. Consciente de que algunos de sus antecesores, como el conde de Oropesa, habían conseguido una recluta notable, pero que esta misma se deshizo rápidamente por las deserciones, Santisteban debía desplegar ante los procuradores el mayor de los talantes conciliadores posible[37]. Pero a la misma vez que se buscaba mantener buenas relaciones con los poderes locales, la Monarquía demandaba al virrey soldados. Así, al acudir a la sesión en agosto de 1653, Santisteban solicitó al Reino la constitución de un tercio de infantería de 1.000 hombres, el cual debía estar listo para el inicio de la campaña del año siguiente y entregado a las órdenes de Juan José de Austria con el objetivo de recuperar Vic y expulsar definitivamente a los franceses de Cataluña[38].

A esta petición se afanó Santisteban, obteniendo resultados vanos. Navarra no había contribuido con ninguna tropa a los frentes abiertos en 1653 y esta situación obligó a que las demandas de la Monarquía no solo se volvieran insistentes, sino a que también fuesen rebajadas con el deseo de obtener cualquier aporte. Así, de las peticiones iniciales se pasó a la solicitud de un tercio de infantería de solo 500 soldados. Se trataba de una solicitud negociada en Cortes, no de una extracción forzada, con lo cual el argumento local del «contrafuero» quedaba prácticamente invalidado, pero ello no significó una concesión inmediata. Santisteban debía negociar con los procuradores y esto se traducía siempre en contrapartes[39].

Para que desde Navarra partiese un reducido tercio de 500 soldados, los procuradores solicitaban que la Monarquía concediera la asimilación a los castellanos de todos los navarros. Aun habiendo sido conquistado, el Reino de Navarra siguió contando con unas características propias que ya hemos apuntado. Una de ellas era la naturaleza de sus súbditos, los cuales eran navarros, no castellanos. Durante el siglo XVI esta condición se mantuvo sin apenas problemas, pero a mediados de la siguiente centuria dicha diferenciación comenzó a generar algunos obstáculos. Estas trabas eran conformadas principalmente por el hecho de que los navarros no podían competir para algunas instituciones de Castilla, puesto que como tal se consideraban foráneos y, por tanto, quedaban cercenadas carreras en los diferentes *cursus honorum* de la Monarquía hispánica[40].

En las Cortes presididas por el conde de Santisteban se expuso esta demanda de asimilación entre navarros y castellanos, pues de otra manera algunos doctores locales no podían concurrir, por ejemplo, a la elección del rector de la Universidad de Alcalá de Henares. Los navarros se habían situado convenientemente en esta Universidad y en otros centros y colegios mayores de toda Castilla, pero sin la referida naturalización tenían prohibido alcanzar las mayores cotas. Así, la equiparación de los navarros sería la contraprestación demandada por las Cortes frente a la petición de soldados del rey. De esta ma-

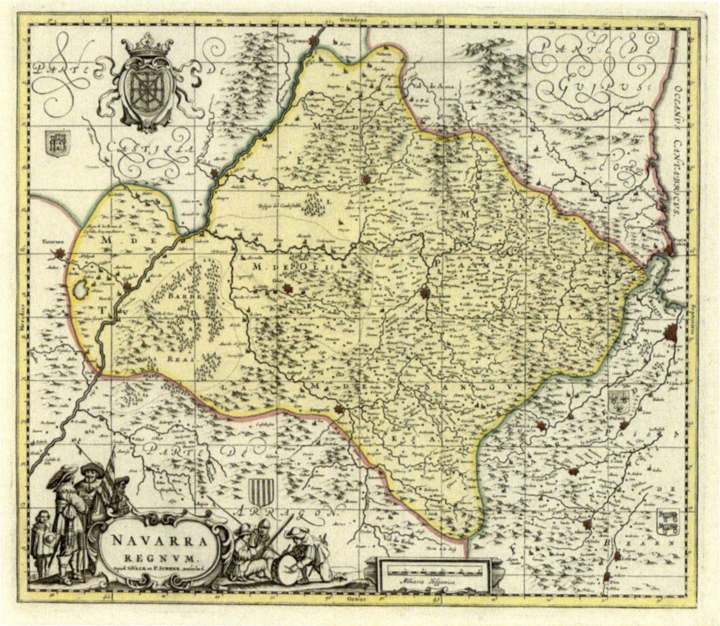

Imagen 6. Mapa del Reino de Navarra.
Fuente: Instituto Geográfico Nacional, 41-I-30, Jan Janszoon, 1690.

nera, Santisteban se hallaba facultado para acceder a esta demanda si se aportaba la fuerza militar solicitada y así se produjo. Felipe IV reconoció a los navarros la igualdad con los castellanos, sin perder su naturaleza, para cualquier oficio o beneficio de Castilla, sin que «se les pueda excluir en nada»[41].

Llegados a este punto la Monarquía esperaba que las Cortes de Navarra correspondiesen y entregasen el tercio formado a Juan José de Austria. Sin embargo, esta tropa tardaba en armarse. Así, desde agosto de 1653 en que se concedió la equiparación de naturalezas, Santisteban pudo observar como la recluta, adiestramiento y equipamiento de este medio millar de hombres se iba demorando. En diciembre de 1653, la correspondencia entre Madrid y Pamplona insistía en que Navarra había de cumplir su parte. Así se pidió al virrey que transmitiese a las Cortes que el tercio debía estar dispuesto para la campaña de 1654. La respuesta de Santisteban a los consejos fue que solo podrían armarse los 500 hombres para el siguiente año y que no habría manera de conseguir una mayor cantidad de soldados. Aun con esta contestación del virrey, en febrero de 1654 las Cortes que habían obtenido su demanda quedaron bloqueadas. La Monarquía volvió a su planteamiento inicial, un millar de infantes, y así se lo hizo saber a Diego de Benavides. Ante este enquistamiento y dada la premura que la guerra imponía, la Cámara de Castilla elevó consulta a Felipe IV con la posible solución: que se restringiesen las gracias a los navarros. Pareció ser que esta amenaza surgió efecto. Comunicada por Santisteban a las Cortes, estas decidieron contribuir al esfuerzo bélico de la Monarquía, pero hacerlo de un modo diferente: sustituyeron el tercio navarro —ya fuese de 1.000 o de 500 hombres— por un servicio único de 20.000 ducados[42].

Podían darse como concluidas las Cortes de Navarra de 1652-1654 con un balance irregular. Si bien es cierto que la capacidad negociadora del conde de Santisteban se mostró constantemente, el intenso movimiento de correspondencia entre él y la Corona y entre esta y el Reino hicieron que todos los conciertos se acordasen en múltiples bandas, rebajando la capacidad de influencia del virrey. En cualquier caso, de estas Cortes los mayores beneficiados fueron las élites locales. La consecución de la equiparación de los navarros a los castellanos para cualquier oficio, cargo o merced en Castilla les abría unas puertas que hasta entonces permanecían cerradas y fueron el prólogo para la «hora navarra» de la siguiente centuria[43].

Poderes y equilibrios urbanos, necesidades y apremios fiscales

Un espacio donde sí pudo apreciarse con mayor nitidez la habilidad para la negociación de Diego de Benavides fue en las relaciones entre el virrey y las ciudades de Navarra. En este sentido, la concordia del conde con la capital, Pamplona, era fundamental, pues no solo tenía el valor simbólico de ser la cabeza del Reino, también era un enclave militar sensible y un punto de exacción fiscal a tener muy en cuenta. Por estas calidades, en 1657 desde la corte se encomendó a Santisteban que comenzase una negociación con Pamplona para obtener de ella un censo de 100.000 ducados. El destino de esta pecunia era seguir financiando a los ejércitos peninsulares, aunque en este caso el escenario pasaba de Cataluña a Portugal. Podría ser que la capacidad negociadora de Santisteban y el peso del cargo que ocupaba fuesen suficientes para obtener este empréstito, pero, como imaginan, nada más lejos de la realidad. El cabildo se negó a suscribir este censo y el dinero solo se obtuvo por la oferta que realizó Pedro de Aguirre, quien asumió el empréstito con la condición de ser devuelto en 1662 y a un interés del 85,65 por ciento; es decir, a los seis años el Fisco Regio había de reingresar a Aguirre 185.657,6 ducados[44].

Como han podido leer, Pamplona era una ciudad que actuaba con cierta autonomía dentro del Reino y por tanto del virrey. Los regidores pamplonicas mantuvieron durante el gobierno de Santisteban el régimen de elección mediante cooptación, lo que les permitió conservarse como un núcleo casi hermético y de fácil defensa ante injerencias externas. Así, por ejemplo, el cabildo de Pamplona se enfrentó al virrey por el orden en que habían de acudir a visitarlo al palacio. Sin embargo, la habilidad pactista de Benavides aceptaba estas cuestiones siempre y cuando por otra vía obtuviese contraprestaciones. En este sentido, en 1658 el virrey presentó ante la ciudad la necesidad de remozar sus defensas y construir un nuevo baluarte en su imponente ciudadela, el de la Victoria. A pesar de algunas renuencias iniciales, el cabildo pamplonica acabó entendiendo esta exigencia mientras durase la guerra con Francia, financiando todas las obras y ocasionando a la Real Hacienda un gasto de únicamente 500 ducados[45].

Santisteban también mantuvo una relación singular con otras ciudades. Este fue el caso de Sangüesa, localidad emplazada en la frontera con Aragón. Esta población consideraba que por haber acogido las Cortes de Navarra en 1561 debería ser elevada al rango de ciudad. A inicios del siglo XVII solo había tres núcleos con esta consideración, Pamplona, Estella y Tudela, pero vía venal se sumaron al grupo en 1630 Olite, Corella y Viana, en 1633 Cascante y en 1636 Tafalla, por lo que los sangüesinos vieron la oportunidad de elevar su rango y obtener asiento propio en las Cortes. Así, mediante convocatoria de concejo público, Sangüesa solicitó en 1656 a la Monarquía su elevación al rango de ciudad[46]. Según Presumido Casado, esta solicitud se realizó el año anterior, pero fue rechazada por Felipe IV. Ante esta negativa el conde de Santisteban mostró su lamento, pues consideraba que en este incremento de la venalidad conceder el título de ciudad a los sangüesinos hubiese supuesto un ingreso monetario nada desdeñable[47]. Los argumentos meramente materiales de Santisteban no fueron suficientes, pero años después, en 1665, la población acabó ascendiendo a la categoría de ciudad a cambio de 6.000 ducados de plata[48].

De mayor importancia, por afectar a la estabilidad de Navarra en unos años delicados para la Monarquía, fueron los llamados «motines de Tudela». En febrero de 1654 el Reino hizo pública una ley que limitaba la caza, lo cual significaba para los tudelanos una quita importante a su principal abasto de carne. A ello se sumó que desde 1650 hasta aquel 1654 las cosechas cerealísticas habían descendido en su producción, provocando un aumento en el precio del grano en toda la región. La combinación de ambas cuestiones provocó que los tudelanos acabaran alzándose, tomando el Ayuntamiento y reclamando que la Diputación del Reino declarase «contrafuero» al menos la disposición cinegética[49].

Al conde de Santisteban se le presentaba de esta forma un problema muy a tener en cuenta en la región sur del Reino. Tras indagar en las cuestiones que habían llevado a los tudelanos a levantarse y buscando que este movimiento no se propagara por el resto de Navarra, el virrey halló que la carestía y la prohibición de la caza se había unido al azote de la peste en 1653, pero que estos no eran los únicos motivos[50]. Resultaba ser que junto a estas importantes cuestiones, otras de índole política habían encontrado en esta suma el contexto ideal para salir a relucir. Según supo Santisteban, ciertos vecinos venían reclamando cuotas de participación política en el Ayuntamiento de Tudela y el poder ser elegidos como regidores concurriendo en el sistema de elección por insaculación. Conocidas todas las circunstancias que llevaron al motín y siempre con el ánimo de no fomentar su extensión, Santisteban buscó la pacificación con los representantes de Tudela. Para ello el virrey descartó que los amotinados fuesen condenados a muerte o a castigos severos y obtuvo el favor del pueblo tudelano cancelando la prohibición de la caza, declarando esta inhabilitación, con el asesoramiento de la Diputación del Reino, contraria al fuero particular del que gozaba Tudela[51].

El virrey consiguió mediante esta política apagar los ecos del motín tudelano, pero con ello no acabaron los problemas internos en el Reino de Navarra. A todos ellos debía hacer frente con celeridad y aportar lo máximo posible al esfuerzo militar de la Monarquía, pues aún se hallaba en guerra contra Francia. Así, la cuestión económica fue otro de los puntos de exigencia desde la corte hacia Diego de Benavides.

En este aspecto, como en otras cuestiones navarras, el conde de Santisteban se encontró con el hecho de que en Pamplona existía una institución propia. Prácticamente a la vez que la Diputación del Reino apareció la Cámara de Comptos, un organismo encargado de las contabilidades de Navarra, de separar las haciendas del rey de las locales y de facilitar la recaudación de los diferentes servicios[52]. Con estas atribuciones la Cámara de Comptos se convertía en la entidad clave para el aporte económico de Navarra a la Monarquía. Conscientes de este peso, de la necesidad fiscal, Santisteban debía prestar atención a su labor y supervisar en la medida de lo posible su labor recaudatoria. Así, la propia Monarquía estableció que el principal grupo de la Cámara de Comptos, sus oidores, siempre estuviese compuesto por un castellano elegido directamente por ella y el resto por consulta y terna a propuesta del virrey y el Consejo de Navarra. En este segundo grupo se dejaba al *alter ego* cierta capacidad de maniobra político-clientelar, teniendo facultad para presentar a personas cercanas para una institución de relevancia y, en caso de resultados positivos, de ascenso dentro de la Monarquía hispánica[53].

En cualquier caso, Santisteban y la Cámara de Comptos dentro de su labor fiscal debían controlar escrupulosamente el tráfico mercantil con una Francia hostil. Si bien el propio virrey podía gozar de licencias comerciales con el enemigo para implementar sus ingresos, el resto de la población debía estar sujeta a esta prohibición para no favorecer al contendiente. Las propias Cortes en 1654 habían llegado a vetar la importación de todos los géneros franceses, salvo excepciones puntuales y permisos discrecionales[54]. Pero el tráfico entre países en guerra nunca cesó completamente. Muchos individuos continuaron comerciando a un lado y otro de la frontera y enriqueciéndose con este contrabandeo permanente. Tal es así que estas disposiciones apenas tuvieron repercusión y eran reiteraciones de otras anteriores, por lo que durante el gobierno de Santisteban permaneció vigente una tasa extra de 2 reales por carga ilegal descubierta[55]. Ni el virrey ni la Cámara pudieron cortar el flujo del comercio ilícito, pero al menos en lo destapado añadieron un cargo tras su aceptación tácita.

Así pues, el aporte económico de Navarra a la Monarquía dependía de que los oidores de Comptos recaudasen de la forma más eficaz posible los servicios concedidos en las Cortes. La entrega de estos tributos por parte del Reino era irrenunciable por el conjunto económico de la Monarquía hispánica, por lo que desde Madrid se presionó a Santisteban para que este peculio fluyese a las arcas regias. Y es que resultaba que desde que el duque de Escalona convocó las Cortes en 1651 el servicio había dejado de satisfacerse. Desde entonces, hasta 1654, curiosamente cuando finalizaban estas Cortes, la aportación fiscal navarra dejó de devengarse anualmente, causando un desequilibrio en las contabilidades de la Corona y empleando dicha contribución como un chantaje por parte de los procuradores.

Ante esta situación financiero-tributaria y teniendo en cuenta esas mismas necesidades de la Monarquía, el virrey planteó la posibilidad de recaudar donativos entre los particulares. Este recurso había sido muy empleado durante la primera parte del reinado de Felipe IV y ahora, en la década de 1650, volvía a utilizarse para suplir el servicio de Navarra[56]. Por ello, el propio conde de Santisteban había expuesto ante la Cámara de Castilla los beneficios que se podían conseguir involucrando a ciertos individuos y la propia Cámara elevó favorablemente la idea al rey. Sin embargo, para no tensionar al Reino, lo que planteaba Santisteban no era obtener servicios monetarios, sino que los donativos fuesen en especie: el plan trazado consistía en que las ayudas particulares fueran en trigo y en cantidad suficiente como para abastecer a todo el presidio de Pamplona. Felipe IV aprobó la idea en noviembre de 1654 y desde entonces este tipo de servicio personal constituyó la gran intendencia de las fuerzas pamplonicas, incrementándose y asentándose en los años posteriores[57]. Es decir, de nuevo la capacidad negociadora de Diego de Benavides había logrado un aporte local para el sostén de las armas de la Monarquía.

Casi a la vez que se conseguían estos donativos cerealísticos —recuerden, para añadir valor a lo conseguido por Santisteban, el descenso en la producción de trigo en esos mismos años en los valles del sur del Reino—, las Cortes de Navarra se clausuraban con otro compromiso favorable a las necesidades de la Corona. Los procuradores aprobaron que se concediera un servicio extraordinario por valor de 20.000 ducados, a devengar una sola vez y separado de los servicios ordinarios que estaban atrasados[58]. Sin embargo, este aporte extra no fue tal. Estos ducados suplían lo que más demandaba la Monarquía, que no era otra cosa que el tercio navarro que ya citamos en páginas anteriores.

Por último, en materia económico-política el virrey Santisteban y la Cámara de Comptos elaboraron en 1655 la llamada «Nómina del Reino» referente a los años 1646-1649. Este documento, que se realizaba al acabar las Cortes y requería de la aprobación de la Cámara de Castilla, recogía todas las mercedes y exenciones tributarias que afectaban al Fisco Regio[59]. Esta Nómina fue ratificada por los consejeros en la corte, pero con enmiendas en ciertos pagos que devengaba la Real Hacienda a sus empleados en Navarra y actualizaciones en las mercedes concedidas hasta marzo de 1656[60].

El conde de Santisteban en la Paz de los Pirineos

Más allá de la labor del conde de Santisteban como negociador ante las Cortes, pacificador de disturbios, conseguidor de recursos y militar experimentado, su gran mérito durante el gobierno del Reino de Navarra fue la participación en la Paz de los Pirineos.

Mientras Diego de Benavides se hallaba inmerso en tratos con los procuradores navarros, al otro lado de la cordillera continuaba la guerra abierta con Francia en 1635. Durante los primeros años de estancia de Santisteban en Pamplona, las armas de la Monarquía hispánica habían dado sendos reveses a los franceses con su expulsión casi completa de Cataluña, pero también en su propio suelo los galos estaban sufriendo las turbulencias de las frondas. Ante esta situación, la Francia del cardenal Mazarino remitió a Madrid una oferta de paz en 1656. Sin embargo, la propuesta fue rechazada por Felipe IV; quien, según Domínguez Ortiz, no tuvo en cuenta la capacidad de recuperación francesa y la ventaja de una paz para, además de terminar la reconquista catalana, solventar las alteraciones andaluzas, recomponer la economía tras la devaluación del vellón en 1652 y otros problemas internos[61].

El repudio de la paz propuesta por Mazarino pudo deberse también a cierta euforia en Madrid por la nueva expedición militar contra Portugal. Como ya citamos en páginas anteriores, la recuperación de Barcelona hizo que el Consejo de Estado, el de Guerra y el de Castilla volviesen sus miras hacia la frontera oeste. Así se preparó en 1657 la campaña del año siguiente, cuya dirección campal recayó directamente en Luis Méndez de Haro[62]. En la primavera de 1658 comenzaron a reunirse soldados y pertrechos en un número elevado, como nunca se habían visto en aquel frente, pues se buscaba la victoria segura frente a los rebeldes lusos. El propio rey y los consejeros de Guerra pretendían esta victoria, digamos, por aplastamiento y para ello hasta estaban de acuerdo en destinar todos los recursos disponibles para los ejércitos del norte[63].

El resultado no pudo ser más desastroso. Entre septiembre de 1658 y enero de 1659 Méndez de Haro fracasó completamente ante los portugueses en la conocida como «batalla de las líneas de Elvas»[64]. Para entonces, por esta iniciativa desatada por la Monarquía hispánica, el panorama internacional quedó de nuevo trastocado y Felipe IV pasó a encontrarse, una vez más, solo: Francia, Inglaterra y Portugal se mantuvieron en una suerte de triple alianza, dejando a España como única alternativa de apoyo en el frente atlántico a las Provincias Unidas[65]. Por si fuera poco, a este desastre militar y sus consecuencias diplomáticas se unió el hecho de que en 1656 y 1657 Robert Blake había interrumpido la Carrera de Indias, bloqueando la llegada del tesoro americano en un momento de máxima necesidad[66].

Un año antes del fracaso del marqués del Carpio en suelo portugués, desde el norte se venía alertando de la situación tan delicada en que se hallaba la Monarquía. Juan José de Austria ejercía como gobernador y capitán general de Flandes desde 1656 y en 1658, antes de que el rey ordenase su regreso a la Península Ibérica para tomar el mando del ejército de Extremadura[67], envió a Madrid una relación pormenorizada del estado de la Monarquía, llegando a proponer hasta tres vías para evitar un descalabro aún mayor: concertar una paz con Francia o Inglaterra; sumar al rey de Hungría, Leopoldo de Habsburgo, a la guerra contra los franceses; o remitir un nuevo y oneroso ejército a Flandes[68].

Finalizando la campaña de 1658, cuando Luis Méndez de Haro se ponía al frente del ejército de Extremadura, los Países Bajos españoles llegaron casi a su límite defensivo. Francia e Inglaterra habían ratificado el Tratado de París para llevar a cabo una ofensiva conjunta en aquel escenario y, en caso de victoria, la cesión de Dunkerque a los ingleses. Así, en mayo de 1658, 20.000 franceses y 6.000 británicos pusieron cerco al puerto dunkerquense, defendido por solo 3.000 hombres. El 13 de junio las tropas comandadas por el propio Juan José de Austria y el príncipe de Condé llegaron a Dunkerque para levantar el cerco. Al día siguiente, el vizconde de Turenne decidió dejar los hombres suficientes para mantener el asedio, pero presentar ante el ejército hispánico batalla con 15.000 soldados[69]. Se produjo así la batalla de las Dunas, saldada con una derrota española que obligaba a entregar el principal puerto de Flandes, Dunkerque, y a reconducir el escenario de la propia Monarquía tras el desastre de Elvas.

Estos reveses continuados durante 1658 obligaron a Felipe IV a replantear su posición. Si bien fue cierto que la oferta de paz del cardenal Mazarino ya no estaba vigente, las posturas podrían reconducirse, aunque Francia se hallase en posición predominante tras sus victorias en el norte. Quedando en Flandes el marqués de Caracena como gobernador interino tras la marcha de Juan José de Austria en marzo de 1659, la Monarquía encargó a Antonio Pimentel de Prado que dispusiese lo necesario para entablar unas negociaciones de paz entre España y Francia. Entre la primavera y el final de 1659, el citado Pimentel de Prado se movió incansablemente entre las diferentes cancillerías implicadas hasta que, a la postre, se produjeron las reuniones de armisticio[70].

Para entonces en Madrid no quedaban partidarios de continuar el esfuerzo bélico, opción hasta el momento capitaneada por un ya derrotado marqués del Carpio y enfrentada a los «pacifistas» liderados por el duque de Medina de las Torres. Así, en este juego cortesano del que ya hablamos, Felipe IV despachó a Luis Méndez de Haro para negociar la paz con Francia y dejó a Ramiro Núñez de Guzmán en palacio y, por primera vez, con asiento en la Junta de Estado[71].

Las negociaciones hispano-francesas previas habían acordado que las sesiones entre los representantes se llevaran a cabo en un punto fronterizo. El escogido fue la pequeña isla junto a la desembocadura del río Bidasoa, en el término de Fuenterrabía, llamada «de los Faisanes». Allí acudieron los diplomáticos de ambas coronas y entre agosto y noviembre de 1659 se celebraron un total de 25 reuniones para acordar la paz. En representación de Felipe IV acudió el propio marqués del Carpio, pero a este y como ministros plenipotenciarios asistieron algunos miembros de su propio partido, tal es el caso del barón de Watteville o del virrey de Navarra, el conde de Santisteban[72].

Diego de Benavides se desplazó desde Pamplona hasta los límites de su jurisdicción virreinal por varios motivos. Primero por el llamamiento que el rey y Carpio le realizaron, tanto por su calidad de virrey como por ser cercano al círculo político del último. Segundo por su competencia negociadora, su experiencia militar y su conocimiento del entorno. Y tercero por la incumbencia de la paz al virrey de un territorio fronterizo con la potencia enemiga. Sin embargo, no todo fueron causas políticas, también existió un deseo personal de Diego de Benavides de estar presente en estas altas reuniones.

Santisteban residía en la capital de Navarra con su tercera esposa, Ana de Silva, y los hijos tenidos con ella, Joaquín —que nació y falleció muy niño en Pamplona— y Teresa, un vástago de su segundo matrimonio, Tomás —que murió también pequeño allí—, y su primogénito, Pedro. El heredero de la casa de Benavides acompañaba a su padre en Pamplona y desde el fallecimiento de su madre, Antonia Ruiz de Corella, en 1648, venía ostentando los títulos de VIII marqués de Las Navas, X conde del Risco y XI conde de Cocentaina y el paterno de II marqués de Solera. Así, con el deseo de que Pedro de Benavides continuase su formación y adquiriese cierta experiencia político-diplomática, Santisteban dispuso que lo acompañase a la isla de los Faisanes «para que empezase a merecer en el servicio de S.M.»[73]. Sin embargo, la desgracia se ciñó sobre Diego de Benavides al fallecer su primogénito en el transcurso de las sesiones, siendo además el tercero de sus hijos que murió siendo él virrey de Navarra. En el otoño de 1659, en plenas negociaciones con Francia, Pedro de Benavides se indispuso y acabó falleciendo en Irún, quedando como heredero Francisco de Benavides, futuro IX conde de Santisteban y virrey sucesivo de Cerdeña, Sicilia y Nápoles[74].

Aún con el luto, Diego de Benavides continuó asistiendo a las jornadas que tenían lugar en la isla de los Faisanes. En ellas el marqués del Carpio debía concertar una paz lo menos onerosa posible para la Monarquía, pues el objetivo subyacente de la misma era satisfacer el deseo postergado de Felipe IV: volcar todos los esfuerzos disponibles en Portugal. Como han podido leer, desde la sublevación del duque de Braganza, el *Rey Planeta* mostró un interés especial por recobrar el Reino luso, pero los compromisos en el norte de Europa y, especialmente, la recuperación del Principado de Cataluña impidieron esta empresa. Así pues, la firma de un acuerdo con Francia no solo traería la paz, también la redistribución de un esfuerzo bélico tocado tras las Dunas y Elvas.

En cualquier caso, el resultado de los encuentros en el Bidasoa, el Tratado de los Pirineos del 7 de noviembre de 1659, no debe entenderse como una capitulación de la Monarquía hispánica, algo que alguna bibliografía actual sigue defendiendo. El objetivo de Felipe IV fue defendido por plenipotenciarios hábiles en la negociación, como el marqués del Carpio y el propio conde de Santisteban, pero por la contraparte también existieron deseos de acuerdo. El cardenal Mazarino obtuvo una ratificación exitosa a sus políticas si firmaba la paz con España. Con esta rúbrica el valido francés asentaba las victorias conseguidas desde la anterior propuesta de armisticio y presentaba ante su oposición interna un triunfo incontestable. Además, confirmaba la posesión del Rosellón y la Cerdaña como nuevos territorios de Francia. Por tanto, nos hallamos ante un Tratado que no recupera el *statu quo* previo a la guerra, pero que sí mejora sustancialmente el estado en que se encontraba la Monarquía hispánica en 1644 y por ello puede considerarse beneficiosa para ambas partes[75].

Meses después de la firma del Tratado de los Pirineos y tras la derrota definitiva de Méndez de Haro frente a Elvas, Felipe IV y su caballerizo mayor regresaron a la isla de los Faisanes para dar cumplimiento a otras cláusulas del acuerdo. En esta ocasión se trataba de la entrega de la infanta María Teresa, dotada con medio millón de escudos, como nueva esposa de Luis XIV[76]. A este peculiar enlace fronterizo, celebrado el 9 de junio de 1660 en la propia ínsula bajo construcciones efímeras diseñadas y decoradas al efecto por el aposentador real Diego Velázquez[77], no solo acudió el rey, el marqués del Carpio y otros ilustres cortesanos, sino que también estuvo presente el conde de Santisteban en calidad de virrey de Navarra, asistente en las negociaciones y miembro del círculo de Méndez de Haro.

Pero con la Paz de los Pirineos no solo quedaba satisfecho el deseo del rey de dedicar todos los esfuerzos y atenciones a Portugal, también se aseguraban determinadas posiciones político-cortesanas. El marqués del Carpio regresó a finales de junio de 1660 a Madrid y retomó la actividad en vistas de una nueva campaña contra Juan de Braganza. El conde de Santisteban, tras su labor en Navarra y su asistencia en la isla de los Faisanes, volvía a situarse en el primer plano de la Monarquía demandando nuevos empleos. Entrambos y con el afán de unirse definitivamente el segundo con el primero, se acordaron ventajosos matrimonios empleando al ducado de Segorbe. Así, como fue analizado en capítulos precedentes, en julio de 1660 Santisteban entregó a su hija María Teresa al duque de Segorbe y en octubre se celebró el casamiento entre su nuevo heredero principal, Francisco, y la hija de este noble, Francisca Josefa[78].

Los hombres fuertes de la segunda mitad del reinado de Felipe IV se reposicionaban en el tablero mientras la Monarquía había de hacer lo propio tras las paces de Westfalia y los Pirineos. Como bien apuntó el profesor Rivero Rodríguez, con estas firmas «la Monarquía abandonaba toda aspiración universalista y asumía ser una potencia que había de convivir en un sistema de potencias en equilibrio»[79]. Es decir, lo mismo que sentenció Juan Alfonso Lancina en 1687: España había pasado de la lucha por la hegemonía al combate por la supervivencia[80]. Sin embargo, esto no implicó que ni aquellos actores político-cortesanos ni el propio rey renunciaran a sus objetivos a corto plazo. Felipe IV deseaba recuperar Portugal y los nobles cortesanos seguir ocupando posiciones en el servicio al soberano. Esto, en parte, explica cómo fracasó el duque de Medina de las Torres en su propuesta de acordar las paces con Portugal, y cómo se reunió un gran ejército para las campañas de 1661, 1662 y 1663 bajo el mando de Juan José de Austria, aunque acabase definitivamente derrotado en Ameixal en junio de 1663[81].

El anhelo de la Grandeza: el memorial de 1660

Estos años de cambios producidos por la Paz de los Pirineos se iniciaron con Diego de Benavides ocupando la representación del rey en Navarra. Firmado el Tratado, Santisteban consideraba que su empleo en Pamplona, iniciado *in situ* en 1653, se podía dar como concluido. El conde, tras asistir a la isla de los Faisanes, presentaba ante Felipe IV una hoja de servicios muy válida: acuerdos económicos con las Cortes, obtención de donativos particulares, reformas del presidio de Pamplona, aporte del Reino al esfuerzo bélico —aún en dinero y no en hombres—, ninguna incursión francesa en su jurisdicción o la conservación de la paz interna. Este cómputo favorable, como en líneas generales el de sus anteriores destinos, debía servir para su promoción dentro del *cursus honorum* de la Monarquía hispánica o para ser agraciado con alguna merced o privilegio reseñable. Pero en contra de lo que se viene defendiendo, esto no ocurrirá de forma automática o natural[82]. Santisteban habrá de reclamar desde el invierno de 1660 una justa recompensa por sus servicios a Felipe IV.

En aquellos meses Diego de Benavides demandaba el premio a más de veinte años de empleos casi continuados y lo hacía públicamente en la forma acostumbrada por la nobleza coetánea. Así, la base de «la política del honor nobiliario» estaba basada en la edición y circulación de papeles, memoriales y discursos que ensalzaban la figura del redactor, o del contratante, de cara a obtener un servicio, privilegio, oficio o merced de la Monarquía[83]. En este sentido se dio a la imprenta madrileña en 1660 el «Memorial en que representa al rey nuestro señor la antigüedad, calidad y servicios de sus casas, don Diego de Benavides y de la Cueva (...) y juntamente las de su hijo y sucesor don Francisco Dávila y Corella, marqués de Las Navas, conde del Risco y conde de Cocentaina»[84]. Con este documento, el conde reclamaba un agradecimiento sustancial a sus trabajos y ofrecía un ejemplo de cómo justificaba la nobleza de Felipe IV sus demandas. Como apunta Guillén Berrendo, este memorial presentaba un doble diálogo de la nobleza cortesana: en primer lugar, la comunicación con el rey para obtener lo solicitado y, en segundo término, el conocimiento de las estructuras de la Monarquía para pedir aquello que se desea[85].

Así pues, la petición de Santisteban no fue otra que la elevación de su casa a la Grandeza de España. Desde la caída de Olivares en 1643, este selecto grupo de nobles había ido incrementándose, casi a la misma vez que crecían los titulados, por lo que el acceso a la Grandeza debía de resultar más sencillo, aunque a la vez estos aumentos devaluasen el prestigio por su inflación[86]. Aun con ello, formar parte de la Grandeza suponía la ratificación por la Corona no solo del linaje, sino también el reconocimiento de los servicios prestados por el demandante y sus antepasados. Es decir, la gratitud hacia un empleado eficaz con el respaldo añadido de sus familiares pasados.

Esta carrera o petición de la Grandeza no fue exclusiva de Diego de Benavides, su padre, Francisco de Benavides, VII conde de Santisteban del Puerto, ya había comenzado gestiones para su consecución. Por esta causa, además de la obligación y el honor, acudió raudo a cuantas necesidades le presentó Felipe IV. Por ejemplo, cuando en 1632 la Monarquía solicitó a todos los grandes y títulos que levantaran compañías de infantería de su propio peculio, el VII conde cumplió a costa de grandes empeños económicos personales. Hasta tal punto correspondió a la petición real, que seis años después solicitó una moratoria sobre sus débitos, pues aquellos 60.000 ducados estaban cargados sobre su mayorazgo por haber levado a la gente en el Reino de Jaén[87]. Sin embargo, este aporte a la Monarquía no fue lo único que podía alegar Francisco de Benavides para elevar su casa. Cuando en 1625 la flota anglo-holandesa atacó la ciudad de Cádiz, el VII conde participó, a las órdenes de Fernando Girón y el duque de Medina Sidonia, en la defensa de la plaza y expulsión de los enemigos[88]. Además, como última muestra por haber sido tratado en capítulo precedente, el propio Francisco de Benavides pudo alegar su participación directa en la Jornada a Andalucía de Felipe IV en 1624 y cómo había sido un anfitrión magnífico para la corte, tanto en la ida como en la vuelta a Madrid.

Pero el VIII conde de Santisteban en su memorial de 1660 no rescataba únicamente los méritos de su padre para acceder a la Grandeza. Diego de Benavides comenzaba el impreso alegado los servicios prestados por su casa desde Día Sánchez de Benavides, quien fue elevado de señor a conde por Enrique IV en 1471[89]. En este sentido, rescata a esta figura no tanto por sus méritos, que también, sino porque con él pasaban a un selecto club de nobleza titulada andaluza, todos ellos elevados a la Grandeza, menos su casa: «(...) fue el condado de Santisteban el cuarto título de conde que tuvo la Andalucía hasta aquel tiempo, siendo los otros tres los condes de Niebla, los condes de Arcos y los condes de Cabra, todos grandes de primera clase»[90].

Obviamente, al erigirse este condado aún no existía la Grandeza de España, pero se lamentaba Diego de Benavides de las circunstancias que impidieron entrar a su casa en este grupo cuando se creó. En 1520 el condado de Santisteban recaía en el homónimo Diego de Benavides, pero según su descendiente fue excluido de la Grandeza por haber sido menor de edad en aquel momento. «Aunque más tarde le reconocieron personalmente que era de justicia en su persona y en los méritos de su casa que se le incluyese en este grupo», pues el IV conde, entre otros méritos, participó en la Jornada de Hungría (1529-1532), la Jornada de Túnez y la Goleta (1535) y la guerra de Perpiñán (1542)[91].

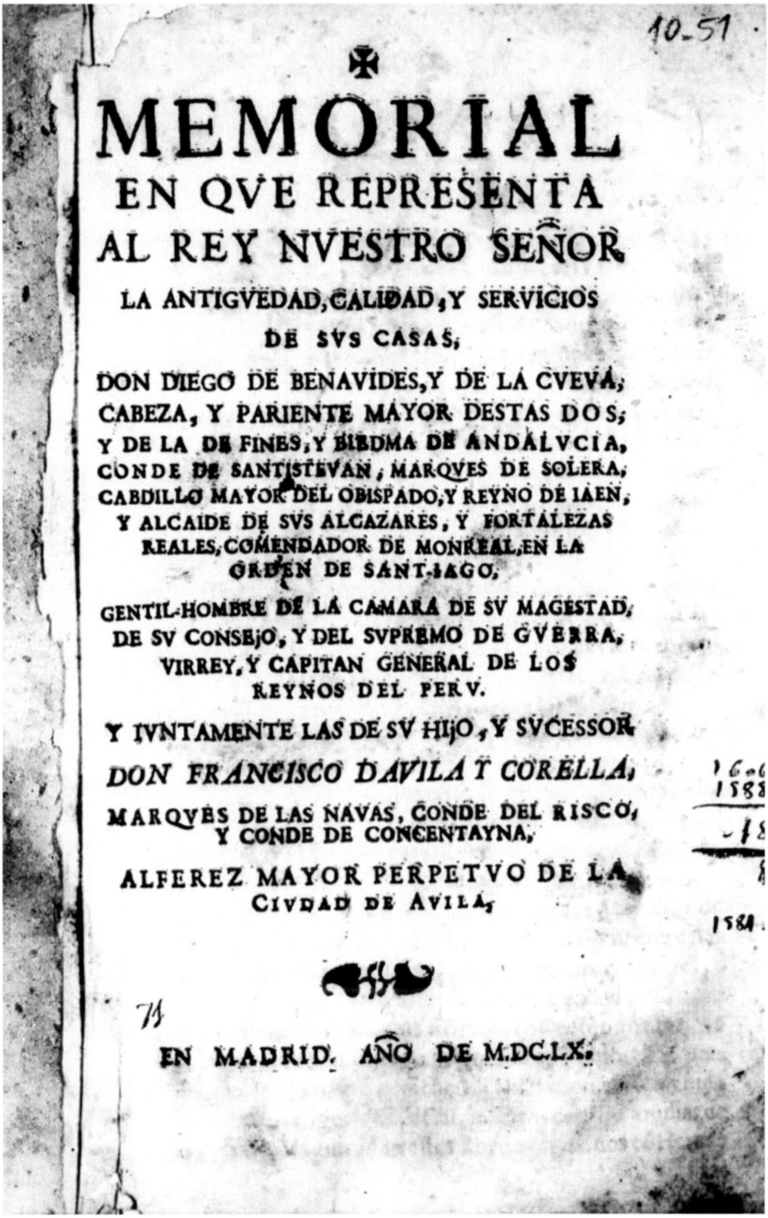

MEMORIAL
EN QVE REPRESENTA
AL REY NVESTRO SEÑOR
LA ANTIGVEDAD, CALIDAD, Y SERVICIOS
DE SVS CASAS,
DON DIEGO DE BENAVIDES, Y DE LA CVEVA,
CABEZA, Y PARIENTE MAYOR DESTAS DOS,
Y DE LA DE FINES, Y BIEDMA DE ANDALVCIA,
CONDE DE SANTISTEVAN, MARQVES DE SOLERA,
CABDILLO MAYOR DEL OBISPADO, Y REYNO DE IAEN,
Y ALCAIDE DE SVS ALCAZARES, Y FORTALEZAS
REALES, COMENDADOR DE MONREAL, EN LA
ORDEN DE SANTIAGO,
GENTIL-HOMBRE DE LA CAMARA DE SV MAGESTAD,
DE SV CONSEJO, Y DEL SVPREMO DE GVERRA,
VIRREY, Y CAPITAN GENERAL DE LOS
REYNOS DEL PERV.
Y IVNTAMENTE LAS DE SV HIJO, Y SVCESSOR
DON FRANCISCO DAVILA Y CORELLA,
MARQVES DE LAS NAVAS, CONDE DEL RISCO,
Y CONDE DE CONCENTAYNA,
ALFEREZ MAYOR PERPETVO DE LA
CIVDAD DE AVILA,

EN MADRID. AÑO DE M.DC.LX.

Imagen 7. Memorial de 1660.
Fuente: AGA, Santisteban del Puerto, leg. 10, p. 51.

Los méritos que Diego de Benavides destaca de su casa son principalmente marciales y así sigue con otros antepasados suyos. El V conde, Francisco de Benavides, participó en 1564 en la toma del Peñón de Vélez de la Gomera o en el levantamiento de los moriscos en 1569, levando de su hacienda cien lanzas ginetas y un millar de infantes[92]. Este conde contrajo matrimonio en 1543 con Isabel de la Cueva, dama de la emperatriz Isabel y propietaria de la casa de la Cueva y la villa y estado de Solera. Un enlace que solo fue aprobado por Carlos V con «expresa condición de unión de apellidos y armas de Benavides y de la Cueva»[93]. De este casamiento nacería el VI conde de Santisteban, Diego de Benavides y de la Cueva, quien sirvió a la Monarquía en el socorro de Malta (1565), la guerra de las Alpujarras (1570) y la batalla de Lepanto (1571), quien a su vez contrajo matrimonio con Leonor de Toledo Dávila, madre del siguiente conde[94].

Aunque ya hemos apuntado los méritos del VII conde, el padre de nuestro protagonista, estos ocuparon parte importante en la relación de méritos que forma parte del memorial de 1660. Resalta con detalle el VIII conde cómo su progenitor no solo se empleó en lo que le demandaron Felipe III y Felipe IV, sino que además estos esfuerzos llevaron a dejar su casa y estados muy endeudados. Según Diego de Benavides, al fallecer su padre el 26 de septiembre de 1640 heredó una deuda estimada en 250.000 ducados, siendo la mayor parte de este monto generado por el servicio a la Monarquía[95]. En cualquier caso, el VII conde casó en 1603 con Brianda de Bazán y Benavides, hija de Álvaro de Bazán, prima suya y dama de la reina Margarita, con quien tuvo nueve hijos —alguno de los cuales ya han sido reseñados en el primer capítulo—[96].

De esta manera, el memorial de 1660 alcanza la vida de su firmante. Diego de Benavides, como VIII conde de Santisteban, realiza un repaso muy completo de su propia trayectoria hasta la fecha, haciendo especial hincapié en sus méritos y, como es obvio en este tipo de documentos, ignorando por completo cualquier falta o fallo. Así, reseña sus años como menino desde 1612 y termina con su asistencia al marqués del Carpio en el Tratado de los Pirineos, lamentando amargamente que en aquel servicio falleciera su primogénito Pedro[97]. Con este repaso de su propio *cursus honorum*, Santisteban llegaba a las páginas del verdadero *leitmotiv* del memorial, anunciando además que este había sido redactado con posterioridad a su provisión al Perú, aunque aún haya alguna historiografía que justifique este texto como una exposición de méritos para ser elegido virrey: «Antes de su partida [al Perú], que está tan cerca, ha querido suplicar a V.M. que vista la calidad y méritos de su casa, la restituya a la Grandeza antigua, que tuvo antes de la distinción del año 1520»[98].

El memorial de 1660, con los méritos acumulados por su casa y el repaso a su propia trayectoria, no acababa anunciando la motivación que llevó a su publicación. Diego de Benavides proseguía el texto centrándose en su vida personal, sus tres matrimonios y los ocho hijos que hasta el momento había tenido con sus esposas —vendrá al mundo en Lima un noveno vástago: Josefa de Benavides y Silva—, prestando especial atención a los empleos que estos hijos habían comenzado a obtener en el ámbito cortesano[99]. Además, por si esta acumulación fuese insuficiente, el memorial contiene un repaso de las casas de Las Navas y Cocentaina, sumando todos sus méritos al tronco principal de los Benavides. Con esto, Diego de Benavides terminaba el memorial retomando el propio *leitmotiv*: «(...) por lo cual suplica a V.M. sea servido mandar cubrir la casa de Santisteban, o de la de las Navas o la de Cocentaina, atendiendo a los grados y méritos que concurren en cada una y en todas, unidas y juntas, como lo espera de la Grandeza de V. Majestad»[100]. Es decir, el VIII conde mostraba cierta resignación a que sus méritos y servicios expuestos en este memorial pudieran servir de algo o no. Él ya había sido provisto como nuevo virrey del Perú, culmen a una carrera ascendente bajo el *Rey Planeta*, pero su heredero, Francisco de Benavides, podría empezar su propia trayectoria viendo cómo los anhelos de su abuelo y su padre se cumplían en él: el conde de Santisteban tocado ante el rey católico. Diego de Benavides no pudo ver esto, pero su vástago sí cumplió con ello, siendo nombrado grande en 1696; para entonces ya hacía treinta años que el VIII conde había fallecido al otro lado del océano.

5

DE PAMPLONA A LIMA: ELECCIÓN Y VIAJE DEL NUEVO VIRREY DEL PERÚ

El cuarto candidato

El ejercicio de Diego de Benavides como virrey de Navarra pudo calificarse como sobresaliente gracias a su aporte en las negociaciones con las Cortes navarras entre 1652 y 1654, los acuerdos con las ciudades, el aporte en recursos económicos a los ejércitos de Felipe IV o la asistencia a las sesiones de armisticio de la isla de los Faisanes. A esto deberíamos sumar la cercanía de Santisteban con el marqués del Carpio y la labor cortesana de sus hermanos para, aunando méritos, servicios, gracias y relaciones contenidas en el memorial de 1660, entender su escalada definitiva en el *cursus honorum* de la Monarquía hispánica.

A pesar de esta trayectoria y los merecimientos sumados, la elección de Diego de Benavides como nuevo virrey del Perú no fue sencilla. Mientras aún ejercía como *alter ego* de Felipe IV en Pamplona, en el Consejo de Indias comenzó a hacerse patente la necesidad de relevar al representante regio en Lima, el conde de Alba de Liste. Este virrey residía en el Perú desde 1655, habiendo superado los tres años por los que fue provisto, por lo cual había de elegirse un sustituto. De esta manera, el 5 de julio de 1658 la Cámara de Indias elevó consulta al rey avisando de haber cumplido Alba de Liste su periodo de gobierno, pero esta no se resolvió hasta meses más tarde, el 24 de marzo de 1659. Para entonces el rey dio el visto bueno a la búsqueda de un sustituto para el Perú, siendo consciente de que entre la elección del nuevo virrey y el tiempo necesario para las comunicaciones con Lima «aún habrá con poca diferencia cumplido otros tres años». Por estas razones, Felipe IV ordenó el 26 de marzo de 1659 que se realizara en la Cámara de Indias una relación de candidatos y que, sin poder votar a parientes, tras exponerse los méritos de cada uno, se eligiera al nuevo virrey de Perú[1].

Obedeciendo al rey, la Cámara de Indias confeccionó un listado de veintitrés candidatos para ocupar la sede peruana. Los consejeros que formaban la Cámara fueron conscientes de la delicadeza de esta provisión, pues no solo había de gobernar un virreinato en extremo delicado en lo político y necesario para la Monarquía en lo económico, sino que además suponía para el seleccionado un prestigio notable y unos jugosos ingresos personales —30.000 pesos anuales como salario—, por lo que la elección era apetecible para los dos bandos que operaban en la corte en el tránsito de la década de 1650 a 1660: el del marqués del Carpio y el del duque de Medina de las Torres. Así, ante Felipe IV se presentó un listado, colocándose «los señores del Consejo de Indias» en el primer lugar. Conscientes los consejeros de que no iban a ser provistos como virreyes, en segundo término propusieron al duque de Albuquerque, quien en 1659 se hallaba ejerciendo como virrey en Nueva España, posición que ocupaba desde 1653. El tercer puesto de la consulta correspondió al marqués de Aytona, quien en «el año de 1652 fue consultado en segundo lugar para este mismo virreinato», tras haber abandonado la capitanía general de Galicia[2] y ocupado la de Cataluña[3], pero que a la fecha de 1659 presentaba como mayor aval ser parte del grupo de Haro[4]. Solo en cuarta posición aparece el nombre de Diego de Benavides, conde de Santisteban, virrey de Navarra, como candidato a ocupar el palacio de Pizarro en Lima[5].

Esta cuarta propuesta fue la escogida por Felipe IV, nombrando como *alter ego* en Perú al conde de Santisteban el día 6 de febrero de 1660[6]. Qué duda cabe que los méritos y servicios acumulados por Diego de Benavides hicieron que formase parte de la citada lista, pero tampoco debemos obviar la citada proximidad con el marqués del Carpio y, no menos importante, el ascenso de su hermano Álvaro de Benavides, quien casi por las mismas fechas pasaba de la Fiscalía del Consejo de Guerra —donde tenía asiento el propio conde— a la Fiscalía del Consejo de Indias[7]. En cualquier caso, como hemos citado en páginas precedentes, esta provisión hacia la cima administrativa americana no colmó los deseos de Santisteban y por eso mandó a imprenta el memorial de 1660, en el que ya se proclama nombrado virrey del Perú, con el objetivo de acceder a la Grandeza de España él mismo o su heredero, Francisco de Benavides.

Del río Arga a la bahía de Cádiz: una petición tras otra

Elegido virrey del Perú, al conde de Santisteban le fueron enviadas diferentes noticias que no terminaron de resultar de su agrado. Se trataba de las obligaciones tributarias ligadas a su nombramiento como *alter ego*. El Consejo de Indias dictó que con Diego de Benavides se ejecutase la misma media annata que se había empleado con sus inmediatos antecesores. Así, como virrey del Perú durante tres años había de percibir 90.000 pesos, de ellos la mitad de la primera anualidad (15.000 pesos) debía satisfacerse en concepto de media annata y, además, un tercio «por razón de los provechos y emolumentos» (5.000 pesos) que pudiera gozar en Lima. Estos tributos habían de ser pagados la mitad al contado, al tomar posesión, y la otra mitad en el primer mes del segundo año de ejercicio. Sin embargo, según el propio Consejo de Indias, a los virreyes que ejercieron por tres años en Perú sólo se les devengó 7.500 pesos, por lo que los propios consejeros advirtieron al Consejo de Hacienda que la Caja Real de Lima debería estar atenta para cobrar estas sumas y la proporcional en caso de que Santisteban prolongase su ejercicio más de estos tres años[8].

Esta resolución fue enviada a Santisteban a Pamplona[9], pero no debió ser bien recibida y, aunque no conservamos la contestación, de seguro respondería manifestando sus escasos medios para cumplir con la media annata. Semanas más tarde, el Consejo de Hacienda advirtió a sus colegas de Indias para que tuviesen en cuenta que la mitad de la media annata de Santisteban se devengase en la Caja Real de Lima y que sin dicho depósito no podría estar legalmente facultado para tomar posesión del virreinato. Además, tanto esta parte como la del segundo año debían ser remitidas por Santisteban desde Lima «por su cuenta y riesgo la conducción del dinero a esta Corte con más lo que importaren los fletes, averías e intereses»[10].

Estos apremios y tributos hicieron pensar a Diego de Benavides que ocupar el palacio de Pizarro no era tal ascenso acorde a sus méritos y servicios. Esta sentencia se basa en que a partir de estos requerimientos —incluso un poco antes, pues no es descabellado estimar que Santisteban realizase sus propios cálculos—, el conde comenzó a retrasar su salida de Navarra. Así, el Consejo de Indias, previamente a publicar el nombramiento de Santisteban, se adelantó a las posibles demoras y consultó al rey en enero de 1660 la opción de presionar al nuevo virrey para que zarpase al Perú en los galeones del mes de abril de ese mismo año[11].

Esta consulta fue aprobada por Felipe IV y la noticia de ella dispararía las especulaciones sobre el estado financiero del conde de Santisteban. Fue entonces cuando se comprobó que Diego de Benavides no disponía de la hacienda necesaria para tomar el asiento virreinal. Estos rumores llegaron hasta el Consejo de Indias, aunque no fueron considerados excusa como para que Santisteban no partiese hacia Lima. En este sentido el propio conde escribió al secretario del Consejo, justificando que sin medios para cancelar sus deudas en España, ni una ayuda de costa para abandonar Navarra, no partiría ni tan siquiera a Madrid[12].

Por este motivo Santisteban decidió permanecer en Navarra durante semanas. El conde era consciente de que no podía pagar la media annata, pero también que carecía de la capacidad financiera para realizar el viaje hasta Lima con la dignidad requerida al virrey del Perú. Comprobada la situación, Santisteban la manifestó al marqués del Carpio, defendiendo que si no se le despachaban ayudas de costa, efectos y satisfacción de los retrasos, en ningún caso embarcaría en la flota programada para abril[13].

Sin el virrey dispuesto a navegar, los galeones no zarparon en la primavera de 1660. Santisteban no solo ignoró las urgencias manifestadas por el Consejo de Indias, sino que se mantuvo en su idea de no pasar al Perú sin recibir apoyos económicos de la Real Hacienda. Así, entre mayo y junio de 1660 envió tres memoriales demandando dinero a la Cámara y Consejo de Indias. En el primero de ellos, Diego de Benavides solicitaba autorización para que la Caja Real de Cartagena de Indias —fonda en su viaje transatlántico— le devengase, como adelanto salarial, 12.000 pesos; una cantidad que probablemente tendría como fin el pago de la media annata. Esta petición le fue denegada, pues «está prohibido por resolución de V.Mg.». El segundo memorial enviado por Santisteban a los camaristas fue una solicitud para que le autorizaran a enviar desde el Perú a España 8.000 ducados en géneros libres de impuestos con destino a su vestuario y el de su familia. Una petición que también fue rechazada «ateniéndose a lo ya hecho por la Cámara al respecto el 19 de mayo de 1649». Por último, en papel diferente, Santisteban pidió el incremento de la ayuda de costa para pasar a Lima de 8.000 pesos a 12.000 pesos, argumentando para ello que así se había hecho con el virrey de Nueva España, el duque de Albuquerque. De nuevo obtuvo la negativa desde el Consejo, esta vez con palabras lacónicas: «se dará lo acostumbrado»[14].

Aun provisto como virrey del Perú y conminado a tomar posesión cuanto antes, Santisteban continuaba sin partir hacia la Ciudad de los Reyes. Al menos, siguiendo el rastro de sus peticiones, en julio de 1660 ya se encontraba en Madrid, habiendo sido sustituido por un gobierno interino en Navarra. La solicitud que ubica a Diego de Benavides en la corte vuelve a ser de carácter pecuniario, lo cual ratifica o bien su precaria situación financiera o bien un interés inusitado del virrey por obtener más dinero. Así, Santisteban reclamó a la Cámara de Castilla que antes de pasar a las Indias le fuesen entregados de los efectos extraordinarios del Perú 10.000 ducados, los cuales, según él mismo, se le debían en concepto de luminarias y propinas como consejero de Guerra. La Cámara de Castilla atendió la demanda rechazándola, pues no encontraba ejemplo de que a otros virreyes se les hubiesen pagado los retrasos de esta forma[15].

Acumulando negativas, el provisto virrey del Perú decidió permanecer todo el verano en Madrid, sin mostrar signos de agotamiento, razón por la cual se retrasaron fatalmente los buques con destino a Indias. Solo la claudicación de los consejos de Castilla e Indias a las solicitudes económicas de Santisteban pudo hacer que por fin se decidiese a encaminarse hacia el Perú. Aunque la aceptación de las peticiones del conde se produjo semanas más tarde, podemos intuir que el Consejo de Indias ya conocía su disposición para partir hacia Andalucía en agosto de 1660, pues fue entonces cuando al nuevo virrey se le despacharon sus títulos en dicha calidad[16]. En cualquier caso, a principios de septiembre de 1660 el Consejo de Castilla autorizó al de Indias a incrementar la ayuda de costa para Diego de Santisteban de los 8.000 a los 12.000 pesos, cancelando cuantas deudas tenía la Monarquía con él e imposibilitando cualquier excusa para continuar retrasando el viaje[17].

Este incremento de la ayuda de costa fue inaudito, pero la situación forzada por Santisteban y la premura de la Monarquía por relevar a Alba de Liste en Lima obligaron a ello. En una sesión de la Cámara de Indias compuesta por José González, Antonio de Contreras y Antonio de Monsalve, se analizaron las peticiones de Diego de Benavides, deduciendo que no se podía demorar más su partida y que habrían de dar rápida satisfacción a sus insistentes demandas para que «sin admitir replica se parta luego y no se detenga por eso el viaje de galeones». Santisteban jugó siempre la baza de que su servicio en Navarra y los empeños que dejó su padre indispusieron su hacienda para afrontar el traslado a Perú, por lo que insistió en el incremento de la ayuda de costa —para esto se valió de cierto conocimiento directo por «haber él asistido en la Junta de Guerra de aquel Consejo [de Indias]»—. Pero no solo esto, ante la Cámara, siendo consciente de su posición de fuerza, demandó las siguientes cuestiones: ser exonerado de otras deudas impositivas heredadas, gozar de una encomienda de indios vacos por valor de 6.000 ducados, la prórroga de una renta de 2.000 ducados que tiene su esposa, Ana de Silva, por herencia de su primer marido, y un hábito para alguien que pasase con él a las Indias. De esta forma presionó a la Cámara de Indias, quien contestó a Santisteban que ser virrey del Perú ya era suficiente merced, rechazando alguna de las peticiones y mostrándose férrea: «(...) sin dilación alguna se embarcase en la flota, atento a las razones que había para que ganando los días llegase su persona a aquellos reinos», gozando del incremento de ayuda de costa, seis meses adelantados de salario y el hábito militar[18].

Santisteban había de partir, con mucho retraso, hacia Cádiz para pasar al Perú y no le quedaban más medios para eludir el viaje. No obstante, aún existían reticencias en Diego de Benavides y hubo de ser el propio Felipe IV quien ordenase al presidente del Consejo de Indias que forzara su marcha inexcusablemente el 16 de septiembre de 1660[19]. Las presiones por remitir con urgencia al virrey no hicieron más que redoblarse cuando en esos mismos días llegó a la Corte un escrito del conde de Villaumbrosa, asistente de Sevilla, exponiendo los daños que «la detención de Santisteban» estaba causando al gobierno del Perú, al comercio con las Indias y a la defensa de las flotas. Ante estas noticias, provocadas por la inmovilidad de Santisteban, quién aún con las concesiones financieras «no da la menor demostración de salir de esta corte», el Consejo de Indias consultó al Rey la posibilidad de que si el 16 de septiembre no hubiese partido a Andalucía «se sirva V.Mg. de nombrar virrey de los sujetos que hay en las fronteras de Cádiz»[20].

El ultimátum a Santisteban se produjo. El 14 de septiembre, Felipe IV respondió a la consulta de sus consejeros: si Diego de Benavides no salía hacia Cádiz esa misma semana, «será menester pasar a resolver y cumplir lo que el Consejo propone», es decir, nombrar otro virrey para el Perú[21]. Sin embargo, Santisteban seguía sin partir hacia Andalucía y sin esgrimir excusa alguna para su demora. El 24 de septiembre se volvió a solicitar al Consejo de Indias informes sobre el perjuicio que Santisteban estaba ocasionando y sobre los posibles candidatos a sustituirlo[22]. En respuesta a esta demanda de Felipe IV se conoció que los buques dispuestos en Sevilla y Cádiz estaban prestos para zarpar y que era necesario obligar al conde a que «su viaje le haga a jornadas tan largas que pueda llegar a Cádiz el 6 del mes que viene»[23].

Junto a esta noticia de la disposición de los galeones llegó la nueva de que el conde de Santisteban se había preparado para abandonar Madrid. La información fue notificada al Consejo de Indias por el fiscal del mismo, el hermano de Santisteban, Álvaro de Benavides, quien sin lugar a dudas le iría informando de su cada vez más delicada situación frente a la Monarquía[24]. Eso sí, al partir de sus casas de la madrileña collación de San Pedro el Real, Santisteban presentó a los consejos una nueva reclamación económica. El tenor de esta eran los débitos aún no pagados durante su virreinato navarro. Según el conde, de este periodo se le debían 189.638 reales de plata, demandando su cobro antes de llegar a Cádiz para así liquidar otros débitos en España. Buscando evitar que Diego de Benavides deshiciese sus pasos y regresara a Madrid, el Consejo de Indias envió su reclamación al Consejo de Hacienda, pidiendo que su fiscal, Diego de Bonilla, solventase la cuestión con celeridad. Tanto el rey como el Consejo de Indias fueron del parecer de pagar cuanto antes el dinero a Santisteban, aunque aguardaron el dictamen de Bonilla. Éste llegó días más tarde, dando validez a la reclamación del virrey, pues estaba certificado que se le adeudaban 35.218 ducados (17.239 ducados por sueldo, 9.892 ducados de propinas y aposento como consejero de Guerra y 5.421 ducados por medias annatas de juros propios hasta el año de 1659), aunque también existían documentos firmados para que sobre esa cantidad Santisteban cancelase 22.000 ducados a sus acreedores en Navarra[25]. En cualquier caso, lo que pretendió el Consejo de Indias fue que Diego de Benavides se presentase de una vez por todas frente a los galeones.

Así, el deseo de la Monarquía de tener cuanto antes al virrey en Perú y estas particulares circunstancias que venimos apuntando, hicieron que el traslado de Diego de Benavides hasta Cádiz fuese supervisado estrechamente. El 24 de septiembre llegó al Consejo de Indias un correo informando que Santisteban se hallaba en «el camino de los coches» hacia Toledo[26]. Conocedor de esta persecución informativa —probablemente por la vía de su hermano, el fiscal del Consejo—, el propio Santisteban informó de su situación el 27 de septiembre. El conde hacía saber a los consejeros que se hallaba a las puertas de Andalucía y que continuaba hacia Cádiz «haciendo mayores esfuerzos que los que me permite mi falta de salud»; aun en esta carta, Santisteban aprovechó para argumentar que la falta de medios eran la causa de su retraso y que seguían sin satisfacerle pecunia alguna, por lo que su prisa hasta la bahía gaditana había de tenerse en cuenta como un servicio más a la Monarquía[27].

Parece ser que el Consejo de Indias nunca recuperó la confianza en la palabra de Santisteban y así lo transmitió al rey el 30 de septiembre, informando sobre su traslado hasta Cádiz[28]. Bien hicieron, pues no tenemos noticia de la fecha exacta en que Diego de Benavides entró en la ciudad gaditana, aunque podemos intuir, como veremos más adelante, que hubo de hacerlo en la primera quincena del mes de octubre de 1660. Para entonces, la flota dispuesta para ir a Panamá ya superaba los siete meses de retraso y el daño hecho, según Villaumbrosa, aún había de incrementarse.

Los barcos hacia las Indias y los compañeros de Santisteban

Cuando el conde de Santisteban y sus acompañantes llegaron a Cádiz para embarcar en los galeones a Tierra Firme se hallaron con que su autoridad no era tan elevada como podría esperar. El capitán general de la armada siempre actuó como jefe supremo de la misma, gobernando sobre los buques y su tripulación, ya sea dotación o pasajeros, y sobre la carga, la absoluta prioridad de la Monarquía. Este poder, prolongado durante todo el viaje de ida y vuelta, hacía que incluso los virreyes embarcados quedaran bajo la autoridad del capitán general gracias a diferentes disposiciones legales y otras extraoficiales[29]. Una situación muy diferente a lo ya experimentado por Diego de Benavides en sus elevados empleos precedentes.

Estas facultades y el escalón en que se situaban los generales de las armadas a Indias nos obligan a tener en cuenta quién ocupó dicho cargo en la flota que se dispuso a trasladar al virrey del Perú. En este caso se trató de Pablo Fernández de Contreras, quien fue designado en 1659 como general de los galeones de Tierra Firme gracias a la venalidad, comprometiéndose a aprestar el barco que ejerciese como capitán o a adelantar a la Real Hacienda 30.000 reales de a ocho[30], aunque según otras fuentes este cargo fue comprado mediante la financiación del impuesto de la avería, que montó 264.000 maravedíes de plata y fue sufragado por Francisco Martínez de Granada[31]. En cualquier caso, la armada de 1660 fue la primera en la que sus dos mandos principales accedieron al puesto vía pecuniaria, pues así lo hizo el general y el almirante, José Centeno, quien fue nombrado a cambio del préstamo de 5.440.000 maravedíes a la receptoría de las averías[32].

Aunque no solo fue la almoneda lo que facultó a Fernández de Contreras a ejercer el mando en la flota de Santisteban. Este marino había llegado al generalato de la Carrera de Indias tras haber realizado viajes atlánticos desde 1637, completando diez travesías oceánicas, de las cuales cinco fueron de ida y vuelta, además de dos singladuras por comisión[33]. Es decir, nos encontramos ante un general con experiencia y dotes demostradas como para saber, entre otras cuestiones, qué condiciones eran las propicias para salir al Atlántico andaluz.

La flota que había de zarpar hacia Portobelo quedó dispuesta gracias al aporte venal de sus dos principales dirigentes y a la inversión de otros 96.200 reales de plata que hicieron cuarenta y nueve comerciantes, españoles y naturalizados, con diferentes intereses en el viaje[34]. Así, ante el conde de Santisteban se presentó una armada aprestada en Cádiz, la Carraca, el caño del Trocadero y el tramo final del río Guadalquivir, en los parajes de la Horcada y Borrego, y compuesta por los bajeles[35] que aparecen descritos en la tabla 1.

Estos veinte navíos habían de reunirse ante el conde de Santisteban para comenzar su singladura hasta el istmo de Panamá, pero las peticiones del provisto virrey ocasionaron un nuevo retraso. En este caso se trataba de diferentes demandas, no económicas, que habían de resolverse en el curso en que los barcos quedaban agrupados y a disposición de Fernández de Contreras.

Aprovechando la presentación de sus credenciales como nuevo virrey del Perú, Santisteban empleó a Antonio Clemente Natera para reclamar algunas cuestiones a la Casa de la Contratación y al Consejo de Indias. En primer lugar, Benavides demandó que los oficiales de la institución sevillana ratificasen cómo por reales cédulas podía llevar consigo a su esposa, Ana de Silva, y a sus hijos pequeños, Manuel y Teresa, además de a ochenta personas «para su servicio, de todos hijos y estados y entre ellos ocho casados con sus mujeres e hijos sin les pedir ningunas informaciones», los cuales, todos, ya se encontraban en Cádiz conformando la corte virreinal. Seguidamente, exigió que tanto él como su familia quedasen aposentados en la capitana (el San José) y que con ellos fuesen cuantos «criados escogiere en todo

TABLA 1. GALEONES A TIERRA FIRME CAPITANEADOS POR PABLO FERNÁNDEZ DE CONTRERAS EN 1660

BARCO	TONELADAS	MAESTRE	APOSTADERO
La Bendición de Dios y San Antonio	540	Francisco Ruiz Jurado	La Carraca
Ntra. Señora de las Mercedes y San Antonio	304	Bartolomé de Torres Paz	Cádiz
Ntra. Señora del Rosario y San Antonio	130	Alonso Páez Castillejo	La Carraca
Ntra. Señora del Rosario y Ntra. Señora de la Antigua (El León Coronado)	311	Antonio de Ubilla	Cádiz
El Sol de la Esperanza	426	Bicencio de Gavia	Caño del Trocadero
Jesús Nazareno	180	Francisco de Lizaurzaba	Puntales, Cádiz
San Jorge	125	Juan Bautista de Olazábal	Cádiz
Ntra. Señora de la O y San Antonio	140	Francisco de Campa Pinango	Cádiz
Jesús, María y José	200	Diego Fernández de Zuazo	Cádiz
Santo Cristo del Buenviaje y San Antonio	250	Bartolomé Ramírez	Río Guadalquivir ¿Bonanza?
San Hermenegildo	390	Pedro Ginés	Río Guadalquivir ¿Bonanza?
Ntra. Señora de la Esperanza y San Diego	319	Francisco González Velázquez	Caño del Trocadero
Ntra. Señora del Pópulo	145	Juan Martínez Tirado	Cádiz
El Santísimo Sacramento	175	Miguel de Beinza	Río Guadalquivir ¿Bonanza?
Santo Tomás de Villanueva	500	Francisco García de Santa Ana	Cádiz
San Francisco y San Diego	327	Francisco de Guadalupe	Paraje de la Horcada
Ntra. Señora de la Concepción y San José	290	Diego de Herrera	Paraje de Borrego
Ntra. Señora de los Reyes y Santo Rey Don Fernando	450	Juan López de Loes	Paraje de la Horcada
Ntra. Señora de la Soledad y San José	233	Domingo de Macazaga	Cádiz
Ntra. Señora de la Concepción y San Miguel	257	Simón Clemente	Río Guadalquivir ¿Bonanza?

Fuente: AGI, Contratación, 1204, n. 1-20.

en conformidad con la dicha real cédula». Por último, que pudiesen formar parte de sus cortesanos fray Clemente de Chavarría, confesor de la virreina[36], y fray Juan de Alegría, quienes contaban con la autorización del superior de los dominicos[37].

Alonso de Herrera, el secretario personal de Santisteban, hubo de presentarse en Sevilla para entregar la documentación, firmada por el rey y el Consejo de Indias, sobre estas peticiones del conde y la venia del superior de los dominicos fray Francisco de Aragón[38]. Tras comprobar las reales cédulas, el 22 de octubre de 1660 la Casa de la Contratación verificó los títulos de Santisteban, comisionando a Antonio de Salinas, fiscal de la Casa, para el despacho de la armada y la supervisión del embarque del virrey[39]. Asimismo, para evitar nuevos retrasos, Salinas dictó auto el 3 de noviembre de 1660 para que Santisteban, su familia y sus criados embarcasen en la flota según las cédulas que lo facultaban y con la agilidad que se demandaba[40].

Para estas fechas podemos intuir que el conde de Santisteban tuvo bien repartidos los criados entre la veintena de buques a cargo de Fernández de Contreras. Cuestión interesante, pues de la misma se ha de comprender quién fue quién en la futura corte virreinal de Lima; no en vano se considera que estas cortes embarcadas fueron los inicios de las redes clientelares desplegadas por cada *alter ego* en el Perú[41]. En cualquier caso, esta disposición, por mucho que una real cédula facultase a Benavides a tener consigo en la capitana a su familia y criados a su elección, siempre hubo de estar sujeta a lo dictado por el general, pues el mismo era la máxima autoridad en la flota y además ejercía este poder con gran aislamiento de otros poderes una vez se hacían a la mar[42]. Así pues, aunque la referida real cédula obligaba a que en la capitana los acompañantes no familiares de Santisteban fueran «criados que sean útiles para la guerra»[43], el conde eligió veintiún pasajeros —cuatro más con él, su esposa y dos hijos— que no cumplían con ese requisito. Así, el 2 de noviembre se entregó a Antonio de Salinas y a Pablo Fernández de Contreras una lista de los cortesanos que habían de acomodarse en el galeón San José[44]. Aunque el propio Santisteban volvería a actuar a su antojo y a esta relación, aprobada por las autoridades de la Carrera de Indias, añadió sus propias modificaciones. Así, *de facto* en el galeón San José embarcaron treinta pasajeros, más el conde y su familia (como se puede observar en la tabla 2).

Junto a todos ellos, en los galeones almirante, la Perla, Nuestra Señora de la O y Nuestra Señora de Fuensanta[45], embarcaron los otros

TABLA 2. CRIADOS DEL CONDE DE SANTISTEBAN EMBARCADOS EN LA CAPITANA DE LA ARMADA DE 1660

Doña Mariana de Burgos
Doña Catalina Ayo
Doña Juana de Sepúlveda
Doña Andrea Bernabé
Doña María de Chaide
Margarita de Peñaranda
Josefa Díaz de Ocampo
Catalina de Bargas
Lorenza de Bargas
María Tamariz
Don Alonso de Herrera, secretario del conde
Doña Francisco de Calcheta, su mujer [del anterior]
Doña Juana de Herrera, su hija [de los anteriores]
Don Juan de Anís
Doña Ana Bernabeu, su mujer [del anterior]
Don Gregorio Gámiz
Doña María de Azcona, su mujer [del anterior]
Doña Mariana Fortunia, su madre [de la anterior]
Doctor Juan Calbillo
Doctor Francisco Ramírez, médico del conde
Don Juan de Ybero
Don Pedro de Ugalde
Don Jacinto Salabera
Don Fausto de Orobia
Don Bernabé de Arrese
Don Miguel de los Ríos
Don Diego de Álava
Don Gaspar Bernabeu
Don Salvador de Zigarroa
Andrés de Bernarda

Fuente: AGI, Contratación, 5432, n. 2, r. 90.

cincuenta criados que, con facultad, podía llevar al Perú Santisteban como su corte virreinal. Unos ochenta cortesanos que obtuvieron el visto bueno del escribano de la Casa de la Contratación, Joan Núñez Bermúdez, quien asistió al despacho efectivo de la flota[46].

El testamento del virrey Santisteban

Por fin, para alivio de la Monarquía, la armada con destino a Tierra Firme estaba preparada y sus pasajeros listos. Así, consciente de que no había vuelta atrás, Santisteban dictó su testamento ante el escribano Miguel Navarro en Cádiz, el día 2 de noviembre de 1660[47]. En este documento, Diego de Benavides dispuso inicialmente las prácticas del buen morir, es decir, expresó su deseo de ser enterrado en el convento de San Francisco de Santisteban del Puerto y que se dijesen dos millares de misas rezadas por su alma, las de sus padres, mujeres e hijos. A continuación, ante el escribano público el conde manifestaba que «por causa de mis empeños y débitos no me es posible hacer ningunas mandas pías ni forzadas», por lo que comenzaba una relación que desvela el verdadero estado económico del virrey, en buena medida causante del retraso de su llegada a Cádiz.

Santisteban testó admitiendo deber a Ana de Silva y Manrique, su tercera esposa, 13.000 ducados de préstamo, 4.000 ducados por alhajas y 6.000 de los gastos de su cámara. Para saldar este débito, el conde refrendaba que tenía a nombre de su esposa un censo de 10.000 ducados sobre el estado de Santisteban y que si al morir la citada recibía por cualquier concepto cantidades superiores a los 2.000 ducados anuales acordados en las capitulaciones matrimoniales, la diferencia se le descontase de lo debido. Asimismo, Santisteban se comprometía por este testamento a remitir el dinero de su esposa a España «a su costa y riesgo».

Igualmente, Diego de Benavides admitía deber a Juana de Rivadeneyra un préstamo de 7.000 ducados y quedar 4.000 ducados del empréstito de 10.000 que le realizó Teresa de Guillamas y Casanate. Por compras de vestuario el conde adeudaba al mercader Francisco de Vargas 1.000 ducados y a Juan de Arriaza entre 3.000 y 4.000 reales. Por reformas en las casas de la collación de San Pedro el Real, en la corte, cierta cantidad no definida. A los herederos del boticario Bonilla tenía en débito 1.000 ducados y al doctor López, en Madrid, y su hijo el capitán Félix López, en Navarra, médicos, otras cantidades.

TABLA 3. CRIADOS DEL CONDE DE SANTISTEBAN NO EMBARCADOS EN LA CAPITANA DE LA ARMADA DE 1660

BARCO	CORTESANO
Almiranta	Don Antonio de Jérica Navarrete
	Don Andrés de Retana
	Don Bernardino de Soto
	Don Juan García
	Don Antonio Palomino
	Don Francisco Saravia Cortés
	Don Dionisio de Ureta
	Don Francisco de Sepúlveda
	Don Juan Xirón
	Don Adrián de Valdés
	Don Blas de Garay
La Perla	Don Francisco Fernández
	Don Felipe de Arenzana
	Don Francisco de Abaria
	Don Lorenzo de Rozas
	Don Juan Antonio de Sarria
Nuestra Señora de la O	Don Sebastián de Llanos
	Don Felipe de Castañeda
	Don Manuel Gallo
	Don Pedro de Aguilar
	Don Bernardo de Cruzate
	Don Antonio Manrique
	Don Cipriano de Ablitas
	Don Bartolomé de Ceballos
	Don Antonio Díaz de la Calle
	Don Juan Francisco de Morales
Nuestra Señora de Fuensanta	Don Luis de Sola, capellán del galeón
	Don Juan Francisco Aguado
	Don Ventura de San Juan
	Don Juan Çedillo
	Don Pedro Ortiz
	Don José del Pozo
	Don Cristóbal de Salazar
	Don Juan Bautista Velarde
	Don Juan de Irigoyen
	Don Ignacio de Ulibarri
	Don Manuel de las Cuevas

BARCO	CORTESANO
Nuestra Señora de Fuensanta	Don Agustín de Robles
	Don Bernardo de Solórzano
	Don Pedro Velázquez
	Don Juan Martínez Daza
	Don Francisco Besaguren
	Don Lesmes González
	Don Lorenzo de Rada
	Don Pedro de Angulo, capitán
	Doña Luisa de Toledo, casada con el anterior
	Don Álvaro de Monroy
	Doña María Mogollón, casada con el anterior

Fuente: AGI, Contratación, 5432, n. 2, r. 74.

Asimismo, Santisteban admitió tener un importante número de censos no redimidos y deudas de familiares de las que se había ido haciendo cargo, como la de su suegra Jerónima Dávila con el marqués de Robledo, por 2.000 ducados; o la de su hermano Álvaro, fiscal del Consejo de Indias, con el escribano público de Madrid Pedro González de Mendoza. A pesar de este crecido número de débitos, Santisteban declaró tener pagados todos los compromisos contraídos durante su gobierno en Navarra —asunto sobre el cual dimos noticia en páginas anteriores— y dejó estipulado que si falleciese en el viaje a las Indias, los gastos del viaje se cargaran a la Real Hacienda, una disposición para la que no estaba facultado.

Una vez reconocidos todos estos cargos, Diego de Benavides ordenaba en este testamento gaditano la cuestión de sus herederos, tanto directos como indirectos. Así, en primer lugar, para que su hermana María de Benavides hiciera la renuncia definitiva a la herencia de su abuela Leonor Dávila Toledo, el conde estipuló que le asignaran 200 ducados anuales, entregándole al contado 5.000 ducados y otros tantos en cuatro plazos hasta 1662. Para el caso de su hija María de Benavides, quien fue entregada en matrimonio al duque de Segorbe, Santisteban se había comprometido a una dote de 100.000 ducados de vellón, de los cuales en moneda y otros géneros solo había satisfecho 20.000 ducados; por esto en el testamento quedó dispuesto que la cantidad restante habría de satisfacerse de los «legítimos y propios» que quedaren a esta hija. Los propios hermanos de Diego de Benavides, Antonio y Álvaro, habían renunciado a sus legítimas del VII conde en favor del testante y otro de sus hermanos, Enrique, se había comprometido a hacer lo propio gracias a los 10.000 reales de plata que recibió vía el señor de Benasau. Por estas renuncias, Santisteban testó la agregación de las villas sorianas de Pobar y Baltexeros al estado matriz jiennense. Por último, el conde estipulaba que a todos sus hijos le correspondía una legítima por valor de 60.000 libras —«moneda valenciana de diez reales cada una»—, situadas sobre el estado de Cocentaina.

Así llegó el testamento de 1660 del conde de Santisteban a disponer de los bienes libres que le quedaban, es decir, lo que le debían a él: 3.000 ducados el conde de Graxal; acreedores particulares en Cocentaina; réditos atrasados de censos sobre la marquesa de la Adrada y el convento de la Olmedilla; rentas del estado de Las Navas y Cocentaina; cuatro vidas como alcaide de Jaén; alcances variados por valor de 35.600 reales, etc. Interesante puede resultarnos cómo en este apartado del testamento de Diego de Benavides se realizó mención a sus empeños artísticos. Así, Santisteban declaraba tener pignorados, sin interés, tres tapices por monto de 3.000 ducados, otra «tapicería de Alejandro Magno» por 5.000 reales de plata, «demás de tapicería, plata labrada y menaje de casa que queda en Madrid» por 5.000 ducados, y una pintura «de la Historia de Judit» en soporte de tabla y que pertenecía al castillo de Las Navas.

Finalizaba Diego de Benavides este testamento gaditano nombrando sucesor de todos sus estados a su hijo Francisco de Benavides; herederos universales al anterior y a sus hermanos Jerónima, Manuel y Teresa, excluyendo a María por la renuncia a que estuvo obligada en sus capitulaciones matrimoniales ya reseñadas en párrafos anteriores. Para cumplir todas estas mandas, el conde de Santisteban designó dos decenas de albaceas: Mariana Carrillo de Toledo, segunda esposa del VII conde de Santisteban; el duque de Segorbe y su hermano, el cardenal Pascual de Aragón; el marqués de la Eliseda, padre de su tercera mujer; el conde de Peñaranda; el consejero de Guerra Pedro de Aragón; los hermanos de Santisteban, Antonio, Enrique, Álvaro y María de Benavides; su propio hijo y heredero Manuel, quien pasaba con él al Perú; su primo Álvaro de Benavides, canónigo de Coria, y su tío, Juan de Cabrera, deán de Lima; el capitán Bartolomé de Villavicencio,

Alonso de Herrera y Juan de Ybero; y los clérigos del colegio de Santiago en Castellar, en el estado de Santisteban, Francisco de Benavides y Juan de Sola, además de fray Clemente de Chavarría.

Así pues, este testamento no solo permite reconstruir el estado financiero del conde de Santisteban antes de atravesar el océano camino del Perú, sino también conocer la red de contactos y allegados que conservaba en la corte y a los que, depositando su confianza *post mortem*, encargó velar por sus mandas. En cualquier caso, el volumen de deudas de la casa de Santisteban, tanto las negativas como las favorables, no se debía en exclusiva a lo declarado en este documento. A ello debemos añadir la suma de 250.000/300.000 ducados que dejó a diferentes acreedores el VII conde de Santisteban en 1640[48] o los 51.420 ducados que aún no se habían entregado a Diego de Benavides como dote de su tercera esposa[49]. Es decir, el testamento revela buena parte de la causa del retraso del conde de Santisteban en llegar frente a la costa atlántica, aunque esta cuestión monetaria nunca debió ser motivo definitivo para justificar los hechos que ocurrirían posteriormente.

No es momento de zarpar

Con las mandas testamentarias dictadas, la corte virreinal embarcada y las disposiciones náuticas de Fernández de Contreras realizadas, el conde de Santisteban tomó aposento en el galeón San José para trasladarse a Tierra Firme. Era el 4 de noviembre de 1660 y la flota que salió de la bahía de Cádiz quedó compuesta por una veintena de buques y 3.500 toneladas de desplazamiento[50], aunque según las cifras del fiscal de la Casa de la Contratación, Antonio de Salinas, la armada cargaba 5.692 toneladas[51]. En cualquier caso, los navíos se hicieron al mar con buen viento el 4 de noviembre, lo que no fue óbice para que algunos mercantes quedasen rezagados por culpa admitida del propio Fernández de Contreras. A la 1 del mediodía de aquella jornada, la capitana ya encabezaba el convoy y a las 6 de la tarde el último buque de la flota ya se hallaba fuera de la bahía[52].

La flota a Tierra Firme, por los motivos ya expuestos, estaba zarpando con muchísimo retraso. Salir de la Península Ibérica a principios de noviembre contradecía la real cédula de 1582 que estipulaba que los navíos destinados al istmo de Panamá debían comenzar su viaje en las primeras aguas de agosto, es decir, las primeras lluvias de aquel mes para que «los bajeles pudiesen montar las barras»[53]. No obstante, la Casa de la Contratación había dispuesto en 1606 qué debía realizarse cuando dicho cronograma no pudiera cumplirse. En estos casos se estableció que los buques con destino a Tierra Firme zarparan en septiembre, para que corriesen aquella costa durante enero y amarrasen en Portobelo a mediados de abril. Así, en los supuestos de demora, los buques que estuviesen listos habrían de pasar desde Sevilla hasta Cádiz, «donde se acabarían de despachar y tendrían cierta la salida para su navegación, por no ser allí necesario que concurran aguas, viento y marea para salir, porque sirven más los vientos de aguja»[54].

Por tanto, el despacho de la armada de 1660 no se realizaba en ninguno de los momentos aconsejados por los pilotos de la Casa de la Contratación y aprobados por el Consejo de Indias. Zarpar en noviembre no entraba dentro de las recomendaciones y esto se debió en exclusiva al retraso provocado por el conde de Santisteban para presentarse en Cádiz. Pero, si bien fue cierto que se había extendido la fama de la seguridad de la bahía gaditana, ciertos sucesos pasados demandaban atención y cautela en el apresto y salida de las armadas desde este paraje. Veitia y Linaje, que escribió su *Norte de la Contratación* poco después de los hechos que analizamos, advirtió que «no es tanta la seguridad que tienen los navíos en la bahía» y lo ejemplificó con los veinte barcos que se perdieron allí en 1614 o «los más de los navíos» a cargo de Lope de Hoces que corrieron la misma suerte[55]. Incluso en el propio 1660 se produjeron 22 naufragios en la bahía de Cádiz[56]. Aun con todo, por las necesidades manifestadas a Madrid del daño al comercio indiano que se estaba originando por la demora y por las propias de la Monarquía en el relevo del conde de Alba de Liste en el gobierno del Perú, la armada salió hacia Tierra Firme en un otoño nada propicio.

Así, tras zarpar de la bahía gaditana aquel 4 de noviembre, el día 11 se vio arribar al puerto andaluz a la capitana de la flota de Fernández de Contreras. La visión no pudo ser más desalentadora: el galeón San José atracaba desarbolado de trinquete, bauprés, mastelero mayor y árbol mayor desde, según su capitán, 30 leguas de distancia de Cádiz. La razón la explicó el propio general en carta dirigida al rey el 12 de noviembre. Según Fernández de Contreras, la flota con dieciséis bajeles se hallaba en mar abierto el 5 de noviembre, pero «viendo la falta de los que no salieron [cuatro barcos], fui aquella noche navegando con poca vela». El día 6 de noviembre, el general intentó reagrupar la conserva y volvió proa con éxito, encontrándose con trece buques más y conformando una flota de veintinueve navíos. Juntos continuaron la derrota prefijada hasta el 8 de noviembre, cuando «repentinamente me entró uno de los grandes tiempos que he tenido en la mar», rindiendo los palos de la capitana y haciendo que al día siguiente, 9 de noviembre, apenas se pudiesen reparar «los palos de respeto» para poder gobernar mínimamente la nave. En aquel momento, según Fernández de Contreras, los barcos que vieron el estado de su capitana se negaron a auxiliarla, pero tampoco el general conocía cómo se encontraba el resto del convoy. Solo al llegar de nuevo a Cádiz el 11 de noviembre Fernández de Contreras pudo conocer la realidad de su armada: el galeón y los dos pataches que iban a desviarse hacia la isla Margarita, desarbolados; el galeón y el barco de Cuba, además de un galeón destinado a Portobelo, no localizados; tres naos de la flota, la almiranta y cinco naos extranjeras, «ahogadas»; en Sanlúcar de Barrameda aparecieron tres naos de la flota; y en Cádiz, el 11 de noviembre, regresaron escalonadamente otros once navíos de la armada[57]. Es decir, cuando el general regresó al puerto de salida había perdido en el fondo del mar al menos seis embarcaciones y desconocía el paradero de al menos otras nueve, quedando desperdigadas en diferentes parajes más de una decena de buques y otros tantos con serios daños. No cabía otro calificativo que el de desastre.

Ante esta situación y dadas las urgencias de la Monarquía porque esta armada se despachase cuanto antes, se respondió al naufragio organizando rápidamente su reparación para una nueva salida. En este sentido se manifestó el fiscal de la Casa de la Contratación, Antonio de Salinas, cuando escribió al conde de Villaumbrosa, asistente de Sevilla. Según el fiscal, era cierto que la capitana San José estaba muy dañada, pues entró en Cádiz al remolque de galeras y «milagrosamente ha escapado del paraje Salmedina», pero también era verdad que la almiranta y otros galeones se mantenían sólidos y podrían haber seguido el viaje hasta Tierra Firme sin retrasar más el traslado. En cualquier caso, Salinas envió con celeridad a maestros mayores y capitanes de maestranza a Puerto Real, donde habían amarrado los barcos dañados, para que realizaran con celeridad las reparaciones. Por último, pero no menos importante, el fiscal comunicaba que Santisteban y su familia, embarcados en la tan lastimada capitana, habían sobrevivido y «quedan en Cádiz desde anoche [11 de noviembre], que vinieron de seis leguas a la mar en un barco de los que envié [las galeras a cargo del marqués del Viso]»[58].

Dos días más tarde, la situación de la flota comenzó a despejarse y a reconocerse su estado. Así, Fernández de Contreras remitió una carta a la Casa de la Contratación dando cuenta de la armada a su cargo. En ella el general confirmaba lo siguiente: el galeón San José, la capitana, estaba asegurado en los Puntales de Cádiz; el galeón San Jorge, de 125 toneladas, propiedad de Juan Bautista de Olazábal, estaba perdido sin solución; y no se tenían noticia de la almiranta, la gobernadora, cuatro galeones «de plata» y seis naos mercantes. Sobre estos últimos buques, Fernández de Contreras pensaba que habían continuado su derrota hasta Tierra Firme bajo el mando del almirante José Centeno, por lo que solicitaba que, en caso de mandarse un patache con aviso de los hechos hasta Cartagena de Indias, se ordenase que estos barcos se detuviesen y no pasasen a Portobelo hasta que él llegase con los navíos reparados. En este sentido, en conjunto con el fiscal Salinas, el general había comenzado a reparar los barcos dañados, estimando que los arreglos rondarían los 40.000 pesos; operación que solo fue posible gracias a la ayuda del duque de Medinaceli, quien acudió a las restauraciones con sus hombres para apartar a «la gente de tierra» que hacían más daño a los naufragios[59].

La información del naufragio y las primeras disposiciones tomadas en la reparación de la armada llegaron con relativa rapidez al Consejo de Indias. El 17 de noviembre los consejeros recibieron un correo de Sevilla «que se reduce a estar ya la capitana en salvamento y haberse perdido otro navío de flota, que en todos los perdidos son cuatro y un barco y estarse con esperanza de que los seis galeones que faltan arribarían o habrán seguido su viaje a Cartagena con algunas naos de flota». A la vista de estos datos, el Consejo estimó oportuno dictar orden de preparar un buque de aviso con destino a Canarias o Cartagena de Indias para conocer el estado de los barcos que continuaron el trayecto[60].

Daños, fallecidos y responsables antes de la partida definitiva a Lima

Con la anterior respuesta del Consejo, podemos afirmar que la Monarquía sí mostró interés por conocer el paradero de los barcos del almirante Centeno, pero no reaccionó de igual forma a la hora de esclarecer por qué se había producido el naufragio y quiénes habían sido sus responsables humanos; aún más, ni tan siquiera hicieron mención a la situación del provisto virrey Santisteban. Solo gracias a las informaciones que se remitieron de forma anónima —sospechamos que encargadas por Antonio de Salinas— a la Casa de la Contratación sabemos de las pérdidas no materiales de este desastre, es decir, los fallecidos. Según esta memoria, el retraso en la salida de la flota y los vientos temporales que aparecieron en el golfo de Cádiz el 8 de noviembre se cobraron un total de 251 vidas; curiosamente, ni uno era cortesano del virrey Santisteban.

Nos resulta imposible desgranar quiénes fueron todos los fallecidos, pero señalaremos que en la nao Bendición de Dios y San Antonio se ahogaron 191 personas, entre ellas Diego Gallo, caballero de Santiago y nombrado gobernador de Chucuito, o José de Biezma y la Bastida, provisto gobernador de Santa Cruz de la Sierra[61]. En cualquier caso y por respeto a todas las vidas perdidas, en la tabla 4 podrán leer la relación.

En cuanto a las pérdidas materiales, además de los propios navíos, el fiscal de la Casa de la Contratación escribió al consejero de Indias Antonio de Monsalve advirtiendo de las mismas, especialmente en lo referente al buque gobernado por el general Fernández de Contreras. Así, Salinas se expresó muy gráficamente en los siguientes términos:

> Señor, para v.s. solo respondiendo a la pregunta de v.s. digo que si v.s. oyere quejarse de las pérdidas del alijo de la capitana se puede reír y creer que más es pretexto que verdad porque sólo se alijaron seis gallineros y algunas cajas de la gente de mar y dos cajas de dulces y chocolate de don Juan de Lara porque sus camaradas le querían mal[62].

Sin embargo, hubo quien aprovechó el naufragio y la situación de la capitana San José para pedir compensaciones: el conde de Santisteban. Una vez realojado en Cádiz, Diego de Benavides escribió al Consejo de Indias un memorial volviendo a solicitar una encomienda de indios vacos por valor de 6.000 ducados. El argumento para esta merced se basaba en los hechos citados y lo defendió con las siguientes palabras: «(...) respecto del gran naufragio que han tenido los galeones, en que ha perdido toda su ropa, plata y joyas, con que se haya imposibilitado de hacer su viaje por los grandes desempeños que ha hecho para su jornada y no poder hacerlos de nuevo y se halla sin crédito alguno»[63]. Comparando esta demanda y sus términos con las informaciones del fiscal de la Casa de la Contratación y con el parte del general de la armada sobre el estado del navío San José, fácilmente podemos comprobar que Santisteban mintió. El propio Consejo de Indias, tras ser delegado por el rey para tomar una decisión al respecto, respondió de la siguiente forma al conde: que su petición «no es ordinaria ni regular», que dicha encomienda es un premio solo plausible tras «haberlo

TABLA 4. FALLECIDOS EN EL NAUFRAGIO DEL 8 DE NOVIEMBRE DE 1660

BARCO	NOMBRE	CARGO	FAMILIA	CRIADOS O COMPAÑÍA	TOTAL
Bendición de Dios y San Antonio	Diego Gallo	Maestre de Campo Caballero de Santiago Provisto gobernador de Chucuito			1
	José de Biezma y la Bastida	Provisto gobernador de Santa Cruz de la Sierra	Mujer y cuñada	Cuatro criados	7
	Mariana de la Rosa			Alférez Gabriel Izquierdo y tres criados	5
	Fernando Giraldo				1
	Juan Blandino				1
	Juan de Carbajal				1
	Fernando Dávila				1
	Martín de Solís				1
	Martín García				1
	Fernando de Santa Cruz				1
	«Doce encomendados de segunda clase»				12
	José López				1
	Francisco Ruiz Jurado	Maestre de la nao			1
	Nicolás de Lenguarez	Escribano de la nao			1
	Juan de Palacios	Piloto			1
	Fray Bernardo	Capellán			1

BARCO	NOMBRE	CARGO	FAMILIA	CRIADOS O COMPAÑÍA	TOTAL
Bendición de Dios y San Antonio	Domingo de Acosta	Contramaestre			1
	Pedro Navarro	Calafate			1
		Marineros y grumetes			60
				Criados de pasajeros	50
				Pasajeros de caldeno	40
	Juan de Gastambide				1
	Diego Pérez Caro				1
Navío de Francisco Pirela	Diego Sarmiento	Corredor de lonja			1
				Tres muchachos	3
				Un negro	1
Nuestra Señora de la Concepción y San Miguel	Miguel Hurtado del Castillo	Capitán del navío		Tres criados	4
	Fray Gaspar de Molina	Mercedario calzado. Capellán del navío		Un criado	2
	Fray Juan de la Concepción	Agustino de la provincia de Quito		Un criado	2
		Ayudante del piloto, vecino de Sanlúcar			1
				«Seis camaradas que llevaba consigo el capitán, vecinos de las Indias, los cuales no sé sus nombres y dos criados»	8
	Antonio de Estrada				1

BARCO	NOMBRE	CARGO	FAMILIA	CRIADOS O COMPAÑÍA	TOTAL
Nuestra Señora de la Concepción y San Miguel	Antonio de Medina				1
	Francisco de Navarrete				1
	Pedro Vázquez de la Plaza				1
	Sebastián de Rivera				1
	Felipe Delgado	Escribano de justicia			1
	Alonso Rodríguez				1
	Adrián de Guzmán			Un criado	2
	Pedro Velarde				1
	Antonio Murillo			Tres amigos y dos criados	6
				Dos recomendados del calafate	2
		Condestable del navío			1
	Francisco Rodríguez	Piloto de la barra			1
		Ayudante del cocinero		Muchacho del cocinero	2
				Grumetes, mozos, marineros y sobresalientes	16
				Total de fallecidos	**251**

Fuente: AGI, Indiferente General, 776, doc. 6.

merecido y salido bien de sus residencias» como virrey del Perú y que saben por escrito de Antonio de Salinas que en la capitana no se habían producido apenas pérdidas. Por si no fuera poca la violencia de la respuesta del Consejo de Indias a Santisteban, los consejeros acabaron responsabilizándolo del desastre ocurrido el 8 de noviembre: «(...) que la ocasionó la detención del virrey, pues si hubiera cumplido con las órdenes de V.Mg. y de este Consejo en anticipar su jornada, pudo llegar a embarcarse dos meses antes»[64].

Aun con este responsable máximo, el Consejo de Indias no obvió que la autoridad marítima también tuvo parte considerable. Pablo Fernández de Contreras era un general con experiencia, como hemos apuntado antes, pero también tenía cierta trayectoria negativa. Años antes de este naufragio, el marino fue condenado a una multa de 650 ducados de plata como cargo por las mercancías fraudulentas que se encontraron en la flota de Nueva España que arribó a Sevilla en 1651. Se deduce que este comercio ilegal era de su propiedad en el hecho de que aceptó la multa, pero ofreció a la Casa de la Contratación satisfacerla con 325 ducados al contado y el resto con dos deudas que el Fisco tenía con él, por valor de 2.500 reales. Aunque realmente lo no pagado por la Real Hacienda, «reducidos a plata con el premio a como hoy corre», sumaban 2.145 reales y 20 maravedíes de plata, el Consejo de Indias aceptó que se satisficiera de esta forma la condena al general por contrabando[65].

Así pues, a pesar de esta mácula de comercio ilícito, Fernández de Contreras obtuvo, por el medio ya citado, la capitanía de la flota de 1660. Quizás la venalidad fue importante para que el propio general zarpase en fecha no conveniente, por muchas presiones que recibiese de la Monarquía, e incluso al retorno actuase de forma, digamos, sospechosa. La propia armada de 1660 regresó a la Península Ibérica el 16 de septiembre de 1661, según carta del general, pero no lo hizo en puerto hábil por la Casa de la Contratación, sino en La Coruña. Para el Consejo de Indias esto no suponía ningún problema, incluso consideraba que la ida y venida de esta flota era mérito de Fernández de Contreras, por lo que llegaron incluso a solicitar para él una merced al rey[66]. Sin embargo, algo no parecía seguir su curso normal. El consejero de Indias Antonio de Monsalve alertó al rey que los barcos a cargo de Fernández de Contreras estaban parados en El Ferrol desde el 4 de noviembre de 1661, con la excusa de preparar el nuevo galeón capitán para trasladarlo a Cádiz, poniendo en peligro de fuga los metales embarcados[67].

Las sospechas caían sobre Fernández de Contreras con demasiado peso. Si ya tenía antecedentes de contrabando, también tuvo el general la experiencia de prisión, pues en 1652, en calidad de almirante del general Pedro de Ursúa, fue encarcelado por ocultación de plata[68]. Por ello, ante la denuncia del consejero Monsalve, Fernández de Contreras hubo de escribir al rey justificando su parada en El Ferrol: solo habían sido unas «breves reparaciones» antes de continuar a Cádiz para completar su vuelta de las Indias[69]. Lo cierto es que desde el 16 de septiembre que arribó a puerto gallego hasta el 15 de diciembre que dio noticias desde la bahía gaditana había pasado un tiempo más que prudencial. Quizás este lapso explica cómo en 1663 Pablo Fernández de Contreras adquirió vía venal la jurisdicción señorial y el título de conde de Alcudia[70]. Así, podemos sospechar que la ida accidentada y la vuelta retrasada de la flota de 1660 fue muy provechosa para su general.

Pero regresando al naufragio y dejando a sus responsables, los hechos desgraciados habían tenido lugar y en efecto existieron pérdidas mercantiles. Además de los fallecidos y los buques hundidos, muchos géneros acabaron en las aguas del golfo de Cádiz y solo algunos de ellos pudieron ser rescatados. Así, en 1664 se ordenó al tesorero de la Casa de la Contratación, José de Veitia y Linaje, que pusiese en venta las mercadurías salvadas del desastre y que con lo obtenido se supliesen las cantidades no ingresadas en la Real Hacienda por las averías de Cartagena de Indias y Nueva Granada[71]. La mayoría de estas mercancías rescatadas acabaron en casa de Clemente Ruiz de Salazar, quien había sido prior del Consulado de Sevilla, por valor de 7.351 reales de plata; otro fardo, numerado como 279, quedó en los almacenes de El Puerto de Santa María, estimado en 7.995,5 reales de plata; y un cajón con «dos escriptorios de carey y ébano» en poder de Antonio Ton [sic], vecino de Sevilla[72]. Finalmente, las mercadurías recuperadas, principalmente ropas, acabaron rematadas en el capitán Juan Merino de Pedrajas, quien se hizo con todo por valor de 15.525 pesos, 6 reales y 14 maravedíes[73].

En cualquier caso, estas cantidades rescatadas llegaron tres años más tarde y la armada a cargo de Fernández de Contreras había de zarpar por segunda vez en el mismo 1660. A finales de noviembre, la Casa de la Contratación ya conocía lo avanzado de la reparación de los buques. La institución sevillana se congratulaba de la eficacia, supervisión y auditoría que su fiscal, Antonio de Salinas, estaba llevando a cabo para que las necesidades de la Monarquía en Indias se viesen satisfechas

TABLA 5. RELACIÓN DE BUQUES QUE PARTIERON A TIERRA FIRME EL 21 DE DICIEMBRE DE 1660

EMPLEO	BARCO
Armada	Galeón San José
	Galeón Santa Catalina
	Galeón San Juan
	Patache de galeones
	Patache de la Margarita
	Patache de Cuba
Mercantes	Nuestra Señora de la Candelaria
	Nuestra Señora de la Luz y Santiago
	Santo Entierro de Cristo
	San Pedro
	Nuestra Señora del Pópulo
	Nuestra Señora de Roncesvalle
	Santo Tomás de Villanueva
	Nuestra Señora de la Soledad
	Nuestra Señora de la Esperanza
	San Hermenegildo
	El León Coronado
	Nuestra Señora de las Mercedes
	El Sol de la Esperanza
	Nuestra Señora del Rosario
	San Francisco y San Diego

Fuente: AGI, Indiferente General, 776, doc. 5.

cuanto antes. Así, se estimó que el 15 o el 16 de diciembre de 1660 la flota a Tierra Firme podría volver a zarpar[74]. Esto fue posible por hallarse en el estado final de sus arreglos la capitana San José, el galeón Santa Catalina y los pataches de galeones, Margarita y Portobelo, habiéndose ya pagado por estas reparaciones 9.760 pesos, aunque el total de todas las obras ascendía de 18.000 pesos[75].

De esta manera, el 21 de diciembre de 1660 la armada a cargo del general Fernández de Contreras quedó recompuesta y lista para poder zarpar de nuevo con destino a Tierra Firme. Esta nueva flota quedó conformada por tres galeones y tres pataches de apoyo como buques de guerra y dieciséis barcos mercantes en su conserva[76].

En Indias esperaban los once navíos que habían continuado su viaje tras la tormenta del 8 de noviembre y en cuatro de ellos aguardaban al conde de Santisteban cincuenta de las ochenta personas que conformaban su corte virreinal. Sobre esta sección de la flota escribió uno de sus tripulantes. Según Gaspar Martínez de Herrera, tras haber partido con el grupo de Fernández de Contreras, a los dos días y a 12 leguas de la costa «nos entró un tiempo tan recio que nos dividió a todos y duró una noche y un día que pasado nos venimos a juntar la almiranta, Gobierno, don Juan Domingo de Chávarri, don Gonzalo Chacón y don Gaspar de Argandoña [capitán del galeón Virgen de la Fuensanta] y otro navío mercante que va de registro a Caracas». Así, en palabras de este testigo, después de unas jornadas intentando localizar al resto de la armada, el almirante Centeno decidió continuar la derrota rumbo a Canarias y a las Indias, sin esperar al general ni presentar la opción de regresar a Cádiz[77].

La segunda salida se realizó de manera exitosa y así fue comunicado al asistente de Sevilla el mismo 21 de diciembre, quien a su vez hizo lo propio con el Consejo de Indias dos días más tarde[78]. El viaje se completó sin incidencias y el virrey del Perú por fin tocó suelo de su jurisdicción, Portobelo, el 6 de mayo de 1661[79].

El 9 de junio llegó a las proximidades de la Ciudad de los Reyes el embajador del conde de Santisteban, el pamplonica Juan de Ybero. Este fue recibido en la chacra de Bartolomé de Azaña por el virrey saliente, el conde de Alba de Liste y por Juan de Cabrera, deán de la catedral de Lima y a la sazón tío de Diego de Benavides. El representante del nuevo virrey llegaba a la capital del Perú para anunciar su venida y para informar a las autoridades locales de su proximidad con objeto de preparar su entrada y toma de posesión. Así, el 30 de mayo de 1661 partió desde el Callao una nao capitaneada por Juan Enríquez, hijo del virrey, con destino a Paita para entregar los primeros agasajos a Santisteban y ofrecerle la opción de seguir el camino hasta Lima por mar.

Diego de Benavides rehusó continuar la navegación y desde Paita se encaminó por tierra hasta la Ciudad de los Reyes. Así, el 6 de junio el nuevo virrey y su corte continuaron viaje por tierra, haciendo paradas en las chacras de Sancho de Castro, la del doctor Avendaño y la de Zamudio, avanzando «el conde en litera y la señora condesa en otra». El 20 de julio de 1661, Santisteban montó «en la carroza pequeña que llaman *La Voladora*», propiedad del conde de Alba de Liste, para reunirse con el virrey saliente en una finca a las afueras de Lima. Una reunión

TABLA 6. BUQUES QUE CONTINUARON EL VIAJE TRAS EL NAUFRAGIO DEL 8 DE NOVIEMBRE

EMPLEO	BARCO	N.° DE CORTESANOS DEL VIRREY
Armada	Almiranta	11 cortesanos
	Virgen de la Fuensanta	24 cortesanos
	Nuestra Señora de Roncesvalles	
	Nuestra Señora de la O	10 cortesanos
	El Gobierno	
	La Perla	5 cortesanos
Mercantes	San Francisco el seráfico [de él no se supo]	
	Jesús Nazareno	
	Santo Rey don Fernando	
	Santo Cristo del Buen Viaje	
	Santísimo Sacramento	

Fuente: AGI, Indiferente General, 776, doc. 5.

necesaria para conocer el estado del Perú y de la que entre otras cuestiones salió el nombramiento de Manuel de Benavides, hijo de Santisteban de solo 12 años de edad, como nuevo gobernador del Callao[80].

Tras esta reunión, Santisteban y su esposa, Ana de Silva, entraron de incógnito en Lima e inspeccionaron el palacio virreinal. Debió parecerles de su agrado, pues no quisieron abandonar las estancias y mandaron que el resto de su familia y corte ingresaran en la ciudad desde la chacra en que se alojaban. Esta decisión ocasionó cierto escándalo en Lima, pues no era «cosa que jamás se ha visto en este Reino, dormir los señores virreyes en Palacio hasta que fueran recibidos». En cualquier caso, el 30 de julio de 1661 se produjo la entrada formal del conde de Santisteban en la Ciudad de los Reyes y su toma de posesión como nuevo virrey del Perú, es decir, dieciocho meses más tarde de haber sido provisto como tal por Felipe IV[81]. Mugaburu, con su precisión de cronista y presente en los hechos, lo describió así:

> Sábado treinta de dicho mes de julio de 1661 años, día de trabajo, que no se ha visto otra entrada de señor virrey en el Perú, entró a tomar posesión, debajo de palio, el señor conde de Santisteban, siendo alcaldes ordinarios don Sebastián de Navarrete, caballero de la orden de Calatrava, y don Alonso de

la Cueva. Hubo grandes cosas y un escuadrón en la plaza, frente a la Iglesia Mayor, con toda la gente del batallón, que eran doce compañías de infantería, y el sargento mayor don Francisco de Valverde, caballero del orden de Santiago; y también todas las compañías de a caballo y su comisario general don Ambrosio del Pulgar. Y fueron al Arco dos compañías del batallón. Y el señor conde de Alba de Liste estuvo mirando la entrada del virrey en un balcón de la esquina de la calle de los Mercaderes que mira toda la calle abajo del Espíritu Santo[82].

6
RECONSTRUCCIÓN FISCAL, INSPECCIÓN FALLIDA Y ALZAMIENTOS EN PERÚ

El proceder de un virrey: las instrucciones a Santisteban

Recibido como nuevo virrey del Perú, el conde de Santisteban debía gobernar un territorio extenso y con unas peculiaridades propias. Además, por si no fuera poca la responsabilidad, las necesidades de la Monarquía hispánica se duplicaron en aquellos años, poniendo el foco sobre un Reino en el que descansaban muchas esperanzas financieras. Así, como a sus predecesores, a Diego de Benavides se le entregaron unas instrucciones para ordenar su proceder en el Perú. Las instrucciones para los virreyes americanos eran diferentes a las dadas a sus homólogos europeos, pues en su caso la distancia con la Península Ibérica, las particularidades americanas o el mayor peso que el representante del rey tenía en el territorio, con poderes de justicia, ejército, administración e incluso eclesiástico, hicieron de esta ordenación una cuestión mucho más relevante[1].

Por esta importancia, las instrucciones se dividían en dos mitades. En su primera sección estaban contenidas las cuestiones públicas, aquellas que hacían referencia al gobierno del territorio y a la administración que se debía hacer del mismo. En este sentido, la tradición ya desarrollada tras casi dos siglos de permanencia en América quedaba reflejada en el documento y por ello muchas de sus cuestiones eran reincidentes de un virrey a otro. La segunda parte de las instrucciones solía ser más reservada o incluso secreta. En ella, el Consejo de Indias apuntaba al provisto como *alter ego* los temas sensibles, como determinados pleitos, las relaciones con los poderes americanos o los criterios político-administrativos que debía seguir durante su estancia[2].

Por todo ello, teniendo en cuenta que cada virreinato indiano tuvo su propio ritmo, las instrucciones virreinales nunca fueron documentos fijos y aunque sí contuvieron reiteraciones, siempre fueron evolucionando en razón, entre otras cuestiones, a las demandas de la Monarquía sobre aquellos territorios[3]. Ejemplo de ello fueron las instrucciones que se entregaron al conde de Santisteban. Estas fueron despachadas por el Consejo de Indias el 16 de agosto de 1660, cuando por fin partió desde Madrid hacia Cádiz como han leído en el capítulo anterior, siendo reproducción parcial de un modelo precedente[4]. Resultaba que las instrucciones peruanas de Santisteban estaban basadas en las entregadas al marqués de Mancera el 24 de diciembre de 1638 y, a su vez, repetidas al conde de Salvatierra en 1647[5]. Asimismo, el texto que recibió Benavides, salvo una cláusula concreta, fue el mismo que entregaron al conde de Alba de Liste en la década anterior[6]. De esta forma fue depositado en manos de Diego de Benavides un documento de 74 capítulos en los que se ordenaba cómo proceder en el Perú[7].

Entre todos los epígrafes que contiene este documento habremos de destacar solo algunos, pero entre ellos sobresale la cláusula añadida al precedente del conde de Salvatierra, el número decimocuarto. Según disposición, la principal labor de Santisteban durante su estancia en el Perú habría de ser el cuidado y alivio de los indios, quedando obligado a «dar cuenta, avisándome todos los años de los efectos con que adelantares su mejor gobierno espiritual y temporal». Es más, parece que dicho encargo primordial se hizo, entre otras obligaciones de la Monarquía con los naturales, por descargar la propia conciencia de Felipe IV, pues así lo manifiesta en este decimocuarto punto de las instrucciones: «(...) por ser esta la principal obligación con que me encargó Dios esas provincias, será de mucha estimación y agrado mío, que vos, en quien la he sustituido, me libréis de este escrúpulo sobre que os encargo la conciencia gravemente»[8].

En siguientes capítulos, esos escrúpulos reales parecen aminorarse y prestar más atención a otras cuestiones relacionadas con los indígenas. Así, en el epígrafe decimoséptimo se daba facultad al conde de Santisteban para que pudiese encomendar repartimientos de indios, siempre y cuando los mismos se hallasen vacos y sin provisión directa de la Corona. No obstante, las instrucciones también advierten al virrey que dadas las quejas recibidas en el Consejo de Indias, deberá proceder con cautela a la hora de proveer estas encomiendas y seleccionar con cuidado a sus nuevos titulares, teniendo como predilectos a los beneméritos con condiciones adecuadas para el puesto[9].

En el epígrafe decimonoveno se insiste a Benavides sobre la cuestión encomendera, pero en esta ocasión poniendo el énfasis en las mujeres. Según había llegado al Consejo de Indias, las encomenderas se encontraban muy agraviadas al no tener apenas margen de maniobra a la hora de elegir esposo y por ello demandaban un cambio en la legislación. La instrucción de Santisteban glosa los antecedentes existentes para la pervivencia de esta limitación matrimonial y cómo los virreyes habían adquirido la costumbre de proponer a estas encomenderas por esposos a sujetos pertenecientes a su corte; una maniobra con la que se premiaba a determinados cortesanos con encomiendas vía marital y que además aportaban al virrey lazos importantes con su propia jurisdicción. En cualquier caso, las instrucciones que entregaron a Santisteban estipulaban que durante su gobierno debería otorgar la libertad matrimonial a las encomenderas, aunque dejando bien claro un límite: «(...) que se casen con las personas que fueren más a propósito para mi servicio, pacífico estado y conservación de la tierra»[10].

Abandonando la cuestión indígena-encomendera, las instrucciones se adentraron en el gobierno civil, militar y eclesiástico del Perú. De todas estas esferas delegadas al conde de Santisteban, la Monarquía puso especial énfasis en los asuntos concernientes a la Real Hacienda. En el epígrafe septuagésimo tercero se le indicó a Diego de Benavides que para un buen estado, supervisión y crecimiento fiscal, debería obligar a todos los oficiales reales y «empleados públicos» a dejar constancia personal de su desempeño en el cargo durante todo el tiempo que lo ocupasen:

> He ordenado que en las instrucciones que se dieren a los que me fueren a servir en ellas se les dé orden que antes que salgan de sus gobiernos me avisen del estado en que dejaren las cosas de él para que según la noticia que dieren se pueda acudir a la conformación de lo que la buena disposición de las cosas pidiere o prevenir no lleguen a peor estado[11].

Unas relaciones que debían ser posteriormente enviadas al Consejo de Indias para ser auditadas y en las que habrían de señalarse todas aquellas tareas inconclusas, pues de esta forma se pretendía tener un conocimiento lo más detallado posible del estado verídico de la Real Hacienda. Un encargo al que se le dio gran importancia, pues junto a este capítulo se adicionó un apercibimiento para que el virrey lo cumpliese y los oficiales llevasen a cabo: sin el depósito de estos balances, el Fisco Regio no devengaría ni un solo peso de salario[12].

El asiento de los tributos virreinales

Al leer estas instrucciones de gobierno, Diego de Benavides pudo comprender con nitidez que una de sus grandes tareas en el gobierno del Perú había de ser la económica. De esta manera, desde su llegada a la Ciudad de los Reyes, el conde de Santisteban prestó una especial atención a la Real Hacienda virreinal. En este sentido, el encabezamiento de los tributos de la avería, el almojarifazgo y la alcabala se hallaban en una delicada situación, puesto que o la entrega de los mismos estaba pronta a finalizar o bien estos se recaudaban de forma arbitraria[13].

Aunque el conde gozaba de cierta voluntad propia hacia los asuntos fiscales, como demostró en empleos anteriores, en el caso peruano las instrucciones citadas conminaron a Diego de Benavides a que estableciera orden en los impuestos cobrados en el virreinato, pues en ello iba buena parte del sostén del mismo y de las remesas que se mandaban a España. Por estas mismas causas el Consejo de Indias mostró verdadera preocupación sobre el estado fiscal peruano, pues además tenían conocimiento certero del contrabando existente en los puertos del Pacífico, actividad que mermaba gravemente los ingresos por tributos comerciales, y también del malestar que ello ocasionaba a los mercaderes de Lima, quienes además de estar sometidos al pago de la carga tributaria legal, veían cómo los contrabandistas copaban parte de su mercado. Así, desde el Consejo se animó al conde de Santisteban no solo a que ordenase la fiscalidad peruana según sus competencias, sino también a que concertara con los cargadores peruanos los asientos de la avería, alcabala y almojarifazgo para los próximos años[14].

Con estas medidas se pretendía subsanar, en la medida de lo posible, el fraude impositivo y el descontento mercantil y, además, conseguir un aumento de los ingresos de la Real Hacienda. El virrey aceptó el reto, más bien el encargo, y entabló contactos con el Consulado para arrendar estos tributos. Las negociaciones al efecto comenzaron tra-

Imagen 8. Retrato virreinal del conde de Santisteban.
Fuente: Museo Nacional de Arqueología, Antropología e Historia del Perú, anónimo, ca. 1662.

tando de hallar un nuevo y más acorde ajuste entre la Monarquía y los cargadores de Lima, quienes habían mostrado un inusitado interés por adquirir la gestión de los gravámenes, como ya hicieron entre 1619 y 1640[15]. Así, a finales de 1661, menos de seis meses después de haber llegado a la Ciudad de los Reyes, el conde de Santisteban informaba al Consejo de Indias de haber llegado a un principio de acuerdo con el Consulado para el arrendamiento del almojarifazgo. Este trato consistía en que durante los siguientes tres años los cargadores se hacían con el impuesto aduanero a cambio de 58.000 pesos anuales[16].

A pesar de este éxito inicial, la negociación por el gran impuesto, la avería, no había logrado cerrarse durante 1661. En febrero de 1662, Santisteban volvió a comunicar al Consejo de Indias que había retomado las reuniones con los cargadores de Lima. Sin duda, en estas sesiones la experiencia negociadora del virrey hubo de ser empleada. Diego de Benavides planteó al Consulado las ventajas que tendrían si se hacían cargo de la avería del Mar del Norte —el tributo correspondiente a la salida de los galeones desde Tierra Firme hasta Sevilla—, pues la Monarquía no dejaría de ofrecer contraprestaciones supraeconómicas a la institución si tomaban el arriendo de este impuesto, valorado nada más y nada menos que en 350.000 ducados. Por ello, por este ofrecimiento *motu proprio* del virrey, este solicitó a Felipe IV en su comunicación sobre el inicio de las negociaciones que se proveyesen «afectos», es decir hábitos de órdenes militares, a los principales gestores del Consulado[17]. El conde era consciente que sin un atractivo personal para quienes manejaban la institución comercial era casi imposible que se aprobase este importante asiento, por lo que bien merecía la pena despachar aquellos hábitos si la Real Hacienda se aseguraba este importante ingreso.

En cualquier caso, las negociaciones entre virrey y cargadores sobre la avería dieron comienzo en febrero de 1662 y se alargarían correosamente. A todas las sesiones asistió en persona el propio Santisteban, sin ser representado por ninguna otra figura, dando a entender la gravedad del negocio y el ímpetu con que asumió la dirección del Perú. No obstante, el mecanismo negociador en las Indias, la influencia de los poderes locales y la lejanía con la corte hicieron que este empuje virreinal perdiese fuerza y el acuerdo, en la percepción siempre necesitada de la Monarquía, se eternizase. Y es que resultó que por mucha insistencia que emplease en reunirse reiteradamente con priores y cónsules, Diego de Benavides solo consiguió un principio de acuerdo en octubre de 1662.

Un mes más tarde, una nueva comunicación del virrey con el Consejo de Indias hizo saber que se había alcanzado un trato con el Consulado de Lima, pero, para aflicción de la Real Hacienda, el mismo trataba sobre la avería del Mar del Sur, no la del Mar del Norte. De esta manera, los mercaderes de la Ciudad de los Reyes se comprometieron a recaudar la avería del Pacífico en las cuatro «ocasiones de armada» desde 1662 y a cambio entregarían un fijo de 80.000 pesos directamente a la Caja Real de Lima[18].

La tasa de la avería del Mar del Norte fue discutida y negociada durante todo el año de 1662. El resultado de estas reuniones acabó en buen puerto, aunque no sabemos por qué motivo se comunicaron a la corte en días diferentes, pues aparentemente este impuesto se negoció en conjunto con el meridional. En cualquier caso, Santisteban remitió al Consejo de Indias, buscando su ratificación, el acuerdo al que había llegado con los mercaderes. Los términos acordados con el Consulado se atenían a la propuesta inicial, esto es, 350.000 ducados a satisfacer en las cuatro armadas siguientes a partir de 1662[19].

Con los arrendamientos de las averías del Mar del Norte y del Mar del Sur y el almojarifazgo acordados con el Consulado de Lima, el conde de Santisteban podía lucir ante la Monarquía el mérito de haber asegurado para los próximos años una buena parte de los ingresos de la Hacienda virreinal. Tan seguro estaba el virrey de haber fijado estos ingresos para el Fisco Regio que llegó a recomendar al prior del Consulado, Juan Antonio de Céspedes y Toledo, para que por sus méritos y colaboración fuese tenido en cuenta para cualquier empleo que el Consejo considerase oportuno[20]. Sin embargo, tras sellarse ante escribano público estos asientos no todo fue tan sencillo[21]. Los cargadores hicieron saber al virrey que no entregarían un solo peso hasta que sus diputados en Madrid remitiesen informe sobre la legalidad de los acuerdos. Es de imaginar el enojo que habitó en el palacio de Pizarro al tener esta noticia. Por ello, Santisteban respondió de inmediato, dejando de practicar el disimulo ante las actividades fraudulentas de los mercaderes y denunciando ante la Monarquía el hallazgo de lingotes de plata ocultos en los bajeles comerciales que cubrieron la última ruta Callao-Panamá[22].

Así, a pesar de los acuerdos firmados, se estableció un clima de tensión entre virrey y mercaderes. Dada esta situación, sin tener el visto bueno de sus diputados en la corte, el Consulado decidió no recaudar ni un tomín de los tributos asentados y sin este ingreso el Fisco virreinal tembló, máxime al comprobar que el quinto minero se había reducido por el descenso de la producción argentífera[23]. Además, por si fuera poco, desde Madrid no se dejó de solicitar el incremento del tesoro remitido para atender las necesidades europeas. De esta manera, los galeones de Tierra Firme zarparon desde España y se esperaba su llegada a Panamá a finales de 1664, por lo que Santisteban debía poner en Portobelo la mayor cantidad de plata posible. Ante este panorama, al virrey no le quedó otra que reunir a la Junta de Hacienda y arbitrar medios para remitir en esta armada, su primera, un millón de pesos[24]. Acudiendo a préstamos a bajo interés, la mayoría vinculados a los propios cargadores, y al superávit de algunas cajas reales, Santisteban remitió en la Armada del Mar del Sur la citada cantidad[25].

No obstante el éxito relativo de esta remesa, la necesidad de poner en marcha el asiento de los impuestos comerciales seguía siendo urgente. La Real Hacienda no podía continuar dependiendo de préstamos y las cargas eran cada vez mayores. Para desgracia de Santisteban, durante todo 1665 no pudo remitir noticias de haber puesto en funcionamiento los citados arrendamientos, dejándose de cobrar estos impuestos. En el transcurso de este año las reuniones no dejaron de producirse entre virrey, prior y cónsules y a pesar de no haber llegado el plácet de sus procuradores en Madrid se alcanzó un acuerdo provisional en espera de dicha autorización. En diciembre de 1665 se remitió al Consejo de Indias un memorial que daba cuenta de un ajuste transitorio, que había de cumplirse a fines del siguiente año. Según este trato los cargadores entregarían a la Caja Real de Lima, en noviembre de 1666, 113.000 pesos en concepto de almojarifazgo y otros 60.000 pesos que tomados a préstamos se reingresarían en la Real Hacienda en las próximas cuatro armadas[26].

Pero aun habiéndose puesto en marcha la maquinaria de estos asientos, este depósito en las arcas reales no fue ni mucho menos sencillo. La Audiencia de Lima, que gobernaba el Perú de forma interina tras la muerte del conde de Santisteban, denunció al capitán Tomás Blázquez de Oliver por haber realizado el depósito de las averías fuera de plazo, ocasionando perjuicios en la coordinación del regreso de los galeones de Tierra Firme. Una demanda que generó que el Consulado solicitara ante la Monarquía una revisión de las acusaciones por parte del fiscal Diego de Baeza o en caso contrario amenazaban, veladamente, con suspender temporalmente el asiento[27].

A pesar de todo esto, el éxito, si lo podemos considerar tal, de las negociaciones del virrey Santisteban fue relativo. Ni se alcanzaron las cantidades totales acordadas, ni se puso en marcha el mecanismo de los asientos. Ni los comerciantes obtuvieron beneficios con el arrendamiento, ni la Real Hacienda se aseguró tan esenciales rubros. Santisteban parece ser que puso todo de su parte, que negoció cuanto pudo con el Consulado, pero los ritmos indianos eran diferentes a los europeos y el *factor distancia* jugó un papel fundamental en la materialización de sus acuerdos. Solamente con ciertas actualizaciones, estos asientos sobre la avería y el almojarifazgo se llevarían a cabo durante los virreinatos sucesivos, pero aquello ya no pudo contemplarlo Diego de Benavides, pues falleció en marzo de 1666[28].

La Real Hacienda peruana: un delicado estado

Junto a la labor de reordenar y asegurar los ingresos de la Real Hacienda peruana, el conde de Santisteban hubo de emplearse concienzudamente en reordenar esta. El estado del Fisco no era el más deseable posible y Diego de Benavides lo supo pocos meses después de haber tomado posesión del virreinato. En un documento conservado en la Biblioteca Nacional de España, editado por Hanke, el virrey dio cuenta de esta situación fiscal al oidor de Lima Francisco Sarmiento de Mendoza[29]. En dicho papel, Santisteban mostraba ser consciente de la necesidad de restaurar el sistema hacendístico, pues de él «corren los envíos a España en la cantidad que hasta aquí. Pues el faltar de ellos podría tener la contingencia que tengo ponderado no solo en riesgo de la Monarquía y perjuicio irremediable de la cristiandad en Europa, sino de la conservación del Perú y sus dependencias»[30].

Así pues, dada la gravedad del estado de la Real Hacienda del Perú y las implicaciones que en el conjunto de la Monarquía podría tener, Santisteban encargó la realización de un ajustamiento contable. Este balance, remitido al Consejo de Indias con fecha de 19 de noviembre de 1661, arrojó los siguientes datos: en el haber, la Caja matriz de Lima, excluyendo las cajas de Quito y Guayaquil, sumaba 2.208.469 pesos y 5 reales; en el debe, «los gastos que están situados sobre esta caja [de Lima] y se pagan en cada año de la Hacienda», 1.652.374 pesos y 6 reales. Con esto, a final de 1661 se podría haber remitido a España 556.094 pesos y 7 reales; una cantidad que era inferior a los 812.912 pesos que se enviaron en la armada de 1660[31].

Sin embargo, estas cifras no ocultaban, tampoco lo hizo Santisteban, que muchos ingresos habían sido anticipados para engrosar la remesa y que desde entonces se mantenía este estado. El propio virrey dio cuenta que hasta el 29 de junio de 1661, es decir poco antes de su llegada, las Cajas de Potosí, Caylloma, San Antonio de Esquilache y Huancavelica vía Cuzco remitieron a la matriz de la Ciudad de los Reyes 591.803 pesos y 7 reales. Además, la Caja de Lima ingresó del Consulado de Cargadores 40.853 pesos provenientes de la alcabala de la capital, la cual sí estaba asentada en los mercadores y montaba un total de 632.656 pesos y 7 reales[32]. Unos adelantos que según pudo conocer Santisteban eran casi obligados dadas las grandes deudas que presentaba la Real Hacienda. Así, para agosto de 1661, solo la Caja Real de Lima tenía certificadas deudas ordinarias por valor de 1.270.235 pesos y 2 reales; a la gente de guerra y mar, 309.961 pesos; a la maestranza, 18.708 pesos y 2 reales; a la proveeduría general, 162.539 pesos; al mineraje de Huancavelica por el azogue entregado, 425.085 pesos; y una subvención comprometida con los mismos mineros del mercurio por valor de 232.000 pesos. Todo lo cual montaba unos cargos a hacer frente inmediato de 2.418.528 pesos y 7 reales; además de otras deudas provenientes de encomiendas, consignaciones del Consejo de Indias, restitución de tierras de indígenas o los bastimentos de Valparaíso, Valdivia, Santiago y Concepción que estaban situados sobre la Caja de la Ciudad de los Reyes[33].

Como es fácil deducir, la situación preocupó sobremanera a Santisteban, quien, como hemos mencionado, tenía entre sus obligaciones como virrey incrementar en la medida de lo posible el envío de capitales a la Península Ibérica en un momento de gran necesidad: la campaña de Juan José de Austria contra Portugal. Así, establecer de dónde provenía este estado deficitario de un Fisco esperadamente boyante se antojó —a nosotros también— imprescindible. El predecesor de Santisteban, el conde de Alba de Liste, había dejado la Hacienda peruana con un descenso notable, por lo que el «tanteo y corte» que se realizó al ser relevado por Diego de Benavides arrojó cifras preocupantes. Alba de Liste legaba un saldo negativo de 2.418.528 pesos, habiendo recibido el Fisco virreinal con una deuda de solo 416.376 pesos. Por esta razón, el primer ejercicio fiscal de Santisteban, 1661, solo podía haber remesado a España 556.094 pesos, cuando la media hasta entonces estaba situada en 922.924 pesos[34]. Con esta comparación entre lo remitido y el posible primer envío pos-Alba de Liste puede comprenderse mejor el estado real del Fisco virreinal al que se enfrentó Santisteban. En este mismo sentido, sería de gran interés un estudio pormenorizado de la gestión de Alba de Liste, pero carecemos del mismo o no tenemos constancia de su existencia.

Así pues, Diego de Benavides había de reestructurar y sanear una Real Hacienda muy delicada y sin unos ingresos impositivos asegurados, como hemos analizado en páginas anteriores. Pero no solo esto, además Santisteban detectó que junto al incremento de las deudas, los ingresos de las cajas reales habían ido descendiendo, complicando sobremanera esta tarea. El mismo «tanteo y corte» realizado al finalizar el gobierno de Alba de Liste demostró que no haber acordado un asiento tributario con los cargadores de Lima dejaba en una situación más precaria aún a un Erario sin una estructura de recaudación definida, ni que decir tiene la nula eficiencia de esta.

Para reconducir esta situación, el conde de Santisteban se afanó en un trabajo titánico, apareciendo algunos resultados relativamente pronto. Según el propio Diego de Benavides, en 1664 sus gestiones comenzaron a notarse en los balances de la Caja Matriz de Lima, pues la deuda de la misma fue reducida hasta los 772.136 pesos. Este descenso de los débitos fue explicado en carta al Consejo de Indias como fruto del crecimiento de las rentas reales y «haberlas asegurado con la administración del comercio». Aunque conocemos que estos acuerdos con los cargadores no se fructificaron ese año, los contadores del Tribunal de Cuentas de Lima daban por ingresada la cantidad en dicha anualidad y de ahí que pueda considerarse, sobre el papel, esta rebaja de la deuda regia. Así, el propio Santisteban se enorgullecía de su administración y lo manifestaba al presidente del Consejo de Indias: «(...) puedo asegurar a V.S. Ilustrísima que no quisiera otro premio de mis servicios que el hacer creíble lo que únicamente he trabajo en conseguir estas disposiciones»[35].

De una u otra manera, lo cierto es que las deudas nominalmente estaban reducidas a 772.136 pesos en 1664 y dos años más tarde, cuando falleció el virrey, la Caja Real de Lima ya presentaba un estado de relativa solvencia como para hacer frente a los débitos aún existentes. Este estado fiscal fue defendido por Lohmann Villena, quien atribuyó su descenso no a los acuerdos de Santisteban y los mercaderes, sino a la reducción extrema de todo tipo de gastos; aunque, según el mismo historiador, de estos recortes habría de lamentarse con posterioridad el propio virrey, pues su negativa a sostener un cuerpo militar solvente en el Perú hizo imposible imponer el orden en el disturbio y alzamiento de Laicacota[36].

En cualquier caso, al fallecer Santisteban en marzo de 1666, la Caja Matriz de Lima presentaba un balance indeterminado. Según los ofi-

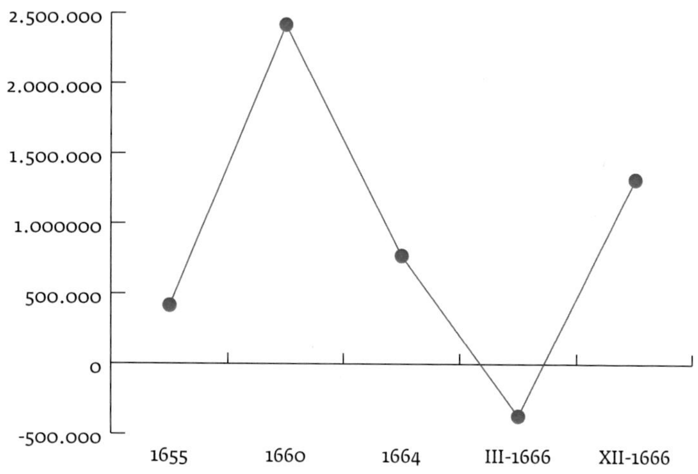

Gráfico 1. Deuda de la Caja Matriz de Lima (1655-1666)
Fuente: el autor.

ciales reales, el Fisco adeudaba 1.146.413 pesos y 3 reales, pero también en certificación de los mismos se estaba esperando la entrada del superávit de las cajas subordinadas y esta sumaba 1.514.680 pesos. Por tanto, la Hacienda del Perú presentaba un saldo positivo de 368.267 pesos a la muerte del virrey, de los cuales, tras compromisos contraídos, dispondría de 98.266 pesos y 5 reales líquidos[37]. En diferentes palabras, de una u otra forma Santisteban había logrado enderezar el Erario virreinal en cifras gruesas —curiosamente, un individuo que siempre lamentó el estado de su hacienda personal—, pero cuestión distinta fue cómo auditaron esas cuentas los magistrados de la Audiencia de Lima que se hicieron cargo del gobierno del Perú hasta la llegada de un nuevo virrey.

La gestión de los togados de la Ciudad de los Reyes en el plano hacendístico pudo considerarse como desastrosa. En el gobierno interino del Perú, los oidores acabaron el año de 1666 dejando un déficit en la Caja Matriz de Lima de 1.320.714 pesos[38]. Este descalabro fiscal y la situación general del Fisco fueron alertados por el sucesor del conde de Santisteban, el conde de Lemos, quien advirtió al Consejo de Indias sobre la relación que la Audiencia había remitido de su gobierno interino. Según Lemos, los magistrados excusaban este déficit en que los gastos producidos entre la muerte de Diego de Benavides en marzo de 1666 y finales de abril de ese mismo año eran todos debidos a compromisos del virrey, ascendiendo estos a 331.300 pesos. De la misma manera, Lemos alertaba de cómo los oidores no habían registrado en las contabilidades los ingresos generados durante el último año de gobierno de Santisteban, justificando tal acción con que estos rubros habían entrado físicamente en las arcas dos y tres meses después de su fallecimiento[39]. Unas maniobras contables poco disimuladas para achacar a un difunto una gestión nada responsable de la Real Hacienda y que, de seguro, habrían quedado sin denuncia si el conde de Lemos no lo hubiese hecho.

La visita al Perú: una inspección complicada

El estado fiscal del Perú no atravesaba una estabilidad ni tan siquiera remota desde mediados del siglo XVII. Los virreinatos consecutivos del conde de Salvatierra (1648-1655) y del conde de Alba de Liste (1655-1661) habían creado en el Perú la necesidad de una fuerte intervención desde la Península Ibérica. Es decir, propiciaron que se pusiera en marcha una visita que inspeccionase a fondo todas las instituciones, además de su personal, peruanas. A este, digámosle, clamor se unió la recepción en el Consejo de Indias de un memorial anónimo denunciando esta situación.

Este texto, datado en Lima a 12 de noviembre de 1660, carecía de firma, pero su tenor demostraba que el autor de sus veintiocho capítulos era alguien que conocía a la perfección el Perú, contando incluso con datos precisos provenientes del Tribunal Mayor de Cuentas de Lima. La reacción a esta denuncia no se hizo esperar. El Consejo de Indias acordó que para confirmar esta situación lo más adecuado sería remitir al Perú a un juez visitador con competencias sobre toda la jurisdicción de la Audiencia de Lima. No obstante, teniendo en cuenta lo amplio de esta inspección, este juez habría de ser desdoblado: uno para la Audiencia, Juzgado de Bienes de Difuntos, Tribunal de la Santa Cruzada, Consulado de Cargadores y Correo Mayor de Indias; y un segundo para el Tribunal Mayor de Cuentas y la Caja Real de Lima[40].

El deseo del Consejo fue que esta bicefalia diese resultado y la visita no terminase fracasando como había ocurrido con otras en el pasado[41]. Para ello la elección de los visitadores había de hacerse con sumo cuidado. Así, para las primeras instituciones señaladas en el párrafo anterior, se proveyó a Juan Cornejo. Este no ocupaba el primer lugar en la relación de candidatos elevada al rey, pero el rechazo de Francisco Henríquez de Ablitas y la circunstancia de que Cornejo se hallase en las Indias visitando la Audiencia de Santa Fe hicieron que acabase por ser elegido. Así, desde el Consejo de Indias dieron por terminada la inspección santafesina y conminaron a que Cornejo se desplazase cuanto antes a la Ciudad de los Reyes[42].

Para el segundo de los bloques, el fiscal, el Consejo elevó consulta con un sujeto: Francisco Antonio Manzolo. Su nombramiento como visitador apenas sufrió detención y lo aceptó de sumo grado, máxime con el salario que le fue asignado de 6.000 pesos anuales, a extraer de los alcances que efectuase[43]. Importante para el funcionamiento de esta bicefalia de inspectores fue esta forma de retribución, pues mientras el primero tuvo un salario asignado y limitado, el segundo podría incluso engrosarlo a través del cobro de deudas y desmanes contra la Real Hacienda[44].

En cualquier caso, dejando a un lado los sueldos, la visita con dos inspectores no comenzó de la forma coordinada que se esperaba. El conde de Santisteban, quien se hallaba inmerso en las negociaciones analizadas con el Consulado e intentando reconducir la Real Hacienda, notificó al Consejo el 16 de abril de 1663 que había recibido los despachos que ordenaban el proceso de visita, pero que no tenía ninguna noticia de la llegada de los visitadores[45]. Meses más tarde, en julio de 1663, el propio virrey anunciaría que había tomado posesión de su empleo el visitador Manzolo, pero no tenía noticias de la llegada de Cornejo[46].

Según las órdenes de esta particular visita, ambos inspectores debían comenzar su labor a la vez, pero esto no ocurrió. Manzolo nada más asentarse en el Perú comenzó a auditar los libros depositados en el Tribunal Mayor de Cuentas de Lima. En este inicio ya dio muestras no de su afán visitador, sino de un carácter difícil. Al poco de comenzar la tarea el propio Manzolo chocó abiertamente con la Audiencia de Lima, pues denunció que para llevar a cabo su inspección contable había de ser desalojada la Sala del Crimen. Los alcaldes se negaron a ello y recurrieron al virrey para resolver la disputa, quien a su vez la remitió a Madrid[47]. Y no sería el único enfrentamiento del visitador. En 1664 Santisteban dio cuenta de que en el transcurso de una Junta de Hacienda hubo de sacar a relucir su templanza en lugar de su violencia; por ilustrativo, lo reproducimos a continuación:

Y no formó despacho de un lance después que otro que me pasó con él [Manzolo] en el acuerdo y junta general de hacienda. Puedo asegurar a V.S. Ilustrísima [presidente del Consejo de Indias] que nunca he debido tanto a la providencia de Dios, que me dio en aquel punto auxilio para contenerme y dar tiempo para que procediese la satisfacción de mi acertado proceder en todo lo que insinuaba al desempeño de la dignidad con que S.M. se sirvió de honrarme. Porque la acción personal a que me pudo provocar se templó con lo mismo que me irritaba contra mi crédito por asegurarlo con la diligencia que pedí al señor visitador que hiciese y avisase de ella a S.M. y a V.S. Ilustrísima, como me ha prometido lo ejecutará, habiéndose interpuesto para que yo me abstuviese de otras demostraciones que. Me aconsejaran algunos ministros, hasta la de enviarle a España con el proceso al cuello. Pero yo me contenté con que no quedase sin algún escarmiento aquel desacato cometido contra la dignidad suprema y viva representación de S.M., conforme a sus reales despachos que se leyeron, aplicando de ellos lo que pareció inexcusable para prevenir lo venidero. Después acá ha concurrido en las juntas y despachos, como si no hubiera sucedido nada y suplico a S.M. que de esta materia no se trate más[48].

Así, con este carácter y proceder, más de un año después de haber llegado a Lima Manzolo se produjo la llegada del otro visitador. El 8 de septiembre de 1664 apareció en la Ciudad de los Reyes Juan Cornejo, siendo recibido por el conde de Santisteban en el palacio de Pizarro. Parece ser que el visitador y el virrey pronto alcanzaron gran sintonía, para enojo de Manzolo, pues Santisteban le concedió licencias por encima de las facultades con que fue a servir al Perú. En este sentido, Cornejo entró a formar parte del Real Acuerdo —la reunión del virrey y la Audiencia para la administración y legislación— sin tener categoría para ello. Aún más, la creciente influencia del visitador sobre Santisteban provocó que por toda Lima circulase el rumor de que las decisiones virreinales se debían únicamente a la voluntad de Cornejo[49].

La intromisión del visitador Cornejo en esferas fuera de su competencia y el hecho de que habría de inspeccionar su propia institución, hicieron que la Audiencia de Lima alzase la voz contra él. Francisco Sarmiento de Mendoza, oidor más antiguo de la Ciudad de los Reyes, junto al protector de los naturales, Diego de León Pinelo, elevaron protestas contra esta situación y decidieron no facilitar en lo más mínimo la visita al Tribunal[50]. Esta postura parece ser que favoreció el deseo de Cornejo, pues demostró tener más interés en moverse por los pasillos privados del palacio virreinal que adentrarse en una inspección seria y rigurosa de los organismos que tuvo encomendados. Además, por si no fuese poca oposición, sobrepasando los límites puestos por el Consejo de Indias, el visitador Cornejo decidió inmiscuirse en la Caja Real de Lima, competencia de su compañero, para deponer a todo aquel oficial que hubiese adquirido su puesto en la almoneda. Según Cornejo, estos empleados eran los responsables del descenso de la recaudación tributaria y Manzolo no hacía nada por evitar sus fraudes[51].

El choque entre visitadores, que debían guardar sintonía, estaba servido y Santisteban quedaba como mediador entre los inspectores. Pero estos estaban más pendientes de situarse uno sobre el otro que de desempeñar su labor y en noviembre de 1664 —apenas tres meses después de llegar Cornejo— ya se conoció esta situación en Madrid. El virrey comunicaba entonces al Consejo de Indias que Cornejo, para entonces casi su protegido, estaba sufriendo desafectos por parte de Manzolo y en sentido contrario las intromisiones en las instituciones de inspección eran continuas. Según Santisteban, Manzolo no quiso ser menos que su colega y *motu proprio* decidió que si Cornejo asistía al Real Acuerdo sin potestad, él haría lo mismo con la Junta de Hacienda[52].

Bajo este clima, no es de extrañar que ninguno de los visitadores demostrase interés cierto por las tareas que tenían encomendadas. A finales de 1664 Juan Cornejo había comenzado a levantar una red clientelar para provecho propio. Así, al conocer que había fallecido el provisto como alguacil de la visita, Antonio de Miranda, se adelantó a cualquier decisión desde la corte y nombró en el empleo sin facultad para ello a Sebastián Velázquez Maldonado, quien en palabras del propio Cornejo era persona «de mi casa y satisfacción»[53]. De igual manera, aproximó a su esfera al contador Sebastián de Navarrete, a quien nombró superintendente del Callao bajo su supervisión y defendió con ahínco ante las denuncias que llegaron al Consejo de Indias responsabilizándolo de las enormes pérdidas de dinero que tenía la Real Hacienda en el presidio y los grandes fraudes que con su connivencia se cometían en aquel puerto[54]. Por tanto, la creación de este entramado clientelar —aquí solo exponemos la punta del iceberg— sirvió como andamiaje y palanca a Cornejo para desatar todas sus críticas contra Manzolo.

En este sentido, el primer visitador cargó las tintas contra los procederes personales del segundo. Como denunció Cornejo, Manzolo, en contra de la legislación, había contraído matrimonio con una mujer natural o vinculada a la jurisdicción que debía auditar. En efecto, Manzolo había tomado entre 1663 y 1664 por esposa a Catalina Bravo, señora que había estado casada con el oidor de Panamá Francisco Dávila Muñoz y además era hija del fallecido contador del Tribunal de Cuentas Fernando Bravo de Lagunas. No obstante, para Cornejo más grave aún que este matrimonio no permitido fueron otras actuaciones de su compañero. Parece ser que Manzolo se mostraba abiertamente contrario a cualquier decisión hacendística del virrey conde de Santisteban, que continuaba accediendo a las Juntas de Hacienda a pesar de las advertencias en contra, que ignoraba cualquier intento de coordinar las visitas o que retirase de empleo y sueldo a cuanto contador se le antojase sin potestad para ello. Con todo ello la enemistad entre visitadores era patente en Lima, por lo que en esta extensa denuncia de Cornejo se puede deducir cuánto pudo afectarle la orden del virrey de que fuesen a palacio como pareja ante toda la ciudad[55].

En cualquier caso, ninguno de los visitadores mostró un interés cierto en desempeñar el encargo que los había llevado hasta el Perú. Según parece por las cartas que Cornejo y Manzolo remitían a España, todo el ímpetu de ambos estaba volcado en desacreditar al compañero. Así, por ejemplo, Manzolo no dejó de denunciar cómo Cornejo se inmiscuía en las cuestiones fiscales o cómo a pesar de desaconsejar los asientos tributarios con el Consulado, su compañero animó a Santisteban a firmarlos por el «simple motivo» de incrementar rápidamente las remesas a Sevilla. Aunque donde mayor virulencia mostró Manzolo contra su compañero fue en la cuestión de los impuestos sobre el mineral de San Antonio de Esquilache. Este visitador recomendó que no se aprobase la rebaja del quinto real que venían pidiendo los mineros y Cornejo adoptó la postura contraria. Según Manzolo, Cornejo no había parado de presionar al virrey Santisteban y al Real Acuerdo —donde hemos de recordar que no tenía facultad alguna para asistir— para establecer el impuesto al sexto de la producción en aquel mineraje. El motivo de esta injerencia y esta proposición se encontraba en determinada cercanía entre Cornejo y los hermanos Salcedo, mineros poderosos de la región, los cuales serían de los mayores beneficiados por esta rebaja tributaria[56].

Imagen 9. Mapa del Perú.
Fuente: colección privada, W. Blaeu, 1630.

Así, en palabras de Manzolo y posteriormente de los oidores de Lima, el visitador Cornejo demostraba una y otra vez que su verdadero interés en el Perú era asentarse en él con una posición de poder, no inspeccionar las instituciones que el Consejo de Indias le había encomendado. Este escaso empleo de Cornejo en la visita se tradujo en la nula remisión de resultados a la Península Ibérica, por lo que unido al público enfrentamiento mantenido con Manzolo exigió la adopción de medidas. Así, el 3 de marzo de 1666 Juan Cornejo fue removido de la visita por el Consejo de Indias y conminado a regresar de inmediato a España con toda la documentación recopilada. Esta noticia fue recibida en la Ciudad de los Reyes el 10 de septiembre de 1666, revelándose la inquina que había ido generando en múltiples sujetos. El primero en actuar ante la deposición de Cornejo fue Francisco Sarmiento de Mendoza, oidor de la Audiencia que había sido desterrado a Pachacamac por el visitador sin potestad alguna en abril de 1666, ordenando que el inspector paralizase de inmediato cualquier acción, de la naturaleza que fuese, que pudiese estar ejerciendo[57].

De esta manera, tras la destitución de Cornejo se lanzaron sobre él acusaciones de múltiple cariz, aunque muchas habían sido remitidas al Consejo de Indias con anterioridad. El proveedor general del Callao,

Pedro Santiago Concha, acusó al visitador de haber colocado a su hijo de 12 años como capitán de infantería y a su sobrino como alférez en el presidio chalaco, de haber influenciado al virrey Santisteban para que entregase el corregimiento de Carabaya a un deudo suyo y de reunir testigos falsos con la ayuda de su cliente Sebastián de Navarrete para difamar al proveedor[58]. Igualmente, el oidor Lope Antonio de Munibe investigó si las acusaciones que Cornejo había vertido contra el oficial real Francisco de Colmenares eran verdaderas o calumnias para favorecer al citado Navarrete[59].

Con este bagaje y mucho más en su contra el visitador Cornejo había de regresar a España acompañado de los legajos sacados en su inspección, pero tales no existían. Aún más, Cornejo se negaba a dejar copias de los mismos en Lima, estando obligado a ello por el Consejo, pues manifestó temer que fuesen manipuladas en su contra por «apetito de venganza»[60]. A la postre, Cornejo marchó dejando unas reproducciones de sus escasas indagaciones y la visita continuó en el plano hacendístico en manos de Manzolo. Esta inspección continuaría hasta 1696 con escasos resultados y dejando entrever que dicho sistema de control comenzaba a flaquear, entre otras cuestiones por su complejidad y por la elección de unos encargados poco adecuados[61]. Para el tiempo que la presenció Santisteban, es decir, hasta fallecer en marzo de 1666, la visita había generado más problemas que detectado soluciones institucionales y fiscales, pero el visitador Cornejo había logrado su simpatía de una manera que molestó sobremanera a los poderes locales.

El problema de la mita

Tal y como se había estipulado en las instrucciones virreinales, Diego de Benavides había de poner especial preocupación en el estado de los naturales. En este sentido, el conde de Santisteban debía inspeccionar y comprobar el adecuado funcionamiento de la mita peruana. Así, no mucho después de haber llegado a Lima, el virrey comprendió el mecanismo de la mano de obra indígena y concluyó que debía ser reducido el número de naturales que marchasen a trabajar al Alto Perú. Esta consideración de Santisteban fue hecha pública ante la Audiencia de Lima, llegando a proponerse una modificación consensuada del sistema. Así, aunque existieron atisbos de ser suprimida, se consideró que la mita era indispensable para el circuito productivo peruano y que, por tanto, no podía ser eliminada, pero en cambio sí debía ser disminuida para corregir algunos de sus defectos más gravosos, especialmente en lo concerniente al descenso demográfico indígena[62].

No solo el conocimiento directo de la mita llevó al virrey Santisteban a promover una modificación en la misma, también la idea preconcebida que tuvo sobre ella. Durante la administración del conde de Alba de Liste el alcalde del crimen de Lima Juan de Padilla remitió al Consejo de Indias un memorial denunciando los abusos que sufrían los mitayos. Parece ser que dicho texto causó cierta alarma en la corte y que se respondió al mismo comunicándose con el virrey Alba de Liste y con su sucesor, Santisteban, antes de partir al Perú. El Consejo dictaminó que, para mejorar la situación de los indígenas incluidos en el reparto de la mita, pero especialmente para renovar el propio sistema y su productividad, se suprimiesen los llamados «indios de faltriquera»; esto es, aquellos naturales incluidos como mitayos pero que podían permitirse pagar el salario de un trabajador libre —normalmente también indígena— que los supliese. Para llevar a cabo esta modificación, Alba de Liste consideró oportuno trasladar el encargo a Diego de León Pinelo, protector de los naturales de la Audiencia de Lima, con la comisión añadida de comprobar si las denuncias de Padilla eran ciertas o no. León Pinelo tomó esta responsabilidad de inmediato y en su inspección halló que lo alertado por el alcalde del crimen era verdadero en muchos de sus puntos, completando un informe de 25 tomos para el virrey[63].

En estado de análisis se encontraba la mita cuando tomó posesión del virreinato el conde de Santisteban y estos resultados, parciales, le llevaron a proponer la citada reducción. En cualquier caso, la cuestión de los naturales no se reducía únicamente a la mita. El trato que recibían los indígenas también fue motivo de preocupación para Santisteban y su mejora, además de por las instrucciones, llevó al conde a dictar ciertas medidas. En este sentido, Santisteban proveyó a Francisco Loyola y Vergara, fraile agustino natural de Ica y confesor del conde, como juez visitador de campos de indios[64]. El clérigo regular sustituyó en este cargo a Francisco de la Cruz y según pareció se mostró contrario a cuantas opiniones y disposiciones ejecutó. Pero Loyola y Vergara como juez visitador solo propuso reformas parciales o ineficaces para corregir y eliminar el abuso contra los indígenas, no atreviéndose a plantear las reformas radicales que deseaba la Monarquía. Unas acciones tímidas que no fueron causadas únicamente por el rechazo de Loyola y Vergara a su antecesor, sino también, probablemente el principal motor de ello, porque «se dejó alucinar por los mineros y demás interesados» en mantener el sistema de la mita, las encomiendas, los repartos y demás cuestiones en relación con los naturales tal y como estaban a mediados del siglo XVII[65].

Las alteraciones peruanas

Al igual que ocurrió en España un par de décadas antes, el virreinato del Perú sufrió sus propias alteraciones durante el decenio de 1660, implicando de lleno a la administración de Diego de Benavides. Cuando el conde de Santisteban se instaló en el palacio limeño de Pizarro, en un rápido oteo pudo conocer que en la Capitanía General de Chile la guerra contra los araucanos se había recrudecido desde su alzamiento en 1655 y que incluso tras la muerte del gobernador Pedro Porter Casanate los naturales habían recuperado terreno. Por este motivo, Santisteban designó como gobernador, capitán general y presidente interino de la Audiencia de Santiago de Chile a Ángel de Peredo, con la esperanza de al menos establecer un orden en el Reino y considerando que era «la persona de más crédito e inteligencia en lo militar y político que hubiera en estas provincias». Acompañado de 400 soldados de refresco, el gobernador provisto por Santisteban arribó a Concepción y comprobó de primera mano que el ejército chileno se hallaba en un estado calamitoso. Por esta razón principal, Peredo aplicó una política práctica en la guerra araucana y decidió que el principal objetivo habría de ser reestablecer las fronteras previas al levantamiento indígena de 1655[66].

Sin embargo, mientras Peredo ejercía con éxito estas políticas, en la corte se proveía al nuevo gobernador. Tras la negativa de varios candidatos, el Consejo de Indias elevó al rey el nombre de Francisco de Meneses como nuevo capitán general de Chile en febrero de 1663. Meneses contaba con sobrada experiencia militar como para ocupar dicha gobernación y, de hecho, sirvió en las mismas campañas de Lombardía y el Piamonte que Diego de Benavides, pero su fama de díscolo e insubordinado lastraba su carrera. Así puede explicarse su traslado hacia Chile por la vía de Buenos Aires, razón por la cual no hizo presentación de sus credenciales ante el virrey del Perú. Instalado en Santiago, Meneses comenzó a ejercer el gobierno mediante imposiciones y el recurso a las fuerzas, tomándolas contra el gobernador interino Peredo a modo de ejemplo público. De esta manera, acusó a Peredo de incrementar la oficialidad del ejército innecesariamente para sacar en pública almoneda dichas plazas. Por esta causa ordenó detener a Peredo, aunque, advertido, este pudo escapar.

De similar manera actuó contra el oidor Alonso de Solórzano, quien denunció los modos del gobernador y por ello fue depuesto, sin potestad para ello, y desterrado por Meneses. Así fue actuando a su libre albedrío, contraviniendo incluso las leyes del comportamiento de los empleados de la Monarquía para logar el *iudex perfectus*, es decir, las disposiciones sobre el comportamiento de los provistos en Indias[67]. En este sentido, en 1664 Meneses contrajo matrimonio sin licencia con Catalina Bravo de Saravia, hija del maestre de campo Francisco Bravo de Saravia, quien aceptó el casamiento a cambio de provisiones y beneficios cohechadores por parte del gobernador. De igual manera, en este caso incurriendo en una prevaricación flagrante, el gobernador reaccionó contra el obispo de Santiago, fray Diego de Humanzoro, por haber denunciado sus actuaciones. Meneses persiguió al prelado cuanto pudo e incluso presentó ante la Audiencia de Santiago un memorial con graves acusaciones. Así, también en 1664, el gobernador obligó a los oidores a firmar una real provisión para desterrar al obispo. Exiliado en Cuyo, fray Diego de Humanzoro denunció ante la Monarquía las actuaciones de Meneses y aunque obtuvo ciertos éxitos contra los araucanos en las campañas de 1664 y 1666, las alarmantes noticias y su corrupción acabaron por granjearle su destitución de la capitanía general[68].

Esta situación chilena había ido conociéndose en la Ciudad de los Reyes con relativa puntualidad. El virrey Santisteban era consciente del daño que producía al Reino la actuación de Meneses, más aún con las noticias directas de Peredo, pero carecía de potestad para remover del cargo al gobernador, por lo que hubo de contentarse con remitir alarmas al Consejo de Indias. De igual manera, poca influencia decisoria pudo ejercer Diego de Benavides ante el estado bélico con que se encontró a la gobernación de Tucumán. En aquella región había estallado en 1658 la llamada «Tercera Guerra Calchaquí», la cual se prolongaría hasta 1667. Pedro de Bohórquez, andaluz de Arahal, había convencido a varias etnias de la región de ser descendiente de la realeza inca, encabezando un ejército de 6.000 hombres que dominó la provincia hasta 1659. Aunque Bohórquez fue ajusticiado en Lima, las tropas siguieron combatiendo y atacando todos los asentamientos hispánicos hasta que su principal grupo, el de los quilmes, fue derrotado y desterrado en 1665[69]. Conseguir esta victoria y la pacificación de la provincia fue tarea exclusiva de los gobernadores tucumanos, sin apoyos desde la capital virreinal, especialmente de quien lo fue dos veces a lo largo de este conflicto, Alonso de Mercado[70].

Sin embargo, la mayor de las alteraciones de las que se produjeron durante el gobierno virreinal de Santisteban sí requirió de su intervención. En el mineral de Laicacota venía cociéndose el caldo de cultivo para que estallase una rebelión en toda regla y ello a pesar de no haber tenido su origen en la propia región. En la ciudad de La Paz algunos mestizos estaban dedicados al robo y otros delitos durante todo el año de 1661, llegando a sublevarse contra el corregidor Cristóbal de Cañedo. El grado de violencia alcanzó tal punto que dicho corregidor fue asesinado en su propia residencia, dando ínfulas a unos rebeldes que decidieron dirigirse a la ciudad de Puno tras haber controlado La Paz.

Al encuentro de estos levantiscos salieron desde Puno las tropas reunidas por el corregidor de Paucarcolla y el gobernador de Chucuito, unos 650 hombres comandados por el minero José de Salcedo, con el cargo de maestre de campo a cambio de la compra de pólvora, piezas de artillería y otros bastimentos[71]. La victoria sobre los rebeldes mestizos fue total en el campo de batalla, pero no supuso la finalización del movimiento. El descontento seguía vigente y al mismo se unió un grupo de mineros de la región que habían detectado los fraudes que cometían los oficiales de la Caja Real de San Antonio de Esquilache, con la connivencia del corregidor, su teniente e incluso los hermanos José y Gaspar de Salcedo. Así, las noticias llegaron desde el área puneña hasta Lima y también hasta La Plata, donde el presidente de su Audiencia, Bartolomé de Salazar, hizo rápida comunicación a España en 1662 del estado revoltoso en que se encontraba el Alto Perú[72].

Así, aplacada la primera revuelta de mestizos, el enfrentamiento continuó latente, pero esta vez entre españoles y criollos. Ante las noticias que llegaban a la capital, Santisteban temió seriamente que estas alteraciones pudiesen extenderse a otras áreas del Perú, por lo que en 1664 decidió remitir a un magistrado de la Audiencia de Lima, el alcalde del crimen Andrés Flores de la Parra, con la misión de analizar la situación y tomar medidas oportunas para calmar el territorio[73]. El togado llegó a una Laicacota con menos de 2.000 habitantes y un San Antonio de Esquilache que sobrepasaba las 200 personas, por lo que no se trataba de una jurisdicción deshabitada y en la que además había fuertes intereses, principalmente minero-económicos, entre la población. Así, en sus primeros meses comenzó a desterrar a algunos españoles descontentos para evitar una nueva ignición[74].

Sin embargo, lo más grave que detectó el enviado del virrey fue el fraude que se cometía en la Caja de San Antonio de Esquilache y que había causado tanto enojo en algunos mineros. Flores de la Parra encontró que los oficiales reales Peñasco y Arano habían permitido innumerables excesos en las fundiciones y habían colaborado en el fraude de hasta 750.000 pesos desde 1651. Ante estos hechos el alcalde del crimen ordenó la detención inmediata de los oficiales, provocando como reacción que los mineros, probables cohechadores, paralizasen toda su actividad. El daño que esta respuesta causaba a la economía virreinal no es necesario describirlo, por lo que obligaron al magistrado a una dúplica favorable: proponer la rebaja del quinto minero al sexto —que, como vimos, llegó a tratarse en el Real Acuerdo—, eliminar el derecho de los Cobos —el 1,5 por ciento de lo fundido—, permitir barras de cualquier peso y derivar mitayos desde el repartimiento de Guancane[75].

Aunque este paquete de medidas propuesto por Flores de la Parra fue rechazado por la Monarquía años más tarde, la intención del alcalde del crimen no fue otra que frenar un posible alzamiento[76]. Sin embargo, para lamento del magistrado, esta oferta no surtió el efecto deseado. El 24 de junio de 1665, los mineros de la región, divididos entre andaluces y vascongados, comenzaron a enfrentarse abiertamente en Laicacota. Esta pugna acabó motivada realmente por detentar el poder económico y político de la región, en ningún caso por cuestiones nacionales, y estuvo encabezada en el primer bando por los hermanos Salcedo y en el segundo, entre otros, por los vizcaínos Pedro de Herquinigo, antiguo corregidor, el capitán Martín de Garayar y el castellano Gaspar de la Serna. Pero, aunque a la postre todas las tintas se cargaron contra los andaluces, los disturbios de Laicacota tuvieron un trasfondo mucho más complejo y en ellos no dejaron de participar criollos, mestizos e indios. En cualquier caso, José y Gaspar de Salcedo habían encabezado buena parte de las alteraciones gracias a su poder económico, basado en la explotación del mineral de San Antonio de Esquilache, y a la red clientelar que habían ido levantando en los años previos. Así, la noche de San Juan acabó en un enfrentamiento abierto, con el asalto y quema de la residencia en Laicacota de uno de los cabecillas de las banderías, el vizcaíno Garayar. Ante los hechos, Flores de la Parra actuó de inmediato para reestablecer el orden y decretó ajusticiar a un vascongado y desterrar a otros del mismo grupo, por lo que de nuevo su proceder causó una réplica: toda la facción vasca, sintiéndose la única culpada, se retiró en bloque desde Laicacota hasta San Antonio de Esquilache, mostrando el deseo de reagruparse, prepararse y tomar de nuevo la población[77].

Las noticias de estas nuevas alteraciones llegaron rápidamente a Lima. El virrey Santisteban se hallaba ante una situación compleja y ante el hecho de que su enviado no había logrado pacificar el territorio. Frente a esto Diego de Benavides optó por una solución simple: reemplazar a Andrés Flores de la Parra por un nuevo corregidor, Ángel de Peredo.

El antiguo gobernador de Chile, tras huir de Santiago e informar de los primeros desmanes de Francisco de Meneses en el Reino, tomó posesión en Laicacota el 12 de octubre de 1665 y apenas una semana más tarde hubo de hacer frente a aquella amenaza de los vizcaínos. Los vascongados hicieron una entrada nocturna en la ciudad y entablaron combate con los andaluces, llegando incluso a utilizarse armas de fuego en la refriega[78].

Durante los siguientes meses tampoco el corregidor Peredo fue capaz de reestablecer cierto orden en la región, quedando esta dominada casi por completo por la facción andaluza de los hermanos Salcedo. Diego de Benavides se mostró incapaz de resolver tan grave problema, con visos ciertos de extenderse a otros territorios del Perú y Lohmann Villena sentenció la situación con las siguientes palabras: «(...) es fuerza convenir que figura de tan estrecha mentalidad como el conde de Santisteban no era ciertamente la más apropiada para regentear tan vastas comarcas en momentos en que la sedición y el desorden asomaban en todas las direcciones de la rosa de los vientos»[79].

Sin embargo, este estado no se debió a las capacidades puestas en duda del virrey. Desde Lima llegaron a los hermanos Salcedo misivas de aliento para continuar en su ya abierta rebelión. Los oidores Bernardino de Iturrizarra, Bartolomé de Salazar, Fernando de Velasco y Pedro González de Güemes conminaron a los sevillanos a resistir cualquier envite que se les mandase por parte del virrey e incluso trasladaron que la situación acabaría por resolverse a favor de sus intereses tras fallecer este[80]. Además, incidiendo en el apoyo que los Salcedo gozaron desde la capital del Perú, el visitador Cornejo arregló la venta del propio corregimiento de Laicacota en favor de Gaspar de Salcedo a cambio de una desorbitada suma de 150.000 pesos —50.000 al contado y el resto en diferido—[81]. Así, con este poder sancionado en manos de los Salcedo, la rebelión y los disturbios alcanzaron su máximo grado.

No obstante, la solución a las alteraciones de Laicacota no se consiguió por falta de habilidad del virrey Santisteban, sino por la inexistencia de un cuerpo regular con que sofocar *manu militari* y de una vez por todas los disturbios en la región. Así, solo cuando su sucesor, el conde de Lemos, dispuso de compañías reclutadas, armadas y entrenadas en el Callao pudo subir hasta la sierra y eliminar esta revuelta. Lamentablemente, eso solo fue posible a partir de 1667.

7
LOS PODERES DEL PERÚ FRENTE AL VIRREY SANTISTEBAN

El poder en el Perú: distancia, corte, clientes y grupos locales

Tras haber analizado la llegada del conde de Santisteban al Perú, algunos de sus logros y los problemas que fueron escalonando su gobierno hasta su fallecimiento, consideramos necesario profundizar los poderes que operaban en el virreinato, sus características y sus modos de proceder. Sin calibrar estas fuerzas locales resultaría imposible comprender la dimensión y resultados, positivos o negativos, de la administración peruana de Diego de Benavides. Para ello resulta adecuado introducir la opinión de Maravall, quien consideraba que, desde la óptica del orden sociopolítico, el entorno de la Monarquía hispánica estuvo conformado por unos grupos de carácter oligárquico, los cuales actuaron sin cesar con otros agentes del poder —Iglesia, nobleza— y en la práctica subordinaron a la propia Corona a «sindicatos monopolizadores internacionales» de la fuerza económica. Este mismo investigador entendió que a ello debía añadirse el hecho de que, en determinados momentos, algunos de los grupos de altos señores, tanto eclesiásticos como nobiliarios, llegaron incluso a sobrepasar la autoridad que el sistema oficial reconocía como legítima: el rey[1].

Si esto sucedió en España, al añadir el *factor distancia* podremos acercarnos a entender lo que acaeció en el Nuevo Mundo. Así, la guarda de la legalidad vigente en América siempre hubo de pasar por filtros diversos y adaptarse a la realidad existente en el continente por los oficiales reales encargados de su fiel cumplimiento[2]. De esta manera se comprende la extendida sentencia *se obedece, pero no se cumple*. La sociedad indiana estuvo conformada por múltiples grupos de poder, organizados en dos dimensiones: una vertical y otra horizontal. Estas estructuras se materializaban en varias modalidades de clientelismo, parentesco y compadrazgo y entre todas ellas se mantuvo cierta rivalidad, rompiendo incluso la llamada *solidaridad criolla*[3]. De esta forma, tanto aliados políticos como clientes articularon una red de amplio alcance y una herramienta importante para la conformación de los elementos sociales que actuaron en cada uno de los cambios gubernativos o institucionales de las comunidades políticas[4].

Así, al conocer mejor los mecanismos de funcionamiento de los grupos de poder y sus intentos de influir en la administración virreinal en favor propio, mejor entenderemos que muchos de los conflictos que analizaremos no fueron provocados por razones de mantenimiento o engrandecimiento de cierta posición social, sino por lograr mayores cuotas de poder en el entramado gubernativo de las Indias. Así, para alcanzar estos objetivos y superar las contiendas entre los distintos grupos nos resulta clave la asimilación del concepto «amistad política-útil». Por medio de estos lazos entre las personas que ejercían cargos gubernativos, se tejió un entramado de intercambios de servicios y favores; una amistad que se extendía entre las familias y amigos de cada sujeto, formando una cadena de mediaciones para obtener mercedes de todo tipo y facilitar el acceso a diferentes oficios[5].

En estos juegos por el poder debe tenerse en cuenta un factor que había adquirido un peso específico en el siglo XVII: la opinión pública. La difusión de libelos y pasquines de todo tipo, denunciando temas de índole variada, hizo que los entramados políticos disimularan su actividad en extremo para no levantar escándalos públicos. Ejemplos sobran de la cuestión, siendo uno de los más destacables del periodo final que analizamos el correspondiente a la lucha entre Mariana de Austria y Juan Everardo Nithard con Juan José de Austria; pero también Santisteban se halló en mitad de este fenómeno cuando, como vimos, circularon textos en su contra durante su capitanía general en Extremadura o como cuando en 1660 se envió el memorial anónimo al Consejo de Indias denunciando el estado del Perú[6]. Así, la pública opinión podía afectar al prestigio de un individuo, factor que muchas veces era considerado fundamental en el acceso a cualquier oficio proveído por la Corona. Por esto mismo, por la preservación o pérdida de estatus que podría ocasionar, la opinión vertida, normalmente anónima o bajo seudónimo, era muy tenida en cuenta. Además, en sentido contrario, hemos de sumar el hecho de que cualquier individuo desde una posición de dominio en las estructuras de la Monarquía hispánica también podía maniobrar para destruir a cualquier opositor mediante litigios, implicaciones en delitos o difamaciones. Por tanto, la fama y honra pública acaba por ser un factor principal en algunos gobiernos, pues «el pueblo opinante pasa a ser factor y no solo receptor de la política»[7]. De todo esto, Santisteban pudo dar buena cuenta en las Indias.

Así pues, estos fenómenos de clientelismo y opinión tuvieron gran reiteración entre los círculos del poder hispánico y frente a una Monarquía que necesitaba, al otro lado del océano, ganar y conservar la lealtad de las élites virreinales y locales para mantener sus intereses. En ningún momento se desconoció en la corte que el control que se podía llegar a ejercer en territorios tan distantes como Perú era limitado. Por ello, los virreyes y sus respectivas cortes estuvieron obligados a asumir el papel de elemento integrador de los súbditos en el engranaje de la Monarquía compuesta[8]. Dentro del entramado político y administrativo indiano, el virrey, erigido en la cúspide de esta jerarquía, debía gobernar en pos de mantener y aumentar el poder de la Corona, pero también dando cuota a los intereses de los súbditos americanos presentes en las instituciones locales y que ante el rey o su *alter ego* reclamaban su participación en la gestión del territorio.

A lo dicho debemos sumar la enorme influencia que tuvo la corte virreinal en la vida política peruana, incluso sobrepasando este espacio para servir hasta de modelo social[9]. La corte fue el punto de contacto entre el virrey y los americanos, un espacio político social y cultural en el que se escenificaron las luchas y decisiones políticas, se repartieron privilegios y mercedes reales y se negociaron buena parte de los oficios peruanos. Esta última «mercancía» fue bastante delicada, en tanto en cuanto era muy deseada por las distintas redes político-clientelares y por cuyo acceso se tornaban voluntades hacia las distintas banderías, ya que la posesión del oficio se entendió como un medio de prestigio social y de ascenso en la jerarquía indiana.

Pero no todos los cargos satisfacían de igual manera a las élites peruanas, quienes en su mayoría accedían al empleo por la vía venal. Los empleos en la Real Hacienda fueron muy cotizados, pues hacían del sujeto provisto un «pivote de la administración (…) y centro del poder local»[10]. Pero no solo esta posición dentro del poder virreinal será la causa del anhelo indiano por los cargos, aunque fue cuestión importante. El desempeño en un oficio virreinal permitía a los provistos, fuese la vía que fuese, insertarse dentro de las redes clientelares del territorio, se tratase de la capital del Perú o de un corregimiento andino, accediendo a los múltiples recursos que estas ponían a disposición de sus miembros: financiación, enlaces matrimoniales, mecanismos de contrabando o extorsión sobre los naturales, apropiación de rentas, etc[11].

Teniendo en cuenta esto, el virrey no solo era el vínculo oficial entre el monarca y los peruanos, también fue el intermediador entre los intereses de las diferentes instituciones, grupos e individuos que conformaban la estructura del virreinato y los suyos propios. Así, el representante del rey se situaba como eje del Perú hacia la Península Ibérica —defendiendo las necesidades metropolitanas— y hacia dentro —procurando el contento de las élites locales y asegurando su fidelidad—, en un difícil equilibrio político que se representaba físicamente en la propia sede virreinal: Lima[12].

En este sentido, para hacer presente a un lejano soberano, otra de las funciones que el virrey debía desempeñar junto con su corte era la representación y teatralización de la Monarquía. El virrey y sus criados desplegaron la comisión de mostrar la soberanía de Felipe IV tanto en el interior de su ámbito físico, el palacio con su etiqueta y jerarquía cortesana propia, como en el exterior, por medio del arte efímero o permanente y los actos públicos[13]. En este sentido, durante el gobierno de Santisteban en el Perú los actos en que mejor se reflejó esto fueron su entrada virreinal, su propio funeral y los autos de fe que se llevaron a cabo. Estos fueron dos, uno celebrado en enero de 1664 en la plaza Mayor y otro en el Hospital de la Caridad en febrero de 1666, desplegándose cuanto aparato requirió el Santo Oficio[14].

El virrey Santisteban frente a soldados, eclesiásticos y comerciantes

En este laberinto de poderes, influencias y grupos de presión, el conde de Santisteban, como el resto de virreyes peruanos, evitó cuidadosamente provocar encuentros con los ministros de mayor peso en el seno de la Audiencia de Lima, pues esta institución tenía la capacidad para obstaculizar toda su gestión y manifestar graves quejas directamente ante Felipe IV[15]. Así, una política deferente hacia los intereses personales y privados de los magistrados, con el peso que en las decisiones adquiriría tal suerte, fue de lo primero que aprendió Diego de Benavides tras tomar posesión del Perú. En el Archivo General de Indias se conservan testimonios que hablan sobre la cuestión, pero también algunos de cómo aquellos virreyes que fueron más inteligentes inclinaron esta situación en su propio favor. Un aviso anónimo a la Corona, escrito cuando Santisteban debía estar en camino a la Ciudad de los Reyes, da buena cuenta de la maniobra que usaron algunos virreyes con la Audiencia de Lima para hacer creer a sus miembros que participaban de la administración del virreinato y evitar posibles acusaciones posteriores sobre determinadas acciones:

> Las advertencias informan de que los virreyes por evitar cualquier acusación en sus residencias han tomado como costumbre pasar por voto consultivo [en el Real Acuerdo] todos los asuntos. Así, con el poder del virrey todos los negocios votados son según su parecer y como los jueces de residencia no tienen jurisdicción sobre los oidores estos asuntos quedan fuera de su investigación[16].

En cualquier caso, ya que volveremos sobre este grupo en el siguiente epígrafe, además del apoyo de los magistrados, Santisteban requirió de un soporte clientelar autóctono. La corte virreinal traída hasta el Perú y analizada en capítulo precedente, no fue suficiente para sostener un entramado que apoyase sus decisiones y las llevase a cabo. Así, aunque muchos de estos cortesanos fuesen provistos en cargos por el virrey, se antojó necesario acudir a individuos locales para complementar esta red y extender su gobierno.

En este sentido, el conde de Santisteban puso sus miras sobre la guardia virreinal[17]. Este cuerpo no solo ofrecía un oficio de gran prestigio a los provistos, sino que además servía de plataforma de acceso directo al virrey y, por ende, a todo su entorno cortesano-clientelar. Por este motivo, situar a un individuo dentro de la guardia significaba la adhesión del mismo, y su red si la tuviese, a la causa del virrey. Así, cuando en 1662 se le ordenó a Santisteban reducir el número de soldados reformados que se empleaban en su guardia, el conde lo excusó. Para esto, Diego de Benavides argumentó una serie de cuestiones que no dejaban de ocultar cómo este cuerpo le servía de plataforma clientelar en Lima; tales cuestiones fueron: que los reformados recolocados en su guardia no gozaban de ventajas económicas diferentes al resto de sus compañeros, por lo que no generaban agravios comparativos; que la guardia virreinal no suponía un gran coste a la Real Hacienda siempre y cuando no superase los quinientos hombres; que el mantenimiento de plazas para soldados reformados suponía un estímulo para hombres que servían en la guerra de Chile o la Armada del Mar del Sur; y que, por último, todos estos reformados eran personas conocidas por él mismo, garantizando su calidad y fidelidad. Además, por si fuera poco en el sentido que estamos tratando, Santisteban defendió que la guardia virreinal quedase como cuerpo exclusivo para criollos, excluyéndose a los peninsulares y obteniendo el favor absoluto de los locales provistos[18].

Junto a esta cuestión, la mayor intervención del virrey Santisteban en las materias militares —además del nombramiento del teniente general, como leerán en siguientes capítulos— fue la introducción de agentes de su confianza en la milicia. Así, tuvo a bien designar como sargento mayor del tercio apostado en el Callao a Domingo de Arbién. Desconocemos en qué momento pasó este militar al Perú, pero sí se encontraba en el virreinato al final de la década de 1640, acumulando experiencia junto a la élite, pues sirvió como secretario de cartas del virrey conde de Salvatierra entre 1648 y 1655[19]. Además, parece ser que Arbién pronto halló sintonía con el círculo más estrecho de Santisteban. En 1664 aparece como uno de los implicados en las denuncias que se formulan contra Diego de Benavides por ser gobernado por su esposa y fray Clemente Chavarría, por lo que puede insertársele en las intrigas palaciegas más profundas[20].

A pesar de haber pasado a Lima acompañado de varios clérigos, Santisteban no realizó ninguna intromisión político-clientelar en la Iglesia peruana. A pesar de que el virrey en su calidad de vicepatrono pudo inmiscuirse en cuestiones eclesiásticas, Diego de Benavides se limitó a despachar sobre las quejas que le llegaban relativas a la seguridad y moral pública. No obstante, desde el otro lado no existió una colaboración que correspondiese a la independencia que permitió virrey. La Iglesia del Perú durante el gobierno de Santisteban no se prestó a colaborar con la justicia real y favoreció el amparo a los delincuentes que se acogían en sus templos como una medida de remarcar su justicia diferenciada. Esta cuestión enojó sobremanera al virrey, pues en sus primeros seis meses de gobierno intentó devolver la quietud a las calles de la Ciudad de los Reyes y no halló en la Iglesia un colaborador necesario[21].

Probablemente esta decepción fue lo que llevó a Diego de Benavides a denunciar ante la Monarquía a algunos eclesiásticos. Un año antes de la llegada de Santisteban ya habían sido destapados los negocios públicos que tenía el inquisidor Cristóbal de Castilla, quien, en palabras de un anónimo denunciante, «no había sido enviado para las causas de Dios Nuestro Señor, sino para las profanas», tenía bajo extorsión al Hospital de la Caridad y era asiduo a «ver bailes de negras, criollas y mulatas», en ocasiones incluso en compañía del conde de Alba de Liste[22]. Con este escenario, Santisteban no dudó en remitir a la corte una carta en la que alertaba sobre los vicios y amancebamientos que cometían sin disimulo algunos clérigos de Lima, los robos que estos perpetraban u ocultaban y el excesivo número de regulares que existían en la capital. Cuestiones que no solo iban contra el decoro y la religión católica, sino que además, según Santisteban, redundaban en el aumento de la población ociosa y no productiva residente en la Ciudad de los Reyes. Además, Santisteban lamentaba que esta situación era posible por la escasa atención y financiación que dedicada el Cabildo de la ciudad a mantener un cuerpo de policía que conservase cierto orden[23].

No obstante, Santisteban heredó del conde de Alba de Liste un conflicto serio en el seno de la Iglesia. El anterior virrey chocó frontalmente con el arzobispo de Lima, Pedro de Villagómez, a razón de las permutas en los curatos. Así, apenas medio año después de tomar posesión del virreinato, Santisteban hubo de hacer frente a una disputa que había quedado paralizada por el relevo en el palacio de la plaza Mayor. En este sentido, Diego de Benavides, tras asesorarse y presentar el problema en el Real Acuerdo, decidió que lo más adecuado sería enfriar el choque virrey-arzobispo y mantener el sistema tradicional de dotación de curatos y doctrinas: desde la Archidiócesis de Lima se presentaba una terna para cada plaza y el virrey, en calidad de vicepatrono de la Iglesia del Perú, escogía a uno de los candidatos[24]. A pesar de que el prelado Villagómez se mantuvo en su idea de que debería ser él quien escogiese al presbítero para cada parroquia, aceptó calladamente la decisión de Santisteban por no prolongar la disputa. Resuelto sin solidez este enfrentamiento, el conde no solo mantuvo relaciones cordiales con el arzobispo, sino que consiguió emplear el sistema de provisión de curatos para acercar a los clérigos elegidos a su partido de gobierno.

Muestra de este mecanismo que acabamos de señalar fue el caso de Juan de la Barreda Ceballos. Ordenado sacerdote en 1658, De la Barreda ejercía como párroco en Cañete tras ganar una oposición en 1661; año en el que también fue provisto como vicario y visitador arzobispal en el mismo corregimiento. Este eclesiástico estaba trazando una carrera meteórica en la curia peruana y poco tiempo después, de la mano del arzobispo Villagómez, fue recomendado para ocupar alguna vacante de mayor grado que una parroquia. Para terminar de sintonizar con el prelado, Santisteban no dudó en respaldar de viva voz esta propuesta y para aumentar los merecimientos del sacerdote dijo que se le debía también por los servicios heredados de su padre, Gabriel de la Barreda Ceballos, antiguo fiscal de la Audiencia de Lima[25]. De igual cariz fue el apoyo que Santisteban prestó a la petición del arzobispo de un oficio más grave para el clérigo Diego José de Salazar, quien a su vez era hijo del oidor en activo Bartolomé de Salazar[26].

Junto a estos grupos, otro colectivo de poder local que requirió atención del virrey conde de Santisteban fue el de los comerciantes. Estos cargadores se hallaban agrupados gremialmente siguiendo el modelo sevillano, por lo que esta institución, el Consulado, conformó uno de los grandes vértices del polígono de instituciones peruanas, del que también formaban parte, entre otras, la Audiencia, la Caja Real o el Tribunal de Cuentas de Lima. A pesar de no haber sido un órgano creado por iniciativa de la Monarquía, ni controlado por esta, el Consulado fue clave en el desarrollo de la vida económica y comercial del Perú[27]. De esta manera, el virrey siempre hubo de guardar la mayor sintonía posible con los cargadores. En este sentido, el conde de Alba de Liste indicó en la relación de gobierno que entregó al conde de Santisteban que «el comercio de Lima encierra en sí toda la sustancia del Perú, porque hay pocos que no estén dependientes del trato para las conveniencias que aquí se puedan tener y así procurar el alivio de los mercaderes es mirar por la causa pública, por la conservación del Reino y por el servicio del Rey»[28].

Además, en las relaciones entre los virreyes y el Consulado había que tener en cuenta otro factor: el elevado número de cargadores que a mediados del siglo XVII ya eran naturales del Perú. Esto hizo que el trato entre el ocupante del palacio de Pizarro y los mercaderes fuese aún más cuidado, pues estos últimos disponían de unas conexiones por todo el Perú que podían ser de gran utilidad para el gobierno virreinal y los intereses de la Monarquía. En este sentido, cobran especial relevancia los tratos dispensados entre Santisteban y el prior y cónsules de los cargadores durante la negociación de los asientos para los impuestos mercantiles, en los cuales no entraremos por haber sido analizados anteriormente. Así, el Consulado a mediados del siglo XVII no era solo una entidad que agrupaba a comerciantes, estructuraba una red mercantil o disponía de importante capacidad financiera, sino que también podía controlar parte de las estructuras del gobierno virreinal a través de dos vías: la administración de los tributos mediante asientos y la situación de sus miembros en diferentes instituciones mediante la compra venal de los oficios. El Consulado, como comprendió al poco de llegar a Lima Diego de Benavides, era uno de los grandes entes de la criollización del gobierno del Perú y así lo señaló Pietschmann con las siguientes palabras:

> La criollización del sistema gubernativo americano que se produjo al finalizar el primer tercio del siglo XVII se completó con la introducción del sistema de recaudación indirecta de impuestos: el encabezamiento. Éste fue quizás el momento de máximo poder logrado por las élites locales, ya que a partir de entonces su dominio sobre el ámbito local era perfecto, al controlar no solo los recursos locales y regionales, sino también el funcionario local o regional de la Corona, el régimen municipal y hasta el sistema fiscal local y regional. Así se formaron monopolios y oligopolios de poder y de control de recursos que, en su gestión, se adaptaban generalmente a la legislación, aunque manipulándola a su antojo[29].

El virrey Santisteban frente a los magistrados de la Audiencia

Como apuntamos al inicio del anterior epígrafe, la institución con la que mayor y más delicado trato hubo de mantener el conde de Santisteban fue con la Real Audiencia de Lima. Este tribunal —inspirado en las chancillerías de Valladolid y Granada, pero con competencias gubernativas en caso de ausencia del virrey[30]— estuvo compuesto por ocho oidores, cuatro alcaldes del crimen, un fiscal de lo civil y otro de lo criminal y un protector general de indios, aunque durante la administración de Santisteban nunca se halló esta plantilla completa. Además de estas magistraturas, otros cargos de menor peso como relatores, escribanos, porteros, etc., formaban parte del organismo y de sus mecanismos procedimentales y relacionales. Así, la Audiencia de la Ciudad de los Reyes que se hallaba en ejercicio durante el virreinato de Diego de Benavides fue la compuesta por los siguientes magistrados en diferentes lapsos: como oidores, Francisco Sarmiento de Mendoza[31], Bernardo de Iturrizarra[32], Pedro González de Güemes[33], Fernando de Velasco Gamboa[34], Tomás de Verjón y Caviedes[35], Bartolomé de Salazar[36], Diego Cristóbal Messía[37], Andrés de Villela[38], Bernardino de Figueroa y Sebastián de Alarcón[39]; como alcaldes del crimen, Juan de Padilla[40], Diego Andrés de la Rocha[41] y Andrés Flores de la Parra[42]; como fiscales, Diego de Baeza[43] y Juan Bautista Moreto[44], y como protector general de los naturales, Diego de León Pinelo[45].

Ha de tenerse en cuenta que estos togados ostentaron un poder considerable desde su toma de posesión dentro del Perú y que nunca dejaron de manifestarlo frente a los virreyes[46]. En este sentido, la mayor muestra fue que los magistrados eran los encargados de tomar el juicio de residencia a los virreyes salientes, por lo que provocaron en estos cierto temor a que una decisión suya fuese vengada *a posteriori*[47]. De esta manera, a pesar de que la Monarquía esperaba una gran colaboración por parte de los magistrados hacia el virrey, la relación entre ambos siempre estuvo marcada por la tensión, pues, además del citado pavor, cuestiones como la temporalidad en el empleo, el «aislamiento» del virrey en territorio «foráneo» mientras los jueces eran naturales o asentados años atrás e incluso la posibilidad de comunicación directa con el Consejo de Indias inclinaron la balanza en favor de los togados[48].

Así con todo, los magistrados de la Audiencia de Lima siempre fueron individuos a los que se requería ventaja y experiencia en muchas materias jurídicas, incluso, como expresó Solórzano Pereira, hombres magnánimos, pero no pusilánimes y poseedores de una autoridad que no se limite a «la gravedad de la voz [y] lo airado del rostro»[49]. Entendemos así que el Consejo de Indias, al tratar de proveer un fiscal para la Audiencia, buscaba sujetos con un carácter firme[50]. Un cuidado en la elección para la Chancillería limeña que se debía al hecho de que, anexo a sus deberes como magistrados, muchos de los togados habrían de desempeñar otros cargos como jueces de cajas especiales o de censos, visitas específicas o gobernadores temporales de alguna provincia señalada, acumulando de esta forma poderes dentro de la jerarquía peruana y requiriendo una mayor capacidad laboral para cumplir adecuadamente en cada posición[51].

Aun con estas características particulares y siendo un tribunal superior en las Indias, la plantilla de la Audiencia de Lima rara vez estuvo completa. El periodo de gobierno virreinal del conde de Santisteban no fue una excepción y esto no pareció agradarle en demasía. Como recoge el profesor De la Puente Brunke, Diego de Benavides se quejó ante Felipe IV afirmando la necesidad de un mayor número de jueces activos en la Audiencia de Lima dado el volumen de asuntos que debía atender, «así los de su profesión como los de gobierno». Además, Santisteban se lamentaba de que los magistrados no ejercían como era debido «o por su lugar, edad o achaques, impedidos para visitar la tierra para desagracio de indios y enmienda de lo que necesitar de ella en el gobierno político y eclesiástico, y aun para continuar las audiencias y acuerdos dentro de esta ciudad»[52]. Unas declaraciones por escrito que no iban en sintonía con aquella idea de no enfrentarse a unos togados que podían dinamitar cualquier acción de gobierno del virrey.

En cualquier caso, Santisteban siempre mostró su descontento por la falta de magistrados en la principal Audiencia del virreinato que tenía encomendado. En carta de enero de 1662 lamentaba que el tribunal se había quedado sin dos oidores, pues en octubre del año anterior falleció García Carrillo de Alderete y después se había provisto como presidente de la Audiencia de Quito al oidor Antonio Fernández de Heredia; por lo que Santisteban pedía que se nombrase cuanto antes a nuevos togados que cubriesen estas vacantes[53].

En sentido contrario se manifestó la Audiencia limeña. Durante el gobierno de Santisteban no se solicitó al Consejo de Indias la provisión de nuevos magistrados para su plantilla, a pesar del volumen de trabajo que estaban asumiendo. La explicación a esta posición probablemente se halle en aquella acumulación de tareas a la que aludíamos, pues con cada responsabilidad extraordinaria se percibía un añadido económico. Así, por ejemplo, tenemos el caso de Andrés Flores de la Parra, de quien ya hablamos a cuenta de las alteraciones de Laicacota. Según el propio virrey Santisteban, a finales de 1661 aún no había hecho su presentación ante la Audiencia el nuevo alcalde del crimen, pues tras ser ascendido desde la oidoría de Panamá no había emprendido el viaje. Por no haber acudido a Lima, Santisteban se lamentaba porque el juicio de residencia al conde de Alba de Liste no se podía llevar a cabo, pues se había designado como juez a Flores de la Parra. Así, la inspección sobre Alba de Liste hubo de ser reasignada al oidor Juan de Retuerta, quien se congratulaba por el encargo y el salario extraordinario[54].

Unos años más tarde, en 1665, algún componente de la Audiencia de Lima bajo el virrey Santisteban sí hizo eco de esta cuestión, la cortedad de su plantilla, en la corte. Tras haber sido provisto como nuevo fiscal de Lima Diego de Baeza en mayo de 1664, hizo presentación en la Ciudad de los Reyes al año siguiente. Una vez observada la situación y en sintonía con el virrey, Baeza lamentó el estado en que se hallaba la Sala del Crimen, pues en su opinión faltaban alcaldes que la atendiesen. Según el fiscal, este estado se debía a que los dos únicos alcaldes del crimen en ejercicio no podían atender por entero las obligaciones que se presentaban en esta materia del tribunal: Juan de Padilla se excusaba de atender el oficio argumentando los achaques que atravesaba y Diego Andrés de la Rocha estaba solo para hacer frente a una tarea que correspondería a, como mínimo, otros tres alcaldes más. Así, Baeza solicitó, desmarcándose algo de la tendencia de sus compañeros de tribunal, que si el único alcalde del crimen en activo, de la Rocha, fuese promocionado a una oidoría, no se le permitiese abandonar su empleo hasta la llegada de su sustituto. El fiscal no llegaba a solicitar nuevos magistrados como hizo Santisteban, pero sí planteó que cualquier promoción en el área criminal de la Audiencia haría «que la sala quedase más desatendida aún», por lo que dejaba por escrito el estado precario en que se hallaba la institución[55]. Aún más, fallecido el virrey y jubilado el alcalde Padilla, la Audiencia que quedó en calidad de gobernadora interina del Perú únicamente solicitó un sustituto para este magistrado de los asuntos criminales de manera tímida, sin atreverse a pesar de tener potestad para sugerir un nombre y dejando esta sala al amparo de un único juez[56].

Así, entre la demanda de Santisteban y la petición del fiscal Baeza puede deducirse que los magistrados de la Audiencia servían sus saturados empleos por motivaciones diferentes a la obligación y responsabilidad con la Monarquía. En este sentido, las redes clientelares en que los togados se insertaron, los salarios extras que ingresaban o la exclusiva preeminencia social de que gozaban en la Ciudad de los Reyes pudieron ser las causas para que estos no demandasen la llegada de nuevos compañeros[57]. Asimismo, no debemos olvidar que también pudo existir cierta relajación en las tareas de la Audiencia.

En cualquier caso, en la relación del virrey conde de Santisteban con los magistrados de la Chancillería de Lima tuvo gran peso el hecho de que el primero tuviese un plazo limitado de gobierno y los segundos no. En este sentido existieron intentos de establecer marcos temporales para los togados siguiendo el modelo que se aplicaba a los corregidores, cinco años de ejercicio. Algunas décadas atrás, el conde-duque de Olivares ya había planteado que las oidorías estuviesen acotadas en un lustro, aunque su idea fue rechazada por el Consejo de Indias alegando que con ella se mermaría tanto la autoridad de las audiencias indianas como el prestigio de las mismas[58]. Sobre la cuestión, Phelan defendió que si la propuesta de Olivares se hubiese materializado en efecto hubiera disminuido la vinculación de los magistrados con las oligarquías locales[59]. Pero la realidad fue que nunca se legisló restringiendo el tiempo de servicio de los oidores en ninguna audiencia americana y ello provocó que en los casos en que el empleo se dilató por décadas se produjese un arraigo fortísimo entre el togado y la jurisdicción en que servía[60].

Santisteban hubo de lidiar con este fenómeno y de primera mano observó que algunos de los magistrados de la Audiencia que presidía se enraizaban en el territorio, *contra legem*, en un ejercicio que de hecho ya era consuetudinario. A esto debemos añadir que el Tribunal de Lima era considerado el final del *cursus honorum* de las magistraturas indianas y, por tanto, un lugar idóneo para establecerse *sine die*. Este hecho llevaría a que algunos de los jueces con que coincidió Diego de Benavides entendiesen su servicio en Lima como la plaza en la que actuar en beneficio personal, pues raramente podrían ser removidos de ella o promocionados desde la misma. No obstante, esto fue aplicable a los oidores, no a otros miembros de la Audiencia, quienes sí actuaron para escalar. Así, por ejemplo, Santisteban fue testigo de la actuación del fiscal Nicolás Polanco de Santillana, quien maniobró mientras servía como corregidor de Huancavelica para ser promocionado a la oidoría que vacó por muerte de Juan de Retuerta[61].

Otra cuestión que afectó directamente a los ministros de la Audiencia de Lima durante el gobierno de Santisteban fue el asunto salarial. Los precios en la capital del Perú eran manifiestamente más elevados que en el resto, casi, de las Indias y por ello los togados demandaban una actualización de sus sueldos. Según los ministros, queja que fue trasladada primero al virrey Santisteban, sus estipendios seguían siendo los mismos que cuando se fundó la Audiencia en 1543 y desde entonces no habían sido actualizados mientras que los costes de residir en Lima habían aumentado exponencialmente. En este sentido, y aludiendo al carácter principal del Tribunal de Lima, los togados manifestaron al virrey y al Consejo que los compañeros de otras audiencias gozaban de un mejor nivel de vida, pues aunque percibían un salario menor también era cierto que residir en aquellas ciudades tenía un menor coste. En este sentido, el decoro debido a un magistrado de Lima y la autoridad externa que había de lucir tal, quedaba menoscabada en comparación con los compañeros de tribunales sufragáneos y esto, según los jueces limeños, no debía permitirse. Como ilustración, así manifestaron los togados esta cuestión en una carta dirigida al Consejo de Indias:

Los magistrados de Lima no pueden alcanzar el gasto de esta ciudad, porque sobrepuja a todas las del Perú en la carestía de todo género de mantenimientos, vestuarios, esclavos, casas alquiladeras y obligación de carroza, por lo grande y dilatado de ella. Sin estos gastos, tiene el mismo sueldo que esta Audiencia la de Chile y mucho mayor la de los Charcas[62].

Pero este asunto salarial no fue el último problema al que debió atenerse Santisteban en relación con la Audiencia. Ambos poderes difícilmente podían alcanzar una completa sintonía, pues estaban diseñados para contrapesarse mutuamente y además debemos añadir el hecho ya citado de la temporalidad de uno y la permanencia de otros[63]. Así, los oidores, alcaldes y fiscales conocieron a la perfección el poder cierto que podían desempeñar y aprovecharon esas palancas en, por ejemplo, beneficio propio y de sus cercanos. En este sentido, la transmisión de oficios requería de la intervención de los togados, pues la Audiencia era el órgano con la potestad para aprobar a las personas que debían ejercer los cargos e incluso estipular el precio por el que se enajenaban los mismos, aunque legalmente todo requería de una confirmación real, sujeto y dinero[64]. De esta manera, los magistrados, colegiadamente en el Tribunal, gozaban de una herramienta importante a la hora de tener conectados a ellos a un buen número de sujetos y a las instituciones en que quedaban situados. En el caso contrario, es decir, allí donde los togados no pudieron situar a alguien próximo, estalló el conflicto.

En este último sentido, durante el gobierno del conde de Santisteban en Perú se produjo uno de estos choques. En 1662 los alcaldes del crimen de la Audiencia y el auditor general de guerra pugnaron por las jurisdicciones de cada cual. Según el segundo, las causas criminales de los soldados del Callao competían a su responsabilidad, mientras que los magistrados de la Sala del Crimen argüían que al ser delitos cometidos en su distrito debían ser tratados por ellos, aun siendo los autores hombres de armas. La disputa fue elevada desde Lima hasta el Consejo de Indias, pero desde Madrid no se arbitró en ningún sentido, devolviéndose el asunto al virrey Santisteban. El conde, ante esta tesitura, teniendo en cuenta que enemistarse con la Audiencia supondría el fracaso de su gobierno, volvió a escribir al Consejo exponiendo que según la legislación indiana las causas criminales que implicasen a militares debían tramitarse en una junta conformada por el virrey, el auditor general de guerra y el oidor más antiguo de la Audiencia. Este trío habría de tratar las referidas causas sin menoscabo de los fueros militares, aunque también era cierto que, como defendió Santisteban, aplicar este tipo de justicia haría que de inmediato se rebelase el batallón del Callao por considerarlo una afrenta[65]. La respuesta al dilema nunca llegó desde la corte, dejando a Diego de Benavides en una situación delicada entre los soldados y los magistrados.

Mayor cuidado en la relación entre el conde de Santisteban y los togados de la Audiencia de Lima requirió el proceso de visita que se inició en 1664, como han podido leer en el capítulo precedente. Juan Cornejo, como inspector designado para auditor al Tribunal de la Ciudad de los Reyes, no se empleó a fondo en esta tarea, pero tampoco dejó de inmiscuirse en asuntos propios de los magistrados, algo que no vieron con buenos ojos. Así, la connivencia que rápidamente adquirieron virrey y visitador, cuyo culmen fue su autorización a formar parte con voz y voto del Real Acuerdo, sumó para que los magistrados tomasen con peor talante el proceso de visita. En este sentido, la muerte de Santisteban en marzo de 1666 sirvió a oidores, alcaldes del crimen y fiscales para devolver al conde cuantas afrentas consideraron por este asunto. De esta manera comenzó un proceso de inspección sobre el propio virrey, que no un juicio de residencia, en el que lo primero que realizaron los togados fue comprobar cómo había dejado la Real Hacienda. Aunque ya nos referimos a ello, desde la Audiencia de Lima se acusó a Santisteban de haber legado una deuda de 1.647.713 pesos y, más grave aún, de haber disimulado contablemente este hecho[66].

Parecía entonces que el enfrentamiento entre virrey y Audiencia estallaba *post mortem*, dejando ver que si no lo había hecho antes quizás fuese por el peso de la propia figura virreinal o por el hecho de estar atravesando el tribunal una visita. Sea como fuere, lo anterior no fue la única maniobra de los hombres de garnacha de Lima tras el óbito del conde. Apenas tres meses después de muerto Diego de Benavides, los jueces solicitaron a su secretario, Alonso de Herrera, que les entregase toda la documentación que guardaba y que consideraban pertinente al gobierno del Perú. El secretario se negó a dar estos papeles a los magistrados, pues entendía que habían de permanecer en poder del heredero más cercano físicamente a Santisteban, su hijo Manuel de Benavides, teniente general del Perú. Ante esta respuesta, la Audiencia que había tomado el gobierno del virreinato de forma interina clamó y solicitó al Consejo de Indias que obligaran a Manuel de Benavides y a Alonso de Herrera a entregar todos los documentos, independientemente de que fueran materia gubernativa o no[67].

Desconocemos si desde el Consejo se remitió al Perú orden tocante a los papeles de Santisteban, pero lo cierto fue que en junio de 1666 la Audiencia tuvo acceso a dicho archivo. Esto queda demostrado por otra comunicación de los magistrados, quienes trasladaron a España el haber tenido conocimiento de cierta prevaricación cometida por Santisteban en relación a uno de sus compañeros. Los togados se referían al hallazgo del documento fechado el 24 de abril de 1663 por el que se promocionaba a Juan de Padilla desde la alcaldía del crimen de Lima a una oidoría en México. Según parece, ni el citado Padilla ni el resto de sus colegas de la Audiencia sabían de esta provisión y, sin embargo, el virrey custodiaba el documento en su archivo. Los magistrados ante tal hecho remitieron noticia al Consejo de Indias y al propio alcalde del crimen Padilla, quien para entonces se hallaba en Ica, ofreciéndoles *motu proprio* o el traslado a México o una jubilación con la mitad del salario[68].

Padilla, natural de Nazca, para 1666 decía contar con 70 años de edad y tras haber pasado trece años como oidor de Bogotá, pasó a Lima en 1640 en calidad de alcalde del crimen. Si bien fue cierto que esta promoción a México de 1663 no le fue comunicada, como defendieron sus compañeros, sí se le notificó en 1660 este mismo traslado —en oficio y destino—, pero lo rechazó[69]. De nuevo en 1666, cuando la Audiencia le hizo la propuesta citada, Padilla alegó su avanzada edad, la enfermedad de su mujer y la falta de recursos para el traslado para declinar ocupar el asiento de oidor de México. La negativa fue entendida por sus compañeros de Lima y estos comunicaron que lo más adecuado sería jubilar al alcalde Padilla con una merced digna[70].

Pero ¿por qué no se comunicó a Padilla su traslado a México de 1663? Aunque era obligación de Santisteban haberlo hecho, la explicación a esta prevaricación debemos buscarla no en una enemistad con un miembro de la Audiencia, sino en la influencia que sobre él ejercía Juan Cornejo. El documento que llevaría a Padilla a la Audiencia de México llegó a la Ciudad de los Reyes casi a la misma vez que el visitador, en septiembre de 1664, y ya leyeron la rápida ascendencia que este tuvo sobre el conde Santisteban. Quizás por ello se paralizó u ocultó este nombramiento hasta que el inspector considerase si Padilla era o no merecedor, sin tener facultad para ello, del traslado. En cualquier caso, en 1666, cuando de verdad se empleó en su comisión, Cornejo sí manifestó una opinión favorable sobre Padilla. Según el visitador, el alcalde del crimen era un ministro limpio, quien por defender a los naturales se había granjeado algunos enemigos. Incluso así, Cornejo consideraba que Padilla debía permanecer en Lima como alcalde del crimen, pues encontraba útiles sus servicios en la Audiencia[71]. Lo que olvidaba citar el visitador fue que Padilla llevaba tiempo sin acudir a la Sala del Crimen y que incluso vivía retirado de Lima, sosteniéndose sin pensión de ninguna clase.

El virrey Santisteban frente a los oficiales hacendísticos

Si bien las relaciones entre el virrey conde de Santisteban y la Audiencia de Lima tuvieron un cariz delicado, los tratos mantenidos con los miembros de otra institución de primer orden en el virreinato, el Tribunal de Cuentas, también hubieron de guardar cierto tacto. Desde la administración del conde de Nieva (1651-1564) en el Perú, los virreyes habían visto cómo sus potestades en el Fisco Regio habían sido recortadas, aunque conservando la supervisión de la economía virreinal y cierto control sobre los empleados hacendísticos. De igual manera, durante el siglo XVII se mantuvo bajo potestad de los virreyes del Perú el remite de visitadores a las cajas reales establecidas en el territorio, aunque el Consejo de Indias continuó enviando a inspectores a las mismas en la búsqueda de un mayor celo en las inspecciones, como hemos visto con el caso de Francisco Antonio Manzolo. Para unos y otros, con la anuencia del virrey, siempre se erigió como la principal tarea la supervisión de la Caja Real de Lima, pues ella era clave y su análisis permitía conocer el estado real de la economía virreinal al ser matriz del resto de cajas. Por ello, las contabilidades de la Caja de Lima fueron llevadas casi al día en tiempos del conde de Santisteban, puesto que además de ser el nivel financiero del virreinato permitían conocer la cantidad de remesas que podían enviarse a España[72].

En este sentido, Diego de Benavides comprobó que seguía vigente la antigua iniciativa tomada por el virrey Pedro de la Gasca: la reunión semanal de la Junta de Hacienda. Este grupo formado por el propio virrey, un oidor de la Audiencia y un oficial de la Caja Real de Lima, sustituido después por un contador del Tribunal de Cuentas, tuvo dispuesto sobre su mesa todos los asuntos económicos del Perú, ya sean de índole oficial como particular, por lo que intereses muy variados se dejaron mostrar. Pero de entre todos, uno de los temas de mayor peso que se trataron en esta Junta durante el gobierno de Santisteban fue la negociación de los llamados «tanteos»: el análisis de las contabilidades que remitían todas las cajas reales a Lima para calibrar el estado económico del Perú y conocer tanto las deudas como los acreedores que tenía la Real Hacienda[73]. Así pues, el conocimiento del virrey de los oficiales que estaban empleados en las diferentes cajas por toda su jurisdicción pudo erigirse como un aspecto importante a la hora de dar fidelidad a estos tanteos o hacer necesario que se remitiese a un órgano determinado una visita.

No obstante, para evitar esta situación de desconfianza entre el poder centralizado en Lima y los oficiales de las cajas sufragáneas, se creó una institución que de por sí habría de realizar las auditorías y con la que el virrey debía mantener buena sintonía: el ya citado Tribunal de Cuentas de Lima. Erigido en 1607, sus propias ordenanzas estipulaban que el organismo debía «tomar y fenecer todas las cuentas» del Perú y a partir de ahí tener especial cuidado en la supervisión e inspección de las contabilidades de la Caja Real de Lima, estando obligado a comunicar de inmediato por vía directa al virrey y a la Monarquía cualquier irregularidad que encontrase[74].

Además, el Tribunal de Cuentas de Lima extendía sus tareas de supervisión contable sobre otros muchos campos, revelando el poder que tuvo como institución a mediados del siglo XVII. Así, los contadores del Tribunal habían de encargarse de tareas como las siguientes: realizar las cuentas ordinarias compuestas de cuentas de corregidores, de tenedores de bastimentos, de proveedurías y maestros de los navíos de la Armada del Mar del Sur y sus averías, de pagadurías de gente de guerra, de cargos hechos contra particulares, de ejecutores, de venta de tierras baldías y de comisiones para adquirir bastimentos y municiones de mar y tierra; efectuar las labores burocráticas pertinentes del reconocimiento de los libros de memorias ordinarias y extraordinarias de todas las cajas reales del virreinato, de los cargos y ejecutorias, de las personas que debían fenecer cuentas por ley al Tribunal, apercibir penas, sacar cargos de las cuentas rendidas y fijar las deudas derivadas de estas así como su cobro, tomar razón de las cédulas reales y demás despachos de gobierno relacionados con la Real Hacienda, registrar los recibos de los maestres de la Armada, tenedores de bastimentos y otros géneros, resguardar los títulos de corregidores, oficiales reales, capitanías artilleras, salas de armas y otros funcionarios provistos por la Corona o el virrey, tomar fianzas de oficios vendidos, encomiendas de indios vacos, encabezamientos, azogues de Huancavelica y su transporte, revisar las cuentas entregadas por los corregidores al finalizar sus gobiernos, preparar las causas que judicialmente se tengan que ver en el Tribunal con los magistrados de la Audiencia, etc.[75].

Esta multitud de competencias provocaba que los contadores del Tribunal tuviesen un amplio poder ya muy asentado durante el gobierno del conde de Santisteban, por lo que el trato entre ambos había de ser, como hemos adelantado, muy correcto. Más aún al conocer que el Tribunal de Cuentas tenía facultades judiciales entre sus competencias. Así, con carácter privativo, los contadores podían entablar pleitos sobre materias hacendísticas, lo que les daba aún mayores poderes e incluso generaba temores en caso de que quisieran usar esta facultad de forma prevaricadora. En cualquier forma, para evitar en la medida de lo posible esto último, estuvo legislado que la vía judicial del Tribunal de Cuentas había de estar conformada por una junta con asientos para el virrey, tres oidores, el fiscal de la Audiencia y dos contadores del Tribunal, aunque estos solo con voto consultivo[76]. De esta manera, aunque el Tribunal gozaba de esta competencia judicial, en la práctica quedaba supeditado a la Audiencia de Lima, por lo que la relación entre ambas instituciones dejaba al virrey como único árbitro. Una posición que no tardó en salir a relucir durante el gobierno de Santisteban.

En la búsqueda de una mayor autonomía judicial, el Tribunal de Cuentas venía solicitando desde mediados del siglo XVII que los nombramientos de sus nuevos contadores incluyesen prerrogativas de tipo contencioso o bien una disposición directa que limitase la intervención de los oidores en las competencias del Tribunal. Ante la falta de esta respuesta desde la corte, el contador ordenador Sebastián de Collado remitió a Madrid en 1663 una carta en términos alarmantes. En esta misiva, el contador hacía saber que por no tener el Tribunal un fiscal propio para los pleitos hacendísticos se estaba ocasionando un grave daño. Según narraba Collado, la labor de la Fiscalía la venía ejerciendo Nicolás Polanco de Santillana, fiscal de la Audiencia de Lima, quien además consideraba públicamente que esta tarea en el Erario era competencia suya por las ordenanzas de 1605 y no estaba dispuesto a delegarla; como consecuencia, los contadores frenaron su ritmo de trabajo. El choque entre los deseos del Tribunal de Cuentas y los del fiscal de la Audiencia se trasladó directamente al virrey Santisteban, quien tras analizar los argumentos de ambas partes decidió que Polanco de Santillana continuase ejerciendo como fiscal en los pleitos del Tribunal de Cuentas[77].

El laudo de Santisteban no debió hacer la menor gracia a los miembros del Tribunal de Cuentas, pues incidieron en su petición. Año y medio más tarde, en 1664 los contadores representados por el visitador Francisco Antonio Manzolo, quien estaba inspeccionando el Tribunal, solicitaron al rey que se les proveyese de un fiscal propio, de capa y espada. Esta nueva petición estaba argumentada en que, según ellos, el fiscal de la Audiencia no defendía convenientemente los intereses de la Real Hacienda y en que la Contaduría Mayor de Cuentas de Castilla, institución matriz de la limeña, sí contaba con un fiscal propio. Sin el apoyo explicito de Santisteban, ni el del otro visitador, Juan Cornejo, la petición enviada a Madrid fracasó y los contadores hubieron de continuar bajo el control de la Audiencia en sus materias judiciales, lo que granjeó ciertas enemistades entre estos y el virrey[78].

Pero la cuestión analizada no fue la única en que Santisteban hubo de relacionarse con cuidado con los oficiales de la Real Hacienda. Antes incluso de la explosión de la venalidad, los cargos propios del Fisco entraron en las almonedas públicas y el grado de enajenación fue tal que acabó por ser el sistema predominante para acceder a los oficios hacendísticos[79]. De esta manera, la Hacienda con que hubo de trabajar Santisteban estuvo repleta de empleados cuyo principal mérito para el puesto había sido el servicio pecuniario aportado a la Monarquía. En este sentido, Diego de Benavides habría de mostrar reservadamente su disconformidad con el método de provisión para tan delicada materia como el Erario. Apenas dos años después de entrar a servir como virrey del Perú y en mitad de las negociaciones para el arriendo de impuestos con el Consulado de Cargadores y la reconducción del déficit fiscal, Santisteban no dudó en solicitar cambios al respecto. Así, pidió que el Consejo de Indias dejase de proveer mayoritariamente a oficiales reales por su aportación monetaria y comenzase a escoger sujetos con capacidades demostradas para servir en la Real Hacienda. Además, según el virrey, solo eligiendo a este tipo de oficiales se podría evitar el asentado fraude en el cobro de los quintos reales que había detectado[80].

En la misma sintonía que el virrey se mostró el visitador de las materias hacendísticas, Francisco Antonio Manzolo, poco después de haber iniciado su inspección. El visitador confirmó lo denunciado por Santisteban: que el nivel de los oficiales reales de las cajas era escaso al haber accedido al empleo basándose únicamente en la compra. Así, estos empleados no tenían ni la capacidad ni los conocimientos necesarios para realizar el ajuste y revisión de las cuentas de las cajas donde estuvieron asignados, por lo que sus labores eran contraproducentes y además provocaban que aquellos que sí estaban capacitados hicieran fácil dejación de sus obligaciones. En este sentido, por ejemplo, Manzolo llegó a denunciar, sin defensa alguna por parte de Santisteban, que el contador Juan Francisco de San Miguel y Solier no era «diestro ni entendido para el oficio que desempeña»; que el contador Nicolás de Aramburu, a pesar de ser doctor en Cánones, no acudía al Tribunal de Cuentas alegando una enfermedad, o que Andrés de Mieses y Espinosa y Álvaro de Alcocer y Alarcón —hijo del oidor Sebastián de Alarcón— no acudían a su empleo hacendístico por «aborrecer los papeles»[81].

Esta particular situación no hizo sino destacar la labor tan personal que Santisteban llevó a cabo en la Real Hacienda del Perú, aunque su resultado supusiera en buena medida que sus ingresos quedasen en manos del Consulado de Cargadores de Lima[82]. No obstante, algunos oficiales sí que cumplieron con sus responsabilidades y en ellos, con seguridad, se apoyaría Santisteban. En palabras de Manzolo, el contador de cuentas Francisco Gómez de Pradeda, aun no pudiendo trabajar con normalidad «porque le tiembla mucho la mano», no dejó de acudir a su puesto a informar y aconsejar sobre las materias fiscales; Alonso Bravo de la Maza fue considerado el mejor oficial real de cuantos estaban empleados en estos años y por ello fue recomendado para mercedes y puestos mayores, y Felipe de la Puente se mostraba «diestrísimo en su oficio» y un gran conocedor de la Real Hacienda del distrito de Charcas al haber servido allí durante años[83]. No obstante, tampoco debemos descartar que estos buenos oficiales reales no se hallasen inmersos en el sistema clientelar que atravesó a todas las instituciones limeñas y sobre el cual hubo de maniobrar el conde de Santisteban con gran equilibrio para no enojar a ninguno de estos grupos de poder local.

El virrey Santisteban frente al Cabildo de Lima

La administración del conde de Santisteban en Perú tuvo que relacionarse directamente con otra institución de gran peso e influencia en el territorio: el Cabildo de la Ciudad de los Reyes. El organismo, fundado con la propia capital peruana en 1535, tuvo como modelo de referencia al Cabildo de Sevilla y así continuó durante toda la Edad Moderna, por lo que sus usos, costumbres y procedimiento fueron casi un eco[84].

Pero el sentido que más interesa a estas páginas no es este, sino el hecho de que en el siglo XVII el Cabildo de Lima estuvo constituido plenamente como un cuerpo con capacidades no solo de representación de la capital del Perú, también de decisión en cuestiones económicas y comerciales. Los capitulares, en especial los regidores perpetuos, tuvieron la facultad de establecer los precios de los artículos de primera necesidad en Lima y, más importante aún, si cabe, de repartir los predios agrícolas dependientes del propio concejo, pues este poder lo tuvieron delegado por la Monarquía tanto él como el resto de cabildos indianos. Así, aunque el Cabildo de Lima carecía de corregidor que velase por los intereses reales y estuviese vigilado por el propio virrey y la Audiencia, su capacidad para manejar asuntos político-administrativos y económico-mercantiles hizo de él un órgano a tener muy en cuenta por el ocupante del palacio de Pizarro[85].

Sin embargo, esta capacidad de influencia y decisión no competía *de facto* a todo el Cabildo. Realmente el peso decisorio recaía en el grupo de «regidores perpetuos». Este colectivo detentó el poder gracias a ser un núcleo cerrado y a permanecer en el cargo, en muchos casos, durante décadas, por lo que fueron la cúpula hegemónica de la ciudad, sin dejar pasar oportunidad de demostrarlo y empleando todas las herramientas posibles para beneficiarse de ello. Además, estos capitulares no solo se basaron en el cargo de regidor para demostrar su fuerza, sino que mediante empleos anexos como juez de aguas, alguacil mayor o fiel ejecutor reforzaron su posición de dominio en la ciudad y su entorno[86].

Ante esta demostración de fuerza fáctica sería posible pensar que españoles y criollos lucharon enconadamente por las regidurías perpetuas. Sin embargo, no existieron situaciones similares a las de las alternancias en los conventos americanos, pues estos empleos capitulares rápidamente entraron en las almonedas de oficios que estableció la Monarquía hispánica. Así, para el periodo de gobierno del conde de Santisteban quedaron establecidas las cuantías de estas plazas en dos cantidades diferenciadas, 10.000 pesos en 1661 y 13.500 pesos en 1663, por lo que la criba y la carrera por los puestos quedaba limitada por la capacidad económica de los postulantes. Unas cifras elevadas que vienen a confirmar que era mayor el poder que podían detentar estos regidores que lo que podían ganar en el empleo, pues entre 1567 y 1785 el salario de estos capitulares quedó casi invariado en 55 pesos anuales. Aunque bien es cierto que los empleos complementarios que hemos citado aumentaban estos estipendios —el juez de aguas estuvo tasado en 800 pesos por año—, queda demostrado que el verdadero interés de los pujantes en la almoneda no estuvo en el salario, sino en el poder y los negocios que podían llevar a cabo desde un asiento perpetuo del Cabildo de Lima[87].

Imagen 10. Escudo del Cabildo de la Ciudad de los Reyes.
Fuente: Creative Commons.

Durante el virreinato de Diego de Benavides estos bancos estuvieron ocupados por entre 19 (1661-1663) y 18 (1664-1666) regidores, siendo siempre mayoría absoluta los capitulares nacidos en Lima. De entre ellos, por no tener la Ciudad de los Reyes corregidor por confirmación definitiva de Felipe IV en 1637, se extraían dos alcaldes mayores mediante cooptación el primero de cada año. Sin embargo, con el discurrir de los años, una de estas dos alcaldías fue prácticamente propiedad de los regidores perpetuos. Así, en tiempos de Santisteban detentaron una de estas varas José de Vega y de Larrinaga (1662), Bartolomé de Azaña (1664), Juan de la Celda Verdugo (1665) y Juan José de la Presa y de la Cueva (1666)[88]. Pero, como resulta obvio, no fueron los únicos componentes del Cabildo limeño en este período.

Las Casas Consistoriales de la plaza Mayor de Lima en los años del conde de Santisteban fueron ocupadas, con diferentes finales, por los regidores perpetuos Francisco de Almoguera y Pastrana, Pedro Álvarez de Espinosa, Francisco Arce de Sevilla, Tomás de Avendaño, Diego Baltasar Bermúdez de la Torre, Antonio de Campos Marín de Benavides, Juan de la Celda Verdugo, Gaspar y José Delgadillo de Sotomayor, Felipe de Espinosa y Mieses, Francisco Fernández de Abasto, Juan de Figueroa, Alonso Hurtado de Mendoza, Alonso Laso de la Vega, Alonso de León y Contreras, Diego de Losa Bravo, Diego y Juan José de la Presa y de la Cueva, Juan Prieto de Abreu, José de la Vega y Larrinaga y Ordoño de Zamudio y Medina.

De entre todos ellos, hubo algunos que accedieron a la regiduría perpetua durante el gobierno del virrey Santisteban. Estos capitulares obtuvieron dicho asiento vía venal y de ahí que requiriesen no solo depositar la cantidad fijada en la Caja Real, sino también la aprobación del virrey, por lo que hubieron de ponerse en contacto con este. En dicho sentido tenemos al menos tres ejemplos. Alonso Hurtado de Mendoza obtuvo la vara de regidor mediante compra a Juan Figueroa por 10.000 pesos y la transacción fue aprobada por Santisteban en noviembre de 1661. Juan José de la Presa y de la Cueva en noviembre de 1662 consiguió la aceptación del virrey para pasar a ejercer una regiduría y la Escribanía Mayor del Mar del Sur, las cuales ocupaba su hermano Diego y estaban valoradas en la nada despreciable suma de 32.000 pesos. Y, por último, Gaspar Delgadillo de Sotomayor consiguió una patente firmada por Santisteban por la cual podía pasar a ocupar la regiduría que ejercía su hermano Diego a cambio de enterar 13.500 pesos en la Hacienda Real[89].

Sin embargo, estos no fueron los únicos contactos, de diverso cariz, que se produjeron entre el virrey Santisteban y los capitulares de Lima. Poco antes de tomar posesión del palacio de Pizarro Diego de Benavides, en marzo de 1661 fue detenido por el Santo Oficio el regidor Francisco de Almoguera. El cabildante había sido tomado preso por los inquisidores debido a ciertos desacatos contra el Tribunal, por lo que fue encerrado en la Casa de la Penitencia y por sus protestas corporativistas fueron descomulgados los alcaldes mayores del año Alonso de la Cueva y Sebastián de Navarrete[90]. Meses después, en septiembre de 1661 y previo pago de 1.000 pesos con destino a las arcas de la Inquisición de Lima, este regidor fue liberado[91].

Probablemente, en el citado asunto hubo de intervenir el virrey Santisteban, pues de seguro el escándalo de que un miembro del Cabildo de Lima estuviese preso por el Santo Oficio provocaría inquietud en la ciudad. En cualquier caso, el recurso de los capitulares al virrey fue común. Así, el regidor Francisco Arce de Sevilla, hijo de Gregorio Arce de Sevilla, quien fue relator de la Audiencia y gobernador de Huancavelica, hizo llamamientos sucesivos a los virreyes. En este caso, Arce de Sevilla solicitó al conde de Alba de Liste en 1660 y al conde de Santisteban en 1661 que se le hiciese merced de un corregimiento en el Perú, alegando para ello sus propios méritos y los de su padre y argumentando las necesidades económicas que padecía y se aliviarían con este empleo[92]. De igual manera, el regidor Alonso Hurtado de Mendoza, quien se había convertido en asesor de Santisteban para las materias concernientes a los naturales, usó de este contacto en la búsqueda del beneficio propio[93]. Por ello, con la propia firma del conde de Santisteban incluida, el Cabildo de Lima remitió al Consejo de Indias en 1664 una petición para que Hurtado de Mendoza fuese promovido a una magistratura de la Audiencia de los Reyes[94].

Aunque no en todos los casos existió amparo por parte del virrey. Tras haber sido traspasada la vara de regidor y la Escribanía Mayor del Mar del Sur entre los hermanos Diego y Juan José de la Presa en 1662, quedó asentada en el Cabildo una familia con enorme poderío económico en la región. Sin embargo, esta preponderancia del linaje De la Presa y de la Cueva no hubo de agraciar mucho al conde de Santisteban. El primero de enero de 1666 los capitulares eligieron como nuevos alcaldes mayores a Gabriel de Castilla y a Juan José de la Presa. Una votación que tuvo lugar en el palacio virreinal y no en las casas consistoriales porque Santisteban no pudo desplazarse alegando un ataque de gota. A pesar del resultado de este escrutinio, Diego de Benavides mostró abiertamente su escasa simpatía hacia Juan José de la Presa y, tal y como recoge Mugaburu, lo removió de la alcaldía mayor con las siguientes palabras: «Buenos alcaldes han elegido los señores del Cabildo, al señor don Gabriel de Castilla y a don José Costilla de Mendoza»[95]. Desconocemos las causas que llevaron a Santisteban a este veto tan frontal, pero lo cierto fue que Juan José de la Presa sí contaba con el apoyo de sus compañeros y en 1667, ya fallecido el virrey, volvió a ser elegido alcalde e incluso recomendado al Consejo de Indias para empleos mayores que los municipales[96].

En cualquier caso, Santisteban hubo de hilar siempre con finura ante el Cabildo de Lima por el poder económico que estos detentaban. Los regidores tuvieron la capacidad de abastecer o desabastecer a la capital del Perú y una u otra opción podía poner en un serio aprieto al virrey. Así debemos señalar el entramado comercial, además de su influencia, conformado por los regidores Álvarez de Espinosa, Fernández de

Abasto y, el líder, Espinosa y Mieses. El primero de estos capitulares había estado muy vinculado al tráfico de la Carrera de Indias desde 1622 y tras varios viajes de ida y vuelta entre el Perú y España acabó por asentarse en la Ciudad de los Reyes. En la capital limeña, en 1650, Pedro Álvarez de Espinosa contrajo matrimonio con la viuda del cargador Agustín de Uceda, disparando su volumen comercial entre el Callao y Panamá. Como consecuencia, realizó un viaje a Potosí con ropa de importación y de la tierra por valor de 150.000 pesos. Además, en 1664 a Álvarez de Espinosa ya se le conoce como intermediario en operaciones de préstamo, entregando cantidades a comerciantes del Callao que salían de las arcas del regidor Felipe de Espinosa y Mieses[97].

Este citado capitular había pasado al Perú en 1613 y desde entonces fue urdiendo una red mercantil que alcanzó cifras considerables. Así, en 1633 ya se le conoce un importante viaje al puerto de Acapulco, en Nueva España, e incluso fondos en el famoso banco quebrado de Juan de la Cueva[98]. Por aquellos años ingresó en el Cabildo de Lima y gracias a su influencia y capital acabó por ser elegido alférez real en 1638 y alcalde en 1641 y 1645. Para entonces ya se había erigido en una figura prominente en la Ciudad de los Reyes, tanto en su Cabildo como en el entorno mercantil. Así, en 1650 participa en la Junta para la remodelación de la plaza Mayor, incluyendo la construcción de la pila que aún podemos contemplar hoy, y en 1652 ejerce como contador interino del Tribunal de Cuentas tras comprar en futura el empleo para su hijo a cambio de 16.000 pesos. De esta forma, cuando llegó al Perú el conde de Santisteban, Felipe de Espinosa era un individuo a tener muy en cuenta en lo político y lo económico. En este último aspecto, el regidor era propietario de unas viñas de gran producción en el corregimiento de Pisco, llegando a cerrar tratos en 1663 por valor de 7.200 pesos; añadió las tierras de labor de su esposa, Ana María de Olivares y Alarcón, en Carabayllo; mantenía préstamos con mercaderes limeños y chalacos y comerciaba sus mercadurías entre la Ciudad de los Reyes y la costa norte peruana en un navío de su propiedad, el San Felipe de Jesús. Para todas estas operaciones contó como principal administrador con el regidor citado anteriormente, Pedro Álvarez de Espinosa, pero no fue el único[99].

El tercer pilar de este entramado comercial de regidores de Lima fue el representado por Francisco Fernández de Abasto. Este capitular basó su posición mercantil en una tienda de su propiedad en el enclave minero de Oruro. En ella vendía géneros importados desde Lima, granjeándoles importantes beneficios. En 1651 ya se había trasladado a la

Ciudad de los Reyes, donde abrió un almacén dedicado a la seda y otros tejidos lucrativos. Asimismo, en 1658 Fernández de Abasto se convirtió en propietario de una finca rústica de gran rendimiento en el valle de Late; un predio dedicado al trigo, el maíz y los frijoles con destino directo al mercado urbano limeño. Durante el gobierno de Santisteban este regidor ya había entablado relaciones comerciales serias con Espinosa y Mieses, por lo que se explica que en 1664 le sirviera tanto de avalista en una operación crediticia como de testaferro en otro negocio[100].

Con un cariz similar hubo de emplearse la administración virreinal ante los regidores hermanos José y Gaspar Delgadillo de Sotomayor. Aunque realmente el caudal y el peso económico recayó en el primero, el traspaso de la vara capitular al segundo provocó que se le tuviese en cuenta. José Delgadillo de Sotomayor había sido uno de los grandes abastecedores de productos alimentarios de Lima entre las décadas de 1620 y 1660, por lo que las relaciones con él, alcalde mayor en cuatro ocasiones (1632, 1652, 1653 y 1660), se hicieron importantes[101]. Así pues, ha de resultarnos más comprensible que Diego de Benavides, en calidad de virrey del Perú, hubo de mantener unos tratos especiales con el Cabildo de la capital virreinal. Los componentes de esta institución no solo detentaban el poder municipal, sino que sus diferentes implicaciones comerciales podían causar un serio problema en la administración del ocupante del palacio de Pizarro, otorgándoles más pujanza aún. En este sentido, como hemos apuntado, no solo se trataba de que Santisteban guardase sintonía con aquellos regidores que se encargaban del abasto —y, recordemos, los precios— de Lima para asegurarlo, sino también para que ellos garantizasen que la cadena comercial hacia otros puntos sensibles del virreinato se mantuviese engrasada. Por este motivo, con mucha probabilidad, Diego de Benavides apenas realizó interferencia alguna en los asuntos y negocios del Cabildo limeño, dejando a sus componentes esa cuota de poder y negocio a cambio del aprovisionamiento de la capital y los grandes centros mineros de su jurisdicción.

Para finalizar este epígrafe, señalamos cómo Santisteban también hubo de lidiar con los capitulares de Lima en lo referente a la provisión de cargos y mercedes. Durante todo su gobierno desde el Cabildo se habían manifestado serios intereses por acceder a ciertas plazas que podía designar Santisteban, aunque ni uno solo de estos poderosos regidores se atrevieron a solicitar los empleos a la Monarquía. Sin embargo, esto cambiaría tras el fallecimiento de Diego de Benavides. En junio de 1666 el Cabildo remitió a la corte una carta demandando un número fijo de empleos en el Perú para sus componentes; los capitulares alegaron como principal motivo ser quienes gastaban su hacienda «en el lucimiento de las fiestas, regocijos y otros actos públicos que se ofrecen entre año en esta ciudad». Así, por estos dispendios, entendieron que debía obligarse a los virreyes a entregar algunos corregimientos a los regidores de Lima[102]. Años más tarde, los capitulares recibieron respuesta a estas reclamaciones, aunque no la deseada: los virreyes habrían de tener consideración sobre los miembros del Cabildo de Lima, pero ni preferencia ni reserva de un número de corregimientos[103].

El virrey Santisteban frente a la Real Universidad de San Marcos

El último gran órgano de importancia en la Ciudad de los Reyes con que hubo de relacionarse el conde de Santisteban fue la Real Universidad de San Marcos. Fundada como Estudio General dentro del convento del Rosario de Lima por cédula del emperador Carlos en 1552, algunos años después se estableció como academia superior bajo el nombre de San Marcos gracias a una bula de Pío V (1571) y su confirmación por Felipe II (1572)[104]. Pero en menos de un siglo de vida como Universidad, la institución ya sufrió serias reformas por parte de la Monarquía y choques entre sus claustrales.

Así, a la llegada del conde de Santisteban al Perú, la Real Universidad de San Marcos se hallaba inmersa en un proceso de visita. El Consejo de Indias pretendía erradicar dentro de la academia los sobornos y pagos que se producían, además de conocerse públicamente, cada vez que salía a concurso una oposición de cátedra. Planteado este estado de la cuestión, Diego de Benavides escribió a Madrid proponiendo que mientras durase esta visita pudiesen ser elegidas dos nuevas cátedras mediante sufragio supervisado por él mismo[105]. El virrey buscaba mantener el funcionamiento, más o menos normalizado, de la Universidad y a la misma vez hacer ver que los nuevos catedráticos ocupaban las plazas en justa manera y por su protección del sistema.

Esta citada visita a la Universidad de San Marcos había sido encargada al oidor de Lima Bernardino de Figueroa. Al analizar la institución, el magistrado estimó que el método más adecuado para la provisión de cátedras era aquel que había implantado Juan de Palafox y Mendoza en la Universidad de México en 1645[106]. Este proceder, que trasladaba

Figueroa desde Nueva España, consistía en que para la elección de catedráticos solo tuviesen voto aquellos claustrales que pertenecían al clero regular, excluyéndose al resto de cuerpos universitarios. Trasladada la propuesta a Santisteban, el virrey la aceptó de buen grado y remitió su parecer al rey[107].

Sin embargo, la rápida sintonía entre el oidor-visitador de la Universidad de San Marcos y el virrey Santisteban escondió otros intereses superiores al deseo del buen funcionamiento de la institución de enseñanza. En el otoño peruano de 1663 habían de celebrarse elecciones a la cátedra de Teología de San Marcos y el conde tenía un candidato idóneo en lo intelectual y fiel en lo político. Así tuvo lugar la votación para esta cátedra, empleando el sistema palafoxiano propuesto por Figueroa. Las órdenes de San Agustín, Santo Domingo y la Merced apoyaron al candidato del virrey y el resto de catedráticos y estudiantes —se permitió su participación al no haber llegado la aprobación del Consejo de Indias a la reforma— eligieron de forma dividida, por lo que el resultado no fue otro que la elección como nuevo catedrático de Teología del agustino iqueño fray Francisco de Loyola[108].

El interés de Santisteban en la elección de este fraile se encuentra, como vimos en capítulo precedente, en que era su propio confesor. Por tanto, aunque el deseo de la Monarquía era reformar estas elecciones en la Real Universidad de San Marcos, el sistema propuesto por el visitador Figueroa ya nació corrompido por la connivencia entre este y el virrey. Por desgracia, desconocemos cuál fue la contraprestación que de seguro solicitaría el oidor a Santisteban por su apoyo para esta cátedra universitaria.

Pero San Marcos no solo fue objeto de interés por parte del virrey. También la Audiencia de Lima comprendió que era una buena institución para proveer a sus próximos antes de ocupar un asiento en sus propios bancos. Así, los magistrados no dejaron de solicitar posiciones dentro de la Universidad y aunque Santisteban se remitía —esta vez sí— a la reforma palafoxiana para mantener la independencia de la institución, a su muerte —como hicieron los capitulares en su demanda de oficios en el virreinato— se produciría el asalto. De esta manera, cuando la Chancillería limeña tomó las riendas del Perú en calidad de interina a partir de marzo de 1666, comenzaron a remitir cartas a la corte para favorecer a candidatos a cátedras y elevar a catedráticos a la Audiencia. Ejemplo primero de ello fue la misiva en que los magistrados solicitaron para el catedrático de Sagradas Escrituras Diego José de Salazar una prebenda eclesiástica o una plaza judicial. Los togados, a excepción de su padre, el oidor Bartolomé de Salazar, quien no firmó la petición, hicieron buenas prendas del catedrático en cuanto a su capacidad y buena fama dentro de la Universidad, por lo que lo consideraron digno para empleos mayores[109]. Para su desgracia, desde el Consejo de Indias nunca se tuvo a Diego José de Salazar para oficios superiores, por lo que la Audiencia se conformó con mantenerlo en San Marcos y sugerir su voto ante la elección de nuevos catedráticos.

Así pues, tras analizar todas las relaciones mantenidas por el virrey conde de Santisteban con los diferentes poderes locales establecidos y asentados en el Perú, nos podemos acercar con mayor nitidez al concepto de «monarquía policéntrica» a la hora de hablar de la Monarquía hispánica de Felipe IV[110]. El poder, aun residiendo en Madrid, se hallaba repartido no solo en las instituciones de la corte, sino en otras muchas ciudades y organismos que *de facto* tenían la capacidad para dirigir al conjunto de la Monarquía. Lima, la Ciudad de los Reyes, se había constituido en tiempos de Diego de Benavides como uno de esos núcleos.

8
LA CORRUPCIÓN EN EL PERÚ DEL CONDE DE SANTISTEBAN

Qué entendemos por corrupción en el siglo XVII

Además de las ya por entonces lejanas «donaciones pontificias», el dominio de la Monarquía hispánica sobre el Perú estuvo basado en un sistema de instituciones, leyes y tribunales. A pesar de esta finalidad, los órganos encargados de salvaguardar este control nunca funcionaron de manera automatizada en la sociedad americana y las normas que desde España deseaban arraigar entre los indianos fueron transgredidas con frecuencia. No obstante, esta estructura se antojaba necesaria dada la complejidad social desarrollada en América y su utilidad para el bien común de las repúblicas de indios y españoles, por lo cual y a pesar de las transgresiones, no se discutía el sometimiento a una instancia superior de poder, el rey. Por ello, toda aquella fuga del sistema, es decir, del cumplimiento del deber para con el monarca, representante de Dios para administrar el Reino por Ley Natural, tendría una consideración negativa doble: en lo legal, un delito; en lo moral-religioso, un pecado[1].

Así, sería posible afirmar que dada su reiteración durante el siglo XVII —en este capítulo nos centraremos en el período del conde de Santisteban—, la corrupción podría considerarse como un fenómeno cultural colectivo, un sistema de relaciones sociales propias dentro de la organización política y un subsistema amoral[2]. Para medir estas desviaciones, como tratamos en otras partes de este libro, se antoja fundamental la opinión publica, ya que testándola es posible comprobar las actuaciones de los sujetos y su repercusión ante los súbditos en cuestión. Además, esta voz popular actuaba como herramienta para conocer prácticas corruptas no denunciadas ante las audiencias, pues alertaba contra acciones que desvirtuaban la justicia regia, que infringían normas codificadas o consuetudinarias o que menoscababan derechos o intereses de determinados grupos o sectores sociales[3].

De esta manera, el fenómeno se presenta como una «corrupción del sistema», con unos «márgenes de tolerancia» que hicieron confusos los cumplimientos de las normativas legales vigentes y que debilitaron gradualmente el aparato institucional del virreinato[4]. Así, entenderemos los «márgenes de tolerancia» como aquello que estuvo fuera de la ley, pero que, siendo público y notorio, encontraba un amplio espacio de aceptación, siempre y cuando no sobrepasase los límites definidos por la propia sociedad americana o los intereses más graves de determinadas colectividades. Por tanto, podemos clasificar a los «márgenes de tolerancia» como un apartado más dentro de la libertad que la Corona debía otorgar a los individuos en la relación con el propio poder. Un epígrafe más de lo que algunos han denominado «zona de permisión»[5]. Además, la corrupción sirvió, en ciertos casos, como elemento equilibrador en las sociedades indianas. Para muchos, las corruptelas fueron entendibles como una válvula de escape de los propios americanos de las estructuras coloniales y, a la vez, como otra vía diferenciada de acceso a las instituciones para este sector social criollo[6].

Así, aunque siguiendo una definición contemporánea y que por tanto debemos usar con cautela para no incurrir en anacronismos, podríamos seguir aquella definición de corrupción como la conducta que desvía de las funciones normales públicas hacia las particulares ganancias e incrementos pecuniarios o jerárquicos, pero también como la violación de las reglas aceptadas y legisladas por medio de la práctica de ciertos tipos de influencias personales en el seno de las instituciones[7]. Un ejercicio que se generalizó a lo largo del siglo XVII, llegando incluso a extenderse entre las autoridades encargadas de velar por el cumplimiento de la legislación[8]. De esta manera, en la administración establecida en las Indias podemos observar cuatro tipos predominantes de corrupción: la prevaricación, el comercio ilícito, el cohecho y los sobornos, y el clientelismo-favoritismo y la venta de oficios[9].

Pero empleando un prisma político-jurídico, entenderíamos también la corrupción como una «patología» causada por el abuso de poder, la violación de los órdenes normativos y una defectuosa administración. De esta forma, las perversiones de la legalidad requirieron de sus propias normas, sin registro alguno pero sí reiteradas y asumidas por todos aquellos que participaron de sus beneficios. En este sentido, el principio general de *la ley se obedece, pero no se cumple* fue el primer factor corruptor que se traspasó de unos individuos a otros[10]. La copiosa legislación elaborada desde España para organizar el armazón virreinal, regular la administración de los diferentes poderes y evitar los posibles abusos de los empleados en las instituciones no logró esquivar esto. Así, la estipulación de salarios, la limitación de actividades al funcionariado, la teórica prohibición de nupcias o adquisición de inmuebles en la jurisdicción de ejercicio, etc., que persiguió la consecución de *iudex perfectus* para América quedó en papel mojado durante el siglo XVII[11].

Por todo esto, los corruptos, que alteraron el sistema legalmente establecido, por sus conductas fueron causantes de dos efectos distintos a la vez: la pérdida de confianza de los vasallos hacia los poderes del rey y la imitación a variadas escalas sociales, según el modelo que se tome, de sus acciones. Por estas consecuencias, el patronazgo, clientelismo y nepotismo fueron en el XVII tolerados si eran prácticas ejercidas como garantías de una «armonía social», dentro de la cual los sujetos podían pasar sucesivamente de gobernados a gobernantes en una red que beneficiase a todos sin queja alguna[12]. En este juego las alarmas solo sonarían cuando los grupos ya asentados en las instituciones peruanas vieran cómo un elemento extraño era introducido en ellas —en algunos casos el propio virrey—, arrebatándoles cuotas de poder, beneficios económicos y posibles patronazgos por los mismos medios que habían usado para su acceso aquellos individuos ya posicionados[13]. Dicho de otro modo, si las herramientas proporcionadas por el patronazgo y las redes clientelares pudieron ser usadas por algunas personas sin causarles ningún tipo de inconveniente moral o público, cuando se trataba de que un tercer sujeto se aprovechase de idénticos mecanismos el resultado era totalmente distinto. Estos casos fueron donde se produjeron las denuncias.

Así, cuando a mediados del siglo XVII la corrupción en la administración indiana se convirtió en algo generalizado y cualquier intento de freno desembocó en fracaso, a la Monarquía hispánica no le quedó otro remedio que pasar de ente punitivo a participante de aquellas transgresiones contra las que había legislado[14]. Por ejemplo, al enajenar todos los oficios posibles la Real Hacienda obtuvo unas sumas económicas en concepto de servicios, pero provocó que los nuevos empleados buscasen por vías legales e ilegales la amortización y el beneficio de los cargos que habían comprado en pública almoneda. Es decir, mientras la Monarquía ganaba una cantidad irrisoria de pesos, concedía mayores cuotas de poder a los grupos locales americanos y, a la vez, abría la puerta a prácticas corruptas en un territorio muy alejado de su control directo.

Este fue el escenario que encontró Diego de Benavides desde 1661 hasta su fallecimiento como virrey. Una platea donde los poderes locales se encontraban arraigados en el territorio y donde algunos de sus sujetos no tuvieron la menor consideración a la hora de utilizar los «empleos públicos» en beneficio propio o del colectivo —red clientelar— del que formaban parte. Así, para comprenderlo mejor y adentrarnos en la corrupción del Perú del conde de Santisteban, analizaremos sus tres prácticas principales: nepotismo, prevaricación y cohecho.

Entre la esfera pública y la privada: el nepotismo

El régimen político de las sociedades de la Edad Moderna fue un sistema de poderes múltiples en el cual no estuvo trazada una división clara entre los mundos público y privado. Por este motivo, las cuestiones gubernamentales rara vez quedaron reservadas a dicho ámbito. Así, como no podía ser de otro modo, la presencia hispánica en el Perú se caracterizó en la esfera política por esta oscilación. De esta manera, los lazos entre familiares, allegados y deudos fueron instrumentos usuales en el funcionamiento del sistema virreinal, hasta tal grado que autores como Torres Arancivia considera estos entramados «dentro de lo que ha sido definido como el pacto colonial»[15]. Por lo que la preferencia de cercanos, el nepotismo, para los oficios de la Monarquía hispánica en suelo peruano formaba parte del proceder normal del poder y resultaba aceptado por casi toda la república de españoles y de indios.

La primera modalidad de parentescos entre los diferentes estratos con poder en el virreinato fue la configurada por los lazos de sangre que contrajeron entre sí, tanto directos como los denominados *políticos*. Hasta qué punto pudieron influir estas uniones en casos de flagrante nepotismo y cómo se manifestaron sus consecuencias en las administraciones virreinales es algo que analizaremos un poco más adelante, pero este es el espacio para reflejar que las quejas y denuncias contra estas «amalgamas» abundaron en toda su tipología diplomática —despachos, cartas, acusaciones e incluso alegatos forenses— por parte de quienes se consideraban perjudicados[16]. En cualquier caso, el parentesco y las redes familiares requirieron siempre de una gran individualización de los negocios. Dicho de otro modo, crear ligaduras económicas con determinados parientes dio como resultado una cierta seguridad ante los riesgos manifiestos de las actividades económicas y mercantiles peruanas. De esta manera, las prácticas nepotistas y las tramas matrimoniales se pueden entender como otro ejercicio más de poder inserto en las diferentes redes clientelares indianas[17]. De esta manera las uniones personales se midieron con sumo cuidado y de ahí que resultase válida cualquier excusa para rechazar ofertas de esta índole. La limpieza de sangre, la carencia de avales económicos que respalden a un individuo, el no ejercer ningún oficio regio o estar enemistado con alguna facción poderosa de la propia jurisdicción fueron los pretextos más comunes para cancelar un enlace[18].

Así, cuando a comienzos del siglo XVII comenzó a producirse la pérdida de las encomiendas más antiguas, la élite criolla inició un proceso de adaptación para continuar en la cúspide social del virreinato. Para ello, este grupo usó dos herramientas: la compra de grandes propiedades agropecuarias y el establecimiento de una política de uniones endogámicas entre sí. Con estos mecanismos, los criollos no solo aumentaron sus bienes, sino que también consolidaron su posición en el Perú por generaciones a través de la erección de mayorazgos. Además, el estallido en 1591 de la almoneda de oficios capitulares en el Perú permitió a estos peruanos acceder a las instituciones locales, lo que venían clamando, gracias y exclusivamente a su dinero[19].

Por encima de los encomenderos en la estructura virreinal, los oficiales reales, corregidores, magistrados de las audiencias y virreyes tuvieron prohibido desde 1575 contraer nupcias entre sí en la jurisdicción de su empleo para evitar compromisos —desde la familia política, hasta sus propios vástagos— sobre su desempeño en el territorio y alejar la posibilidad de su enraizamiento[20]. No obstante, la propia legislación siempre dejó la puerta abierta a que se produjeran uniones mediante oportunas licencias reales, lo que a la postre supuso invalidar la legislación referida.

Pero ¿de qué manera se dio esto durante la administración virreinal del conde de Santisteban? Un aviso anónimo enviado al rey advertía que debía prohibirse a los virreyes que, por el bien de los propios súbditos peruanos, trajesen a sus hijos con ellos, «porque hay tantos virreyes en el Reino cuantos hijos traen, y todos a su fin»[21]. Sin embargo, Santisteban no solo incumplió otras disposiciones ya citadas, sino que ignoró por completo el tenor de este aviso y empleó el poder que tenía conferido como *alter ego* de Felipe IV en beneficio de los suyos, especialmente de su familia y de aquellos que habían pasado con él al Perú en el complicado viaje de 1660-1661. Así, resalta la provisión nepotista que benefició a su propio hijo, Manuel de Benavides, quien había sido el único vástago varón en acompañarlo a las Indias. Sobre él recayó el cargo de teniente general del Perú y gobernador del Callao, el segundo oficio marcial de todo el virreinato, aunque para este nombramiento se emplease como intermediario al conde de Alba de Liste, virrey saliente[22].

El flamante teniente general para la fecha de su nombramiento contaba solo con doce años de edad, por lo que el conde de Santisteban, consciente de la infracción que cometía empleando a Manuel de Benavides en tal oficio militar, no tardó en presentar sus excusas en España. Mediante una misiva, el virrey dio cuenta de que la provisión sobre su hijo se había producido antes de haber tomado él posesión del virreinato y que esta había sido un empeño del conde de Alba de Liste. Según Santisteban, el virrey saliente quiso realizar este nombramiento para que continuase el empleo en manos de hijos de virreyes, ya que él mismo tuvo como teniente general a su hijo Juan Enríquez de Guzmán y anteriormente había hecho lo propio el virrey marqués de Mancera (1639-1648) con su primogénito, Antonio de Toledo[23]. Es decir, Diego de Benavides se apresuró a señalar como el culpable de este nepotismo a su inmediato antecesor, buscando claramente su exculpación sobre el tema en el futuro juicio de residencia. Sin embargo, a pesar del descargo que realizó, Santisteban en ningún momento de su gobierno hizo intento de remover del cargo a su hijo.

Así, Manuel de Benavides continuó ejerciendo como teniente general y gobernador del Callao —durante su «gestión» ardieron las casas reales del puerto, perdiéndose todos los archivos y documentación de la contaduría del sueldo[24]—, pero no se empleó en el oficio hasta el viaje que realizó en 1666, una vez fallecido su padre y teniendo como destino el retorno a la Península Ibérica. Todo lo concerniente a la Armada del Mar del Sur fue gestionado por el general José de Alzamora, salvo este último trayecto en lo formal, que no en lo práctico de las navegaciones[25].

En este sentido, el tenientazgo general del Perú quedó marcado durante el siglo XVII como uno de los cargos más nepotistas de cuantos existieron y el hijo de Santisteban engrosó esta lista[26]. En cualquier caso, dicho empleo escapó de las quejas continuas que se remitieron al Consejo de Indias sobre la arbitrariedad con que los virreyes proveían los cargos y mercedes, por lo que debió ser considerado una plaza natural de la corte virreinal y por tanto propia del ejercicio nepotista[27].

Pero Manuel de Benavides no fue el único hijo al que proveyó y dotó económicamente el conde de Santisteban en el Virreinato del Perú. A su hija María de Benavides, casada con el duque de Segorbe, le entregó una encomienda de indios vacos por valor de 2.000 pesos. Sin embargo, esta encomienda aún no había sido confirmada por la Corona en 1663, por lo que el conde se vio obligado a pedir su ratificación y situación en la jurisdicción de Quito, pues, como él mismo escribió, conocía que allí había algunas disponibles[28]. Por documentación que analizaremos en el siguiente capítulo conocemos que dicha encomienda le fue ratificada a la hija del virrey y que disfrutó su jugosa cuantía hasta su fallecimiento.

Si estos casos de nepotismo tuvieron lugar con la máxima autoridad del Perú, no fue de extrañar que los individuos que llegaron a Lima en su compañía, los que fueron provistos para inspeccionar la jurisdicción o los que ya estaban asentados allí en diferentes oficios cayeran en prácticas de igual cariz. En este sentido, el visitador Juan Cornejo llegó a escribir a Madrid revelando cómo su compañero en las materias hacendísticas, Francisco Antonio Manzolo, había contraído matrimonio con Catalina Bravo, hija del contador del Tribunal de Cuentas Fernando Bravo de Lagunas y viuda del oidor de la Audiencia de Panamá Francisco Dávila Muñoz[29]. Por esta causa, ¿podemos esperar que la visita de Manzolo arroje algún cargo contra la labor realizada por su suegro? Esta sería una de las razones por las que el nepotismo, a pesar de no ser considerado en sí misma una corrupción durante la Edad Moderna, llevaba a la consecución de prácticas contra la legalidad, ya sea codificada, natural o consuetudinaria.

En cualquier caso, el visitador Cornejo tampoco estuvo libre de pecados nepotistas, a pesar de sus denuncias contra terceros. Casado con Ángela Flores, Cornejo no dejó de agasajar a su familia política, teniendo especial atención en Antonio de Monroy. Para este sujeto el visitador consiguió dos corregimientos y una serie de prerrogativas y negocios que le reportaron grandes sumas[30]. De igual manera y como mencionamos en capítulos precedentes, tras fallecer el alguacil comisionado para la visita, Antonio de Miranda, Cornejo no dudó en situar en el empleo a alguien «de su casa y de mi satisfacción», como fue Sebastián Velázquez Maldonado[31].

Pero la institución peruana donde mayor grado de nepotismo y establecimiento de familias y clientelas se observó durante la administración del virrey conde de Santisteban fue en la Audiencia de Lima. Ya durante las primeras décadas del siglo XVII se produjeron uniones de magistrados con mujeres que representaban grandes intereses en la jurisdicción, como las dos hermanas peruanas que casaron con Juan de Solórzano y Pereira (1613) y Francisco de Alfaro (1627)[32]. A partir de entonces, los lazos no dejaron de atarse, aun conociendo todos aquellos con asiento en la Chancillería de Lima que incumplían ciertas disposiciones al efecto; aunque tampoco debemos dejar de señalar la existencia de onerosas licencias reales para inhabilitar estos límites matrimoniales[33].

Así pues, durante el virreinato de Diego de Benavides se pudieron observar relaciones personales muy estrechas, lo que nos lleva a pensar en vínculos durante los respectivos nombramientos, entre el alcalde del crimen Juan de Padilla y su primo Ramírez de Pardo, consejero de Indias; el fiscal Juan de Peñalosa y su yerno, el consejero Tomás de Valdés; y el oidor Sebastián de Alarcón y Alcocer con Gabriel de Ocaña y Alarcón, primo suyo y secretario del Consejo de Indias[34].

Sobre Sebastián de Alarcón ha de señalarse que gozó de contactos más allá del señalado en la corte, pues en la Ciudad de los Reyes fue un sujeto preeminente desde la regiduría perpetua que ocupó en el Cabildo. Además, su influencia quedó demostrada tras conseguir que el arzobispo de Lima, Pedro de Villagómez, le expidiese una licencia para casar a su hijo Álvaro con una mujer peruana, algo para lo que no estaba facultado. Ante ello, el fiscal de la Audiencia demandó la presentación del permiso arzobispal para su verificación, lo cual fue tomado por el prelado como una ofensa hacia su persona y su dignidad eclesiástica. El arzobispo, observando el revuelo ocasionado por la venia que había expedido sin potestad a Alarcón —aún no sabemos a cambio de qué—, se vio obligado a escribir a Felipe IV mostrando su temor a que su actuación fuese interpretada en Lima como un favor al magistrado para evitar la sanción por el casamiento de su hijo y pidió que esta licencia fuese expedida por la Monarquía para sostener su posición[35]. A la postre, Álvaro de Alarcón enlazó con la mujer limeña y su padre no tuvo reprimenda de ningún tipo, demostrando que su influencia en la capital del Perú era considerable.

Otro caso singular fue el del alcalde del crimen Alonso de Zárate y Verdugo. Nacido en Lima, Zárate había accedido al oficio judicial en 1660 como parte de la dote por casarse con Luisa de Sotomayor y Haro[36]. La adquisición de un empleo para añadir a una dote matrimonial o que el agraciado fuese natural de la jurisdicción de esta plaza fueron cuestiones que venalmente se superaron ya a mediados del siglo XVII. Sin embargo, lo interesante del caso de Zárate fue que gracias a su matrimonio entró a formar parte de la familia de Luis Méndez de Haro, marqués del Carpio, y que se convirtió en cuñado del oidor de Charcas José del Corral Calvo de la Banda, quien estaba casado con Beatriz de Sotomayor. La propia Luisa de Sotomayor y Haro pertenecía a la jurisdicción de Lima, pues era oriunda de Caylloma; y, además, el fruto del matrimonio, su hija Micaela, sirvió *a posteriori* para estrechar lazos con el fiscal de la Audiencia de Lima, Diego de Baeza, por su matrimonio en 1679. Sin embargo, Zárate no pudo disfrutar de todos los réditos de este entramado clientelar, pues falleció el 4 de diciembre de 1664[37].

Pero no todos estos casos de formación de familias gracias a la endogamia y el nepotismo fueron disimulados por las autoridades limeñas. El propio Santisteban hubo de comunicar, por diferentes motivos, que estas uniones se producían en el Perú. Tal fue lo sucedido con el alcalde del crimen Juan de Retuerta, quien al ser ascendido a un asiento de oidor en Lima en 1661 fue investigado por haber contraído matrimonio con Paula de Anaya. Esta mujer había nacido en Potosí, pero también llevaba tiempo residiendo en la Ciudad de los Reyes cuando se produjo el casamiento. No obstante, para tranquilidad de Retuerta, su nueva esposa no había adquirido bienes inmuebles ni emparentado de ninguna forma con familias de la jurisdicción. No obstante, el conde de Santisteban remitió informaciones a España. Según el virrey los hechos habían trascendido no por el matrimonio en sí, sino por el enfrentamiento abierto que mantenían Juan de Retuerta y Nicolás Polanco de Santillana, fiscal de la Audiencia. Este último parecía ser que anhelaba el ascenso concedido al alcalde del crimen y por ello se decidió a frenarlo todo lo posible, abriendo causa contra él a tenor de su casamiento. Sin embargo, hasta el propio Santisteban dejó sin validez la actuación del fiscal, pues consideraba que el proceder era fruto de los celos y carecía de fundamento jurídico, por lo que confirmó a Retuerta en la oidoría[38].

Menos de un año después de estos hechos, el conde de Santisteban hubo de intervenir en nuevas cuestiones matrimoniales endogámico-clientelares. En esta ocasión, en 1662, el virrey tuvo que redactar un informe favorable a Magdalena de Urrutia, viuda del oidor García de Carrillo. Esta señora demandaba a Santisteban su apoyo para conseguir de la Monarquía una licencia que la facultase a contraer segundas nupcias con otro magistrado de la Audiencia de Lima, el oidor Andrés de Villela, y conservar su heredad al completo[39]. La elección de la señora no estuvo encaminada solo a la cuestión económica, pues el deseado esposo era sujeto prominente. Resultaba que Villela no respondía a ese modelo teórico e ideal que la Monarquía deseaba para las Indias, el ya citado *iudex perfectus*. Este oidor no solo estaba asentado en la Ciudad de los Reyes, sino que además había casado a todos sus hijos e hijas con personas naturales, residentes o propietarias en la jurisdicción. Esto era algo plenamente conocido en Lima, pero aún así Santisteban, demostrando la influencia de Villela y lo perjudicial que resultaba para un virrey enfrentarse a un magistrado de la Audiencia, escribió a Madrid exculpando al oidor de cuantas faltas le acusaban[40].

Tal y como hubo de intervenir Santisteban en estos casos, en otros con protagonistas sentados en los mismos bancos el virrey hizo disimulo. Este fue el caso de la denuncia del fiscal Juan Bautista Moreto sobre el casamiento de la hija mayor del oidor Tomás Berjón de Caviedes, Tomasa, con Gaspar de Múxica, provisto como corregidor de Huamanga[41]. Una alerta que se remitía a Madrid justo en el momento en que la actuación de Berjón de Caviedes en Huancavelica comenzaba a ser seriamente analizada y que, casualmente, coincidía con el establecimiento del nexo con el corregidor de la importante provincia fronteriza[42].

Otro magistrado, el oidor Pedro González de Güemes, también protestó enérgicamente ante Santisteban y el rey por considerar que la promoción de un compañero debía ser inhabilitada por lazos de parentesco. En esta ocasión González de Güemes denunciaba que Carlos de Cohorcos no podía pasar de oidor de Quito a la Chancillería de Lima, pues poseía una amplia familia política en la jurisdicción y su propio cuñado, Juan Ramírez de Arellano, había ejercido como corregidor en el territorio en varias ocasiones[43].

Llama la atención que fuera González de Güemes quien realizase esta comunicación. Este oidor llevaba años asentado en Lima, pero tiempo antes del gobierno de Santisteban había sido condenado a pagar cuatro años de salario por haber contraído matrimonio en 1640 con Clara Solórzano del Hoyo y Jaraquemada, natural de Santiago de Chile, mientras ejercía como magistrado en aquella Audiencia[44]. Como él, su propio hijo hubo de dar cuenta de sus relaciones *contra legem*. En este sentido González de Güemes defendió que cuando fue trasladado de la Audiencia de Chile a la de Santa Fe de Bogotá en 1647, se vio obligado a dejar a su hijo Juan Fausto a cargo de su abuela en la Ciudad de los Reyes. Así, al haber sido promocionado a la oidoría de Lima en 1661 se reencontró con su vástago, pero no de la manera más esperada. Para entonces Juan Fausto contaba con 17 años, había abandonado los estudios sin admitir autoridad alguna y estaba en disposición de casarse con una mujer mayor que él, enferma e hija de un contador del Tribunal de Cuentas. González de Güemes, tras hacer presentación ante el conde de Santisteban, comenzó a maniobrar para que este proveyese en algún oficio a su hijo; lo cual logró situando al joven en la importante «guardia de gentileshombres, lanzas y arcabuces», la guardia virreinal. Sin embargo, este nombramiento nepotista no operó ningún cambio en el hijo del oidor. Juan Fausto González de Güemes incidió en su comportamiento díscolo y por ello fue remitido como soldado a la guerra de Chile, con especial cuidado de que no desertase y regresase al Perú. Aún con esta solución, González de Güemes pidió licencia para desposar a sus hijos dentro del distrito de su ejercicio, Lima, argumentando que quizás así podría controlar a Juan Fausto y mantener a los demás cerca[45]. No obstante, con esta venia lo que pasaba a tener en sus manos el oidor fue a unos peones suculentos para situar en el tablero de las relaciones familiares, clientelares y endogámicas del Perú de la segunda mitad del siglo XVII.

De naturaleza similar fueron los casos de los oidores José del Corral Calvo de la Banda y Bernardino de Figueroa y de la Cerda. El primero, ya citado, ejercía en la Audiencia de Charcas cuando contrajo matrimonio con Beatriz de Sotomayor y Haro, cuñada del alcalde del crimen de Lima Alonso de Zárate, pero al enviudar solicitó permiso directo al virrey Santisteban para volver a casarse con Francisca Antonia de la Torre Valverde y Cegarra. El conde accedió a estas nupcias, pues no había impedimento al ser el oidor de una jurisdicción diferente a la esposa, limeña. Sin embargo, cuando años más tarde, en 1676, Del Corral fue promocionado a una oidoría de Lima el plácet de Santisteban ya no era válido: Francisca Antonia no solo era del territorio de empleo de su marido, sino que además su padre, Juan de la Torre y Cárdenas, era el corregidor de Arequipa[46].

El caso del carmonense Figueroa y de la Cerda, como hemos indicado, guarda un cariz similar. Tras pasar por la Audiencia de Chile en calidad de oidor (1640-1651), fue promocionado a la alcaldía del crimen del Tribunal de Lima y, posteriormente, a la oidoría del mismo (1658). En la primera etapa había contraído matrimonio con la limeña Josefa Merlo de la Fuente, lo cual no suponía ninguna falta. Pero al ser trasladado a la Ciudad de los Reyes, esta situación requirió a Figueroa de dos nuevas licencias: una por razón de la naturaleza de su mujer y una segunda por ser esta hija del fallecido oidor de Lima Luis Merlo de la Fuente[47]. Parece que ni Alba de Liste ni Santisteban pusieron ningún impedimento al ejercicio de la magistratura por parte de Figueroa, por lo que permaneció sirviendo la oidoría hasta su muerte en 1665. En estos veinticuatro años en la capital del Perú no cabe duda que el togado lograría tejer una amplia red clientelar a su servicio, lo que puede intuirse en el apoyo institucional —virrey y Audiencia— que su viuda argumentó al solicitar a la Monarquía el medio año de sueldo del difunto y una renta de 2.000 pesos en indios vacos u otros efectos[48].

Provisiones y venalidad durante el gobierno del conde de Santisteban

A la hora de adentrarnos en el análisis de las provisiones de empleos en el Perú del virrey Santisteban hemos de poner primero el foco en su propia corte. En sentido literal, esta era la conformada por el séquito del ocupante del palacio de Pizarro, es decir, aquellos familiares, amigos y criados que trabajaban a su servicio o que ocupaban espacios próximos en la espera de una gracia, merced u oficio en el Perú. Así, por las facultades que ostentaron los virreyes, su corte fue un espacio privilegiado de poder y el eje de las relaciones clientelares. Por ello, al virrey —y Santisteban no fue excepción— acudieron todos los integrantes de las élites criollas en búsqueda de un premio a sus servicios, propios o heredados. Todo junto facilitaba al virrey la obtención de lealtades personales o colectivas y el apoyo necesario para su labor de gobierno[49]. Una cuestión nada baladí teniendo en cuenta el equilibrio que debía guardar cada virrey con las instituciones locales, como señalamos en páginas anteriores. Pero el mejor resumen de esto es el contenido en las palabras de Torres Arancivia:

> En Lima se afianzó una corte que copió el modelo de una corte real europea teniendo como centro a la figura del virrey, que era la representación de la soberanía real. El tema cobra su real importancia si se

> considera que el entorno de los virreyes devino en el espacio privilegiado de la repartición de las mercedes reales, la negociación entre las élites criollas y el poder central indiano a la par de constituir el centro de la ceremonia y la etiqueta[50].

Así pues, cuando un sujeto era provisto como nuevo virrey, realizaba su traslado acompañado de una cohorte de criados y allegados que buscaban equipararse a la nobleza peninsular en suelo indiano[51]. Santisteban, como analizamos en el capítulo al efecto de su viaje, también haría este traslado acompañado de un séquito cortesano y como en los casos de sus predecesores, al buen número de mayordomos, gentileshombres, médicos (Francisco Ramírez), cocineros y demás servidores, se añadirían las figuras del secretario personal (Alonso de Herrera) y un asesor jurídico (Juan de Ybero), quienes jugarían papeles notables en los entramados políticos y clientelares peruanos que irían descubriendo a partir de 1661.

La relación entre los virreyes y sus criados siempre fue personal, pero también clientelar, siguiendo el modelo clásico del primero hacia los segundos. Por ello, con la llegada de cada nuevo grupo de virrey-cortesanos fue común la renovación de los oficios existentes en el Perú, poniendo todas las plazas a disposición de solo dos grupos: los criollos y peninsulares que ya detentaban poder o el nuevo entorno cortesano[52]. Quizás por esto y para evitar abusos, la Monarquía intentó modificar esta situación, limitando a los virreyes a que solo fuesen acompañados por setenta criados tras el nombramiento del conde de Santisteban, quien, como vimos, pasó con ochenta servidores. Sin embargo, conscientes de incumplir el deseo real, los siguientes virreyes actuaron casi a su libre albedrío y, por ejemplo, el sucesor de Santisteban, el conde de Lemos, pasó al Perú en 1667 con 113 criados[53].

En cualquier caso, los virreyes desde Lima distribuyeron cuanto pudieron entre familiares, allegados y clientes, aprovechando además que todos los oficios de la corte virreinal eran designación privativa de ellos. Así, sin necesidad de explicación añadida, se abría una puerta amplia para aquellos que sin escrúpulos quisieran incurrir en la prevaricación y el cohecho. A ello debemos añadir que muchos de estos cortesanos tuvieron siempre en mente regresar con el virrey a España una vez finalizado su mandato, por lo que el periodo de ejercicio lo tomaron como una oportunidad limitada para obtener ventajas económicas y sociales. Por ello, casi todos los individuos en relación con el virrey pretendieron posiciones sólidas, pues fueron conscientes de que en algún momento se les requeriría una contraprestación por haber obtenido aquella merced. De esta manera, no debe extrañar que los virreyes repartiesen entre su gente de mayor confianza una serie de cargos, tanto en Lima como en el resto del Perú, con la idea de comprometerse a llevar a la práctica todas aquellas disposiciones que emanasen de la plaza Mayor de la capital. El virrey dictaba y sus provistos —clientes— acataban y llevaban a la práctica, en muchos casos mediante negociación con los poderes locales, allí donde estuviesen empleados[54].

Aplicando este sistema a la realidad indiana del siglo XVII, puede sostenerse que la política virreinal peruana funcionaba dentro de un sistema privado compuesto por vínculos, compensaciones, intercambios, influencias, predominios y gracias[55]. Por esta razón podría hablarse que a mediados del Seiscientos existió un fraude asentado dentro de las propias estructuras virreinales, con normas propias, pero no registradas, y una corrupción aceptada por todos, asumida por una sociedad que, en parte, fue beneficiaria de estas prácticas al margen de la legalidad —codificada o consuetudinaria—. A todo esto es posible añadir cómo el acceso a los puestos de la administración hispánica no siguió criterios basados en los méritos o cualidades de los aspirantes, sino que se sustentó en razones clientelares, nepotistas o venales, abonando un nuevo campo para enfrentar a criollos con cortesanos en la consecución del favor del virrey[56].

Este escenario no resultó ajeno a Diego de Benavides. Así, Santisteban informó a Madrid de los choques que se habían producido en la Audiencia de Lima. Los magistrados del Tribunal de origen foráneo pensaban que los limeños y peruanos se beneficiaban sin disimulo empleando su oficio en muchos negocios e intereses particulares, guiando sus sentencias en esa dirección. Ante ello, el virrey Santisteban hubo de manifestar su opinión, defendiendo que las noticias que llegarían al Consejo habrían de estar encendidas por el celo de los togados y que se trataba de un desencuentro sin importancia que podría corregir en las próximas semanas[57]. Es decir, que si es entendida la prevaricación como la sentencia injusta dictada por un juez a sabiendas y el cohecho como la aceptación por un funcionario público de una dádiva o promesa con objeto de abstenerse de actos que debiera practicar en el ejercicio de los deberes de su cargo, se podrá concluir que los ministros de la Audiencia estaban delinquiendo públicamente y beneficiándose de su posición. Ante ello, el conde insistió a la Monarquía que se trataba de una cuestión leve, pero ¿se debió esta postura a cierto miedo de Santisteban a desencadenar un bloqueo gubernativo por parte de la Audiencia? ¿Fue por temor del virrey al juicio de residencia que esos mismos togados le practicarían al abandonar el cargo? ¿O existió otra razón que se nos escapa?

En cualquier caso, este fenómeno no fue aislado en el seno de la Audiencia de Lima. La explosión de la venalidad de cargos provocó que el interés propio o colectivo en el ejercicio de un empleo se extendiese por todas las instituciones peruanas. Así, aunque la venta de cargos incrementó a corto plazo los ingresos de la Real Hacienda, el daño que el mecanismo repercutió en los organismos indianos fue mucho más importante. El mal funcionamiento de instituciones provistas de esta forma, el descontento de criollos no empleados, el escoger a personas no idóneas para los oficios, las extorsiones a indígenas, la multiplicación de plazas para obtener mayores ingresos o el uso de corruptelas para amortizar lo entregado a la Real Hacienda provocaron una seria atrofia en el sistema. Además, la conocida como «cédula de medios» de 1654 liberalizó la venta de todos los cargos existentes en las Indias, amparándose esta almoneda bestial en las necesidades financieras que atravesaba la Monarquía hispánica[58].

Aún así, a las autoridades peruanas no le hizo falta ninguna disposición legal para colocar en diferentes puestos a sus deudos y dependientes, ni a estos emplear cualquier medio para beneficiarse del empleo. Por ello, cuando en 1660 fue derogada la «cédula de medios» ante las repetidas quejas de todos aquellos criollos que no accedían a los empleos, la solución fue pasar estas provisiones directamente a la Cámara de Indias. El cambio, notificado en pleno gobierno de Santisteban, provocó que virreyes y presidentes de Audiencia se quejaran ante la pérdida de su capacidad de proveer alcaldías mayores y corregimientos en personas de su conveniencia, familiares, criados y criollos-beneméritos[59]. Además, esta derogación fue considerada una afrenta por los virreyes de México y Perú, pues consideraban que parte de su autoridad residía en la capacidad que tenían para repartir empleos y prebendas entre su clientela personal[60].

Aquí sería donde entró de nuevo el debate sobre la preferencia de peninsulares a criollos de mediados del siglo XVII. Ese que, como hemos indicado, hubo de aminorar Santisteban en su carta en relación a los magistrados de la Audiencia de Lima. Y es que resultó que en los años centrales del Seiscientos, la explosión de la venalidad había hecho que se produjese una estrecha relación entre el patrimonio personal de los individuos y su provisión en oficios judiciales, algo que beneficiaba claramente a los indianos. Así, si las plazas estaban dispuestas para quien más pujase por ellas, todo aquel peruano que tuviese a su disposición una buena bolsa podía acceder a un cargo político, judicial o fiscal sin impedimento alguno[61].

De esta manera quedaba predispuesto el asalto de los criollos, preferencialmente peruanos, a las magistraturas de Lima y el propio Santisteban ayudó a ello. Por ejemplo, cuando en 1664 falleció el oidor Nicolás Polanco de Santillana, el virrey Santisteban recomendó con muy buenas palabras, alabando su honestidad y capacidades, a los limeños José del Corral Calvo de la Banda, magistrado en Charcas, y a Antonio Díez de San Miguel, antiguo regidor del Cabildo y a la fecha oidor en La Plata[62]. Es decir, aun sabiendo que un natural no podía ejercer empleo en su propia jurisdicción, Santisteban abiertamente los recomendaba dentro de esta política consumada de acceso a las instituciones americanas por parte de los criollos.

A esta nueva ola de ascenso indiano ayudó el conocimiento que se tuvo en España de ciertas corruptelas clientelares, algunos delitos flagrantes y el airado nepotismo que tenía lugar en Lima, razón por la cual Felipe IV despachó una real cédula ordenando que los oficios, beneficios y encomiendas que hayan de proveerse sean preferentemente otorgados a naturales y beneméritos; que la ocupación interina de cualquier oficio fuese ejercida por aquel que dispusiesen sus delegados indianos siempre y cuando no tuviesen relación familiar con ellos hasta el cuarto grado; que los que durante algún tiempo hayan sido criados de virreyes no puedan acceder a ningún oficio; que aquellos que pasaron a las Indias con algún virrey, oidor, contador, etc. tampoco puedan ejercer en ningún cargo; que todos los cargos proveídos antes de tomar posesión deberán mostrar su nombramiento ante el Real Acuerdo y facilitar una investigación sobre su persona por parte del oidor decano y el fiscal; y que los familiares de las respectivas mujeres, yernos y nueras de cualquier oficial real tampoco puedan ejercer ningún cargo de provisión mayestática[63].

Por si esta disposición no resultaba suficiente, otra real cédula del *Rey Planeta* recordaba aquella expedida por Felipe III el 12 de diciembre de 1619 prohibiendo que pudiesen ocupar «oficios temporales o espirituales los deudos, parientes, criados o allegados de los virreyes, presidentes u oidores de las Audiencias del Virreinato, gobernadores o corregidores». Esto demuestra que la Corona mantuvo constancia cierta de que virreyes y demás oficiales reales trasladaban consigo a su destino a familiares y criados con la intención de colocarlos en diferentes puestos e incluso otorgarles encomiendas por delante de los beneméritos del lugar. Además, esta cuestión no se ciñe únicamente a materias de índole temporal, puesto que esta última real cédula dejaba certeza de que la Monarquía conoció las amenazas y maquinaciones que tuvieron lugar en el Perú para que algunos deudos obtuviesen una prebenda, oficio o doctrina eclesiástica[64].

Estos recordatorios parece que no resultaron muy agradables a Santisteban y así lo hizo saber a Madrid. Mediante carta, Benavides comunicó que, aun conociendo que estaba prohibido el dar oficios y comisiones a criados y familiares, consideraba que se deberían dar tres partes de todos los cargos y servicios a los naturales del Perú y el resto quedar a libre disposición de los virreyes. Santisteban argumentaba esta repartición en que sin una parcela de provisiones el Perú sería ingobernable por el virrey, pues no dispondría de sus criados, cortesanos y clientes —personas formadas en el Viejo Mundo, con el valor añadido que ello suponía, según el conde— para la administración del virreinato y se dedicarían a cualquier otro negocio[65].

Desde la corte apenas se tuvieron presentes las quejas de Santisteban, reiterando que la provisión de empleos quedase tal y como estaba estipulada. Ello ocasionó un nuevo lamento postal por parte del virrey, aunque no sirvió de nada[66]. En cualquier caso, lo que acabó por revelar Santisteban fue que sus nombramientos, tal como hicieron sus predecesores, estaban más motivados por intereses propios y de terceros que por el servicio a Felipe IV, por lo que estuvo dispuesto a proveer cargos en individuos contra la legislación vigente —prevaricación— para así obtener beneficio político —cohecho—.

Pero estas impresiones no son sólo fruto de la lectura entre líneas. Santisteban informó directamente al rey de sus actuaciones. El virrey mandó a España una relación de todos los oficios que había proveído, en la cual aprovechó para justificar su escaso ceñimiento a la ley al exponer que al menos los corregimientos de Potosí, Huancavelica y el de indios de Cabana —inserto en el corregimiento de Cuzco— habían sido entregados a nacidos en el Perú «por sus méritos reconocibles». Además de ello, con escaso sentido al ser algo común y estar en plena vigencia la expedición de licencias al efecto, Santisteban notificó haber realizado una inspección para que ningún presidente o magistrado de las audiencias de Lima, Charcas o Quito poseyese encomiendas, haciendas o corregimientos dentro de las jurisdicciones de su empleo[67].

En esta lucha por no haber sido aprobada su propuesta de provisión de oficios en el Perú, Santisteban continuó actuando a su libre albedrío y designando en empleos a quien consideraba adecuado —quizás también por razones cortesano-clientelares—. Así fue el caso denunciado por el visitador Francisco Antonio Manzolo. Según este inspector, Santisteban había nombrado corregidor de Chasquis al contador Bartolomé de Solórzano, quien estaba imposibilitado para ello por ser natural de la jurisdicción[68]. Además, Solórzano no podía ejercer como corregidor porque las ordenanzas del Tribunal de Cuentas impedían que sus contadores ocupasen otros oficios a la misma vez[69].

Prevaricaciones y cohechos en los distritos mineros

La corrupción estuvo materializada en el virreinato y se reflejaba en la continuada consecución de fraudes, incompetencias, sobornos, malversaciones, etc., un conjunto de desviaciones de lo que se entendía como buen y justo gobierno y en las que estaban implicados casi todos los agentes de la Monarquía en Perú. El propio conde Santisteban, antes incluso de llegar a Lima, intentó evitar pagos impositivos de los que se consideraba exento, como una avería de 2.272 pesos de a ocho por su viaje oceánico[70]. Además, muchas fueron las cartas remitidas a España dando cuenta de que la administración virreinal no era llevada tan en persona por el conde, sino por su esposa Ana de Silva, de quien decían que gobernaba a su antojo y bajo la influencia que su confesor, fray Clemente de Chavarría, ejercía sobre ella, lo que desembocaba en la provisión de cargos y comisiones en personas que resultaron del interés de ambos sin el freno de Santisteban[71].

Aún más, cierta relajación del virrey trajo como consecuencia resultados nefastos. Tal fue el caso del corregidor de Potosí, Gómez de Ávila. Los vecinos de Potosí remitieron a Lima un buen número de quejas sobre su corregidor, obligando a Santisteban a ordenar que este se presentara en la capital virreinal para defenderse de estas protestas. En la Ciudad de los Reyes, el corregidor Gómez de Ávila conseguiría disipar todas las acusaciones «mediando en ello el favor» y el virrey consideró oportuno despacharlo libre y apto para continuar su empleo, ganándose así un agente más para su partido en plaza tan importante como la potosina. Sin embargo, esta decisión provocó las iras de los habitantes del Villa Imperial y, ante la noticia de que su corregidor regresaba, con ánimos de venganza salieron a recibirlo y lo mataron envenenándole[72].

Alguna dejación de su labor *ad vigilando* también cometió Santisteban en relación a ciertos magistrados de la Audiencia de Lima. Quizás por el temor al poder que estos togados podían ejercer al torpedear su gobierno o desacreditarlo en el posterior juicio de residencia, Santisteban no denunció, por ejemplo, el hecho de que en contra de las disposiciones un magistrado fuese quien corriese con el arrendamiento del almojarifazgo y la unión de armas. Este asiento estaba en manos del fiscal Nicolás Polanco de Santillana, quien por este oficio tuvo incompatibilidad con el negocio tributario. Sin embargo, Santisteban no solo no lo apartó del trato hacendístico, sino que además lo felicitó al comprobar que durante su gestión entre 1660 y 1662 estos rubros se habían incrementado de los 157.167 pesos a los 363.670 pesos[73]. El virrey fue consciente de lo ilegal de mantener este arrendamiento en manos del fiscal, pero también lo fue de que con su administración pudo beneficiarse de cara a mejorar el estado de la Real Hacienda y su prestigio ante Madrid.

Mayor gravedad presentó el conjunto de fraudes, vinculados a las alteraciones que ya tratamos en páginas precedentes, que tuvieron lugar en San Antonio de Esquilache. En este asiento minero se devengaba a la Real Hacienda el quinto de la producción y además el impuesto de los Cobos, el 1,5 por ciento de toda la plata extraída y fundida. Sin embargo, los oficiales reales de la Caja establecieron un sistema para eludir el quinto, disimulándolo con el término «equidad» y anotando en los libros de registro barras de un peso menor al declarado por el ensayador. Así, los lingotes de 150/210 maravedíes comenzaron a ser registrados como piezas de 120/124 maravedíes. En otras ocasiones, estos mismos oficiales ordenaban fundir al mismo tiempo dos barras de la misma ley, pero duplicando sus números, por lo cual solo quedaban anotados en los libros una sola pieza[74].

Los mineros de San Antonio de Esquilache defraudaban abiertamente al Fisco, pero los oficiales de la Real Hacienda, además de cometer este delito, sumaban el de falsificación. El escándalo y la corrupción eran notables y estos subterfugios en las contabilidades llegaron a ser conocidos por el propio Santisteban cuando en 1663 recibió en Lima dichos legajos. La reacción del virrey fue ordenar una inmediata investigación. En estas pesquisas se descubrió que la Caja Real de San Antonio de Esquilache, *motu proprio* de sus empleados, siempre había aceptado quintar las barras de plata en menos marcos de los realmente contenidos. Ante ello, Santisteban y la Audiencia de Lima, en real acuerdo, decidieron encarcelar a todos los oficiales reales de San Antonio y comisionar al alcalde del crimen Flores de la Parra a continuar las pesquisas. Por ello, entre mayo de 1663 y agosto de 1664 no se fundió un solo marco en el asiento, pues los mineros tomaron esta inspección como una afrenta a su labor y, por supuesto, un daño a su propia hacienda al ser sustituido aquel quinto fraudulento por un quinto real. Así, en este lapso citado, se estima que la Real Hacienda dejó de ingresar 150.000 pesos en forma de quintos y Cobos y en los años posteriores cantidad similar, ya que Santisteban no supo solucionar la cuestión, agravada con las alteraciones de Laicacota, y hubo de ser el conde de Lemos quien reordenase el distrito[75].

Más alarmante aún fue el caso de desfalco que sucedió en Huancavelica durante el gobierno del conde de Santisteban en el Perú y del oidor Tomás Berjón de Caviedes como corregidor del distrito azoguero[76]. A finales de 1661 el virrey ordenó remitir desde la Caja Real de Lima a Huancavelica 232.000 pesos para satisfacer la paga de las mitas y otros socorros a unos asfixiados mineros. Un par de años más tarde del envío de este dinero, hasta Santisteban comenzó a llegar el rumor, después la noticia, de que a los mineros solo habían llegado 5.000 pesos. El resto del dinero se había perdido sin que el corregidor Berjón de Caviedes diese razón.

La cuestión y el montante no eran baladí, por lo que de Lima el caso saltó a Madrid. El Consejo de Indias decidió relevar de sus funciones al presidente de la Audiencia de Quito, Álvaro de Ybarra, para que mediante instrucción secreta —tres cédulas del 26 de agosto de 1665— realizara una visita a Huancavelica[77]. Cuando Ybarra llegó a Lima, lo primero que ordenó antes de investigar el asunto fue obligar a Berjón de Caviedes a salir de la capital, pues no se fiaba de la capacidad de sus influencias sobre varias personas e instituciones fundamentales para las pesquisas. Así, en las primeras comprobaciones que se hicieron sobre la documentación, Ybarra encontró cómo el dinero había sido distribuido de forma ajena al control de la Caja Real de Huancavelica. Estos abonos fueron realizados mediante cartas de pago que disimulaban haber sido devengadas por la Caja huancavelicana. De esta manera, Ybarra halló cinco partidas por valor de 232.000 pesos, aunque se contradecían entre sí, demostrando cierta impericia del responsable[78].

En apenas seis meses, Álvaro de Ybarra empezó a aclarar la grave confusión en que estaban los libros contables de Huancavelica. Así, a final del otoño austral de 1666, con Santisteban ya fallecido sin conocer qué había pasado con su socorro a los azogueros, Ybarra mostró estar seguro de que el responsable de todo este desfalco no había sido otro que Tomás Berjón de Caviedes, pues de otra forma no hubiese escrito al rey manifestando que «parece el más culpado de esta causa»[79].

A pesar de lo avanzado de estas pesquisas, las investigaciones sobre el desfalco continuaron en una primera etapa hasta 1671, cuando desde el Consejo de Indias se dictó la primera sentencia[80]. Sin embargo, hasta entonces Ybarra no estuvo facultado para suspender de su empleo a ningún magistrado, ni tan siquiera a Berjón de Caviedes, por lo que todos los implicados continuaron en sus plazas, con capacidad de juzgar a los testigos reclamados por el visitador[81]. Así, Ybarra hubo de maniobrar con extrema delicadeza, primero amparado por Santisteban y posteriormente por el conde de Lemos, ante los togados, oficiales reales y cargadores relacionados en el desfalco y solo se atrevió a proponer una condena sobre Berjón de Caviedes: 90.000 pesos y suspensión de su empleo[82]. A la postre, aunque nos salgamos del marco peruano de Santisteban, el oidor nunca pagó ninguna pena y acabó por fallecer en su magistratura limeña en 1683[83].

Corruptelas entre los magistrados de Santisteban

Durante el gobierno del conde de Santisteban no solo se produjeron prevaricaciones y cohechos en distritos alejados o mineros, también en la capital del virreinato se dieron estas corruptelas. En este sentido fue esclarecedora la información que el removido visitador Juan Cornejo remitió al Consejo de Indias y también los resúmenes que sobre la labor de este realizó Andrés Miguel de Angulo. Así, para el caso de la Audiencia de Lima estas denuncias pusieron el foco sobre la actuación de los diferentes magistrados en ejercicio, aunque por la propia fuente muchas deberían ser cotejadas.

A pesar de ser considerado un juez correcto, el oidor Pedro González de Güemes fue acusado de haber intentado forzar a una mujer que acudía como testigo a un juicio, de negarse a pagar las deudas que tenía con los alarifes que trabajaron en su residencia y, más grave aún, de haber recibido diversos cohechos[84]. Pero aun con estas graves acusaciones, pareció ser que González de Güemes lucía cierta seguridad en no ser condenado —demostrando su falta de inocencia— al alardear de ser cuñado del contador del Consejo de Hacienda Nicolás García de Santillana y de haber enviado un cintillo para el sombrero con treinta esmeraldas a la reina Mariana de Austria[85].

La información remitida sobre el oidor Tomás Berjón de Caviedes lo refería como un juez limpio y sin quejas en la Audiencia de Lima. No obstante, sobre él estaba cerniéndose la sombra de su gestión en Huancavelica, analizada en párrafos previos, por lo que residía fuera de la Ciudad de los Reyes[86]. Pero al depositarse los legajos de Cornejo en el Consejo de Indias se conoció que Berjón de Caviedes era el poseedor de un patrimonio considerable, máxime teniendo en cuenta que había llegado al Perú pobre. Además, el magistrado, en contra de las leyes, poseía diversos inmuebles y había casado a su hija en la jurisdicción sin la oportuna licencia[87]. Nada se decía del desfalco huancavelicano, pues para entonces aún se estaban realizando las pesquisas.

Del oidor Bartolomé de Salazar, Cornejo manifestó que «es en mi opinión el ministro más perjudicial que hay ni ha habido en este Reino». Según el visitador, Salazar era un hombre atento únicamente a sus negocios y que, por la importancia de los mismos, ningún virrey había podido prescindir de él o desplazarlo desde 1645, fecha en la que empezó a ejercer como alcalde del crimen en la Audiencia de Lima. Revelaba el visitador que Salazar había comprado por 30.000 pesos una casa al oidor Martín de Ariola, la cual derribó y volvió a levantar convirtiéndola en un gran palacio, en el que hospedaron al conde de Alba de Liste cuando dejó de ser virrey. Además, Salazar mantenía múltiples negocios empleando como testaferros a su esposa, la quiteña Leonor de Valencia, y a su hijo, el catedrático Diego José de Salazar[88]. Finalizada abruptamente la visita de Cornejo, señalaron al oidor los siguientes cargos: comprar propiedades en la jurisdicción limeña, poseer más patrimonio del que por su sueldo tenía capacidad, negociar con un capital de 300.000 pesos que trajo desde Chuquisaca, cohechar usando a su mujer e hijo, poseer una hacienda y viñas en perjuicio de sus vecinos de linde y casar a dos hijas con naturales peruanos que a su vez detentaban muchos dependientes[89]. Sin embargo, muestra de la influencia de Bartolomé de Salazar, a pesar de estos cargos probados, fue el no haber sido condenado por ninguno de ellos, falleciendo en calma el 16 de julio de 1670[90].

Francisco Sarmiento de Mendoza, el oidor que fue apartado de sus funciones por el visitador Juan Cornejo —sin potestad legal para ello— nada más fallecer Santisteban, también fue objeto de descubrimientos corruptos. El inspector acusó al magistrado de haberse interesado únicamente en incrementar su fortuna personal y para ello no dudaba en oponerse al virrey Santisteban y a cuantas pesquisas se realizasen en la visita. Así, en relación a lo primero, se reveló que Sarmiento de Mendoza durante su ejercicio como corregidor de Potosí hizo una modificación de la mita por la que ganó grandes sumas al «vender a los indios» allí donde menos mano de obra había. Además, ejercía diversos «tratos y contratos» por todo el Perú, con especial atención en Lima[91].

Con todas estas acusaciones, el Consejo de Indias creyó conveniente formular los siguientes cargos contra Sarmiento de Mendoza: revelación de secretos del Real Acuerdo, aceptación de dádivas y cohechos como corregidor de Potosí y oidor de Lima, unión con curacas y mineros potosinos para rebajar el importe del quinto real, estar en posesión de negocios y propiedades en Lima y Potosí por valor de 400.000 pesos, tener en propiedad un establecimiento de juego y una casa de coima, composición con su sucesor en el corregimiento de Potosí y obstaculizar la visita a la Audiencia de Charcas encomendada a Francisco Nestares Marín[92].

Ya fallecido el conde de Santisteban y frente a tantas acusaciones sobre este oidor, Mariana de Austria expidió una real cédula el 14 de marzo de 1669 ordenando al visitador Álvaro de Ybarra para que revisase todos los cargos, procediese a juicio público por la venta de indios en Potosí, embargase todos los bienes de Sarmiento de Mendoza y lo tomase preso[93].

Las acusaciones corruptas sobre Bernardino de Iturrizarra lo señalaron, además de por su mal comportamiento en las salas —«usa malas palabras, se enoja con facilidad y llega con efectos del vino»— y fuera de ellas —«se relaciona indecentemente con mujeres»—, como implicado en cierta prevaricación y cohecho en un pleito de Bernardino de Perales —por el que se embolsó 6.000 pesos—, como propietario de negocios en Panamá y como receptor de regalos y dádivas[94].

Al oidor Andrés de Villela se le descubrió «mucha la hacienda adquirida (…) y no puede ser del salario». Y, por último, su colega Sebastián de Alarcón no pudo justificar patrimonio por encima de los 300.000 pesos, la propiedad de negocios en Panamá o por qué había aceptado dádivas de individuos con pleitos abiertos en la Audiencia[95].

Con todo ello, no resultaría difícil deducir cómo en tiempos del conde de Santisteban el índice de corrupción entre la burocracia, los magistrados y los oficiales reales de la Monarquía en el Perú se hallaba bastante elevado. No obstante, como expresó el profesor Pietschmann: «(...) la corrupción existió independientemente de la política del Estado

Imagen 11. Dos reales de la ceca de Potosí acuñados en el reinado de Felipe IV. Fuente: Creative Commons.

con respecto a sus agentes, si bien los intentos del Estado de participar económicamente en la corrupción de sus funcionarios agravaron el problema de forma considerable»[96]. En cualquier caso, el hecho de que los altos empleados de la administración peruana recibieran un salario de entre los 2.000 y los 5.000 pesos anuales también ha de considerarse un factor acelerador de este fenómeno corrupto, pues de otra manera no se explicarían los patrimonios acumulados por estos magistrados.

Desviaciones entre los oficiales reales

Como pueden pensar, estas corruptelas no fueron campo reservado de corregidores y magistrados de la Audiencia. Diego de Benavides hubo de observar cómo entre los oficiales de la Real Hacienda también se produjeron desviaciones sobre la legislación. Así, si en el caso de los togados la limitación salarial aceleraba la práctica de las corruptelas, para los oficiales reales la situación se agravaba al haber accedido al cargo mediante la almoneda pública. En este sentido, la diferencia entre lo pagado por el oficio y lo devengado por el salario solía oscilar entre cinco y diez veces en favor de la primera cifra, por lo que no debió de extrañar que desde la toma de posesión la gran mayoría de oficiales se afanase en rentabilizar el puesto[97].

Los oficiales de la Real Hacienda tenían como una de sus principales obligaciones el remite anual del «tiento de cargo y data» a España y, cada tres años, unas cuentas detalladas, lo que hizo que entre tanto tuviesen tiempo suficiente para dedicar a otras actividades. Quizás por este motivo el retraso en los finiquitos de la Hacienda virreinal se convirtió en una constante en los años previos a la llegada del conde de Santisteban. Tal fue la dejación de funciones que en 1654 los retrasos ocasionaron que la Armada no pudiese ni adquirir bastimentos ni reunir situados para su viaje y como resultado los precios en Lima sufrieron de inflación, resultando de ello favorecidos los cargadores con contactos directos con aquellos oficiales reales[98].

En este contexto cobró sentido la denuncia que años más tarde, con la Audiencia como gobernadora interina tras la muerte de Santisteban, formuló el principal agente del visitador Cornejo, Sebastián de Navarrete. Este oficial real, con plaza en el Callao, fue denunciado por los cuerpos militares y los comerciantes apostados en la rada chalaca, quienes lo acusaban de haber ahorrado en demasía en las carenas de la Armada del Mar del Sur y «de vigilar celosamente los materiales» que se almacenaban en dicho presidio[99]. Sin embargo, la realidad fue bien diferente. Los depósitos que supuestamente vigilaba Navarrete siempre se hallaban con menos bienes de los registrados, por lo que cuando se antojaban necesarios había que acudir al mercado a por estos insumos. Navarrete distraía los géneros de la Armada del Mar del Sur y de forma prevaricadora, probablemente también con cohecho, tanto el visitador Cornejo como el oidor Bartolomé de Salazar disimularon la situación. En este sentido, lo más gravoso fue que el propio Juan Cornejo hubo de visitar el Callao y tras encontrar los fraudes cometidos por Navarrete y otros provisores y oficiales regresó a Lima alarmado, pero sin proferir denuncia. La Audiencia fue muy clarividente en su opinión sobre estas pesquisas de Cornejo a Navarrete: «(...) no podemos asegurar el motivo [del cese de la investigación], solo es cierto que los culpados son poderosos y ricos»[100].

Esta pésima gestión, en muchos casos interesada, por parte de los oficiales de la Real Hacienda llegó a extremos significativos. Por ejemplo, en lo referente a los salarios de los propios virreyes. El conde de Santisteban hubo de escribir a la corte para informar que la Caja Real de Lima no despachaba su salario y lo que le quedaba de ayuda de costa —57.770 pesos—, pero que tampoco había pagado las anualidades completas al conde de Alba de Liste —36.030 pesos—[101]. Para 1662 las penurias económicas de Diego de Benavides seguirían siendo tan importantes como antes de partir al Perú, pero en esta ocasión el recurso de emplear a su predecesor le sirvió como baza de peso en la reclamación económica.

Otra institución económica sensible, el Juzgado de Bienes de Difuntos, también sufrió corruptelas durante el gobierno del conde de Santisteban. En 1665 el visitador Cornejo remitió a España noticias alertando de que aunque estuviese prohibido extraer dinero del Juzgado para emplearlo en préstamos, había encontrado partidas usadas en censos por valor de 59.585 pesos. Además, el inspector detectó que los jueces tomaban cantidades a su arbitrio y, con la excusa de pagar ciertas misas, lo pasaban a un portero que a su vez lo traspasaba a otros jueces. Desvelados estos mecanismos de fraude, Santisteban facultó a Cornejo para que tomase bajo su custodia una de las cuatro llaves del arca del Juzgado de Bienes de Difuntos, por lo que sin supervisión no podría devengarse un solo tomín[102].

En un órgano similar, la Caja de Censos de Indios, también se descubrieron corruptelas durante el lustro peruano de Santisteban. En este caso pudieron revelarse unos alcances considerables en la contabilidad de esta caja, los cuales habían sido maquillados en los libros custodiados por el oidor Bernardino de Figueroa. Conocidos los hechos, el virrey encargó al fiscal Polanco de Santillana que auditase estas contabilidades, pues al supervisor legal de los censos de los naturales, el protector general de la Audiencia Diego de León Pinelo, se le consideró no capacitado para estos ejercicios[103].

Santisteban, los fraudes mercantiles y los gobiernos provinciales

Esta extensión de la corruptela también se hizo notar en el suministro de productos al Perú, especialmente a su capital, como hemos indicado, y en el incremento del fraude y el contrabando. Buena cuenta de esta situación quedó demostrada cuando, justo antes de llegar al solio virreinal Santisteban, se convirtió en pública y notoria la ocultación de mercancías que se hacía en los registros portuarios. Los cargadores podían llevar a cabo esta operación a cambio del pago a los funcionarios aduaneros de un 4 por ciento del valor de lo embarcado en los puertos del Pacífico y otro 2 por ciento en el istmo de Panamá, en vez del 2 por ciento que en razón del derecho de avería debieron satisfacer a la Corona[104]. Incluso en el labrado de moneda se dejó sentir esta relajación por parte de los oficiales hacendísticos, pues en caso contrario hubiese sido imposible el cercenamiento de moneda en Potosí hecho por Francisco de la Vega Capataz, mezclando plata y cobre en un total de 29 marcos que se acuñaron como moneda. Este delito estaba penado con la vida, pero De la Vega eludió la condena capital culpando a un negro esclavo que estaba empleado como balanzario en la fundición potosina[105].

Asimismo, para unas aduanas bajo una pésima administración y con fraude galopante en el cobro de todos los impuestos, especialmente en lo referente al quinto real, Santisteban decidió emplear a sujetos designados por él mismo y de su confianza. Así, en los puertos de Arica, Saña, Trujillo y el Callao el virrey proveyó a oficiales reales con el único objeto de mitigar la fuga de metales e impuestos y que de manera cierta inspeccionasen los barcos que allí fuesen amarrados. Interesado en estas materias, Santisteban supo que era cosa común el extravío de piñas y barretones de oro y plata en su traslado hasta el puerto de Panamá. Sin embargo, aun con conocimiento de ello, el conde no estimó qué medidas podían aplicarse a corregir tantos fraudes[106].

El estrato intermedio de las estructuras gubernativas peruanas, los corregimientos, también estuvo involucrado en corruptelas de diverso tipo. Provistos por el Consejo de Indias y, en algunos casos, los virreyes, el cargo de corregidor era un destino apetecible para labrar fortuna, asegurar lealtades y construir una estable red clientelar. En Perú los corregimientos continuaron con plena vigencia durante el siglo XVII, a pesar de haber sido creados en origen para controlar a los indios y determinados centros urbanos especiales. Junto a dichas instituciones existió anexo un entramado comercial, de vinculación casi obligatoria con el corregidor del territorio en cuestión y que advocó a este, en mayor o menor grado de participación y aceptación, a emplear el sistema de *repartimiento de géneros* para elevar al máximo sus ganancias dentro de unos márgenes determinados[107]. Esto explica la constatación de Santisteban de que muchos corregidores, tras servir por merced real, permanecieron en el virreinato medrando para conseguir otro gobierno provincial alegando ser beneméritos. Un fenómeno que no se hubiese producido si en el ejercicio del oficio no hubiesen encontrado una alta rentabilidad. El virrey, al seguir la legislación con acierto, rehusó proveer a estos sujetos en un nuevo corregimiento hasta que los juicios de residencias que debían entregar no estuviesen acabados y ratificados por el Consejo de Indias[108]. Una práctica, la de Santisteban, que pudo pecar de ingenuidad, pues con seguridad tendría pruebas de la composición entre juez y corregidor, cuando no la falsificación sin reparo de pruebas y documentación gubernativa, para no ser castigados por un mal gobierno a cambio de un soborno pecuniario[109]. Además, el virrey, al tomar esta postura a la espera de la resolución definitiva desde la corte, tuvo a su disposición un mayor número de corregimientos para entregar a su clientela con carácter de interinos.

Sin embargo, esta cuestión de los corregimientos en ínterin también fue delicada desde el punto de vista legal. Aunque las disposiciones normativas prohibieron que alguien sirviese en estos gobiernos provisionales por más de dos años, los casos se producían e incluso por más tiempo aún. Además, estos corregidores sustitutos no eran sometidos ni siquiera a un juicio de residencia al acabar su período[110]. Esta ventaja de los interinos, no ser juzgado por la administración llevada a cabo, les permitió un sinnúmero de acciones punibles, pues no tuvieron más freno a sus acciones que el propio virrey que los había provisto y, como añadido, eliminaban cualquier rastro documental de sus corruptelas. Por si fuese poca alteración del sistema, también se dieron casos extraordinarios en los que un oidor sirvió un corregimiento especial y se negó a ser sometido a juicio de residencia por considerar que este proceso solo debía pasarlo cuando abandonase su oidoría en la Audiencia de Lima. Ejemplo de esto fue el oidor Antonio Fernández de Heredia cuando ejerció como corregidor de Huancavelica, es decir, antes de abandonar el Tribunal limeño para ocupar la presidencia de Quito[111].

Fue probable que la venta en pública almoneda de los corregimientos aumentase la corrupción en los mismos, ya que hicieron crecer el repartimiento de mercaderías y las inversiones en negocios dentro de los mismos distritos con capitales extraídos de los propios tributos indígenas. Incluso los juicios de residencia que debieron tomar los entrantes a los salientes en los gobiernos provinciales fueron materia de compraventa[112]. Una situación que se produjo, añadiéndose a prevaricaciones y cohechos flagrantes a pesar de las disposiciones legales ya recogidas por Castillo de Bobadilla, conocidas por muchos y que merecen ser citadas por su clarividencia:

> Por derecho nuevo destos reynos, demás de la pena del perjurio incurre el corregidor, o juez, que recibe alguna cosa de persona de su jurisdicción que fuere litigante, o huviere de traer pleito ante él, en perdimiento del oficio y de volverlo a la parte con el doblo para la Cámara; y la misma pena se pone a los consejeros, oidores, alcaldes de corte y otros jueces, fiscales, relatores y escribanos de cámara[113].

Papel mojado. La compra de un corregimiento ocasionaba elevados gastos por muchos conceptos al individuo que lo adquiría: desde el propio servicio a la Corona hasta los costes de escribanía, pasando por los derechos, regalos y dádivas en efectivo o mercaderías, etc. que entregaba a diversos funcionarios, provocando que para recuperar la inversión realizada se buscasen métodos ilegales, ya que el estipendio legal establecido no alcanzaba a representar un monto suficiente como para producir una mínima amortización. Así se explica, por ejemplo, que rondando el ecuador del siglo XVII se alcanzara el auge del repartimiento ilícito a los indios[114]. El propio visitador de la Real Hacienda peruana, Francisco Antonio Manzolo, denunció, al revisar las cuentas entregadas por los corregidores, cómo sustraían de las cajas de sus distritos lo que hubieron de tomar en concepto de tributo de los indios y que posteriormente, en vez de reponer las cantidades de nuevo, las disimulaban en la contabilidad que remitían a la Caja Real de Lima[115]. Al conocer esta situación, el virrey tuvo que encargar al propio Manzolo una investigación más exhaustiva, pero prestando mayor atención a los rezagos de los corregidores que aún se podían cobrar[116].

En esta tarea Manzolo encontró que muchos gobernadores provinciales no estaban cumpliendo con la obligación de entregar los impuestos indígenas por tercios, sino que retenían los tributos de los naturales en su poder para emplearlos en su propio beneficio. Esta práctica no resultaba ser nueva, pues una real cédula de 23 de enero de 1627 ya la penaba con un recargo del 10 por ciento. Ante este descubrimiento, los corregidores alegaron que lo hacían por lo complicado que les resultaba cobrar los impuestos al corriente. Un discurso que convenció al conde de Santisteban para que solo fuesen condenados a pagar estas demasías si no depositaban los tributos antes de pasar seis meses desde la fecha señalada en cada tercio[117]. Posiblemente los corregidores que mayores rezagos presentaron ante la Caja Real limeña fueron aquellos que habían sido provistos en sus cargos por el propio virrey, razón que explicaría la permisividad otorgada para el incumplimiento de la real cédula de Felipe IV sobre la cuestión.

Penando las faltas

A pesar de que muchas de las corruptelas e infracciones de diverso cariz que hemos ido relatando a lo largo de estas páginas fueron públicas, notorias y, en algunos casos, juzgadas, la gran mayoría de ellas pasaron sin ser castigadas de ninguna forma. Esta cuestión puede llamar la atención, sobre todo si enfrentamos el número de faltas y delitos descubiertos con los escuetos casos punitivos que se aplicaron. En este sentido, merece la pena reproducir las palabras de José Antonio Maravall al sentenciar que: «la igualdad ante la justicia, en su aspecto de justicia distributiva, lleva consigo el contrapeso de los premios y castigos para compensar el proceder bueno o malo de los súbditos»[118]. En el periodo que estamos analizando, como pueden deducir, esta equidad no se vio reflejada.

Así, durante el gobierno del conde de Santisteban en el Perú, la primera condena por corruptelas que se localiza fue la ejecutada contra el oidor Bernardo de Iturrizarra. El Consejo de Indias sentenció a este magistrado al pago de 1.500 pesos por diversas faltas contra el comportamiento del *iudex perfectus* en tiempos del conde de Alba de Liste. Sin embargo, el propio virrey Santisteban formó parte de la apelación favorable a Iturrizarra, argumentando el celo que había demostrado el oidor en su empleo y solicitando la supresión o rebaja de la condena[119]. Para lamento del togado, poco recorrido tuvo la solicitud de Santisteban, ya que mantenida la sentencia hubo de reiterar su petición alegando no haber motivos para la condena[120].

Los siguientes castigos tuvieron como protagonista al alcalde del crimen de la Audiencia, Andrés Flores de la Parra. En primer lugar, el magistrado fue condenado por el embargo que ejecutó sobre los sueldos de los contadores del Tribunal de Cuentas, hasta la cantidad de 1.000 pesos, como castigo por no haber remitido al Consejo de Indias la revisión y el ajuste de las contabilidades de la Caja Real de Panamá[121]. A todas luces, el alcalde del crimen se había extralimitado en sus funciones y en su esfera de competencias al inmiscuirse en cuestiones hacendísticas.

La segunda condena contra Flores de la Parra tuvo como contraparte al Cabildo de la Ciudad de los Reyes. Según denunciaron los capitulares, su institución había sido reprendida por el exceso que habían cometido en los gastos para recibir a los virreyes conde de Salvatierra y conde de Alba de Liste. Flores de la Parra argumentó que estas entradas triunfales estaban limitadas y que sin atender a este tope el Cabildo empeñó más fondos de los debidos en dichas fiestas. Así, de nuevo sin competencia, en un ejercicio prevaricador, Flores de la Parra condenó al alcalde ordinario y a cada regidor a 200 pesos y a la institución a 12.000 pesos[122].

El alcalde del crimen sería reprendido en ambas ocasiones y sus condenas neutralizadas, pero el hecho de que estos casos y el de Iturrizarra fuesen las únicas denuncias castigadas y producidas antes de la llegada del visitador Juan Cornejo en 1664 puede dar buena muestra no solo del nivel de corrupción existente en el Perú, sino también de su alto grado de asimilación. No creemos que el virrey Santisteban disimulase toda la prevaricación, cohecho, fraude, desfalco o contrabando existente, pero sí podemos inclinarnos a pensar que el miedo al juicio de residencia y la necesidad existente de los poderes locales para gestionar el Perú le llevaron a no formular grandes denuncias contra estas faltas.

9

LA MUERTE DEL CONDE DE SANTISTEBAN

Al iniciarse el año de 1666, la salud de Diego de Benavides comenzó a experimentar un notable deterioro. Aproximándose a cumplir los 59 años de edad, el conde de Santisteban sufrió un duro golpe con la mantenida rebelión de los hermanos Salcedo en Laicacota y ello ayudaría a acortar sus días. Los contratiempos acechaban por muchos flancos y la situación interna del Perú, con la citada alteración, los problemas económicos en vía de solución o el choque entre la Audiencia y el visitador, sin duda afectarían a la salud del virrey.

Agravado por este motivo o por el daño que la gota venía provocándole desde principios de año, «en el cuarto bajo de Palacio» falleció el conde de Santisteban en la madrugada del 17 de marzo de 1666. Esta datación fue realizada por el escribano público Marcelo Antonio de Figueroa, quien certificó la defunción «como a las ocho de la mañana, poco más o menos, vi muerto naturalmente y pasado de esta vida a lo que pareció el excelentísimo señor don Diego de Benavides y de la Cueva»[1]. Gracias a esta fuente, autores como el propio Lohmann Villena y antes Mendiburu sostuvieron que el óbito se produjo aquel día[2]. Sin embargo, hubo quien defendió que la muerte de Santisteban se produjo en realidad el día anterior, esto es, el 16 de marzo de 1666, puesto que aquel día la Audiencia de Lima se había hecho con el gobierno interino del Perú[3].

Si bien es cierto que la muerte de Santisteban se produjo en la madrugada del 17 de marzo, estando además del referido escribano público el secretario del conde, Alonso de Herrera, el jesuita Bartolomé Mejía y el abogado de la audiencia Francisco de Villena, tampoco debe dejar de serlo el deseo de la Audiencia por tomar el poder si en la jornada previa el virrey ya se hallaba moribundo. En este último sentido los magistrados se mostraron ávidos, pues el mismo día 17 de marzo el oidor de mayor antigüedad en ejercicio, Bernardo de Iturrizarra, se hizo con el gobierno interino del Perú. Esta ansiedad por tomar las riendas la conocemos gracias a la petición inmediata que realizó al referido Alonso de Herrera de toda la documentación y papeles oficiales que estaban bajo la mano del fallecido o custodiados en las dependencias de Santisteban en palacio. Sin embargo, estos deseos de los magistrados se vieron truncados. Tanto Herrera como Manuel de Benavides, hijo del virrey y gobernador del Callao, se negaron a transferir documentación alguna. Como citamos en capítulo precedente, ambos tomaron la precaución de inventariar todas las carpetas y expedientes que habían de traspasar y apartaron algunos denominados «secretos», como, por ejemplo, la clave para las comunicaciones sensibles con el Consejo de Indias, la cual se hallaba en una escribanía bajo llave y confiada al agustino fray Francisco Loyola y Vergara[4].

En cualquier caso, con documentación o sin ella, el vacío provocado por la muerte del virrey Santisteban dejaba a la Audiencia de Lima con el gobierno del Perú en sus manos. El Tribunal se mantendría en esta tarea interina a la espera de que en España se conociera el óbito del conde y se proveyese a un nuevo *alter ego* de, ahora, Carlos II. Así, hasta que el 21 de noviembre de 1667 no tomó posesión en Lima el virrey conde de Lemos, la administración peruana recayó en los siguientes oidores: Bernardo de Iturrizarra, Bartolomé de Salazar, Pedro González de Güemes, Fernando de Velasco y Diego Cristóbal Messía[5].

Sin embargo, el poder que podían prometerse felices los magistrados se encontró con un obstáculo que el lector ya puede intuir: Juan Cornejo. El visitador que había venido entrometiéndose en esferas muy superiores a las facultades que tuvo concedidas aprovechó la muerte de Santisteban para intentar controlar el gobierno virreinal. Así, Cornejo consideró que como visitador habría de ser el gestor del Perú hasta la llegada del nuevo virrey y por ello comenzó a dirigir las reuniones del Real Acuerdo, censurar los discursos opositores a él e incluso amenazar con una denuncia ante el Consejo de Indias a todo aquel que no comulgase con su parecer; ejemplos para temer al visitador no faltaban, pues, como vimos, ya había suspendido sin facultad para ello al oidor Francisco Sarmiento de Mendoza nada más fallecer Santisteban[6].

Pero este poder que se auto concedió Cornejo no fue a prolongarse mucho en el tiempo. En Madrid, pocos días antes de fallecer Santisteban, el 3 de marzo de 1666 el Consejo de Indias decidió remover fulminantemente a Cornejo como visitador ante la falta de resultados remitidos y con mucha probabilidad los mismos barcos que llevaron esta noticia a Lima fueron los que notificaron el estado en que se hallaba el Perú tras la muerte del virrey[7]. En cualquier caso, la destitución fue recibida el 10 de septiembre y desencadenó una reacción inmediata en la Ciudad de los Reyes. Los magistrados de la Audiencia expulsaron de todas las estancias gubernativas a Cornejo y mandaron regresar del destierro a Sarmiento de Mendoza. El visitador no aceptó de buena gana la pérdida de su posición en el Perú y la orden de regresar a España, pues desde que supo que había sido removido comenzó a actuar, aun sin posición alguna, solo por «apetito de venganza», pero hubo de acatar lo dispuesto y abandonar Lima[8].

Los codicilos limeños: una radiografía de la situación del virrey

El conde de Santisteban, como ya leyeron, antes de partir hacia las Indias dejó plasmadas ante escribano público sus voluntades *post mortem*. En Cádiz, el 2 de diciembre de 1660, días antes de naufragar, signó su testamento ante Miguel Navarro y parece ser que este se mantuvo vigente, con ciertas modificaciones, hasta su óbito en Lima el 17 de marzo de 1666[9]. Según determinada historiografía, comparar el testamento gaditano con otro dado por el conde en la Ciudad de los Reyes nos podría hacer ver hasta qué grado pudo enriquecerse, o no, en su empleo como virrey del Perú, pero, en nuestra opinión, esta solo sería una herramienta parcial y muy condicionada. En cualquier caso, carecemos de este segundo testamento peruano, pues el conde de Santisteban mantuvo las mandas del texto de 1660 y únicamente dictó dos codicilos complementarios.

El primero de los anexos testamentarios de Diego de Benavides se rubricó en Lima el 4 de julio de 1663 ante el escribano Miguel López Varela, ejerciendo como testigos los «residentes en esta Ciudad de los Reyes» Andrés de Retana, Juan Cedillo, Lorenzo de Mora, Adrián de Valdés y Antonio de Bustamante[10]. La motivación de este texto fue definida por el propio Santisteban, pues «se ha alterado en algunas circunstancias su disposición [del testamento de Cádiz] por tener hoy diferente estado algunas de las materias que comprehendió y haberse mudado otras con las novedades que han ido sucediendo». En este sentido, el de los cambios, el virrey avisaba de tener notificados los mismos tanto a sus hermanos Antonio y Álvaro como a su suegro, Ruy Gómez de Silva, I marqués de la Eliseda.

Estas modificaciones que se produjeron entre 1660 y 1663 fueron casi en exclusiva de índole económica. Para este segundo año, el conde de Santisteban refrendaba tener pagadas todas las deudas que había ido acumulando con Ana de Silva, su tercera esposa, las cuales ascendían en el testamento de Cádiz a más de 23.000 ducados. Así, el virrey dejaba dicho en este primer codicilo que en el envío de galeones a Portobelo de 1661 iba saldado este débito y que desde entonces solo quedaba comprometido con su esposa en los 2.000 ducados anuales para gasto de su casa que estaban recogidos en las capitulaciones matrimoniales. Asimismo, en esta flota de 1661 Santisteban canceló la deuda de 10.000 ducados con su hermana María de Bazán.

En lo referido a sus hijos, el codicilo de 1663 estipulaba que para la dote del matrimonio entre María de Benavides y el duque de Segorbe se habían remitido «diferentes cantidades por cuenta de principal y réditos» en la armada que partió del Callao el 2 de diciembre de 1662. No obstante, parece que esta cantidad no alcanzaba para la dote, por lo que Santisteban fijó que lo restante se sacase de bienes y rentas de su posesión en España y de aquella encomienda de indios vacos por valor de 2.000 ducados en la Audiencia de Quito que se le concedió. Sobre su hijo Manuel de Benavides, el virrey confirmó que estaba tomando su sueldo completo como teniente de capitán general del Perú y gobernador del Callao, pero que el día que falleciese debería reintegrársele por completo.

Pero estas no fueron las únicas deudas contraídas o saldadas que confesó Santisteban en 1663. Con efecto a no dejar ningún acreedor al morir, el conde dispuso que «así en dinero como en plata y cualesquier alhajas» se diese cumplimiento con sus cargos. En este sentido, por ejemplo, aseguraba deber a Diego Bazo Ybáñez 10.750 pesos desde enero de 1663, pero que esta cantidad habría de devolvérsele con los siguientes medios: 7.500 pesos que le adeudaba el capitán de su guardia, Diego Messía Ponce de León, por haber hecho frente a un pago al capitán Francisco de Jáuregui en noviembre de 1662 cuando se encontraba insolvente; y el resto de lo proveniente de una escritura otorgada por Alonso de Herrera, su secretario, en Portobelo a favor de José de Moxica. Así, según Santisteban, sus deudas estaban casi pagadas al completo en 1663, pero quiso dejar claro que si sobraban caudales —especialmente aquellos entregados a criados y que aún no le habían devuelto— se destinasen a continuar pagando los elevados débitos que dejó su padre, Francisco de Benavides.

Por último, en el codicilo de 1663, el virrey Santisteban intentó dejar arreglados sus estados en España. Sobre esta materia, especialmente en lo referente a los bienes muebles, el conde manifestó no conocer cuáles eran propios y cuáles de su esposa, dejando al arbitrio de Ana de Silva determinar la propiedad; a pesar de ello, el conde sí se reafirmó que la pintura de la «Historia de Judit» que había sido desempeñada en Madrid por 2.000 ducados pertenecía al mayorazgo de Las Navas. Los estados de este linaje, el de sus dos primeras esposas, ocuparon más atención que el de Santisteban —apenas menciones sobre el arrendamiento de pastos, el empeño de la renta de los alcázares de Jaén o la no renuncia a su herencia legítima por parte de su hermano Enrique de Benavides— en el texto adicional. Así, el conde se refiere a los muchos censos que hay situados sobre Las Navas y Cocentaina y cómo estos, al igual que las rentas, recayeron en él por haber muerto su primogénito, Pedro, y su hijo Tomás, por lo que no pasarían a Francisco hasta su fallecimiento.

Por tanto, para 1663 quedaban como herederos universales de Santisteban: Francisco, futuro IX conde, Jerónima y Manuel, del primer matrimonio; Teresa y la limeña Josefa, del tercer matrimonio. También quedaba como descendiente viva María de Benavides, pero por su casamiento con el duque de Segorbe en su dote se incluyó la renuncia a cualquier herencia paterna. Como valedores y albaceas de este codicilo adicional al testamento de Cádiz, el virrey nombró a su esposa Ana de Silva, a Andrés de Villela, por entonces oidor más antiguo de Lima «o al que lo fuere al tiempo de su fallecimiento», al inquisidor Cristóbal de Castilla y a su asesor general, José Suárez de Figueroa.

Pero, como advertimos, este no fue el último codicilo del virrey Santisteban. Apenas dos días antes de fallecer, el 15 de marzo de 1666, Diego de Benavides dictó una segunda adenda a su testamento gaditano ante el escribano público de Lima Marcelo Antonio de Figueroa. La causa de este nuevo complemento testamentario queda recogida en el mismo: por la «gravedad de su enfermedad y por lo que insta el tratar de disponer de lo que después se ha ofrecido y deudas que su Excelencia ha contraído» quiere dejar un nuevo codicilo con «las cantidades que al presente está debiendo»[11].

Diego de Benavides había generado entre 1663, cuando manifiesta tener prácticamente pagadas todas sus deudas, y 1666 una importante diferencia negativa en su hacienda personal. Mientras que había conseguido reducir los débitos heredados en la Real Hacienda del Perú, con su hacienda personal sucedió lo contrario. De esta manera el segundo codicilo, el definitivo, recogió las siguientes deudas: al capitán y cargador Francisco de Jáuregui, 33.800 pesos; a Diego de Sarricolea, 4.000 pesos que prestó para gastos de la casa; por el mismo concepto, a Juan de Ybero, su cortesano, 3.000 pesos y en partidas menudas a diferentes personas de las que dará razón Diego Bazo, 2.000 pesos; a dicho Diego Bazo Ybáñez, 1.500 pesos de otras cuentas del conde con otros mercaderes, limosnas y dependencias; a Juan de Pando, que entregó por orden del virrey una cadena de oro a Pedro de Legasa por traer la noticia del nacimiento del príncipe Carlos, 1.145 pesos; a Juan de Lusa, por un préstamo para pagar a Damián Carreño, 8.000 pesos; a Francisco Ruiz Lozano, 12.960 pesos; a Juan Zorrilla de la Gándara, 14.400 pesos; a Francisco López Vélez, 10.800 pesos; a Francisco de Quirós, 10.800 pesos; a Pedro Merino de Heredia, 27.000 pesos; a Bernardino de Perales, 20.000 pesos; a Juan Antonio de Céspedes y Toledo, mercader como todos los últimos, 3.455 pesos; al sargento mayor Domingo de Arbién, 900 pesos; y al maestre de campo Juan de Salazar, 3.000 pesos por la fundación del convento de capuchinas de Jaén, cuyas monjas procedían de Cocentaina. Además, aseguraba deber a su mujer Ana de Silva tres años de gastos de su cámara, es decir, 6.000 pesos, y a su hijo Manuel de Benavides, por el sueldo de general del Callao hasta agosto de 1665, unos 15.000 pesos.

Como pueden deducir, tamaña cantidad de deudas en apenas tres años llama poderosamente la atención. De estos 177.760 pesos dio fe el secretario Alonso de Herrera, a quien el conde sí liquidó deudas previas y facultó para aportar documentación de sus acreedores. No obstante, para descargo no sabemos de qué tipo, Santisteban incluyó en este codicilo de 1666 que la Monarquía le debía 24.000 ducados en concepto de casas de aposento, propinas, ayudas de costa y otros conceptos por los diferentes empleos a su servicio que había desempeñado a lo largo de su vida. Minucias en comparación con el débito que dejaba a sus herederos. Así, con dicha calidad reiteraba a sus hijos vivos, pero esta vez incluyendo a María de Benavides; y nombraba como albaceas a su mujer, Ana de Silva, a su hijo Manuel, al arzobispo de Lima, Pedro de Villagómez, al visitador Juan Cornejo, al oidor jubilado Andrés de Villela, al oidor decano Francisco Sarmiento de Mendoza, a los inquisidores Cristóbal de Castilla y Álvaro de Ybarra, al deán de la catedral de Lima —pariente del virrey—, Juan de Cabrera Benavides, y a su asesor general, José Suárez de Figueroa.

De esta manera quedaron definitivamente selladas las últimas voluntades del conde de Santisteban —«así lo dijo y otorgó Su Excelencia estando enfermo en la cama y en todo su acuerdo juicio y entendimiento natural a lo que pareció»—, actuando como testigos el propio escribano público Marcelo Antonio de Figueroa, el sacerdote Juan Ramón, César Bandier, Andrés de Retana, Luis González de Barcia y el capitán Miguel de Aincildegui. Dos días más tarde, el 17 de marzo, ante el mismo escribano, se levantó auto del fallecimiento de Diego de Benavides.

Honras fúnebres y descanso eterno

Muerto en el cuarto bajo del palacio virreinal de Lima, el conde de Santisteban fue amortajado y velado en el mismo al amanecer del día 17 de marzo de 1666. A las diez de la mañana, según narró el diarista Mugaburu, las campanas de la catedral tocaron a duelo y el visitador Cornejo llevó noticia del óbito al oidor Bernardo de Iturrizarra. Al día siguiente, el 18 de marzo de 1666, se dispararon cuatro salvas, con nueve piezas de artillería cada una, en la plaza Mayor de Lima. Tras ello, desde el palacio virreinal salió un cortejo fúnebre iniciado por el maestre de campo del batallón de Lima, Francisco de la Cueva, y tras este cuerpo militar los colegios, tribunales y encomenderos, cerrando el desfile la Audiencia y el hijo del difunto, Manuel de Benavides, que quedó situado entre el oidor Iturrizarra y el visitador Cornejo. El 20 de marzo tuvo lugar la misa ante el cuerpo del conde de Santisteban, siendo oficiada por el arzobispo Pedro de Villagómez y concelebrada por los canónigos de Lima. Finalizado el oficio *corpore insepulto*, con el mismo acompañamiento que dos días antes, el fallecido fue trasladado en su carroza hasta el convento de Santo Domingo[12].

No fue hasta el 31 de marzo de 1666 cuando se celebraron en la Ciudad de los Reyes las honras públicas por el conde de Santisteban. Aquel día «fueron todas las religiones y recolecciones a cantar su misa y responso» por el alma del conde al convento de los dominicos. En la iglesia de este establecimiento regular se había levantado un «túmulo que llegaba hasta el techo y muy curioso y de gran arquitectura y en el que había hasta ochocientas luces». Un artefacto que sería, sin duda, muy similar al construido poco tiempo después por Asensio de Salas, también en 1666, por el fallecimiento de Felipe IV[13]. A las diez de la mañana de esta jornada, la familia del virrey, el Consulado de Cargadores, la Real Universidad de San Marcos y el Cabildo de la ciudad presididos por Manuel de Benavides, el oidor Iturrizarra y el visitador Cornejo, salieron desde el palacio virreinal con dirección a Santo Domingo; siendo escoltados en vanguardia por la compañía de milicias del gremio de plateros, en retaguardia por la guardia virreinal y en todo el flanco, en fila desde el palacio al convento, por la compañía del número de Lima. A las dos de la tarde de aquel 31 de marzo de 1666 acabaron las honras por el conde de Santisteban y su cuerpo quedó en custodia de los frailes[14].

Sin embargo, Diego de Benavides, en el referido testamento de Cádiz del 2 de noviembre de 1660, expresó su deseo de ser enterrado en el convento de San Francisco de Santisteban del Puerto y que hasta allí se trasladasen sus restos, falleciese donde lo hiciese[15]. Una voluntad de descansar junto a sus antepasados en el solar jiennense que fue reiterada en el primer codicilo limeño de 1663. En este añadido, el virrey expresó que si moría en la Ciudad de los Reyes, en Panamá, en Portobelo o en Cartagena de Indias, su esposa sería la encargada de mantener su cuerpo en depósito, en el emplazamiento que conviniese, hasta poder ser trasladado a España y sepultado de forma definitiva en el convento de San Francisco de Santisteban[16].

Ser inhumado en este cenobio fue intención firme de Diego de Benavides y ni tan siquiera el declarado estado ruinoso de su hacienda en 1666 lo apartó de ello. Así, en el último codicilo limeño, el virrey manifestó que aun no dejando cantidad suficiente para satisfacer a sus acreedores, sí debía atenderse «lo que se ha de gastar en su funeral y entierro» y posterior traslado a España, quedando la Audiencia y el visitador Cornejo como amparo de la familia que dejase en el Perú[17].

Sin embargo, tras las honras fúnebres que más arriba hemos expuesto, el cuerpo de Diego de Benavides se depositó en el convento del Rosario de los dominicos de Lima. A diferencia del primer codicilo, donde no se señala lugar, en este segundo Santisteban estipulaba que Ana de Silva, su mujer, entregara su cuerpo a estos frailes para que lo conserven «en la parte y lugar que eligiere y le pareciere a dicha señora condesa» dentro del establecimiento de los predicadores. Así tuvo lugar, el cuerpo del conde de Santisteban fue entregado a los dominicos el 20 de marzo de 1666, aunque el auto fuese datado el 18 de marzo[18].

Imagen 12. Túmulo en honor a Felipe IV, Lima, 1666.
Fuente: BNE, Cervantes Virtual.

La voluntad de Diego de Benavides de reposar en Santisteban del Puerto no fue cumplida. Del convento limeño nunca fue trasladado hacia España, al convento santistebeño de San Francisco. Así, en la actualidad una lápida gastada en el claustro mayor del convento de Santo Domingo, al pie del retablo de la capilla posa del Nacimiento de Jesús, indica que bajo nuestros pies reposan los restos del virrey conde de Santisteban[19]. Hasta ahora no teníamos referencia de dónde estaba inhumado exactamente el virrey.

Aun habiendo espacio para el cuerpo del fallecido virrey, este no formó parte de la Armada del Mar del Sur que partió desde el puerto del Callao a Panamá el 10 de diciembre de 1666 y que, tras atravesar el istmo a pie, unió a sus pasajeros y mercancías a los galeones de Tierra Firme con destino a España. En estos barcos embarcó la condesa viuda de Santisteban junto con sus hijas Teresa y Josefa y Manuel de Benavides, quien presidió, que no comandó, dicha flota en calidad de teniente de capitán general del Perú; además, entre los pasajeros se contaba con un derrotado Juan Cornejo[20].

Sin haber llegado la familia a España, la noticia del fallecimiento del conde de Santisteban les precedió, provocando que se dispusiesen cuanto antes las honras fúnebres en su recuerdo. Probablemente estas órdenes corrieron a cargo de Francisco de Benavides, nuevo conde de Santisteban, quien con el aviso de la muerte de su padre en Lima no tardó en hacerse cargo de la casa. Así, por ejemplo, en agosto de 1667 el nuevo conde ya acordó imponer un censo de 6.000 ducados en plata sobre el estado de Las Navas, con objeto de que su principal sirviese para seguir acortando la deuda matrimonial de su hermana María con el duque de Segorbe[21]. Además, la posición privilegiada en la que quedaba el nuevo titular del condado de Santisteban hizo que incluso las honras fúnebres que le compusieron a Diego de Benavides fuesen dedicadas a su hijo Francisco.

Este texto fue predicado en la Colegiata de Santiago de la villa de Castellar, del señorío de los Benavides, la cual había sido fundada por Mendo de Benavides, obispo de Cartagena y tío natural de Diego de Benavides. Al púlpito se subió su compositor, el fraile carmelita descalzo Juan del Santísimo Sacramento, en la jornada del 2 de marzo de 1667. Este clérigo fue elegido por los hermanos del difunto, Álvaro y Antonio, y con mucha seguridad propuesto a la aprobación de su sobrino[22]. Muy interesante resulta el hecho de que, con escasa duda, fray Juan conociera la trayectoria y la casa del difunto, pues en el arranque de su prefacio ya realizó refe-

Imagen 13. Tumba del conde de Santisteban en el convento de Santo Domingo de Lima. Fuente: Juan Pablo El Sous Zabala.

rencias a que se trataba «de un grande», o lo que es lo mismo, rescató en la oración fúnebre aquella meta que persiguió Santisteban y no consiguió ni con el memorial de 1660: la Grandeza de España[23].

En esta oración el carmelita descalzo ensalzaba constantemente a Diego de Benavides y elevaba sus trabajos al servicio de la Monarquía hispánica a una categoría próxima a lo indispensable, lo cual además sirve para justificar ese afán por la Grandeza que el nuevo conde también heredará. En esta ascensión de Santisteban puede resultarnos llamativo cómo fray Juan del Santísimo Sacramento vincula su muerte a la del propio Felipe IV, el *Rey Planeta*: «(...) porque la muerte de una criatura Grande a la vista, considerando el fin de una persona ilustre, y discurrido el ocaso de un Planeta Gigante en lucimientos y resplandores (...) pesar el mayor es para Dios mismo y pésame no pequeño para el pecho católico»[24]. Así, tras unas páginas dedicadas al ya citado obispo Mendo de Benavides, el carmelita descalzo retornaba al conde de Santisteban en alabanza de su vida. En este sentido, fray Juan realizó alusión a un asunto del que se tienen escasas referencias: el hipotético viaje de Diego de Benavides a Roma para obtener la dispensa matrimonial para casarse con Antonia Ruiz de Corella[25]. Según el fraile, el futuro conde de Santisteban se entrevistó con Urbano VIII «en verso latino», causando admiración del pontífice, quien preguntó su procedencia y al saber el origen exclamó: «¿Español? Pues no puede ser otro si no el conde de Cocentaina»[26]. Esta respuesta con gran matiz literario quizá sea la prueba más evidente de que esta estancia romana no existió, ya que Diego de Benavides nunca ostentó tal título.

Como hizo fray Juan del Santísimo Sacramento en su composición, «comenzar a referir sus virtudes [del conde] es para nunca acabar», por lo que no reiteraremos los trabajos ensalzados que señaló a Diego de Benavides. No obstante, sí incidiremos en el discurso de que Santisteban por sus servicios a la Monarquía había demostrado ser un Grande, una idea que era el *leitmotiv* de todo el panegírico y que se repitió a la menor ocasión: desde su empleo como soldado particular en Italia hasta el virreinato del Perú[27]. Unos méritos de los que, como cita el carmelita, «[tenía el] gran monarca Felipe IV superior conocimiento y así estaba empeñado elegirlo mejor para el gobierno más acertado de sus reinos»[28].

De esta manera, en sus estados de Santisteban del Puerto se honró la trayectoria de Diego de Benavides, sepultado para siempre en Lima, recordando en referencia a *Las Metamorfosis* de Ovidio que «a la verdad humana y divina, los procederes propios son los que ilustran. Los propios méritos son los que engrandecen; los de mis antepasados no son míos»[29].

CONSIDERACIONES FINALES

Diego de Benavides (1607-1666) puede erigirse como ejemplo de aquellos individuos que ocuparon su vida al servicio de la Monarquía hispánica de Felipe IV. Si bien es cierto, no debemos olvidarlo, que el VIII conde de Santisteban del Puerto nunca ha sido una figura muy conocida del reinado del *Rey Planeta*, sí fue un sujeto que anduvo siempre cercano a esos «hombres estelares» —el soberano, Olivares y Carpio— y no dejó de aparecer en escenarios de primera magnitud desde la segunda mitad de la década de 1630 hasta su fallecimiento. Por tanto, siguiendo la trayectoria de Santisteban podemos no solo comprender mejor este largo período del siglo XVII, sino también entender de forma más cercana cómo funcionaron las estructuras de gobierno hispánicas, cómo se actuó en los diferentes frentes bélicos, cómo se negociaba con los poderes locales peninsulares e indianos o cómo un linaje se marcaba un objetivo patrimonial y lo perseguía durante generaciones. Es decir, Santisteban fue un personaje muy factible para el análisis de una época.

Teniendo en cuenta lo dicho, no podemos obviar que la figura de Diego de Benavides llegó a la cúspide del *cursus honorum* hispánico gracias, además de a sus propios méritos, al trabajo previo de su familia, especialmente el de su padre, Francisco de Benavides, VII conde de Santisteban. Las relaciones políticas, clientelares y familiares que desplegó el VII conde se pueden calificar de sobresaliente, aunque no fuera un mecanismo exclusivo de él. Así, su mudanza a la corte en las casas de San Pedro el Real, la situación de sus vástagos en los oficios de meninos del príncipe, el rey y la reina o los acuerdos matrimoniales de estos con otros linajes asentados o en ascenso fueron claves para que Diego de Benavides gozara en la edad adulta de una posición aventajada.

En este sentido, el VII conde se alineó con la corriente política dominante en la corte. Si bien no formó parte del círculo estrecho del conde-duque de Olivares, su participación en la Jornada de Andalucía en 1624 —acogiendo a la comitiva real en Santisteban, tanto a la ida como a la vuelta del viaje— pudo confirmar que este gentilhombre tuvo un acceso relativamente llano a las fuentes del poder. Este modo de proceder fue asimilado por Diego de Benavides y, como han leído, a la caída de Olivares maniobró sin mucha significación pública para acercarse a Luis Méndez de Haro. Probablemente este sigilo conllevó que Santisteban nunca fuese objetivo político de ninguna facción, pero esto mismo se tradujo en que para el marqués del Carpio fuese una figura útil para proponer ante el rey en diferentes puestos de la Monarquía.

De igual manera, la política matrimonial diseñada por su padre fue repetida por Diego de Benavides tanto consigo mismo como con sus hijos. Casado en primeras nupcias con Antonia Ruiz de Corella y Dávila, enlazó fuertemente con la casa de Las Navas en Castilla y con la de Cocentaina en el Reino de Valencia, aumentando para sus herederos el mayorazgo y consolidando su posición en la corte. Sin embargo, la muerte de esta señora conllevó para Benavides un serio problema dados los acuerdos económicos de la capitulación matrimonial; entre otros, sostener a la hermana pequeña de la difunta. Así, a Diego de Benavides no le quedó otra que confirmar la unión con esta casa y desposarse con su cuñada Juana Ruiz de Corella, cancelando en nuevas capitulaciones el compromiso anterior y asentando la fusión de ambos linajes. Pero de nuevo la muerte hizo aparición, dejando por segunda vez viudo al conde de Santisteban. Para abandonar este estado, Diego de Benavides empleó de nuevo la política aprendida de su padre y contrajo terceras nupcias con una vieja casa en nuevo ascenso: los Gómez de Silva. De esta manera se produjo el último casamiento de Santisteban, el sellado con Ana de Silva, hija del I marqués de la Eliseda.

Pero si Diego de Benavides se desempeñó con habilidad en este campo, con sus hijos no habría de ser menos. En este sentido cabría destacar los dobles matrimonios concertados, con la importante aprobación en lo político del marqués del Carpio, en 1660. Nos estamos refiriendo a las nupcias de su heredero Francisco de Benavides con Francisca de Aragón, hija del V duque de Segorbe y la III duquesa de Lerma; y las de su hija María de Benavides con el citado V duque de Segorbe. Sin duda, el posicionamiento definitivo de la casa de Santisteban entre la nobleza más influyente del periodo final del reinado de Felipe IV y el de Carlos II.

Sin embargo, aquello que más caló de Francisco de Benavides a su hijo Diego fue el anhelo del linaje de ser reconocido entre la Grandeza de España. Parece ser que buena parte de las maniobras del VII conde de Santisteban iban dirigidas a ese fin y que incluso el estado ruinoso en que dejó su casa se debió, en parte, a ello. El VIII conde, nuestro protagonista, recogió el guante y no perdonó oportunidad alguna en demandar o recordar que la trayectoria de los Benavides bien merecía formar parte del grupo de la Grandeza. Así, por ejemplo, el memorial de 1660, que ejemplo de tantas cosas fue, no tuvo otro objetivo que conseguir de Felipe IV la elevación de los Santisteban a la Grandeza y para ello el texto empleaba tanto reclamaciones históricas —por ejemplo, ser el único de los cuatro condados andaluces (Niebla, Arcos, Cabra y Santisteban) no elevados a la Grandeza en 1520— como otras de índole personal —los méritos y servicios tanto de su padre como suyos propios—. Lamentablemente para Diego de Benavides, esta petición nunca fue atendida y falleció sin completar la tarea que le legó su padre. Para el ascenso de la casa de Santisteban a la Grandeza habría que esperar al hijo de Diego de Benavides, Francisco de Benavides, IX conde, quien sí consiguió por sus empleos como virrey en Cerdeña, Sicilia y Nápoles permanecer tocado ante Carlos II en 1696.

Pero para llegar a argumentar servicios personales en favor de la Monarquía, Diego de Benavides hubo de labrar su propia trayectoria. Esta carrera comenzó en 1637, cuando *motu proprio* y buscando el reconocimiento público —y meteórico— que ofrecía el ejercicio de las armas, asentó plaza como soldado raso en el Tercio de Saboya. La campaña de invasión del Piamonte que habían diseñado los consejos de Estado y Guerra para que ejecutase el marqués de Leganés era la oportunidad perfecta para, tras ser menino, comenzar a añadir laureles a su expediente.

Las actitudes para la guerra del por entonces I marqués de Solera —título concedido justo antes de su marcha a Italia— quedaron rápidamente demostradas. La campaña de 1637 y especialmente la de 1638, con la toma de Vercelli, en la que sobresalió, le granjearon el ascenso hasta una capitanía de corazas. Así, con estos méritos reconocidos entre mando y tropa, Diego de Benavides formó parte de la expedición para la captura de las plazas de Cengio y Saliceto, llaves piamontesas hacia la costa ligur. A inicios de la campaña de 1639 se decidió tomar estas fortalezas y en la primera de ellas, yendo Santisteban en vanguardia del asalto, fue herido de sendos picazos en la cara. Los merecimientos militares ya formaban parte de su expediente en papel y ahora las heridas también lo harían en su físico, pues estas marcas lo acompañaron de por vida, como se intuye en el retrato virreinal peruano.

Herido, pero con los ascensos y bagajes marciales a sus espaldas, Diego de Benavides se recuperó durante la primavera y el verano de 1639 en algún hospital de Lombardía. En ese tiempo, aunque otras fuentes lo sitúan de nuevo en combate, Benavides solicitó con ahínco regresar a la corte. Su deseo fue concedido a finales de aquel año, pero en el camino de vuelta aún le quedaba una parada: la recuperación de Salces.

Tomada por los franceses en junio de 1639, la ciudad rosellonesa se antojaba clave no solo dentro del condado, sino también como cabeza de puente para asaltar el Principado de Cataluña. Entendiendo tal, la Monarquía empleó cuantos recursos tuvo disponibles tras levantar el cerco de Fuenterrabía el año anterior. Así, muchos soldados que regresaban de la primera parte de la invasión del Piamonte acabaron sirviendo en este complicado cerco. Uno de ellos fue Diego de Benavides.

Retomado Salces a principios de enero de 1640, verdadero preludio de la rebelión de los catalanes en junio de ese año, Benavides reincidió en la licencia para volver a Madrid, apoyándose para ello tanto en los méritos contraídos como en la precaria salud del VII conde. Con la venia para regresar a la corte desconocemos si Diego de Benavides estuvo presente en los últimos momentos de su padre, pero sí sabemos que este falleció el 26 de septiembre de 1640. Como nuevo conde de Santisteban del Puerto, el octavo de este título, hubo de lidiar rápidamente con las elevadas deudas heredadas y con la administración de unos estados poco atendidos, los cuales dejó en manos de su tío natural, Mendo de Benavides, obispo de Cartagena.

Ante este escenario, la salida más útil para su casa y hacienda fue continuar al servicio de Felipe IV y así lo decidió Santisteban. Por este motivo, el conde formó parte de la primera de las Jornadas de Aragón, obteniendo en ellas su nombramiento como consejero de Guerra. Sin embargo, a pesar de esta provisión, Santisteban acabó apartado de los escenarios bélicos entre 1641 y 1643. Para entonces, habiendo regresado Diego de Benavides a la jornada aragonesa, se le conminó no solo a retornar a la corte y a su asiento en el Consejo, sino que incluso se le apartó de este espacio y se le destinó a la guerra contra el rebelde portugués.

El primero de diciembre de 1640 el duque de Braganza se alzó reuniendo a buena parte de los descontentos por el gobierno de Felipe IV en Portugal. Esto generó un segundo frente bélico dentro de la Península Ibérica, una situación de difícil sostén para una Monarquía que estaba próxima a su límite financiero y humano. Así, esta guerra hubo de ser considerada por el Consejo de Estado en un segundo orden, dando prioridad en todos los recursos a la recuperación de Cataluña. De esta manera, Diego de Benavides fue enviado en 1643 en calidad de maestre de campo al ejército de Extremadura emplazado en Badajoz. Con estos condicionantes y con apenas medios a su disposición, Santisteban hubo de afanarse en una estrategia defensiva en sus máximos términos. El conde no dispuso prácticamente de hombres ni financiación para algo que no fuese conservar posiciones y así lo cumplió debidamente. No obstante, dicha limitación no fue entendida por algunos coetáneos, ni por ciertos historiadores contemporáneos, calificando al conde de Santisteban como un militar medroso, reservado y en exceso influido por los deseos de su esposa —en aquel momento Antonia Ruiz de Corella—. Esta mácula, debida realmente a la cortedad de medios, acompañaría a Diego de Benavides durante mucho tiempo, y así durante su gobierno en el Perú volvería a relucir, aunque esta vez achacándola a su tercera esposa, Ana de Silva.

En cualquier caso, con los recursos disponibles y extrayendo lo que fuese de donde fuese, el conde de Santisteban cumplió con las órdenes de mantener la raya pacense y, tras solicitar su relevo, en marzo de 1644 fue sustituido por el marqués de Torrecuso. Después de abandonar Extremadura, Diego de Benavides visitó al rey en Fraga y seguidamente retornó a sus casas madrileñas de San Pedro el Real, donde hubo de ponerse de inmediato a gestionar una hacienda personal en verdadero estado de ruina. Aun más, podemos considerar que desde entonces esta situación financiera nunca mejoró y que las reiteradas peticiones de Santisteban de gratificaciones, ayudas de costa, mercedes y premios no tuvieron otro objetivo que restaurar su bolsa y liquidar las abultadas deudas de su padre. Además, a esta complicada tesitura se unió la muerte en octubre de 1644 del hasta entonces administrador de los estados de los Santisteban, el obispo Mendo de Benavides. Por tanto, el conde se afanó por entero a esta cuestión hasta que pudo nombrar a su hermano Antonio de Benavides como nuevo gestor.

El alejamiento de Diego de Benavides de la dirección financiera de su casa no se debió solo, qué duda cabe, a su deseo de abandonar esta tarea poco laudatoria ante la sociedad, sino al llamado de Felipe IV en

1647 para servir en otro empleo: la capitanía general y gobernación del Reino de Galicia. Desde el levantamiento portugués los gallegos habían visto cómo sus fronteras sensibles se duplicaban: desde el siempre amenazado litoral atlántico a las lindes terrestres con los lusos. Así pues, en calidad más de general que de gobernador, Santisteban hubo de atender unas necesidades militares que de nuevo superaban con creces los recursos disponibles. Sus predecesores —Martín de Redín, el marqués de Valparaíso y el marqués de Távara— apenas pudieron contener las expediciones portuguesas desde Chaves, Tras-os-Montes y Entre-Douro-e-Minho, culminando estas con la toma de la plaza de Salvatierra en 1642. Por todo ello, Santisteban se halló con la máxima responsabilidad en Galicia y con un objetivo muy marcado por parte de la Monarquía: mantener las fronteras y, si hubiese posibilidad, atacar a los rebeldes.

Con cumplir el primero de los encargos tuvo más que suficiente Diego de Benavides, aunque ello no resultó nada sencillo. El conde como gobernador de Galicia tenía unas facultades muy limitadas y cualquier acción de gobierno había de ser supervisada por la Audiencia de La Coruña y casi que por la propia Junta del Reino. En este sentido, la capacidad extractiva de Santisteban se hallaba cercenada y sin recursos no podía acometer acción alguna más allá de defender, a duras penas, los puestos fronterizos. Así pues, Santisteban hubo de sacar a relucir la que creemos fue su mayor habilidad personal: la negociación. Como capitán general, Diego de Benavides representó las necesidades de Galicia ante su Junta y no dejó de solicitar la financiación que desde Madrid no se transfería. Los delegados de ciudades y concejos gallegos siempre fueron reticentes a suplementar la tributación de forma extraordinaria para hacer frente a la rebelión portuguesa, pero las circunstancias obligaban a que el gobernador no dejase de insistir en esta materia. El Consejo de Estado, como hemos visto, priorizó en todo momento la guerra en Cataluña y ordenó al Consejo de Hacienda destinar la mayor parte de los recursos a este frente, dejando de lado otros como el gallego. Por esta razón, la Monarquía pidió a Santisteban que obtuviese cuanto fuese posible de la Junta del Reino.

El conde de Santisteban no dejó de negociar con la Junta de Galicia desde 1648 hasta 1651 un servicio de forrajes para sostener a la caballería en la frontera y un peculio para el alojamiento de la infantería. A la postre, solo consiguió 62.000 escudos de los 90.000 solicitados inicialmente para los forrajes, pero esto ya fue mucho más que la cantidad inicial de 0 escudos que los gallegos estaban dispuestos a entregar al llegar Diego de Benavides. Por ello, puede considerarse como exitosa la intervención negociadora del capitán general y este mismo atributo pactista se confirmó en su relación con las tropas.

Si bien los gallegos no estaban dispuestos a aumentar su participación económica en la guerra, tampoco lo estuvieron a la recluta de más hombres. El gobernador Benavides contó siempre con un menguado número de soldados y caballos, pero los empleó en los puntos más sensibles gracias a una buena relación con los mandos del ejército. Esta relación, favoreciendo cuanto pudo a los soldados profesionales, le facilitó que no se produjera durante su generalato un desastre similar al de Salvatierra. Sin embargo, como apuntamos, se trataba de un número reducido de hombres, por lo que siempre fue obligatorio el recurso a las levas y milicias concejiles. En este aspecto Santisteban hubo de hacer uso no del talante, sino de la disciplina para mantener el orden entre las tropas y evitar cualquier tipo de altercado extraordinario en Galicia.

Sin dinero y con pocos soldados, Santisteban dejó un último servicio acordado en tierras gallegas antes de ser relevado por Vicente Gonzaga en 1652. Nos referimos a los asientos entre la Monarquía y un grupo de corsarios flamencos. Los pocos recursos disponibles estaban distraídos lejos de Galicia y asegurar el litoral fue clave durante las décadas de 1640 y 1650. Así, el conde de Santisteban vio con buenos ojos rubricar estos asientos y entregar parte de la defensa atlántica de Galicia al corso. Su propuesta fue aceptada y los réditos llegaron, pero tanto estos como el relevo de tropas ya no fueron gozados por Diego de Benavides, sino por su sucesor.

Después del intenso gobierno de Galicia, el conde de Santisteban esperaría algún tipo de descanso en la corte. Este no se produjo. Casi sin solución de continuidad y gracias a estos méritos tanto militares —en guerra defensiva— como políticos —las negociaciones con la Junta del Reino—, Diego de Benavides fue considerado como un hombre capaz, aunque no fue el primer candidato, para ocupar el que sería su primer virreinato: Navarra. La hoja de servicios que presentaba Santisteban en 1653 era notable y el empleo era prestigioso y apetecible para un conde que acababa de contraer sus terceras nupcias, comprometiéndose con ello a una dote sustanciosa en mitad de una hacienda personal delicada, por lo que no dudó en tomar un puesto asalariado con 6.500 ducados anuales. Sin embargo, no todo en Pamplona había de ser atractivo. El *alter ego* de Felipe IV en el Reino navarro tuvo unas condiciones muy remarcadas en las instrucciones: mantener las fronteras septentrionales mientras se estuviese en guerra con Francia, reanudar las Cortes interrumpidas por la muerte del duque de Escalona en 1652, conseguir mayores aportes financiero-humanos de Navarra y conservar la quietud en la jurisdicción.

Para la consecución de estos objetivos Santisteban hubo de sacar a relucir esa habilidad ya señalada. En Navarra el virrey no dependía únicamente de sus capacidades, sino que debía mantener un equilibrio con una serie de instituciones de tradición y peso. En este sentido, las Cortes no fueron el único órgano con que Santisteban hubo de negociar y conservar cierto estatus, también el Consejo Real de Navarra —nunca trasladado de Pamplona— tuvo una gravedad notable, máxime cuando entre otras cuestiones dispuso de vía directa con el rey. A esto, siendo instituciones que vigilaban con sumo escrúpulo el cumplimiento de los fueros, hubo de sumarse la Diputación del Reino, institución con capacidad de declarar «contrafuero» cualquier disposición tanto de Madrid como del propio virrey, y por tanto de limitar la capacidad gubernativa. Pero también una Cámara de Comptos que arbitraba qué tributos eran del Reino y cuáles del rey, supervisando de esta manera el Fisco y acotando la capacidad extractiva de la Monarquía. Con todos ellos sin excepción, Santisteban como virrey tuvo que mantener unas relaciones cordiales y en un ejercicio casi de funambulismo ponerlas de acuerdo para ayudar a un exhausto Felipe IV.

Diego de Benavides maniobró con más solvencia de la esperada en Navarra y aunque no consiguió una aportación cuantiosa del Reino, sí comprometió a este a sufragar en moneda un menguado tercio. De nuevo, mucho más de lo que en 1652 se esperaba conseguir. Además, en su relación con las importantes ciudades de Navarra, Santisteban obtuvo acuerdos ventajosos para la Monarquía, como los estudiados donativos cerealísticos o el sufragio capitular de un nuevo baluarte para la ciudadela de Pamplona. Con todo, el conde esquivó durante su virreinato cualquier intento de sublevación dentro de la jurisdicción e incluso que los franceses efectuasen incursión alguna en el territorio. No obstante, lo que más destacó Santisteban de este período fue su participación en la Paz de los Pirineos.

En calidad de virrey de Navarra, como ministro plenipotenciario próximo al marqués del Carpio, Diego de Benavides representó los intereses de Felipe IV en el encuentro de la isla de los Faisanes en 1659. Como bien testimonió él mismo, Santisteban acudió raudo a Irún desde Pamplona, acompañado de su entonces primogénito Pedro, con el deseo de que este fuese iniciándose en el servicio a la Monarquía. Para su desgracia, el adolescente de 17 años falleció repentinamente, sumándose así a las importantes pérdidas familiares que hubo de padecer Benavides durante su estancia navarra. A pesar de ello, Santisteban permaneció a orillas del Bidasoa mientras duraron las negociaciones que diseñaron los próximos años de la Monarquía hispánica. El resultado de estos encuentros, el Tratado de los Pirineos de 1659, no era tan ventajoso como la propuesta de paz del cardenal Mazarino en 1656, pero al menos permitía a Felipe IV reagrupar esfuerzos en la guerra contra Portugal —recuperación que obsesionaba al monarca— y olvidar relativamente el foco septentrional.

Tras esta rúbrica y los esponsales de Luis XIV de Francia con la infanta Teresa de Austria en la propia isla de los Faisanes en junio de 1660, decorada al efecto por el aposentador real Diego Velázquez e inmortalizada en los tapices de los Gobelinos por Charles Le Brun, al conde de Santisteban le esperaba un nuevo destino. Para entonces, Diego de Benavides ya había dado a imprenta en Madrid el memorial reclamando la Grandeza de España para su casa y en el mismo ya se decía provisto, nada más y nada menos, que virrey del Perú.

Con la nueva representación de Felipe IV en las Indias podía considerarse que el conde de Santisteban alcanzaba el cénit de su *cursus honorum*. Aunque de nuevo no fue el primero de los señalados en la lista elevada al *Rey Planeta* —ocupaba el cuarto lugar—, demostramos en estas páginas que Diego de Benavides había sido elegido virrey del Perú el 6 de febrero de 1660, mientras aún permanecía en Pamplona, es decir meses antes de lo que alguna bibliografía ha venido repitiendo. En cualquier caso, con esta provisión sobre su despacho, Diego de Benavides retrasó cuanto pudo su partida hacia las Indias. La precaria situación financiera personal que venimos reiterando volvió a relucir y sirvió de herramienta al conde para intentar extraer de la Monarquía mayores ayudas de costa y cobrar algunos débitos. Esta demora pretendida de Santisteban fue ocasionando grandes enojos en el Consejo de Indias —donde se buscaba un pronto relevo en el Perú al conde de Alba de Liste— y en la Casa de la Contratación —cuyo flujo mercantil estaba siendo retrasado por el designado virrey—, de los cuales fue informado de primera mano por parte de su hermano Álvaro de Benavides, fiscal del Consejo. La dilación por esta causa financiera fue tal que los galeones a Tierra Firme se aplazaron de la primavera al otoño de 1660 y forzaron al Consejo de Indias a proponer al rey la sustitución inmediata de Santisteban.

Esta tensión derivó en la partida apremiada y sin más gajes del conde de Santisteban desde Madrid hasta Cádiz, llegando al puerto andaluz en octubre de 1660. Tras organizar su corte como virrey del Perú y dictar mandas testamentarias, Diego de Benavides, su esposa Ana de Silva, sus hijos Manuel y Teresa y ochenta servidores de diferente calidad embarcaron en los galeones a cargo del general Pablo Fernández de Contreras. Desgraciadamente, estos veinte buques zarparon de Cádiz en una fecha poco adecuada, el 4 de noviembre. El resultado de ello fue que el 8 de noviembre se desató sobre los barcos una tormenta que deshizo la flota, hundiendo algunos buques, ahogando a 251 personas, lo que obligó a Santisteban y su familia a retornar a la bahía gaditana. La desgracia era mayúscula y tanto el fiscal de la Casa de la Contratación como el Consejo de Indias vieron en ello a un único responsable: Diego de Benavides y su voluntario retraso en partir hacia las Indias.

A pesar de la tragedia, los galeones reparados volvieron a zarpar el 21 de diciembre de 1660 y esta vez sí pudieron llevar a cabo la singladura hasta Panamá. Desde el istmo, Santisteban y su corte navegaron a Paita y prosiguieron el camino hasta la Ciudad de los Reyes a pie. A la capital del Perú lo precedió uno de estos cortesanos «de calidad» como embajador, el pamplonica Juan de Ybero, para preparar su entrada triunfal y su toma de posesión. Así, el 30 de julio de 1661, después de grandes fastos en honor al *alter ego* de Felipe IV, Diego de Benavides ocupó el palacio de la plaza Mayor de Lima como nuevo virrey del Perú.

En la cima de la administración peruana, el conde de Santisteban fue conminado por la Monarquía, a través de unas instrucciones reiteradas a otros precedentes en el cargo, a cumplir un gran objetivo: la reconstrucción de una endeudadísima Hacienda virreinal. En esto Diego de Benavides no perdió mucho tiempo tras asentarse en Lima y comenzó a reconstruir los ingresos del Erario y a supervisar dónde se gastaban. El deseo de la Monarquía a tenor de ello no estaba solo en la salubridad del Fisco, sino en que la buena marcha de este generase plusvalías cuantiosas para ser remitidas a la Península Ibérica. Así pues, Santisteban arbitró que el mejor medio para cumplir con este fin fue concertar un asiento con el Consulado de Cargadores de Lima por los tributos de la avería del Mar del Norte y del Mar del Sur, el almojarifazgo y la alcabala de Lima y el Callao. Un arriendo nada sencillo, pero en cuya consecución se afanó Santisteban, desplegando su capacidad de negociación y consiguiendo algunos resultados positivos en 1664. Estos acuerdos podrían haber sido sellados entonces entre el virrey y los cargadores, pero el deseo de los mercaderes de que sus procuradores en Madrid validasen la legalidad de los asientos retrasó el acuerdo final más allá de la vida de Santisteban.

Relativamente solventada la cuestión hacendística, con la liquidación de las deudas de la Caja Real de Lima incluida, podría decirse que Diego de Benavides había cumplido de sobra con su mandato como virrey del Perú. Sin embargo, otros problemas habrían de surgir durante su gobierno en la Ciudad de los Reyes y estos condicionaron en demasía su gestión. Nos referimos en este caso, en primer lugar, a la visita a la que fueron sometidas las instituciones peruanas desde 1663-1664. Este proceso de inspección presentó unas particularidades propias, pues en contra de lo habitual no fue encargada a un solo visitador, sino que se dividió en dos: una parte para los órganos administrativo y judicial y otra sección para las instituciones hacendísticas. Esto provocó una bicefalia nada conveniente para estas vistas. Así, el inspector dedicado al segundo grupo, Francisco Antonio Manzolo, comenzó su labor nada más llegar a Lima en 1663, sin esperar al otro visitador, responsable de las primeras instituciones, Juan Cornejo, quien llegó a la capital peruana en 1664. La inspección nació torcida y Santisteban no pudo hacer nada por enderezarla.

En este último sentido se puede considerar a Santisteban como parte responsable. Si bien fue cierto que su ejercicio como virrey no podría ser auditado hasta el juicio de residencia —el cual nunca pasó por fallecer en el cargo—, el conde mostró demasiada simpatía y preferencia hacia Juan Cornejo. Esta cercanía entre el virrey y el visitador, de quien se dijo influía en exceso en el gobierno, desembocó en el crecimiento de este último, otorgándose facultades y poderes que nunca tuvo concedidos y, a la postre, invalidando su capacidad como inspector. Así, ni Cornejo ni Manzolo demostraron interés real en la visita y emplearon su estancia en el Perú para granjearse posiciones, clientes y beneficios de múltiple cariz.

El segundo gran problema que afectó a la administración virreinal del conde de Santisteban en el Perú fue el ocasionado por las revueltas. Si bien es cierto que el Reino de Chile presentaba durante el siglo XVII unas peculiaridades propias, la llegada de Francisco de Meneses en 1663 y su autoritarismo *supra legem* no favoreció en absoluto el estado del territorio. Frente a ello, a un capitán general y gobernador elegido por el rey, la capacidad del *alter ego* del Perú estuvo sumamente limitada; prácticamente lo único que podía hacer fue denunciar los desmanes de Meneses ante el Consejo de Indias. Igual barrera, en este caso física, tuvo Diego de Benavides con otra revuelta dentro del virreinato: la tercera guerra calchaquí. La distancia hasta Tucumán y el casi nulo ejército de que disponía obligaron al conde de Santisteban a delegar por entero este conflicto en los gobernadores de la región.

Esta escasa capacidad militar en el Perú llevaría a que Santisteban tampoco tuviese capacidad para sofocar el gran levantamiento que sufrió en aquellos años: las alteraciones de Laicacota. En esta región puneña, alrededor de San Antonio de Esquilache, los mineros habían ido estableciendo un sistema paralelo para defraudar en el pago del quinto real y, además, controlar políticamente el territorio. En la pugna por este poder, los mineros se dividieron entre andaluces, liderados por los hermanos Salcedo, y vizcaínos —aunque no fueron solo de esta extracción peninsular—. El enfrentamiento derivó en 1664 en una lucha violenta abierta, con arcabucería e incendios incluidos, que no pudo atajar de ninguna manera el comisionado por Santisteban, el alcalde del crimen de la Audiencia de Lima, Andrés Flores de la Parra. Los Salcedo se enseñorearon en Laicacota e incluso recibieron misivas de apoyo por parte de algunos magistrados de la Chancillería limeña, no pudiendo ser aplastados al carecer el virrey de una fuerza militar adecuada. Este fue el verdadero motivo por el que Santisteban no erradicó estas alteraciones, la falta de medios y hombres, como le ocurrió en Extremadura y Galicia; solo cuando estos estuvieron disponibles, durante el virreinato de su sucesor el conde de Lemos, fue posible el aplastamiento de la rebelión.

Pero el conde de Santisteban no solo hubo de hacer frente a estas alteraciones, la visita y los desmanes hacendísticos. Como virrey del Perú, Diego de Benavides hubo de maniobrar entre la autoridad que tenía delegada de Felipe IV y el poder fáctico que tuvieron las instituciones locales. Estos organismos, algunos de ellos con más de un siglo de vida al llegar el conde, estaban arraigadísimos en el Perú y su voluntad colegiada se convertía en norma casi de manera inmediata. Así pues, la Audiencia de Lima, el Tribunal de Cuentas, la Caja Real de Lima, el Cabildo de la Ciudad de los Reyes y el Consulado de Cargadores, además del Arzobispado, el Cabildo catedralicio, el Tribunal de la Inquisición o la Real Universidad de San Marcos, hicieron de la capital del Perú uno de los núcleos fuertes de la Monarquía hispánica; otro de aquellos centros en los que se detentaba el poder y que en conjunto balanceaban las decisiones que se tomaban en la corte madrileña. En otras palabras, Santisteban pudo comprobar de primera mano cómo Lima fue uno de los ejes de aquella «monarquía policéntrica».

En su relación con las instituciones locales, el virrey conde de Santisteban jugó entre dos extremos: el común acuerdo y la sintonía o el recato y el miedo. En el primero de los sentidos, Diego de Benavides no tuvo más remedio que apoyarse en las instituciones locales, las cuales además estaban diseñadas como contrapeso del propio virrey, para conseguir que su administración se llevase a la práctica no solo en Lima, sino también en los corregimientos más alejados de la capital. En el segundo de los aspectos, Santisteban aprendió pronto que debía cuidarse de enfrentarse a estos entes peruanos, pues de lo contrario muchos de ellos aprovecharían el juicio de residencia al que sería sometido tras su virreinato para volcar sobre él innumerables acusaciones y venganzas. Así pues, entre ambas actitudes Santisteban fue consolidando su propia posición como virrey, sin olvidar que se hallaba en el Perú para cumplir con los objetivos ya analizados.

De cualquier manera, el poder que Santisteban reunía siempre fue objeto de deseo para las autoridades locales. Si bien durante su virreinato estas instituciones sólo tantearon la posibilidad de situar a sus componentes, o a próximos, en espacios reservados para el *alter ego*, la muerte de Benavides desveló estas ansias por copar el poder. Ejemplo de ello fueron la rapidez de la Audiencia de Lima por erigirse como gobernadora interina del Perú, la solicitud del Cabildo de la Ciudad de los Reyes para que obligatoriamente se reservaran empleos para sus miembros o la situación de hijos y parientes de los magistrados en la Real Universidad de San Marcos.

Aun con estas complicadas relaciones entre virrey e instituciones peruanas —en nuestra opinión, mucho más complejas que las existentes en otros destinos de este protagonista, como Galicia o Navarra—, el mayor problema al que hubo de enfrentarse Santisteban en las Indias fue el de la corrupción y los efectos derivados. Es cierto que en este aspecto quizás pequemos de «deformación profesional», pero no debemos obviar que este fue un fenómeno que marcó buena parte del siglo XVII peruano.

Teniendo en cuenta que durante la Edad Moderna el nepotismo no tuvo la consideración de práctica corrupta, más bien se alabó la ayuda a familiares, allegados y deudos, sí debemos considerar que su práctica desembocó en otros ejercicios alejados de la legislación, tanto codificada como consuetudinaria. Así, en lo referente al nepotismo, los virreyes del Perú ejercieron suma preferencia por sus cercanos y Santisteban no fue menos. Empleando de forma exculpatoria al saliente virrey conde de Alba de Liste, Diego de Benavides situó a su hijo Manuel en la segunda plaza militar del Perú, el tenientazgo general y la anexa gobernación del Callao. Asimismo, para su hija María, desposada con el duque de Segorbe, consiguió una jugosa encomienda de indios vacos en la jurisdicción de Quito. Pero esta predilección no se acabó en sus vástagos. El conde de Santisteban empleó a cuantos cortesanos consideró oportuno, no en vano fue socialmente aceptado que aquellos individuos que habían pasado con el virrey a las Indias luego fuesen agraciados con un empleo, gracia o merced.

Las plazas en el Perú, especialmente en su capital, fueron muy codiciadas en el tercer cuarto del siglo XVII que analizamos. A los criollos que ascendían y pugnaban por cualquier oficio al servicio de la Monarquía se sumaban los cortesanos y aquellos que habían acompañado a algún virrey y nunca regresaron a España. Así, con un número limitado de empleos, un creciente grupo de demandantes y la necesidad económica de la Real Hacienda se dictó la «cédula de medios» de 1654, por la cual se enajenaban todos los oficios americanos. Como han podido leer, esta disposición inflacionó el mercado venal indiano, provocando que incluso se creasen más empleos para poder ser enajenados. La desestabilización de este, permítanme, zoco fue tal que la propia Monarquía derogó dicha disposición en 1660. Para entonces, al llegar Santisteban el año siguiente, el número de demandantes de un oficio regio era tal que no se podía dar satisfacción a todos. Por ello, contando con que Diego de Benavides quiso premiar a sus cortesanos y no enojar más a los descontentos peruanos, el conde propuso en 1662 un nuevo sistema para la provisión de oficios: que dos tercios quedasen para los criollos en razón a sus méritos y servicios y el tercio restante a libre disposición del virrey. El proyecto resolvía buena parte del problema inflacionario y además garantizaba al ocupante del palacio de Pizarro la creación de una red cortesano-clientelar que le fuese fiel allí donde ejerciesen. Sin embargo, desde el Consejo de Indias no se tuvo en cuenta dicha proposición y se mantuvo el mecanismo de provisión de oficios en manos de la Cámara de Indias.

Santisteban se quedó sin una herramienta nepotista de primer orden, pero esto no supuso el freno de los criollos. Estos peruanos, especialmente aquellos con gran capacidad financiera, siguieron acudiendo al mercado venal de la Monarquía y adquiriendo los oficios disponibles. Pero esta ventaja también encerraba una trampa. Aunque Santisteban apoyó este acceso criollo a la administración, buscando así la fidelidad a su gobierno, también dejaba abierta la puerta a diferentes vías para amortizar los desembolsos realizados.

La prevaricación, el cohecho, el fraude, el contrabando o el soborno fueron prácticas corruptas que no cesaron durante el virreinato del conde de Santisteban. Aunque Diego de Benavides no participó, que sepamos, de ninguno de estos ejercicios, tampoco tuvo capacidad —quizás por el miedo señalado anteriormente— a denunciar directamente a sus practicantes. En este sentido, los fraudes que se cometieron en las minas de San Antonio de Esquilache —donde la Real Hacienda dejó de ingresar por quintos y cobos más de 150.000 pesos— o el desfalco que se llevó a cabo con el socorro —232.000 pesos— que remitió a los mineros del azogue de Huancavelica no pudieron ser o no fueron frontalmente atacados por Santisteban.

Puede que esta inacción virreinal tuviese como causa el temor, pero tampoco podemos olvidar que en muchas de estas corruptelas estaban implicados magistrados de la Audiencia de Lima. Con el poder que estos togados ejercían resultaba difícil oponerse, incluso denunciar, sus prácticas ilegales. Magistrados como Andrés de Villela, Francisco Sarmiento de Mendoza, Bartolomé de Salazar o Tomás Berjón de Caviedes acumularon auténticas fortunas que en ningún caso podían deberse a su salario en la Audiencia. Así, si el deseo del virrey era gobernar y no enfrentarse cara a cara con la Chancillería de Lima, esperando en caso contrario su venganza en el juicio de residencia, al *alter ego* del rey no le quedaba más opción que disimular la corrupción de los hombres de garnacha.

Aun sin tanto poder, qué duda cabe, los oficiales reales de la Hacienda y los corregidores de las diferentes provincias del Perú también fueron asiduos ejecutores de prácticas ilegales durante el período del conde de Santisteban. En muchos de estos casos, por haber accedido al empleo gracias a la venalidad, tanto unos como otros esperaban una amortización económica de la plaza comprada. Teniendo en cuenta que en todos estos casos la diferencia entre sueldo, años de ejercicio y coste de adquisición no se correspondía, no les quedó otro remedio para obtener réditos que cohechar y extorsionar cuanto pudieron o sus escrúpulos individuales les permitió. Por tanto, esto que se denomina «fenómeno de la amortización», influyó sobremanera en la extensión y el volumen de la corrupción en el Perú de la segunda mitad del siglo XVII.

Además, por si fuera poco, y de seguro que llamó la propia atención del conde de Santisteban, muchas de las actuaciones *contra legem* que tuvieron lugar en el Perú bajo su virreinato no fueron penadas de ningún modo. Las herramientas punitivas y coercitivas de la Monarquía hispánica habían sufrido cierta degradación durante el Seiscientos, desembocando en que los corruptos de este periodo apenas pudieran ser castigados.

Este fue, en líneas conclusivas, el Perú que gestionó en calidad de virrey Diego de Benavides entre 1661 y 1666. A su muerte, acaecida el 17 de marzo y probablemente causada por un agravamiento de la gota y las alteraciones anímicas provocadas por la rebelión de los Salcedo en Laicacota, el conde de Santisteban dejaba un virreinato más o menos estabilizado en lo económico, aquello que el también ya difunto Felipe IV le había pedido en las instrucciones y que en nuestra opinión constituyó su gran mérito peruano. Benavides pasó a mejor vida con su responsabilidad pública satisfecha más bien que mal, pero legando al IX conde de Santisteban unas cuantiosas deudas. Según los codicilos añadidos a su testamento gaditano de 1660, Diego de Benavides había pasado de estar en paz con todos sus acreedores (1663) a sumar la abultada cifra de 177.760 pesos en su contra y con diferentes personas, en su mayoría peruanos, a la hora de su muerte. Este lamentable estado de la hacienda personal probablemente fue la causa de que una de sus últimas voluntades no se cumpliese: ser enterrado en el convento de San Francisco de su natal Santisteban del Puerto. Quizás por esta falta de fondos, quizás por otro motivo que no conocemos, los restos de Diego de Benavides fueron depositados en el convento de Santo Domingo de Lima y allí, en un ángulo de su claustro mayor, reposan hasta nuestros días.

La trayectoria que trazó el VIII conde de Santisteban y que hemos ido recorriendo desde su nacimiento hasta su óbito puede ser un ejemplo de la vida política de, digamos, un actor recurrente en tiempos de Felipe IV. Con esta calificación no desmerecemos los méritos y servicios que acumuló Diego de Benavides, qué duda cabe, pero tampoco podemos cegarnos a la hora de situarlo entre los protagonistas estelares del gobierno del *Rey Planeta*. Santisteban supo ocupar su lugar y en la medida de lo posible incrementar la posición de su linaje. Para ello la mejor estrategia que pudo emplear fue la de convertirse en un auténtico hombre del monarca, con la intermediación de Méndez de Haro, y para alcanzar esto consideró lo más adecuado servir allí donde lo destinasen, luchar contra la escasez de medios materiales y humanos para conseguir los objetivos que le señalaron y sobrevivir entre de los poderes locales de la Monarquía gracias a la negociación constante. Solo así Diego de Benavides alcanzó la cima del *cursus honorum* desde el oficio de menino y, con sus luces y sus sombras, pasó a la historia, situando convenientemente a su heredero con objeto de conseguir la tan ansiada Grandeza para su linaje.

BIBLIOGRAFÍA

ACOSTA RODRÍGUEZ, Antonio: «Conflictos sociales y políticos en el sur peruano (Puno, La Paz y Laicacota, 1660-1668)», en *Primeras Jornadas de Andalucía y América, v. II*, Huelva, Diputación Provincial de Huelva, 1981, pp. 27-52.

ALBI DE LA CUESTA, Julio: *El último virrey*, Madrid, Ed. Ollero y Ramos, 2009.

ALONSO ACERO, Beatriz: «Antonio de Zúñiga y de la Cueva», en *Diccionario Biográfico electrónico de la Real Academia de la Historia,* 2022 <https://dbe.rah.es/biografias/116640/antonio-de-zuniga-y-de-la-cueva> [consulta realizada el 31-X-2022].

ALVAR EZQUERRA, Alfredo: *El Duque de Lerma. Corrupción y desmoralización en la España del siglo XVII*, Madrid, Esfera de los Libros, 2010.

ÁLVAREZ DE TOLEDO, Cayetana: *Juan de Palafox. Obispo y virrey*, Madrid, Marcial Pons Historia, 2011.

AMADORI, Arrigo: «Los territorios americanos y su integración en el mundo hispánico: itinerarios historiográficos entre el paradigma colonial y la monarquía policéntrica», en *Historiapolitica.com,* 2022 <https://acortar.link/WZSx5L> [consulta realizada el 31-X-2022].

AMORES CARREDANO, Juan Bosco: «Diego Roque López Pacheco Cabrera y Bobadilla, VII duque de Escalona», en *Diccionario Biográfico electrónico de la Real Academia de la Histori,* 2022 <https://dbe.rah.es/biografias/12345/diego-roque-lopez-pacheco-cabrera-y-bobadilla> [consulta realizada el 31-X-2022].

ANDÚJAR CASTILLO, Francisco: «Empresarios de la guerra y asentistas de soldados en el siglo XVII», en Enrique GARCÍA HERNÁN y Davide MAFFI (eds.): *Guerra y sociedad en la Monarquía Hispánica: política, estrategia y cultura en la Europa moderna (1500-1700), t. II*, Madrid, Consejo Superior de Investigaciones Científicas y Fundación Mapfre, 2006, pp. 375-394.

ARAGÓN, Ilana Lucía, PARDO-FIGUEROA THAYS, Carlos y DAGER ALVA, Joseph: *El Virrey Amat y su tiempo*, Lima, Pontificia Universidad Católica del Perú-Instituto Riva-Agüero, 2006.

ARROYO MARTÍN, Francisco: *El gobierno militar en los ejércitos de Felipe IV: el marqués de Leganés*, Madrid, Ministerio de Defensa, 2014.

ARROYO MARTÍN, Francisco: *El marqués de Leganés. El favorito del valido*, Madrid, Sílex Ediciones, 2017.

BARRIENTOS GRANDÓN, Javier: «Diego Pedro Fernández de Córdoba y Pimentel», en *Diccionario Biográfico electrónico de la Real Academia de la Historia*, 2022 <https://dbe.rah.es/biografias/51175/diego-pedro-fernandez-de-cordoba-y-pimentel> [consulta realizada el 31-X-2022].

BARRIOS VALDÉS, Marciano: «Francisco Loyola y Vergara», en *Diccionario Biográfico electrónico de la Real Academia de la Historia*, 2022 <https://dbe.rah.es/biografias/47716/francisco-loyola-y-vergara> [consulta realizada el 31-X-2022].

BASADRE GROHMANN, Jorge: *El conde de Lemos y su tiempo*, Lima, Ed. Huascarán, 1948.

BORREGUERO BELTRÁN, Cristina: *La Guerra de los Treinta Años, 1618-1648. Europa ante el abismo*, Madrid, La Esfera de los Libros, 2018.

BOUZA, Fernando: «Servir de lejos. Imágenes y espacios del Cursus Honorum cortesano de la España de los Austrias», en Ángel VACA LORENZO (ed.): *Europa: proyecciones y percepciones históricas*, Salamanca, Ediciones Universidad de Salamanca, 1997, pp. 71-86.

BÜSCHGES, Christian: «La corte virreinal en la América hispánica durante la época colonial (periodo Habsburgo)», en Eugenio DOS SANTOS (ed.): *Actas del XII Congreso Internacional de la Asociación de Historiadores Latinoamericanistas de Europa*, Oporto, Universidade do Porto, 2001, pp. 131-139.

BUSTO DUTHURBURU, José Antonio del: *El conde de Nieva, virrey del Perú*, Lima, Instituto Riva Agüero, 1963.

CAMARERO PASCUAL, Raquel: «La Guerra de Recuperación de Cataluña y la necesidad de establecer prioridades en la Monarquía Hispánica (1640-1643)», en Enrique GARCÍA HERNÁN y Davide MAFFI (eds.): *Guerra y sociedad en la Monarquía Hispánica: política, estrategia y cultura en la Europa moderna (1500-1700)*, Madrid, Consejo Superior de Investigaciones Científicas y Fundación Mapfre, 2006, pp. 323-357.

CARAVAGLIA, Juan Carlos: «La guerra en el Tucumán colonial: sociedad y economía en un área de frontera, 1660-1760», *Hisla,* IV (1984), pp. 21-34.

CARDIM, Pedro, HERZOG, Tamar, RUIZ IBÁÑEZ, José Javier y SABATINI, Gaetano: «Introduction», en *Polycentric Monarchies. How did Early Modern Spain and Portugal achieve and maintain a global hegemony?,* Toronto, Sussex Academic Press, 2012, pp. 3-8.

CARDIM, Pedro y PALOS, Joan Lluis: «El gobierno de los imperios de España y Portugal en la Edad Moderna: problemas y soluciones compartidas», en Pedro CARDIM y Joan Lluis PALOS (eds.): *El mundo de los virreyes en las monarquías de España y Portugal,* Madrid, Iberoamericana Vervuert, 2012, pp. 11-32.

CARO BAROJA, Julio: *La hora navarra del XVIII (personas, familias, negocios e ideas),* Pamplona, Gobierno de Navarra-Institución Príncipe de Viana, 1985.

CARO DEL CORRAL, Juan Antonio: «La Baja Extremadura durante la Guerra de Restauración de Portugal (1640-1668)», *Revista de estudios extremeños,* 70 (1) (2014), pp. 245-330.

CARRASCO GONZÁLEZ, María Guadalupe: *Comerciantes y casas de negocios en Cádiz, 1650-1700,* Cádiz, Universidad de Cádiz, 1997.

CARRASCO MARTÍNEZ, Adolfo: «Hacer anatomía del poder en la Monarquía de España: una nobleza y diversos reinos», en Adolfo CARRASCO MARTÍNEZ (ed.): *La nobleza y los reinos. Anatomía del poder en la Monarquía de España (siglos XVI-XVII),* Madrid, Iberoamericana Vervuert, 2017, pp. 9-34.

CASTILLO DE BOBADILLA, Jerónimo: *Política para corregidores,* Madrid, Instituto de Estudios de Administración Local, 1978 [1607].

CEREZO SAN GIL, Gloria Marisol: *Atesoramiento artístico e historia en la España moderna: los IX condes de Santisteban del Puerto,* Jaén, Instituto de Estudios Giennenses, 2006.

CORTÉS CORTÉS, Fernando: *El real ejército de Extremadura en la Guerra de la Restauración de Portugal (1640-1668),* Cáceres, Universidad de Extremadura, 1985.

DÍAZ BLANCO, José Manuel: «Sobre las armadas de indias: la práctica del "beneficio" y la crisis de la avería (1660-1700)», *Gladius,* 35 (2015), pp. 117-138.

DÍAZ GÓMEZ, José Javier: «Las Cortes de Navarra de 1652-1654. Aportación del Reino a la recuperación de Cataluña», en *Euskal herriaren historiari buruzko biltzarra, v. III,* Bilbao, Txertoa, 1988, pp. 37-49.

DOMÉNECH ROMERO, Cristina: «Álvaro de Benavides de la Cueva y de Bazán», en *Diccionario Biográfico electrónico de la Real Academia de la Historia,* 2022 <https://dbe.rah.es/biografias/34515/alvaro-de-benavides-de-la-cueva-y-de-bazan> [consulta realizada el 31-X-2022].

DOMÍNGUEZ ORTIZ, Antonio: «España ante la Paz de los Pirineos», *Hispania,* XIX (77) (1959), pp. 545-573.

DOMÍNGUEZ ORTIZ, Antonio: *Alteraciones andaluzas (años 1647 a 1652),* Madrid, Narcea, 1973.

DOMÍNGUEZ ORTIZ, Antonio: *Política y hacienda de Felipe IV,* Madrid, Ed. Pegaso, 1983 [1960].

DOMÍNGUEZ ORTIZ, Antonio: *Historia de la caída del conde-duque de Olivares,* Málaga, Algazara, 1992.

DOMÍNGUEZ ORTIZ, Antonio: *América y la monarquía española,* Granada, Editorial Comares, 2010.

EIRAS ROEL, Antonio: «Levas militares y presión fiscal en Galicia en los primeros años de la guerra con Portugal (1640-1647)», en *Homenaje a Antonio de Béthencourt Massieu,* Las Palmas de Gran Canaria, Ediciones del Cabildo Insular de Gran Canaria, 1995, pp. 529-564.

EIRAS ROEL, Antonio: «Las Juntas del Reino de Galicia en un período de tensión: la resistencia a las levas y servicios en la década de 1640», en Antón RODRÍGUEZ CASAL (ed.): *Humanitas. Estudios en homenaxe ó prof. Dr. Carlos Alonso del Real,* Santiago de Compostela, Universidad de Santiago de Compostela, 1996, pp. 537-558.

EIRAS ROEL, Antonio: «Las juntas del Reino de Galicia y la política fiscal de 1648 a 1654», en *Actas de las Juntas del Reino de Galicia, v. VI,* Santiago de Compostela, Junta de Galicia, 1999, pp. 7-46.

ELLIOTT, John H.: *El Conde-Duque de Olivares,* Barcelona, Ed. Crítica, 2004.

ELLIOTT, John H: *La rebelión de los catalanes. Un estudio sobre la decandecia de España (1598-1640),* Madrid, Siglo XXI, 2014 [1977].

ESCOBEDO MANSILLA, Ronald: *Control fiscal en el virreinato peruano. El Tribunal de Cuentas,* Madrid, Ed. Alhambra, 1986.

ESPINO LÓPEZ, Antonio: «Oficiales catalanes en el ejército de los Austrias, 1635-1700», *Cuadernos de Historia Moderna,* 24 (2000), pp. 31-54.

ESTEBAN RIBAS, Alberto Raúl: «La batalla de Montjuic 1641», *Desperta ferro,* especial 7 (2) (2020), pp. 1-14.

FARGAS PEÑARROCHA, Mariela: «Vicente Gonzaga y Doria», en *Diccionario Biográfico electrónico de la Real Academia de la Historia,* 2022 <https://dbe.rah.es/biografias/20618/vicente-gonzaga-y-doria> [consulta realizada el 31-X-2022].

FLORISTÁN IMÍZCOZ, Alfredo: «Adaptaciones divergentes. Las Cortes de Navarra y los "États de Navarre" (siglos XV-XVIII)», *Anuario de Historia del Derecho español,* 77 (2007), pp. 177-253.

FLORISTÁN IMÍZCOZ, Alfredo: «El virreinato de Navarra. Consideraciones históricas para una reinterpretación institucional», en Pedro CARDIM y Joan Lluis PALOS (eds.): *El mundo de los virreyes en las monarquías de España y Portugal,* Madrid, Iberoamericana Vervuert, 2012, pp. 119-149.

FLORISTÁN IMÍZCOZ, Alfredo: «Martín de Redín», en *Diccionario Biográfico electrónico de la Real Academia de la Historia,* 2022 <https://dbe.rah.es/biografias/14455/martin-de-redin> [consulta realizada el 31-X-2022].

FORTEA PÉREZ, Juan Ignacio: «Los donativos en la política fiscal de los Austria (1625-1637)», en Luis Antonio RIBOT GARCÍA, Luigi DE ROSA y Carlos BELLOSO MARTÍN (eds.): *Pensamiento y política económica en la época moderna,* Madrid, Editorial Actas, 2000, pp. 31-76.

GARCÍA HERNÁN, Enrique: «Guillén Ramón de Moncada y de Castro, IV marqués de Aytona», en *Diccionario Biográfico electrónico de la Real Academia de la Historia,* 2022 <https://dbe.rah.es/biografias/10605/guillen-ramon-de-moncada-y-de-castro> [consulta realizada el 31-X-2022].

GARCÍA LOUAPRE, Pilar: «María Teresa de Austria y Borbón», en *Diccionario Biográfico electrónico de la Real Academia de la Historia,* 2022 <https://dbe.rah.es/biografias/11503/maria-teresa-de-austria-y-borbon> [consulta realizada el 31-X-2022].

GARCÍA MIGUEL, Virginia: «La donación de un tercio navarro para la guerra de Cataluña en 1642», *Príncipe de Viana,* 9 (1988), pp. 121-130.

GARRIGA ACOSTA, Carlos: «Las Audiencias: justicia y gobierno de las Indias», en Feliciano BARRIOS PINTADO (ed.): *El gobierno de un mundo: virreinatos y audiencias en la América hispánica,* Cuenca, Universidad de Castilla-La Mancha, 2004, pp. 711-794.

GLAVE TESTINO, Luis Miguel (1989): *Trajinantes. Caminos indígenas en la sociedad colonial, siglos XVI-XVII,* Lima, Instituto de Apoyo Agrario, 1989.

GONZÁLEZ, Enrique y GUTIÉRREZ, Víctor: *Juan de Palafox y Mendoza. Constituciones para la Real Universidad de México (1645)*, México, Instituto de Investigación sobre la Universidad y la Educación, 2014.

GONZÁLEZ TORNEL, Pablo: «Grande quien llora e inmortal quien muere. Entre Italia y América: los catafalcos por la muerte de Felipe IV en los dominios de los Habsburgo españoles», *Sémata, Ciencias Sociais e Humanidades*, 24 (2012), pp. 213-234.

GÜELL I JUNKERT, Manuel: *Camí a la revolta (1625-1640)*, Lérida, Universidad de Lérida, 2014.

GÜELL I JUNKERT, Manuel: «El sitio de Salses, 1639. La antesala de la revuelta», *Desperta ferro*, 43 (2019), pp. 60-65.

GÜELL I JUNKERT, Manuel: «El sitio de Tarragona, 1641. El triunfo de la persistencia», *Desperta ferro*, 44 (2020), pp. 42-49.

GUERRERO ELECALDE, Rafael: *Las élites vascas y navarras en el gobierno de la monarquía borbónica: redes sociales, carreras y hegemonía en el siglo XVIII (1700-1746)*, Bilbao, Universidad del País Vasco, 2012.

GUILLÉN BERRENDERO, José Antonio: «Honor y fama "por defecto": los gentileshombres de cámara y el servicio nobiliario en el reinado de Felipe IV», en Adolfo CARRASCO MARTÍNEZ (ed.): *La nobleza y los reinos. Anatomía del poder en la Monarquía de España (siglos XVI-XVII)*, Madrid, Iberoamericana Vervuert, 2017, pp. 35-83.

HANKE, Lewis y RODRÍGUEZ, Celso: *Los virreyes españoles en América durante el gobierno de la Casa de Austria: Perú, v. IV*, Madrid, Ed. Atlas, 1978.

HERRERA CASADO, Antonio: *El gobierno americano del marqués de Montesclaros*, Guadalajara, Institución Provincial de Cultura Marqués de Santillana, 1990.

HIGUERAS MALDONADO, Juan: *Humanistas giennenses (s. XIV-XVIII)*, Jaén, Universidad de Jaén, 1998.

JIMÉNEZ ESTRELLA, Antonio (2013): «Prisioneros de guerra "portugueses y extranjeros" en la fortaleza de la Alhambra tras la batalla de Montijo (1644)», en Antonio JIMÉNEZ ESTRELLA, Julián J. LOZANO NAVARRO, Francisco SÁNCHEZ-MONTES GONZÁLEZ y Margarita María BIRRIEL SALCEDO (eds.): *Construyendo Historia. Estudios en torno a Juan Luis Castellano*, Granada, Universidad de Granada, 2013, pp. 369-384.

JIMÉNEZ JIMÉNEZ, Ismael: «Niños con poder: mandos pueriles en el Virreinato del Perú en la segunda mitad del siglo XVII», en Sandra

OLIVERO GUIDOBONO y José Luis CAÑO ORTIGOSA (eds.): *Temas Americanistas. Historia y diversidad cultural*, Sevilla, Universidad de Sevilla, 2015, pp. 123-132.

JIMÉNEZ JIMÉNEZ, Ismael: «Un virreinato "sin virrey": el Perú y sus poderes político-económicos en tiempos del conde de Santisteban (1661-1666)», *Fronteras de la Historia*, 20 (1) (2015), pp. 70-94.

JIMÉNEZ JIMÉNEZ, Ismael: «Una herramienta inútil. Juicios de residencia y visitas en la Audiencia de Lima a finales del siglo XVII», *Temas americanistas*, 35 (2015), pp. 60-87.

JIMÉNEZ JIMÉNEZ, Ismael: «Economía y urgencia fiscal: los asientos hacendísticos del Consulado de Lima en la segunda mitad del siglo XVII», *Histórica*, 40 (1) (2016), pp. 35-63.

JIMÉNEZ JIMÉNEZ, Ismael: «Poder y corrupción administrativa en el Perú colonial (1660-1705)». Sevilla: tesis de doctorado por la Universidad de Sevilla, 2016.

JIMÉNEZ JIMÉNEZ, Ismael: «Magistrados y clientes en la Lima de la segunda mitad del siglo XVII», *Chronica Nova*, 44 (2018), pp. 359-380.

JIMÉNEZ JIMÉNEZ, Ismael: «Magistrados sevillanos en la Audiencia de Lima durante el siglo XVII», en Juan Manuel BERMÚDEZ REQUENA (ed.): *Estudios históricos sevillanos II*, Sevilla, Editorial Foro Sevillano-Academia Andaluza de la Historia, 2019, pp. 237-251.

JIMÉNEZ JIMÉNEZ, Ismael: *Poder, redes y corrupción en Perú (1660-1705)*, Sevilla, Editorial de la Universidad de Sevilla, 2019.

JIMÉNEZ JIMÉNEZ, Ismael: «Una inspección sin resultados. La visita judicial y hacendística del Perú (1664-1696)», *Revista del Instituto Riva-Agüero*, 5 (1) (2020), pp. 13-54.

JIMÉNEZ JIMÉNEZ, Ismael: «El desfalco del siglo. La pérdida del socorro a Huancavelica de 1661 y su proceso judicial», *Estudios atacameños*, 67 (2021), pp. 1-22.

JIMÉNEZ JIMÉNEZ, Ismael: «Leyes de escasa aplicación. El sorteo de las normas de comportamiento personal para los magistrados de la Audiencia de Lima (siglo XVII)», *Cuadernos de Historia*, 56 (2022), pp. 317-341.

LABEAGA MENDIOLA, Juan Cruz: «Concesión del título de ciudad a Sangüesa», *Zangotzarra*, 14 (14) (2010), pp. 219-239.

LASSO DE LA VEGA Y MARAÑÓN, Miguel: «Don Antonio Pimentel de Prado y la Paz de los Pirineos», *Hispania*, VII (26) (1947), pp. 24-124.

LATASA VASALLO, Pilar: *Administración virreinal en el Perú: gobierno del Marqués de Montesclaros (1607-1615)*, Madrid, Centro de Estudios Ramón Areces, 1997.

LATASA VASALLO, Pilar: «La corte virreinal peruana: perspectivas de análisis (siglos XVI y XVII)», en Feliciano BARRIOS PINTADO (ed.): *El gobierno de un mundo: virreinatos y audiencias en la América hispánica*, Cuenca, Universidad de Castilla-La Mancha, 2004, pp. 341-374.

LATASA VASALLO, Pilar: «Transformaciones de una élite: el nuevo modelo de nobleza de letras en el Perú (1590-1621)», en Manuela Cristina GARCÍA BERNAL, Luis NAVARRO GARCÍA y Julián B. RUIZ RIVERA (eds.): *Élites urbanas en Hispanoamérica: de la Conquista a la Independencia*, Sevilla, Universidad de Sevilla, 2005, pp. 413-434.

LEVILLIER, Roberto: *Don Francisco de Toledo supremo organizador del Perú: su vida, su obra (1515-1582)*, Madrid-Buenos Aires, Espasa-Calpe, 1935.

LOHMANN VILLENA, Guillermo: *El conde de Lemos: virrey del Perú*, Sevilla, Escuela de Estudios Hispanoamericanos, 1946.

LOHMANN VILLENA, Guillermo: «Las compañías de gentileshombres, lanzas y arcabuces de la guarda del virreinato del Perú», *Anuario de Estudios Americanos*, 13 (1956), pp. 141-215.

LOHMANN VILLENA, Guillermo: *Los ministros de la Audiencia de Lima en el reinado de los Borbones*, Sevilla, Escuela de Estudios Hispanoamericanos, 1974.

LOHMANN VILLENA, Guillermo: «Testamentos de los virreyes del Perú en el Archivo General de la Nación», *Revista del Archivo General de la Nación*, 2 (1974), pp. 33-104.

LOHMANN VILLENA, Guillermo: *Los regidores perpetuos del Cabildo de Lima (1535-1821)*, Sevilla, Diputación Provincial de Sevilla, 1983.

LOHMANN VILLENA, Guillermo: «El apogeo del virreinato peruano», en Luis SUÁREZ FERNÁNDEZ, Demetrio RAMOS PÉREZ y Guillermo LOHMANN VILLENA (eds.): *Historia general de España y América, t. IX-2*, Madrid: Ed. Rialp, 1990, pp. 335-382.

LORCA MARTÍN DE VILLODRES, María Isabel De: «Juan de Arce y Otalora», en *Diccionario Biográfico electrónico de la Real Academia de la Historia*, 2022 <https://dbe.rah.es/biografias/34403/juan-de-arce-y-otalora> [consulta realizada el 31-X-2022].

LYNCH, John: *Los Austrias (1516-1700)*, Barcelona, Ed. Crítica, 2007 [1992].

MALAMUD RIKLES, Carlos Daniel: *Cádiz y Saint Malo en el comercio colonial peruano (1698-1725)*, Jerez de la Frontera, Diputación Provincial de Cádiz, 1986.

MALCOLM, Alistair: «La práctica informal del poder. La política de la Corte y el acceso a la Familia Real durante la segunda mitad del reinado de Felipe IV», *Reales Sitios,* 147 (2001), pp. 38-48.

MALCOLM, Alistair: *El valimiento y el gobierno de la Monarquía Hispánica (1640-1655)*, Madrid: Marcial Pons Historia, 2019.

MARAVALL, José Antonio: *Poder, honor y élites en el siglo XVII*, Madrid, Siglo XXI, 1979.

MARAVALL, José Antonio: *Teoría del Estado en España en el siglo XVII*, Madrid, Centro de Estudios Constitucionales, 1997.

MARILUZ URQUIJO, José María: *Ensayo sobre los juicios de residencia indianos*, Sevilla, Escuela de Estudios Hispanoamericanos, 1952.

MÁRQUEZ CARMONA, Lourdes: «Cádiz puerto de América: naufragios históricos desde las fuentes documentales», en María del Mar BARRIENTOS MÁRQUEZ y Alberto J. GULLÓN ABAO (eds.): *América y el mar*, Cádiz, Universidad de Cádiz, 2019, pp. 313-332.

MARTÍN RUBIO, María del Carmen: *El Marqués de Villagarcía, virrey del Perú (1736-1745)*, Madrid, Ediciones Polifemo, 2010.

MARTÍNEZ HERNÁNDEZ, Santiago: *Escribir la corte de Felipe IV: el diario del marqués de Osera, 1657-1659*, Madrid, Ed. Doce Calles y Centro de Estudios Europa Hispánica, 2012.

MARTÍNEZ HERNÁNDEZ, Santiago: «La cámara del rey durante el reinado de Felipe IV: facciones, grupos de poder y avatares del valimiento (1621-1665)», en Rafael VALLADARES RAMÍREZ (ed.): *El mundo de un valido: don Luis de Haro y su entorno, 1643-1661*, Madrid, Marcial Pons Historia, 2016, pp. 49-96.

MARTÍNEZ HERNÁNDEZ, Santiago: «Francisco María de Orozco y Rivera de Porcia, II marqués de Mortara», en *Diccionario Biográfico electrónico de la Real Academia de la Historia,* 2022 <https://dbe.rah.es/biografias/7353/francisco-maria-de-orozco-y-rivera-de-porcia> [consulta realizada el 31-X-2022].

MARTÍNEZ RODRÍGUEZ, Miquel Ángel: *La mitjana noblesa catalana a la darreria de l'etapa foral*, Lérida, Fundació Noguera, 2010.

MENDIBURU, Manuel de: *Diccionario histórico-biográfico del Perú*, Lima, Imprenta de J. Francisco Solís, 1874.

MENDOZA GARCÍA, Isabel y SÁNCHEZ RIVILLA, Teresa: «Diego García de Trasmiera», en *Diccionario Biográfico electrónico de la Real Academia de la Historia,* 2022 <https://dbe.rah.es/biografias/30992/diego-garcia-de-trasmiera> [consulta realizada el 31-X-2022].

MERCADO EGEA, Joaquín: *Don Diego de Benavides y de la Cueva, XVIII Virrey del Perú,* Jaén: Autoedición, 1990.

MERLUZZI, Manfredi (2003): *Politica e governo nel Nuovo Mondo: Francisco de Toledo viceré del Perú (1569-1581),* Roma, Carocci editore, 2003.

MERLUZZI, Manfredi: «"Con el cuidado que de vos confío": Las instrucciones a los virreyes de Indias como espejo de gobierno y enlace con el soberano», *Librosdelacorte.es,* 4 (4) (2012), pp. 154-165.

MERLUZZI, Manfredi: «Las instrucciones a los virreyes americanos», en Pedro CARDIM y Joan Lluis PALOS (eds.): *El mundo de los virreyes en las monarquías de España y Portugal,* Madrid, Iberoamericana Vervuert, 2012, pp. 203-245.

MOLINA, Raúl: «Alonso de Mercado», en *Diccionario biográfico de Buenos Aires, 1580-1720,* Buenos Aires, Academia Nacional de Historia, 2000, pp. 484-485.

MONSALVE, Martín: «Del Estudio del Rosario a la Real y Pontificia Universidad Mayor de San Marcos», *Histórica,* XXII (1) (1998), pp. 53-79.

MUGABURU, José: *Diario de Lima,* Lima, Concejo Provincial de Lima, 1935 [1686].

MUZQUIZ DE MIGUEL, José Luis: *El conde de Chinchón, Virrey del Perú,* Sevilla, Escuela de Estudios Hispanoamericanos, 1945.

NOEJOVICH, Héctor Omar: «El consumo de azogue: ¿indicador de la corrupción del sistema colonial en el Virreinato de Perú? (siglos XVI–XVII)», *Fronteras de la Historia,* 7 (2002), pp. 77-98.

NUCCI, Luis Ángel Di: «Poder y corrupción del poder. El accionar y simbolismo de los funcionarios políticos en los espacios de articulación», en Luis Ángel Di NUCCI (ed.): *Las ansias del poder. Funcionarios del gobierno santafesino en las cofradías coloniales: abnegación, corrupción, simbolismo y teatralización,* Rosario, Universidad Nacional de Rosario, 2008, pp. 1-45.

NYE, Joseph S.: «Corruption and political development: a cost–benefit analysis», *The American Political Science Review,* 61 (2) (1967), pp. 417-427.

ORTA RUBIO, Esteban: «La Ribera tudelana bajo los Austrias. Aproximación a su estudio socio-económico», *Príncipe de Viana,* 166-167 (1982), pp. 723-868.

OSTOLAZA ELIZONDO, María Isabel: *Gobierno y administración de Navarra bajo los Austrias (Siglos XVI-XVII),* Pamplona, Fondo de Publicaciones del Gobierno de Navarra, 1999.

OSTOLAZA ELIZONDO, María Isabel: «Administración del Reino de Navarra en la etapa de los Austrias», *Hispania,* 60 (205) (2000), pp. 563-596.

PARETS, Miquel: *De los muchos sucesos dignos de memoria que han ocurrido en Barcelona y otros lugares de Cataluña, crónica escrita entre los años de 1626 a 1660,* Madrid, Imprenta de Manuel Tello, 1888 [ca. 1660].

PARKER, Geoffrey: *El ejército de Flandes y el camino español, 1567-1659: la logística de la victoria y derrota de España en las guerras de los Países Bajos,* Madrid, Alianza, 1985.

PEJOVÉS MACEDO, Antonio: *El Tribunal del Consulado de Lima. Antecedentes del arbitraje comercial y marítimo en el Perú,* Lima, Universidad de Lima, 2018.

PERALTA RUIZ, Víctor: *En defensa de la autoridad. Política y cultura bajo el gobierno del Virrey Abascal: Perú, 1806-1816,* Madrid, Instituto de Historia-Consejo Superior de Investigaciones Científicas, 2002.

PERALTA RUIZ, Víctor Manuel: «Diego de Benavides y de la Cueva», en *Diccionario Biográfico electrónico de la Real Academia de la Historia,* 2022 <https://dbe.rah.es/biografias/13621/diego-de-benavides-y-de-la-cueva> [consulta realizada el 31-X-2022].

PÉREZ-MALLAINA BUENO, Pablo Emilio: «Generales y almirantes de la Carrera de Indias. Una investigación pendiente», *Chronica Nova, Revista de Historia Moderna de la Universidad de Granada,* 33 (2007), pp. 285-332.

PHELAN, John Leddy: *El reino de Quito en el siglo XVII. La política burocrática en el imperio español,* Quito, Banco Central del Ecuador, 1995.

PIETSCHMANN, Horst: «Burocracia y corrupción en Hispanoamérica colonial. Una aproximación tentativa», *Nova Americana,* 5 (1982), pp. 11-37.

PIETSCHMANN, Horst: «El ejercicio y los conflictos de poder en Hispanoamérica», en Alfredo CASTILLERO CALVO y Allan J. KUETHE (eds.): *Historia general de América Latina, v. 3, t. 2,* París, Ed. Trotta-UNESCO, 1999, pp. 669-692.

PONCE LEIVA, Pilar: «El nombre de chocolate ha quitado la mala palabra de soborno. Los dilemas del conde de Santisteban, virrey del Perú (1661-1666)», *Chronica Nova. Revista de Historia Moderna de la Universidad de Granada*, 47 (2021), pp. 39-62.

PRESUMIDO CASADO, Pablo: «Gobernar la Monarquía a través de virreyes: el VIII conde de Santisteban en Navarra (1653-1660)», *Príncipe de Viana,* 281 (2021), pp. 963-997.

PRESUMIDO CASADO, Pablo: «La promoción al virreinato de Navarra: don Diego de Benavides (1653)», *Príncipe de Viana,* 280 (2021), pp. 575-597.

PUENTE BRUNKE, José de la: «Notas sobre el funcionamiento de la Audiencia de Lima a mediados del siglo XVII», en José de la PUENTE BRUNKE y Jorge Armando GUEVARA GIL (eds.): *Derecho, instituciones y procesos históricos: XIV Congreso del Instituto Internacional de Historia del Derecho Indiano, v. II*, Lima, Pontificia Universidad Católica del Perú-Instituto Riva-Agüero, 2003, pp. 507-516.

RAMA PATIÑO, Luz y VÁZQUEZ LIJÓ, José Manuel: «Enrique Enríquez Pimentel y Guzmán, V marqués de Távara», en *Diccionario Biográfico electrónico de la Real Academia de la Historia,* 2022 <https://dbe.rah.es/biografias/38938/enrique-enriquez-pimentel-y-guzman> [consulta realizada el 31-X-2022].

RAMOS SOSA, Rafael: *Arte festivo en Lima virreinal: siglos XVI-XVII*, Sevilla, Consejería de Cultura y Medio Ambiente, Junta de Andalucía, 1992.

RAMOS SOSA, Rafael: «La fiesta barroca en Ciudad de México y Lima», *Historia*, 30 (1997), pp. 263-286.

RAVIOLA, Blythe Alice: «"En el real serbicio de vuestra majestad": el cardenal Mauricio de Saboya entre Turín, Roma, Madrid y París», *Librosdelacorte.es,* 1 (2014), pp. 242-259.

RAVIOLA, Blythe Alice: «Tutti gli occhi del Mondo. Redes cortesanas entre Turín y Madrid (1640-1700)», en Anne J. CRUZ, Alejandra FRANGANILLO y Carmen SANZ (eds.): *La nobleza española y sus espacios de poder (1480-1715)*, Madrid, Editorial Sanz y Torres, 2021, pp. 223-238.

REAL ACADEMIA DE LA HISTORIA: *Memorial histórico español: colección de documentos, opúsculos y antigüedades*, Madrid, Imprenta Nacional, 1865.

RETAMAL ÁVILA, Julio: «Ángel de Peredo y Villaurrutia», en *Diccionario Biográfico electrónico de la Real Academia de la Historia,* 2022 <https://dbe.rah.es/biografias/34802/angel-de-peredo-y-villaurrutia> [consulta realizada el 31-X-2022].

RETAMAL ÁVILA, Julio: «Francisco de Meneses», en *Diccionario Biográfico electrónico de la Real Academia de la Historia,* 2022 <https://dbe.rah.es/biografias/23435/francisco-de-meneses> [consulta realizada el 31-X-2022].

REY CASTELAO, Ofelia: «Agustín Spínola», en *Diccionario Biográfico electrónico de la Real Academia de la Historia,* 2022 <https://dbe.rah.es/biografias/21124/agustin-spinola> [consulta realizada el 31-X-2022].

REY CASTELAO, Ofelia: «Fernando de Andrade y Sotomayor», en *Diccionario Biográfico electrónico de la Real Academia de la Historia, 2022* <https://dbe.rah.es/biografias/42187/fernando-de-andrade-y-sotomayor> [consulta realizada el 31-X-2022].

RIBOT GARCÍA, Luis: «El IX conde de Santisteban (1645-1716). Poder y ascenso de una casa noble a través del servicio a la Corona», *Espacio, tiempo y forma. Serie IV, Historia Moderna,* 31 (2018), pp. 23-42.

RIBOT GARCÍA, Luis: «Francisco de Benavides Dávila y Corella, IX conde de Santisteban», en *Diccionario Biográfico electrónico de la Real Academia de la Historia,* 2018 <https://dbe.rah.es/biografias/22189/francisco-de-benavides-davila-y-corella> [consulta realizada el 31-X-2022].

RIVERO RODRÍGUEZ, Manuel: *La edad de oro de los virreyes. El virreinato en la monarquía hispánica durante los siglos XVI y XVII*, Madrid, Akal, 2011.

RODRÍGUEZ VICENTE, Encarnación: «Una quiebra bancaria en el Perú en el siglo XVII», *Anuario de Historia del Derecho español,* 26 (1956), pp. 707-740.

RODRÍGUEZ VICENTE, Encarnación: *El Tribunal del Consulado de Lima en la primera mitad del siglo XVII*, Madrid, Ed. Cultura Hispánica, 1960.

SAGUIER, Eduardo: «La corrupción administrativa como mecanismo de acumulación y engendrador de una burguesía comercial local», *Anuario de Estudios Americanos,* 46 (1989), pp. 269-303.

SÁINZ, Luis Ignacio: «La isla de los Faisanes: Diego de Velázquez y Felipe IV. Reflexiones sobre las representaciones políticas», *Argumentos,* 19 (51) (2006), pp. 147-167.

SALCEDO IZU, Joaquín: «Contrafueros y reparo de agravios», *Anuario de Historia del Derecho español,* 39 (1969), pp. 763-775.

SALCEDO IZU, Joaquín: «El sistema fiscal navarro en la Cámara de Comptos Reales», *Príncipe de Viana,* 42 (163) (1981), pp. 617-640.

SÁNCHEZ-MONTES GONZÁLEZ, Francisco: *El viaje de Felipe IV a Andalucía en 1624. Tiempo de recursos y consolidación de lealtades*, Granada, Universidad de Granada, 2020.

SÁNCHEZ GONZÁLEZ, Antonio: *El señorío y marquesado de Solera: historia, archivo y documentos*, Huelma, Ayuntamiento de Huelma, 2016.

SÁNCHEZ MARTÍN, Juan Luis: «Carlo Andrea Caracciolo, II marqués de Torrecuso», en *Diccionario Biográfico electrónico de la Real Academia de la Historia,* 2022 <https://dbe.rah.es/biografias/123823/carlo-andrea-caracciolo> [consulta realizada el 31-X-2022].

SÁNCHEZ MARTÍN, Juan Luis: «Enrique de Benavides de la Cueva y de Bazán», en *Diccionario Biográfico electrónico de la Real Academia de la Historia,* 2022 <https://dbe.rah.es/biografias/22129/enrique-de-benavides-de-la-cueva-y-de-bazan> [consulta realizada el 31-X-2022].

SÁNCHEZ MARTÍN, Juan Luis: «Juan de Garay Otáñez y Rada», en *Diccionario Biográfico electrónico de la Real Academia de la Historia,* 2022 <https://dbe.rah.es/biografias/40867/juan-de-garay-otanez-y-rada> [consulta realizada el 31-X-2022].

SANZ CAMAÑES, Porfirio y SOLANO CAMÓN, Enrique: «El impacto de la guerra de Cataluña en Aragón: la difícil convivencia entre las tropas y la población civil», *Revista de Historia Jerónimo Zurita,* 94 (2019), pp. 67-93.

SANZ TAPIA, Ángel: «La venta de oficios de Hacienda en la Audiencia de Quito (1650–1700)», *Revista de Indias,* 63 (229) (2003), pp. 633-648.

SANZ TAPIA, Ángel: *¿Corrupción o necesidad?: la venta de cargos de Gobierno americanos bajo Carlos II (1674-1700)*, Madrid, Consejo Superior de Investigaciones Científicas, 2009.

SERRERA CONTRERAS, Ramón M.ª: «Geografía y poder en el siglo XVII indiano: el factor distancia en el incumplimiento de la norma», en Gustavo PINARD y Antonio MERCHÁN ÁLVAREZ (eds.): *Libro homenaje in memoriam Carlos Díaz Rementería*, Huelva, Universidad de Huelva, 1998, pp. 691-698.

SERRERA CONTRERAS, Ramón M.ª: *La América de los Habsburgo (1517-1700)*, Sevilla, Editorial de la Universidad de Sevilla, 2011.

SIMON I TARRÉS, Antoni: «La "Jornada Real" de Catalunya que propició la caída del conde-duque de Olivares», *Revista de Historia Moderna,* 28 (2010), pp. 235-268.

SOTTO, Serafín María: *Historia orgánica de las armas de infantería y caballería españolas desde la creación del ejército permanente hasta el día,* Madrid, Real Academia de la Historia, 1856.

STRADLING, R. A.: *Felipe IV y el gobierno de España (1621-1665)*, Madrid, Ed. Cátedra, 1988.

TORRES ARANCIVIA, Eduardo: «El problema historiográfico de la corrupción en el Antiguo Régimen. Una tentativa de solución», *Summa Humanitatis*, 1 (2007), pp. 1-33.

TORRES I SANS, Xavier: *La Guerra dels Segadors*, Lérida, Pagès Editors y Eumo Editorial, 2006.

TORRES SÁNCHEZ, Rafael: *Volver a la «hora navarra». La contribución navarra a la construcción de la monarquía española en el siglo XVIII*, Pamplona, Universidad de Navarra, 2010.

TUDELA CHOPITEA, Alejandro: *Pedro de La Gasca: pacificador del Perú*, Valladolid, Ed. Páramo, 2016.

VALDÉS, Rodrigo: *Fundación y grandezas de la muy noble y muy leal Ciudad de los Reyes de Lima*, editado por Martina Vinatea, Nueva York, Instituto de Estudios Auriseculares, 2018 [1687].

VALLADARES MARTÍNEZ, Rafael: *La rebelión de Portugal. Guerra, conflicto y poderes en la Monarquía Hispánica (1640-1668)*, Valladolid, Junta de Castilla y León, 1998.

VALLEJO FERNÁNDEZ DE LA REGUERA, Jesús: «Acerca del fruto del árbol de los jueces. Escenarios de la justicia en la cultura del ius commune», *Anuario de la Facultad de Derecho de la Universidad Autónoma de Madrid*, 2 (1998), pp. 19-46.

VARGAS UGARTE, Rubén: *Don Pedro Antonio Fernández de Castro: X conde de Lemos y virrey del Perú*, Lima, Ed. Universitaria, 1965.

VARGAS UGARTE, Rubén: *Historia general del Perú, t. III*, Lima, Imprenta de Carlos Milla Batres, 1966.

VEITIA LINAGE, José de: *Norte de la Contratación de las Indias occidentales*, Sevilla, Imprenta de Juan Francisco de Blas, 1672.

WILLIAMS, Lynn: «Jornada de D. Luis Méndez de Haro y Guzmán a Extremadura, 1658-1659: implicaciones para la política internacional española del momento», *Manuscrits*, 31 (2013), pp. 115-136.

REFERENCIAS

Introducción

1 Guillermo LOHMANN VILLENA: *Los regidores perpetuos del Cabildo de Lima (1535-1821),* Sevilla, Diputación Provincial de Sevilla, 1983, t. I, p. 17.

2 Joaquín MERCADO EGEA: *Don Diego de Benavides y de la Cueva, XVIII Virrey del Perú,* Jaén, Autoedición, 1990.

3 Alejandro TUDELA CHOPITEA: *Pedro de La Gasca : pacificador del Perú,* Valladolid, Ed. Páramo, 2016.

4 José Antonio DEL BUSTO DUTHURBURU: *El conde de Nieva, virrey del Perú,* Lima, Instituto Riva Agüero, 1963.

5 Roberto LEVILLIER: *Don Francisco de Toledo supremo organizador del Perú: su vida, su obra (1515-1582),* Madrid-Buenos Aires, Espasa-Calpe, 1935; Manfredi MERLUZZI: *Politica e governo nel Nuovo Mondo: Francisco de Toledo viceré del Perú (1569-1581),* ed. Francesca Cantú, Roma, Carocci editore, 2003.

6 Antonio HERRERA CASADO: *El gobierno americano del marqués de Montesclaros,* Guadalajara, Institución Provincial de Cultura Marqués de Santillana, 1990; Pilar LATASA: *Administración virreinal en el Perú: gobierno del Marqués de Montesclaros (1607-1615),* Madrid, Centro de Estudios Ramón Areces, 1997.

7 José Luis MUZQUIZ DE MIGUEL: *El conde de Chinchón, Virrey del Perú,* Sevilla, Escuela de Estudios Hispanoamericanos, 1945.

8 Jorge BASADRE GROHMANN: *El conde de Lemos y su tiempo,* Lima, Ed. Huascarán, 1948; Guillermo LOHMANN VILLENA: *El conde de Lemos: virrey del Perú,* Sevilla, Escuela de Estudios Hispanoamericanos, 1946; Rubén VARGAS UGARTE: *Don Pedro Antonio Fernández de Castro: X conde de Lemos y virrey del Perú,* Lima, Ed. Universitaria, 1965.

9 María del Carmen MARTÍN RUBIO: *El Marqués de Villagarcía, virrey del Perú (1736-1745),* Madrid, Ediciones Polifemo, 2010.

10 Ilana Lucía ARAGÓN, Carlos PARDO-FIGUEROA THAYS y Joseph DAGER ALVA: *El Virrey Amat y su tiempo,* Lima, Pontificia Universidad Católica del Perú-Instituto Riva-Agüero, 2004.

11 Víctor PERALTA RUIZ: *En defensa de la autoridad. Política y cultura bajo el gobierno del Virrey Abascal: Perú, 1806-1816,* Madrid, Instituto de Historia-CSIC, 2002.

12 Julio ALBI DE LA CUESTA: *El último virrey,* Madrid, Ed. Ollero y Ramos, 2009.

13 Ismael JIMÉNEZ JIMÉNEZ: «Un virreinato"sin virrey": el Perú y sus poderes político-económicos en tiempos del conde de Santisteban (1661-1666)», *Fronteras de la Historia,* 20, 1 (2015), pp. 70-94.

---

1. Diego de Benavides: inicios, desarrollo cortesano y familia

1 Las fechas de nacimiento de Diego de Benavides no están claras en la bibliografía disponible y las tres datas corresponden a las siguientes fuentes: Víctor Manuel PERALTA RUIZ: «Diego de Benavides y de la Cueva», *Diccionario Biográfico electrónico de la Real Academia de la Historia,* 2022, https://dbe.rah.es/biografias/13621/diego-de-benavides-y-de-la-cueva; Joaquín MERCADO EGEA, *Don Diego de Benavides...,* p. 30; Pablo PRESUMIDO CASADO: «La promoción al virreinato de Navarra: don Diego de Benavides (1653)», *Príncipe de Viana,* 280 (2021), p. 589.

2 PAblo PRESUMIDO CASADO: «La promoción...», p. 589.

3 Francisco SÁNCHEZ-MONTES GONZÁLEZ: *El viaje de Felipe IV a Andalucía en 1624. Tiempo de recursos y consolidación de lealtades,* Granada, Universidad de Granada, 2020, p. 198.

4 Alistair MALCOLM: *El valimiento y el gobierno de la Monarquía Hispánica (1640-1655),* Madrid, Marcial Pons Historia, 2019, p. 22.

5 Esta diferencia de concepto en las relaciones entre Felipe IV y Santisteban surge del contraste entre Joaquín MERCADO EGEA: *Don Diego de Benavides...,* p. 33 y Pablo PRESUMIDO CASADO: «La promoción...», p. 589.

6 Alistair MALCOLM: *El valimiento...,* p. 148.

7 Gloria Marisol CEREZO SAN GIL: *Atesoramiento artístico e historia en la España moderna: los IX condes de Santisteban del Puerto,* Jaén, Instituto de Estudios Giennenses, 2006, p. 56.

8 Pablo PRESUMIDO CASADO: «La promoción...», p. 589.

9 Juan HIGUERAS MALDONADO: *Humanistas giennenses (s. XIV-XVIII),* Jaén, Universidad de Jaén, 1998, pp. 185-187.

10 José Antonio GUILLÉN BERRENDERO: «Honor y fama"por defecto": los gentileshombres de cámara y el servicio nobiliario en el reinado de Felipe IV», en Adolfo CARRASCO MARTÍNEZ (ed.): *La nobleza y los reinos. Anatomía del poder en la Monarquía de España (siglos XVI-XVII),* Madrid, Iberoamericana Vervuert, 2017, p. 42.

11 *Ibid.,* p. 36.

12 Manuel RIVERO RODRÍGUEZ: *La edad de oro de los virreyes. El virreinato en la monarquía hispánica durante los siglos XVI y XVII,* Madrid, Akal, 2011, p. 135.

13 Santiago MARTÍNEZ HERNÁNDEZ: «La cámara del rey durante el reinado de Felipe IV: facciones, grupos de poder y avatares del valimiento (1621-1665)», en Rafael VALLADARES RAMÍREZ (ed.): *El mundo de un valido: don Luis de Haro y su entorno, 1643-1661,* Madrid, Marcial Pons Historia, 2016, p. 69.

14 Alistair MALCOLM: *El valimiento...*, p. 22.

15 Francisco SÁNCHEZ-MONTES GONZÁLEZ: *El viaje de Felipe IV...*, pp. 209-210.

16 *Ibid.*, p. 188. En el sentido del posicionamiento de la nobleza destacan dos personajes: Olivares, quien entendía esta visita como una jornada a su propia casa y por tanto como un afianzamiento de sus dominios en crecimiento, y Medina Sidonia, el gran noble andaluz, no residente en la corte y dominador de todo el Atlántico andaluz.

17 *Ibid.*, p. 278.

18 *Ibid.*, pp. 194-208. Este trabajo es, sin ningún género de dudas, el mejor estudio disponible sobre la Jornada a Andalucía de Felipe IV y en las páginas citadas se describe con detalle quién fue quién en la corte desplazada.

19 *Ibid.*, p. 213.

20 *Ibid.*, pp. 273-274.

21 *Ibid.*, p. 277.

22 Gloria Marisol CEREZO SAN GIL: *Atesoramiento artístico...*, p. 41.

23 *Ibid.*, p. 31. El VII conde de Santisteban fue uno de los primeros nobles en ejecutar «la huida de los estados a la corte», un fenómeno que se hizo generalizado entre la nobleza en las primeras décadas del siglo XVII.

24 José Antonio GUILLÉN BERRENDERO: «Honor y fama...», p. 38.

25 *Ibid.*, p. 62.

26 Alistair MALCOLM: *El valimiento...*, pp. 220-221.

27 Alistair MALCOLM: «La práctica informal del poder. La política de la Corte y el acceso a la Familia Real durante la segunda mitad del reinado de Felipe IV», *Reales Sitios,* 147 (2001), p. 40.

28 R. A. STRADLING: *Felipe IV y el gobierno de España (1621-1665),* Madrid, Cátedra, 1988, p. 352.

29 Pablo PRESUMIDO CASADO: «Gobernar la Monarquía a través de virreyes: el VIII conde de Santisteban en Navarra (1653-1660)», *Príncipe de Viana,* 281 (2021), p. 965.

30 R. A. STRADLING: *Felipe IV y el gobierno...*, p. 367.

31 Alistair MALCOLM: *El valimiento...*, p. 78.

32 *Ibid.*, p. 192.

33 R. A. STRADLING: *Felipe IV y el gobierno...*, p. 372.

34 Alistair MALCOLM: «La práctica informal...», p. 42.

35 R. A. STRADLING: *Felipe IV y el gobierno...*, p. 376.

36 *Ibid.*, p. 374.

37 Gloria Marisol CEREZO SAN GIL: *Atesoramiento artístico...*, p. 29.

38 Cristina DOMÉNECH ROMERO: «Álvaro de Benavides de la Cueva y de Bazán», *Diccionario Biográfico electrónico de la Real Academia de la Historia*, 2022, https://dbe.rah.es/biografias/34515/alvaro-de-benavides-de-la-cueva-y-de-bazan.

39 Pilar PONCE LEIVA: «El nombre de chocolate ha quitado la mala palabra de soborno. Los dilemas del conde de Santisteban, virrey del Perú (1661-1666)», *Chronica Nova. Revista de Historia Moderna de la Universidad de Granada*, 47 (5 de diciembre de 2021), p. 43, https://doi.org/10.30827/cnova.v0i47.18484.

40 Santiago MARTÍNEZ HERNÁNDEZ: *Escribir la corte de Felipe IV: el diario del marqués de Osera, 1657-1659*, Ed. Doce Calles y Centro de Estudios Europa Hispánica, 2012, pp. 243, 289, 300.

41 Cristina DOMÉNECH ROMERO: «Álvaro de Benavides...».

42 Gloria Marisol CEREZO SAN GIL: *Atesoramiento artístico...*, p. 44.

43 Pilar PONCE LEIVA: «El nombre de chocolate...», p. 43.

44 Archivo General de Simancas (en adelante, AGS), Estado, leg. 4105. Oficio de parte sobre el memorial remitido por Antonio Ignacio de Benavides el 27 de noviembre de 1642 solicitando un asiento como consejero de Indias. Madrid, mayo de 1643.

45 Gloria Marisol CEREZO SAN GIL: *Atesoramiento artístico...*, pp. 55-56.

46 Juan Luis SÁNCHEZ MARTÍN: «Enrique de Benavides de la Cueva y de Bazán», *Diccionario Biográfico electrónico de la Real Academia de la Historia*, 2022, https://dbe.rah.es/biografias/22129/enrique-de-benavides-de-la-cueva-y-de-bazan.

47 Alistair MALCOLM: «La práctica informal...», pp. 42-43.

48 Santiago MARTÍNEZ HERNÁNDEZ: *Escribir la corte...*, p. 69.

49 *Ibid.*, p. 673.

50 Javier BARRIENTOS GRANDÓN: «Diego Pedro Fernández de Córdoba y Pimentel», *Diccionario Biográfico electrónico de la Real Academia de la Historia*, 2022, https://dbe.rah.es/biografias/51175/diego-pedro-fernandez-de-cordoba-y-pimentel.

51 AGS, Cámara de Castilla, Rel, 36, f. 163v. Aprobación y confirmación de la transacción de la dote de Antonia de Toledo y Benavides. Madrid, 17 de agosto de 1653.

52 Pablo PRESUMIDO CASADO: «La promoción...», p. 587.

53 Alistair MALCOLM: *El valimiento...*, p. 226.

54 José Antonio GUILLÉN BERRENDERO: «Honor y fama...», pp. 38-39.

55 Fernando BOUZA: «Servir de lejos. Imágenes y espacios del Cursus Honorum cortesano de la España de los Austrias», en Ángel VACA LORENZO (ed.): *Europa: proyecciones y percepciones históricas*, Salamanca, Ediciones Universidad de Salamanca, 1997, p. 75.

56 Gloria Marisol CEREZO SAN GIL: *Atesoramiento artístico...*, p. 33.

57 Archivo General de Andalucía (en adelante, AGA), Santisteban del Puerto, 003-015. Partida de matrimonio entre Diego de Benavides y Antonia de Corella. Las Navas, 31 de octubre de 1629.

58 AGA, Santisteban del Puerto, 029-010. Capitulaciones matrimoniales entre Diego de Benavides y Antonia Ruiz de Corella Dávila. Las Navas, 2 de noviembre de 1628.

59 Gloria Marisol CEREZO SAN GIL: *Atesoramiento artístico...*, p. 39.

60 *Ibid.*, p. 43.

61 AGA, Santisteban del Puerto, 002-014. Recepción de la dote de Juana Ruiz de Corella por Diego de Benavides. Pontevedra, 8 de abril de 1652.

62 AGA, Santisteban del Puerto, 029-013. Capitulaciones matrimoniales entre Diego de Benavides y Juana de Corella Dávila. Madrid, 12 de abril de 1651.

63 AGA, Santisteban del Puerto, 003-030. Dispensa de parentesco dada por Inocencio X para el matrimonio entre Diego de Benavides y Juana de Corella. Roma, 15 de mayo de 1651.

64 Gloria Marisol CEREZO SAN GIL: *Atesoramiento artístico...*, p. 27.

65 AGS, Cámara de Castilla, Rel, 36, f. 167v. Real provisión en favor de Diego de Benavides para que sus deudas sean asumidas por el sucesor en su casa y mayorazgo si fallece antes de 1661. Madrid, 14 de septiembre de 1653.

66 AGA, Santisteban del Puerto, 002-016. Capitulaciones matrimoniales entre Diego de Benavides y Ana de Silva y recibo de la dote. Valladolid, 21 de octubre de 1654.

67 Existe constancia de una tercera hija, Guiomar Ruiz de Corella y Dávila, pero no se tienen noticias ni de su nacimiento ni de su fallecimiento. Además, no aparece referenciada en las capitulaciones matrimoniales de 1628 y 1651, razón por la cual deducimos que Guiomar fallecería a muy corta edad.

68 Ismael JIMÉNEZ JIMÉNEZ: *Poder, redes y corrupción en Perú (1660-1705)*, Sevilla, Editorial de la Universidad de Sevilla, 2019, pp. 394-395.

69 Pilar PONCE LEIVA: «El nombre de chocolate...», p. 44.

70 AGA, Santisteban del Puerto, 003-010. Partida de matrimonio entre Francisco de Benavides y Francisca Josefa de Aragón. Lucena, 18 de octubre de 1660.

71 AGA, Santisteban del Puerto, 029-016. Capitulaciones matrimoniales entre Francisco de Benavides y Francisca de Aragón y Sandoval. Madrid, 16 de septiembre de 1660.

72 AGA, Santisteban del Puerto, 029-015. Capitulaciones matrimoniales entre Luis de Aragón y María Teresa de Benavides. Madrid, 10 de julio de 1660.

73 Gloria Marisol CEREZO SAN GIL: *Atesoramiento artístico...*, p. 43.

74 Pilar PONCE LEIVA: «El nombre de chocolate...», p. 52.

75 José Antonio GUILLÉN BERRENDERO: «Honor y fama...», p. 51.

76 Fernando BOUZA: «Servir de lejos...», p. 71.

77 Alistair MALCOLM: *El valimiento...*, p. 220.

78 Pilar PONCE LEIVA: «El nombre de chocolate...», p. 46.

79 AGS, Guerra y Marina, lib. 130, f. 1v. Concesión de ventajas para tres hijos del conde de Santisteban del Puerto. Madrid, 22 de septiembre de 1651.

80 Pilar PONCE LEIVA: «El nombre de chocolate...», p. 56.

81 Ismael JIMÉNEZ JIMÉNEZ: «Economía y urgencia fiscal: los asientos hacendísticos del Consulado de Lima en la segunda mitad del siglo XVII», *Histórica*, 40, 1 (2016), pp. 41-42.

---

2. Soldado de la Monarquía hispánica: Italia, Rosellón y Extremadura

1 José Antonio GUILLÉN BERRENDERO: «Honor y fama...», p. 35.

2 Antonio SÁNCHEZ GONZÁLEZ: *El señorío y marquesado de Solera: historia, archivo y documentos*, Huelma, Ayuntamiento de Huelma, 2016, p. 42.

3 John LYNCH: *Los Austrias (1516-1700)*, Barcelona, Crítica, 2007, p. 529.

4 Francisco ARROYO MARTÍN: *El marqués de Leganés. El favorito del valido*, Madrid, Sílex Ediciones, 2017, p. 197.

5 John H. ELLIOTT: *El Conde-Duque de Olivares*, Barcelona, Crítica, 2004, pp. 534-535.

6 Francisco ARROYO MARTÍN: *El marqués de Leganés...*, p. 221.

7 John H. ELLIOTT: *El Conde-Duque de Olivares...*, p. 546.

8 Francisco ARROYO MARTÍN: *El marqués de Leganés...*, p. 222.

9 *Ibid.*, p. 223.

10 Biblioteca Nacional de España (en adelante, BNE), Manuscritos, 2367, ff. 129v-132v. Sucesos del año de 1636.

11 Francisco ARROYO MARTÍN: *El marqués de Leganés...*, p. 224.

12 La habilidad diplomática y las cambiantes lealtades de Mauricio de Saboya quedan bien reflejadas en Blythe Alice RAVIOLA: «"En el real serbicio de vuestra majestad": el cardenal Mauricio de Saboya entre Turín, Roma, Madrid y París», *Librosdelacorte.es*, 1 (2014), pp. 242-259.

13 Sobre la logística militar y esta conexión terrestre a lo largo de Europa, sigue siendo indispensable y referencia obligada: Geoffrey PARKER: *El ejército de Flandes y el camino español, 1567-1659: la logística de la victoria y derrota de España en las guerras de los Países Bajos*, Madrid, Alianza, 1985.

14 AGS, Estado, leg. 2865, exp. 23. Capitulaciones concertadas entre España y los embajadores de los Grisones sobre religión, gobierno y otros particulares pertenecientes a la Valtelina y a los condados de Bornio y Chavena. Milán, 3 de septiembre de 1639.

15 Francisco ARROYO MARTÍN: *El marqués de Leganés...*, p. 229.

16 Pablo PRESUMIDO CASADO: «La promoción...», p. 590.

17 Francisco ARROYO MARTÍN: *El gobierno militar en los ejércitos de Felipe IV: el marqués de Leganés*, Madrid, Ministerio de Defensa, 2014, p. 170.

18 *Ibid.*, p. 172.

19 Francisco ARROYO MARTÍN: *El marqués de Leganés...*, p. 233.

20 Serafín María SOTTO: *Historia orgánica de las armas de infantería y caballería españolas desde la creación del ejército permanente hasta el día*, Madrid, Real Academia de la Historia, 1856, p. 31.

21 AGS, Guerra y Marina, lib. 190, f. 162. Nombramiento como capitán general de Galicia del conde de Santisteban. Madrid, 4 de junio de 1647.

22 BNE, Manuscritos, 6606. Diario de todo lo sucedido en Italia, Flandes, Alemania y todo el orbe, en el año 1638.

23 Cristina BORREGUERO BELTRÁN: *La Guerra de los Treinta Años, 1618-1648. Europa ante el abismo*, Madrid, La Esfera de los Libros, 2018, p. 511.

24 Joaquín MERCADO EGEA: *Don Diego de Benavides...*, p. 71.

25 Blythe Alice RAVIOLA: «Tutti gli occhi del Mondo. Redes cortesanas entre Turín y Madrid (1640-1700)», en Anne J. CRUZ, Alejandra FRANGANILLO y Carmen SANZ (eds.): *La nobleza española y sus espacios de poder (1480-1715)*, Madrid, Editorial Sanz y Torres, 2021, p. 228.

26 Francisco ARROYO MARTÍN: *El marqués de Leganés...*, p. 237.

27 Francisco ARROYO MARTÍN: *El gobierno militar...*, p. 192.

28 BNE, Manuscritos, 6606-3. Manifiesto del marqués de Legalés. Febrero de 1639.

29 Francisco ARROYO MARTÍN: *El marqués de Leganés...*, p. 239.

30 *Ibid.*, p. 240.

31 *Ibid.*, p. 242.

32 AGS, Guerra y Marina, lib. 190, f. 162. Nombramiento como capitán general de Galicia del conde de Santisteban. Madrid, 4 de junio de 1647.

33 AGS, Estado, leg. 3452, f. 134. Consulta del Consejo de Estado sobre los hechos protagonizados por Diego de Benavides en la toma de Cenchio, comunicados por el marqués de Leganés y remitidos al duque de Villahermosa para elevar la merced ajustada. Madrid, 27 de abril de 1639.

34 John H. ELLIOTT: *El Conde-Duque de Olivares...*, p. 546.

35 Manuel GÜELL I JUNKERT: «El sitio de Salses, 1639...», *Desperta ferro,* 43 (2019), p. 60.

36 Miquel PARETS: *De los muchos sucesos dignos de memoria que han ocurrido en Barcelona y otros lugares de Cataluña, crónica escrita entre los años de 1626 a 1660,* Madrid, Imprenta de Manuel Tello, 1888). 19 de julio de 1639.

37 Miquel Ángel MARTÍNEZ RODRÍGUEZ: *La mitjana noblesa catalana a la darreria de l'etapa foral,* Lérida, Fundació Noguera, 2010, p. 149.

38 Manuel GÜELL I JUNKERT: *Camí a la revolta (1625-1640),* Lérida, Universidad de Lérida, 2014, p. 151.

39 AGS, Guerra y Marina, leg. 1356. Carta del virrey conde de Santa Coloma al Consejo de Guerra. Perpiñán, 8 de agosto de 1639. Como muestra de la celeridad de la maquinaria bélica hispánica, estos nombramientos solicitados por el virrey serían aprobados el 6 de junio de 1640, el día antes del *Corpus de Sangre,* cuando la plaza se había recuperado, pero los ánimos en Cataluña ya eran insoportables.

40 Xavier TORRES I SANS: *La Guerra dels Segadors,* Lérida, Pagès Editors y Eumo Editorial, 2006, pp. 48-49.

41 AGS, Estado, leg. 3452, f. 134. Minuta del Consejo de Estado dirigida al gobernador de Milán. Madrid, 14 de agosto de 1639.

42 Joaquín MERCADO EGEA: *Don Diego de Benavides...*, p. 73.

43 Manuel GÜELL I JUNKERT: «El sitio de Salses, 1639...», pp. 61-62.

44 *Ibid.*, p. 62; Miquel PARETS: *De los muchos sucesos dignos de memoria que han ocurrido en Barcelona y otros lugares de Cataluña, crónica escrita entre los años de 1626 a 1660.* 14 de septiembre de 1639.

45 Miquel PARETS: *De los muchos sucesos dignos de memoria que han ocurrido en Barcelona y otros lugares de Cataluña, crónica escrita entre los años de 1626 a 1660.* 14 de septiembre de 1639.

46 Manuel GÜELL I JUNKERT: «El sitio de Salses, 1639...», p. 63.

47 *Ibid.*, p. 64.

48 AGS, Guerra y Marina, leg. 1358. Carta del virrey conde de Santa Coloma al Rey. En el campo de Salces, 2 de enero de 1640.

49 AGS, Guerra y Marina, leg. 1358. Carta del virrey conde de Santa Coloma al Rey. Salces, 6 de enero de 1640.

50 Miquel PARETS: *De los muchos sucesos dignos de memoria que han ocurrido en Barcelona y otros lugares de Cataluña, crónica escrita entre los años de 1626 a 1660*. 24 de diciembre de 1639.

51 Juan Luis SÁNCHEZ MARTÍN: «Carlo Andrea Caracciolo, II marqués de Torrecuso», *Diccionario Biográfico electrónico de la Real Academia de la Historia*, 2022, https://dbe.rah.es/biografias/123823/carlo-andrea-caracciolo.

52 Santiago MARTÍNEZ HERNÁNDEZ: «Francisco María de Orozco y Rivera de Porcia, II marqués de Mortara», *Diccionario Biográfico electrónico de la Real Academia de la Historia,* 2022, https://dbe.rah.es/biografias/7353/francisco-maria-de-orozco-y-rivera-de-porcia.

53 AGS, Guerra y Marina, leg. 1359. Carta del maestre de campo Juan de Garay solicitando se nombre un nuevo teniente de maestre de campo para su tercio por haber quedado Francisco Gutiérrez de Velasco como gobernador de la fortaleza de Salces. Perpiñán, 11 de octubre de 1640.

54 Joaquín MERCADO EGEA: *Don Diego de Benavides...*, p. 72.

55 AGS, Guerra y Marina, leg. 1358. Solicitud de licencia del maestre de campo Jerónimo de Tuttavilla. Salces, 6 de enero de 1640.

56 AGS, Guerra y Marina, leg. 1358. Carta del virrey conde de Santa Coloma a Fernando Ruiz de Contreras. Perpiñán, 13 de enero de 1640.

57 AGS, Guerra y Marina, leg. 1358. Carta del virrey conde de Santa Coloma al rey. Salces, 6 de enero de 1640.

58 AGS, Guerra y Marina, leg. 1358. Carta del virrey conde de Santa Coloma al rey. Perpiñán, 28 de enero de 1640.

59 AGS, Guerra y Marina, leg. 1358. Carta del maestre de campo Diego Caballero al secretario del Consejo de Guerra, Fernando Ruiz de Contreras. Perpiñán, 26 de enero de 1640.

60 Beatriz ALONSO ACERO: «Antonio de Zúñiga y de la Cueva», *Diccionario Biográfico electrónico de la Real Academia de la Historia,* 2022, https://dbe.rah.es/biografias/116640/antonio-de-zuniga-y-de-la-cueva.

61 AGS, Guerra y Marina, leg. 1356. Carta del maestre de campo Juan de Garay al Consejo de Guerra. Perpiñán, 12 de agosto de 1640. En este mismo documento Garay recomienda como gobernador de Rosas a su teniente de maestre de campo Francisco Gutiérrez de Velasco, un militar que volverá a coincidir con Diego de Benavides en Galicia.

62 AGA, Santisteban del Puerto, 021-051. Testamento e inventario de bienes del VII conde de Santisteban del Puerto. Madrid, 2 de abril de 1640.

63 AGA, Santisteban del Puerto, 022-027. Escritura de aceptación del tercio de mejora testamentaria dejada por el VII conde de Santisteban en favor de Diego de Benavides y Antonio de Benavides. Madrid, 24 de septiembre de 1640.

64 AGA, Santisteban del Puerto, 026-007. Toma de posesión de los estados de Santisteban del Puerto, Castellar y Las Navas por el VIII conde de Santisteban ante el escribano público Francisco Mayordomo. Santisteban del Puerto, 20 de octubre de 1640.

65 AGA, Santisteban del Puerto, 026-008. Toma de posesión de las propiedades en Torreporgil por el VIII conde de Santisteban del Puerto ante el escribano público Francisco Doncel. Torreperogil, 20 de octubre de 1640.

66 AGA, Santisteban del Puerto, 026-008. Toma de posesión de las propiedades en Úbeda por el VIII conde de Santisteban del Puerto ante el escribano público Juan de Alcázar. Úbeda, 30 de octubre de 1640.

67 AGA, Santisteban del Puerto, 044-003. Toma de posesión de la villa y jurisdicción de Espeluy por Diego de Ruiz Díaz de la Cuesta en nombre del VIII conde de Santisteban, ante el escribano Antonio de Medina. Espeluy, 7 de noviembre de 1640.

68 AGA, Santisteban del Puerto, 050-065. Inventario de los censos en Ibros del VIII conde de Santisteban, realizado por su mayordomo Francisco de Espinosa. Ibros, 8 de noviembre de 1640.

69 Joaquín MERCADO EGEA: *Don Diego de Benavides...*, p. 73.

70 *Ibid.*, p. 74.

71 Para ambos levantamientos siguen siendo indispensables las monografías: John H. ELLIOTT: *La rebelión de los catalanes. Un estudio sobre la decadencia de España (1598-1640)*, Madrid, Siglo XXI, 2014; Xavier TORRES I SANS: *La Guerra dels Segadors...*; Rafael VALLADARES MARTÍNEZ: *La rebelión de Portugal. Guerra, conflicto y poderes en la Monarquía Hispánica (1640-1668)*, Valladolid, Junta de Castilla y León, 1998.

72 R. A. STRADLING: *Felipe IV y el gobierno...*, p. 308.

73 AGS, Guerra y Marina, leg. 1364. Carta del conde de Santisteban al secretario del Consejo de Guerra, Fernando Ruiz de Contreras. Granada, 13 de noviembre de 1640.

74 AGS, Guerra y Marina, leg. 1367. Bando real para la recluta de naturales de Cataluña, Rosellón y Cerdaña. Madrid, 27 de septiembre de 1640.

75 Antonio ESPINO LÓPEZ: «Oficiales catalanes en el ejército de los Austrias, 1635-1700», *Cuadernos de Historia Moderna*, 24 (2000), p. 32.

76 Raquel CAMARERO PASCUAL: «La Guerra de Recuperación de Cataluña y la necesidad de establecer prioridades en la Monarquía Hispánica (1640-1643)», en Enrique GARCÍA HERNÁN y Davide MAFFI (eds.): *Guerra y sociedad en la Monarquía Hispánica: política, estrategia y cultura en la Europa moderna (1500-1700)*, Madrid, Consejo Superior de Investigaciones Científicas y Fundación Mapfre, 2006, p. 324.

77 Alberto Raúl ESTEBAN RIBAS: «La batalla de Montjuic 1641», *Desperta ferro,* Especial 7, Los Tercios (II) (2020), pp. 1-14.

78 Manuel GÜELL I JUNKERT: «El sitio de Tarragona, 1641. El triunfo de la persistencia», *Desperta ferro,* 44 (2020), pp. 42-49.

79 Antoni SIMON I TARRÉS: «La "Jornada Real" de Catalunya que propició la caída del conde-duque de Olivares», *Revista de Historia Moderna,* 28 (2010), pp. 237-238.

80 R. A. STRADLING: *Felipe IV...*, p. 308.

81 Antoni SIMON I TARRÉS: «La "Jornada Real"...», p. 241.

82 *Ibid.*, pp. 245-249.

83 R. A. STRADLING: *Felipe IV...*, p. 308.

84 Antoni SIMON I TARRÉS: «La "Jornada Real"...», p. 259.

85 Francisco ARROYO MARTÍN: *El gobierno militar...*, pp. 253-254.

86 R. A. STRADLING: *Felipe IV...*, p. 312.

87 Joaquín MERCADO EGEA: *Don Diego de Benavides...*, pp. 84-85.

88 AGS, Estado, leg. 2666. Consulta del Consejo de Estado al rey. Madrid, 22 de diciembre de 1642.

89 Raquel CAMARERO PASCUAL: «La Guerra de Recuperación de Cataluña...», p. 331.

90 AGS, Guerra y Marina, 1367. Solicitud de la Corona para reclutar entre la grandeza, el episcopado y los cabildos tropas y suministros para la guerra de Portugal. Madrid, 13 de marzo de 1641.

91 Raquel CAMARERO PASCUAL: «La Guerra de Recuperación de Cataluña...», pp. 331-332.

92 *Ibid.*, pp. 335-336.

93 Fernando CORTÉS CORTÉS: *El real ejército de Extremadura en la Guerra de la Restauración de Portugal (1640-1668)*, Cáceres, Universidad de Extremadura, 1985, p. 10.

94 Antonio DOMÍNGUEZ ORTIZ: *Historia de la caída del conde-duque de Olivares,* Málaga, Algazara, 1992, pp. 130-131.

95 Porfirio SANZ CAMAÑES y Enrique SOLANO CAMÓN: «El impacto de la guerra de Cataluña en Aragón: la difícil convivencia entre las tropas y la población civil», *Revista de Historia Jerónimo Zurita,* 94 (2019), p. 78.

96 AGS, Guerra y Marina, lib. 188, f. 142. Real cédula concediendo a Diego de Benavides el cobro de los derechos de casa y aposento como consejero de Guerra. Zaragoza, 13 de octubre de 1643.

97 AGS, Guerra y Marina, lib. 188, ff. 148-148v. Real cédula concediendo a Diego de Benavides el cobro de las propinas y luminarias ordinarias y extraordinarias como consejero de Guerra. Zaragoza, 15 de octubre de 1643.

98 Raquel CAMARERO PASCUAL: «La Guerra de Recuperación de Cataluña...», p. 350.

99 Juan Luis SÁNCHEZ MARTÍN: «Juan de Garay Otáñez y Rada», *Diccionario Biográfico electrónico de la Real Academia de la Historia*, 2022.

100 Joaquín MERCADO EGEA: *Don Diego de Benavides...*, p. 85.

101 Pablo PRESUMIDO CASADO: «La promoción...», p. 591.

102 AGA, Santisteban del Puerto, 014-065. Censo impuesto por el conde de Santisteban a favor de Antonia de Benavides por la dote prometida para su matrimonio. Badajoz, 27 de agosto de 1643.

103 AGS, Guerra y Marina, lib. 189. Solicitud del conde de Santisteban ante el Consejo de Guerra para nombrar capitanes de caballería. Visto en el Consejo a 8 de junio de 1643.

104 AGS, Guerra y Marina, lib. 189. Solicitud del conde de Santisteban ante el Consejo de Guerra para que se le libre casa de aposento. Visto en el Consejo a 27 de julio de 1643.

105 Juan Antonio CARO DEL CORRAL: «La Baja Extremadura durante la Guerra de Restauración de Portugal (1640-1668)», *Revista de estudios extremeños,* 70, 1 (2014), pp. 258-260.

106 *Ibid.*, p. 282.

107 *Ibid.*, p. 287.

108 AGS, Guerra y Marina, leg. 1472. Inventario de juros, censos y otros bienes de súbditos portugueses asentados en Extremadura. Diciembre de 1643.

109 Juan Antonio CARO DEL CORRAL: «La Baja Extremadura...», pp. 296-297.

110 AGS, Guerra y Marina, leg. 188. Real cédula dirigida al conde de Santisteban para impedir desórdenes entre las tropas y las poblaciones de la sierra. Leganés, 14 de febrero de 1644.

111 Joaquín MERCADO EGEA: *Don Diego de Benavides...*, p. 85.

112 Guillermo LOHMANN VILLENA: *El conde de Lemos...*, pp. 59-61.

113 Rubén VARGAS UGARTE: *Historia general del Perú, t. III,* Lima, Imprenta de Carlos Milla Batres, 1966, p. 298.

114 R. A. STRADLING: *Felipe IV...*, p. 315.

115 Raquel CAMARERO PASCUAL: «La Guerra de Recuperación de Cataluña...», p. 354.

116 Juan Antonio CARO DEL CORRAL: «La Baja Extremadura...», p. 263.

117 Juan Luis SÁNCHEZ MARTÍN: «Carlo Andrea Caracciolo...».

118 Real Academia de la Historia, *Memorial histórico español: colección de documentos, opúsculos y antigüedades,* Madrid, Imprenta Nacional, 1865, p. 428.

119 Antonio JIMÉNEZ ESTRELLA: «Prisioneros de guerra "portugueses y extranjeros" en la fortaleza de la Alhambra tras la batalla de Montijo (1644)», en Antonio JIMÉNEZ ESTRELLA *et al.* (ed.): *Construyendo Historia. Estudios en torno a Juan Luis Castellano,* Granada, Universidad de Granada, 2013, p. 373.

3. Santisteban, capitán general de Galicia

1 AGA, Santisteban del Puerto, 067-057. Fundación del patronato de la iglesia de Santiago de Castellar por Mendo de Benavides, obispo de Cartagena. Murcia, 16 de octubre de 1644.

2 AGA, Santisteban del Puerto, 022-029. Poder para testar dado por Mendo de Benavides a favor de Simón de Roda y Jaime, arcediano de Lorca, Pedro Alonso Laguna, administrador de las rentas del obispado de Cartagena, y Francisco Villar, secretario del obispo. Murcia, 16 de octubre de 1644.

3 AGA, Santisteban del Puerto, 018-041. Inventario de los bienes dejados por Mendo de Benavides. Murcia, 1644.

4 AGA, Santisteban del Puerto, 028-020. Carta de pago a Lázaro García por las reparaciones realizadas en las casas frente a San Pedro el Real del conde de Santisteban. Madrid, 17 de marzo de 1645.

5 AGA, Santisteban del Puerto, 005-017. Facultad de Suárez Sarmiento, administrador de millones para Jaén, al conde de Santisteban para nombrar escribanos-recaudadores destinados a Santisteban del Puerto, Castellar y Las Navas. Jaén, 6 de mayo de 1645.

6 AGA, Santisteban del Puerto, 027-055. Licencia del administrador de rentas del servicio de millones para la enajenación de bienes del concejo de Santisteban. Santisteban del Puerto, 24 de junio de 1646.

7 AGA, Santisteban del Puerto, 010-043. Testimonio de Alonso de Alarcón sobre la deuda que tenía el conde de Santisteban con Mateo Fernández de Guernica por sus servicios como gobernador de su estado. Sevilla, 6 de septiembre de 1647.

8 Archivo Ducal de Medinaceli (en adelante, ADM), leg. 75, r. 38, n. 1-33. Cartas de varios administradores y empleados del conde de Santisteban. 1645-1664.

9 Alfredo FLORISTÁN IMÍZCOZ: «Martín de Redín», *Diccionario Biográfico electrónico de la Real Academia de la Historia,* 2022, https://dbe.rah.es/biografias/14455/martin-de-redin.

10 Antonio EIRAS ROEL: «Levas militares y presión fiscal en Galicia en los primeros años de la guerra con Portugal (1640-1647)», en *Homenaje a Antonio de Béthencourt Massieu,* Las Palmas de Gran Canaria, Ediciones del Cabildo Insular de Gran Canaria, 1995, p. 535.

11 *Ibid.*, p. 533.

12 *Ibid.*

13 Ofelia REY CASTELAO: «Agustín Spínola», *Diccionario Biográfico electrónico de la Real Academia de la Historia,* 2022, https://dbe.rah.es/biografias/21124/agustin-spinola.

14 Luz RAMA PATIÑO y José Manuel VÁZQUEZ LIJÓ: «Enrique Enríquez Pimentel y Guzmán, V marqués de Távara», *Diccionario Biográfico electrónico de la Real Academia de la Historia,* 2022, https://dbe.rah.es/biografias/38938/enrique-enriquez-pimentel-y-guzman.

15 Enrique GARCÍA HERNÁN: «Guillén Ramón de Moncada y de Castro, IV marqués de Aytona», *Diccionario Biográfico electrónico de la Real Academia de la Historia,* 2022, https://dbe.rah.es/biografias/10605/guillen-ramon-de-moncada-y-de-castro.

16 Antonio EIRAS ROEL: «Levas militares y presión fiscal...», pp. 534-535.

17 Antonio EIRAS ROEL: «Las Juntas del Reino de Galicia en un período de tensión: la resistencia a las levas y servicios en la década de 1640», en Antón RODRÍGUEZ CASAL (ed.): *Humanitas. Estudios en homenaxe ó prof. Dr. Carlos Alonso del Real,* Santiago de Compostela, Universidad de Santiago de Compostela, 1996, pp. 546-547.

18 Enrique GARCÍA HERNÁN: «Guillén Ramón de Moncada...».

19 Antonio EIRAS ROEL: «Levas militares y presión fiscal...», p. 535.

20 Ofelia REY CASTELAO: «Fernando de Andrade y Sotomayor», *Diccionario Biográfico electrónico de la Real Academia de la Historia,* 2022, https://dbe.rah.es/biografias/42187/fernando-de-andrade-y-sotomayor.

21 AGS, Guerra y Marina, lib. 190, ff. 162-162v. Nombramiento como capitán general de Galicia del conde de Santisteban. Madrid, 4 de junio de 1647.

22 Ídem.

23 AGS, Guerra y Marina, lib. 190, f. 162. Anotación del secretario Alonso Pérez Canterero sobre la media annata debida por el conde de Santisteban como capitán general de Galicia. Madrid, 4 de junio de 1647.

24 AGS, Escibanía Mayor de Rentas, Quitaciones de Corte, leg. 11, n. 1, ff. 345-352. Real provisión como gobernador y capitán general de Galicia del conde de Santisteban. Madrid, 2 de abril de 1647.

25 Antonio EIRAS ROEL: «Levas militares y presión fiscal...», p. 535.

26 Antonio EIRAS ROEL: «Las juntas del Reino de Galicia y la política fiscal de 1648 a 1654», en *Actas de las Juntas del Reino de Galicia, v. VI,* Santiago de Compostela, Junta de Galicia, 1999, p. 548.

27 *Ibid.*, p. 10.

28 Antonio EIRAS ROEL: «Levas militares y presión fiscal...», p. 538.

29 *Ibid.*, p. 539.

30 Antonio EIRAS ROEL: «Las Juntas del Reino de Galicia...», p. 534.

31 AGS, Guerra y Marina, lib. 229. Carta del conde de Santisteban a la Junta de Guerra sobre las condiciones puestas por la Junta del Reino de Galicia para ayudar al servicio. Recibida en la Junta de Guerra el 1 de abril de 1651.

32 Archivo Histórico Provincial de Pontevedra (en adelante AHPP), Juntas del Reino, lib. 915. Temas a tratar en la Junta del Reino. S. l., 1648.

33 Antonio EIRAS ROEL: «Las juntas del Reino de Galicia...», p. 14.

34 *Ibid.*, p. 17.

35 AHPP, Juntas del Reino, lib. 915, ff. 21-24. Argumentación del conde de Santisteban para la concesión del servicio de forrajes por el Reino de Galicia. S. l., 1648.

36 AHHP, Juntas del Reino, lib. 915, ff. 51-52. Negativa del Reino de Galicia al servicio de forrajes propuesta por el gobernador conde de Santisteban. Orense, 3 de enero de 1649.

37 Antonio EIRAS ROEL: «Las juntas del Reino de Galicia...», p. 15.

38 Archivo Militar de la Coruña (en adelante, AMC; actualmente recibe la denominación de Archivo Intermedio Militar Noroeste), Juntas del Reino, lib. 4, ff. 56-56v. Estado de la caballería tras la campaña de 1648 y solicitud del servicio de forrajes al Reino. La Coruña, 27 de enero de 1650.

39 AMC, Juntas del Reino, lib. 4, ff. 93-102v. Exposición ante el Reino del rechazo a su propuesta de financiación del ejército de Galicia. La Coruña, 9 de abril de 1651.

40 Antonio EIRAS ROEL: «Las juntas del Reino de Galicia...», p. 17.

41 AGS, Guerra y Marina, lib. 229, f. 5v. Sesión de la Junta de Guerra en que se trató la comunicación del conde de Santisteban sobre el estado del servicio de forrajes. Madrid, 13 de abril de 1651.

42 Antonio EIRAS ROEL: «Las juntas del Reino de Galicia...», p. 18.

43 AGS, Guerra y Marina, lib. 229, f. 91. Solicitud del gobernador de Galicia, conde de Santisteban, a la Junta de Guerra para que se ajuste lo acordado con el Reino para el servicio de forrajes. Visto en la Junta en Madrid, 11 de noviembre de 1651.

44 Antonio EIRAS ROEL: «Levas militares y presión fiscal...», pp. 543-44.

45 AGS, Guerra y Marina, lib. 229, f. 69v. Recepción de la negativa del conde de Santisteban a sacar trigo de Galicia y respuestas prorrogando esta orden en sesión del Consejo de Guerra. Madrid, 11 de septiembre de 1651.

46 AGS, Guerra y Marina, leg. 1820. Solicitud del factor Bentura Donís para que se permitan embarcar todas las fanegas adquiridas en Galicia para abasto de bizcocho de las galeras frente a Cataluña. «En algún lugar del Levante», 1651.

47 AGS, Guerra y Marina, leg. 1820. Despacho del Consejo de Guerra al conde de Santisteban sobre la petición del factor de las galeras de España Bentura Donís. Madrid, 22 de enero de 1652.

48 Antonio DOMÍNGUEZ ORTIZ: *Alteraciones andaluzas (años 1647 a 1652)*, Madrid, Narcea, 1973.

49 AGS, Guerra y Marina, lib. 229, f. 91. Solicitud del gobernador de Galicia, conde de Santisteban, para ajustar con el proveedor Martín Rodríguez los precios del pan de munición. Visto en la Junta de Guerra en Madrid, 11 de noviembre de 1651.

50 AGS, Guerra y Marina, lib. 229, f. 134. El conde de Santisteban, capitán general de Galicia, da cuenta de haber ajustado con Martín Rodríguez el abasto del pan de munición. Visto en la Junta de Guerra en Madrid, el 23 de marzo de 1652.

51 AGS, Guerra y Marina, lib. 229, f. 93v. El conde de Santisteban, gobernador de Galicia, informa al Consejo de Estado de la negativa de la ciudad de Orense a satisfacer cierta deuda. Visto en el Consejo de Estado en Madrid, el 24 de noviembre de 1651.

52 AGS, Guerra y Marina, lib. 229, f. 98. El conde de Santisteban, gobernador de Galicia, informa a la Junta de Guerra de la negativa de la ciudad de Orense a pagar lo ofrecido para el sostén de los cuarteles. Vista en la Junta de Guerra en Madrid, 5 de diciembre de 1651.

53 AGS, Guerra y Marina, lib. 229, f. 100v. Respuesta de la Junta de Guerra al conde de Santisteban, gobernador de Galicia, sobre la negativa del concejo de Orense a contribuir al acuartelamiento del ejército. Madrid, 12 de diciembre de 1651.

54 AGS, Guerra y Marina, lib. 229, f. 134v. Respuesta de la Junta de Guerra al conde de Santisteban, gobernador de Galicia, sobre la moderación de las raciones del ejército. Madrid, 26 de marzo de 1652.

55 AGS, Guerra y Marina, lib. 229, f. 165. Respuesta de la Junta de Guerra al conde de Santisteban, gobernador de Galicia, sobre la reducción de las raciones del ejército. Madrid, 27 de junio de 1652.

56 AGS, Guerra y Marina, lib. 229, f. 151v. Solicitud del conde de Santisteban, gobernador de Galicia, para que la Junta de Guerra apruebe su toma de cantidades provenientes de atrasos. Vista en la Junta de Guerra en Madrid, 22 de mayo de 1652.

57 AGS, Guerra y Marina, lib. 229, f. 193. El conde de Santisteban notifica a la Junta de Guerra que está empleando moneda de vellón para pagar a los proveedores del ejército de Galicia. Visto en la Junta de Guerra en Madrid, 3 de octubre de 1652.

58 AGS, Guerra y Marina, lib. 229, f. 159v. El conde de Santisteban informa a la Junta de Guerra del embargo de sus estados. Visto en la Junta de Guerra en Madrid, 13 de junio de 1652.

59 AGA, Santisteban del Puerto, 018-043. Carta de pago del conde de Santisteban en favor de Juana de Corella en concepto de alimentos. Pontevedra, 4 de enero de 1651.

60 AGA, Santisteban del Puerto, 003-031. Cuentas del despacho de la dispensa eclesiástica de parentesco para el matrimonio de Diego de Benavides con su cuñada Juana de Corella. Madrid, 5 de diciembre de 1651.

61 Antonio EIRAS ROEL: «Las Juntas del Reino de Galicia...», p. 542.

62 *Ibid.*, p. 544.

63 AGS, Guerra y Marina, lib. 229, f. 51v. Carta del conde de Santisteban, gobernador de Galicia, al Consejo de Guerra sobre las alteraciones generadas por soldados de la Armada en La Coruña. Vista en el Consejo de Guerra en Madrid, 31 de julio de 1651.

64 AGS, Guerra y Marina, lib. 229, f. 85. Solicitud del conde de Santisteban, gobernador de Galicia, a la Junta de Guerra para que el obispo de Tuy apacigüe la región tras una incursión portuguesa. Visto en la Junta de Guerra en Madrid, 24 de octubre de 1651.

65 AGS, Guerra y Marina, lib. 229, f. 70. Solicitud del concejo de Mirón al Consejo de Guerra para que no se altere su forma de levar y ordenar sus milicias. Visto en el Consejo de Guerra en Madrid, 11 de septiembre de 1651.

66 AGS, Guerra y Marina, lib. 229, f. 93v. Carta del gobernador de Galicia, conde de Santisteban, al Consejo de Guerra sobre las milicias del valle de Mirón. Visto en el Consejo de Guerra en Madrid, 24 de noviembre de 1651.

67 AGS, Guerra y Marina, lib. 229, p. 155v. Noticia del conde de Santisteban, gobernador de Galicia, al Consejo de Guerra sobre lo ajustado con el valle de Mirón sobre sus milicias. Vista en el Consejo de Guerra en Madrid, 29 de mayo de 1652.

68 AGS, Guerra y Marina, lib. 229, p. 90. Carta de la feligresía de Baredo y arrabal de Bayona al Consejo de Guerra para que se cumpliese la orden de no entrar en nuevos repartimientos. Vista en el Consejo de Guerra en Madrid, 10 de noviembre de 1651.

69 AGS, Guerra y Marina, lib. 229, f. 122v. El conde de Santisteban, gobernador de Galicia, solicita al Consejo de Guerra que no se conceda al abad de San Julián de Samos la potestad de nombrar oficiales para las milicias de sus vasallos. Visto en el Consejo de Guerra en Madrid, 26 de febrero de 1652.

70 AGS, Guerra y Marina, lib. 229, f. 165v. El conde de Santisteban informa sobre las pretensiones de las villas de Zedir y Santalla y los concejos de Miranda y Villamea. Visto en la Junta de Guerra en Madrid, 27 de junio de 1652.

71 AGS, Guerra y Marina, lib. 229, f. 213v. Solicitud del capitán y los soldados de la compañía de milicia de San Miguel para no servir fuera de su región. Visto en el Consejo de Guerra en Madrid, 20 de diciembre de 1652.

72 AGS, Guerra y Marina, lib. 229, f. 220. Carta de los capitanes de milicias del Reino de Galicia solicitando la guarda de sus preeminencias con el nuevo capitán general, Vicente Gonzaga. Visto en el Consejo de Guerra en Madrid, 24 de enero de 1652.

73 AGS, Guerra y Marina, lib. 229, f. 1. Petición del conde de Santisteban, capitán general de Galicia, a la Junta de Guerra para que su ejército estuviese asistido correctamente. Vista en la Junta de Guerra en Madrid, 1 de abril de 1651.

74 AGS, Guerra y Marina, lib. 229, f. 12v. Solicitud de los oficiales de la Real Hacienda de Galicia para que los capitanes de milicias no sean sustituidos por capitanes del ejército. Vista en el Consejo de Guerra en Madrid, 29 de abril de 1651.

75 AGS, Guerra y Marina, lib. 229, f. 21v. Petición del conde de Santisteban al Consejo de Guerra para que se nombre algunos sujetos propuestos como oficiales del ejército de Galicia. Visto en el Consejo de Guerra en Madrid, 24 de mayo de 1651.

76 AGS, Guerra y Marina, lib. 229, f. 19. Recomendación del conde de Santisteban ante el Consejo de Guerra en favor de Jacinto Fernández. Vista en el Consejo de Guerra en Madrid, 12 de mayo de 1651.

77 AGS, Guerra y Marina, lib. 229, f. 20v. Recomendación del conde de Santisteban ante el Consejo de Guerra en favor de Juan Álvarez de Castro para que se le conceda una ventaja. Vista en el Consejo de Guerra en Madrid, 22 de mayo de 1651.

78 AGS, Guerra y Marina, lib. 229, f. 26. Recomendación del conde de Santisteban ante el Consejo de Guerra en favor de Juan Antonio de Aguirre para que cobre su sueldo en la Coruña. Vista en el Consejo de Guerra en Madrid, 2 de junio de 1651.

79 AGS, Guerra y Marina, lib. 229, f. 12v. Recomendación del conde de Santisteban, con carta de Francisco de Velasco anexa, en favor del capitán José de Villa ante el Consejo de Guerra. Vista en el Consejo de Guerra en Madrid, 29 de abril de 1651.

80 AGS, Guerra y Marina, lib. 229, f. 27v. Recomendación del conde de Santisteban al Consejo de Guerra en favor de Francisco de Velasco. Vista por el Consejo de Guerra en Madrid, 5 de junio de 1651.

81 AGS, Guerra y Marina, lib. 229, f. 84. El conde de Santisteban escribe al Consejo de Guerra solicitando una licencia en favor de Francisco de Velasco. Vista en el Consejo de Guerra en Madrid, 23 de octubre de 1651.

82 AGS, Guerra y Marina, lib. 229, f. 84. Respuesta del Consejo de Guerra a la petición de licencia del conde de Santisteban en favor del teniente de capitán general de la caballería de Galicia Francisco de Velasco. Madrid, 23 de octubre de 1651.

83 AGS, Guerra y Marina, lib. 230, f. 6. Petición del conde de Santisteban al Consejo de Guerra para que se dé licencia a Francisco de Velasco. Vista en el Consejo de Guerra en Madrid, 27 de octubre de 1651.

84 AGS, Guerra y Marina, lib. 229, f. 38. El conde de Santisteban informa de la negativa de un sargento mayor a encuadrarse bajo el capitán Juan Pardo de Figueroa. Vista en el Consejo de Guerra en Madrid, 30 de junio de 1651.

85 AGS, Guerra y Marina, lib. 229, f. 48. El conde de Santisteban conviene al Consejo de Guerra para que se nombre a capitanes reformados como sargentos mayores de las milicias gallegas. Visto en el Consejo de Guerra en Madrid, 19 de julio de 1651.

86 AGS, Guerra y Marina, lib. 229, f. 56. El gobernador de Galicia remite la información de Pedro López para que su hijo quede en reserva. Vista en la Junta de Guerra en Madrid, 12 de agosto de 1651.

87 AGS, Guerra y Marina, lib. 229, f. 80. Solicitud del conde de Santisteban para que se le conceda una ventaja al mayordomo de la artillería de Galicia Juan Pérez. Vista en el Consejo de Guerra en Madrid, 6 de octubre de 1651.

88 AGS, Guerra y Marina, lib. 229, f. 92. Sugerencia del conde de Santisteban para que el tercio de Muzaval se entregue a don Luis de Vivero. Visto en el Consejo de Guerra en Madrid, 17 de noviembre de 1651.

89 AGS, Guerra y Marina, lib. 229, f. 104v. Petición del conde de Santisteban para que a dos alféreces que sirven en el ejército de Galicia se les devengan su sueldo en el Reino. Vista en el Consejo de Guerra en Madrid, 20 de diciembre de 1651.

90 AGS, Guerra y Marina, lib. 229, f. 110. Solicitud del conde de Santisteban para que se le pague en Galicia al alférez Juan de Torres. Vista en el Consejo de Guerra en Madrid, 15 de enero de 1652.

91 AGS, Guerra y Marina, lib. 229, f. 106v. El conde de Santisteban pide la reformación del alférez Varxiela y el sargento Blaneo. Vista en el Consejo de Guerra en Madrid, 8 de enero de 1652.

92 AGS, Guerra y Marina, leg. 1820. Petición de Domingo Suárez, paje del conde de Santisteban, para pasar a las galeras de Sicilia con una ventaja correspondiente como servidor de consejero de Guerra, que era su señor. S.l., 1652.

93 Antonio EIRAS ROEL: «Las juntas del Reino de Galicia...», pp. 29-30.

94 AGS, Guerra y Marina, lib. 229, f. 29v. El conde de Santisteban representa el estado en que se hallan los presidios de la frontera con Portugal. Visto en el Consejo de Guerra en Madrid, 9 de junio de 1651.

95 AGS, Guerra y Marina, lib. 229, f. 47. El conde de Santisteban, gobernador de Galicia, relaciona los presidios de la frontera con Portugal y su ruinoso estado. Visto en el Consejo de Guerra en Madrid, 17 de julio de 1651.

96 AGS, Guerra y Marina, lib. 229, f. 55v. El conde de Santisteban, gobernador de Galicia, informa sobre el estado de los presidios de Bayona y La Coruña. Visto en el Consejo de Guerra en Madrid, 11 de agosto de 1651.

97 AGS, Guerra y Marina, lib. 229, f. 149v. El conde de Santisteban informa de las reparaciones realizadas sobre las defensas de Aytona. Visto en el Consejo de Guerra en Madrid, 17 de mayo de 1652.

98 Archivo Histórico Provincial de Lugo (en adelante, AHPL), Juntas del Reino, lib. 2. El conde de Santisteban manifiesta ante la Junta del Reino la cortedad de la Hacienda Real. Pontevedra, 24 de marzo de 1651.

99 AHPL, Juntas del Reino, lib. 2. Respuesta de la Junta del Reino al conde de Santisteban sobre el aprovisionamiento de fondos. Pontevedra, 25 de marzo de 1651.

100 Antonio EIRAS ROEL: «Las juntas del Reino de Galicia...», p. 32.

101 AGS, Guerra y Marina, lib. 229, f. 5v. Petición del conde de Santisteban de medios para obtener la pólvora necesaria para los ejércitos y fortalezas de Galicia. Visto en la Junta de Guerra en Madrid, 13 de abril de 1651.

102 AGS, Guerra y Marina, lib. 229, f. 53v. El conde de Santisteban informa sobre los oficiales de que se ha valido el contador de la Pagaduría. Visto en el Consejo de Guerra en Madrid, 2 de agosto de 1651.

103 AGS, Guerra y Marina, lib. 229, f. 80. El conde de Santisteban solicita que el contador Valdivieso quede obligado a asistir a cuantas necesidades considere. Visto en el Consejo de Guerra en Madrid, 6 de octubre de 1651.

104 AGS, Guerra y Marina, lib. 229, f. 94v. El conde de Santisteban para que se satisfaga el salario del protomédico del ejército de Galicia. Visto en el Consejo de Guerra en Madrid, 27 de noviembre de 1651.

105 AGS, Guerra y Marina, lib. 229, f. 177v. El conde de Santisteban para que se devengue el sueldo mensualmente al teniente general de la artillería de Galicia Francisco Pérez de Soto. Visto en el Consejo de Guerra en Madrid, 9 de agosto de 1652.

106 AGS, Guerra y Marina, lib. 230, f. 8v. El conde de Santisteban solicita al Consejo de Guerra que no se aminoren más las consignaciones para el ejército de Galicia. Visto en el Consejo de Guerra en Madrid, 24 de noviembre de 1651.

107 R. A. STRADLING: *Felipe IV y el gobierno...*, pp. 376-377.

108 AGS, Guerra y Marina, lib. 229, f. 112. El conde de Santisteban sobre la reformación del ejército de Galicia. Visto en el Consejo de Guerra en Madrid, 19 de enero de 1652.

109 AGS, Guerra y Marina, lib. 229, f. 114. El conde de Santisteban sobre el medio para incrementar el número de soldados del ejército de Galicia y respuesta de la Junta de Guerra sobre el gasto oficial que se hacía en estas tropas. Visto por la Junta de Guerra en Madrid, 25 de enero de 1652.

110 AGS, Guerra y Marina, lib. 229, f. 114. El conde de Santisteban comunica el estado de las tropas del ejército de Galicia y las informaciones de la situación del enemigo; inserta la respuesta de los consejeros. Vista en la Junta de Guerra en Madrid, 25 de enero de 1652.

111 AGS, Guerra y Marina, lib. 229, f. 128v. El conde de Santisteban informa sobre la reformación realizada en el ejército de Galicia. Vista en el Consejo de Guerra en Madrid, 11 de marzo de 1652. AGS, Guerra y Marina, lib. 229, f. 133v. El conde de Santisteban representa las modificaciones que ha ordenado en el reformado ejército de Galicia. Vista en el Consejo de Guerra en Madrid, 22 de marzo de 1652.

112 AGS, Guerra y Marina, leg. 1820. Carta de Alejandro Mendoza al Consejo de Indias para la obtención de tres patentes de corso. Vigo, 1652.

113 AGS, Guerra y Marina, leg. 1820. Carta del conde de Santisteban al rey en favor de la concesión de cuatro patentes de corso para flamencos. Pontevedra, 19 de marzo de 1652.

114 AGS, Guerra y Marina, leg. 1820. Respuesta del Consejo de Guerra a la solicitud de cuatro patentes de corsos para flamencos del conde de Santisteban, gobernador de Galicia. Madrid, 22 de abril de 1652.

115 Francisco ANDÚJAR CASTILLO: «Empresarios de la guerra y asentistas de soldados en el siglo XVII», en Enrique GARCÍA HERNÁN y Davide MAFFI (eds.): *Guerra y sociedad en la Monarquía Hispánica: política, estrategia y cultura en la Europa moderna (1500-1700), t. II*, Madrid, Consejo Superior de Investigaciones Científicas y Fundación Mapfre, 2006, p. 376.

116 AGS, Guerra y Marina, lib. 229. El rey manda se le entreguen los despachos como nuevo gobernador de Galicia a Vicente Gonzaga. Visto en el Consejo de Guerra en Madrid, 15 de mayo de 1652.

117 Mariela FARGAS PEÑARROCHA: «Vicente Gonzaga y Doria», *Diccionario Biográfico electrónico de la Real Academia de la Historia*, 2022, https://dbe.rah.es/biografias/20618/vicente-gonzaga-y-doria.

118 AGS, Guerra y Marina, lib. 229, f. 188. Informe del conde de Santisteban sobre el estado del ejército de Galicia al finalizar la campaña de ese año. Visto en la Junta de Guerra en Madrid, 19 de septiembre de 1652.

4. El virrey de Navarra: fueros, guerra y la isla de los Faisanes

1 AGA, Santisteban del Puerto, 002-016. Capitulaciones matrimoniales entre Diego de Benavides y Ana de Silva y recibo de la dote. Valladolid, 21 de octubre de 1654.

2 María Isabel OSTOLAZA ELIZONDO: *Gobierno y administración de Navarra bajo los Austrias (Siglos XVI-XVII)*, Pamplona, Fondo de Publicaciones del Gobierno de Navarra, 1999, p. 73.

3 Alistair MALCOLM: *El valimiento y el gobierno...*, p. 169.

4 Pablo PRESUMIDO CASADO: «La promoción al virreinato...», p. 595.

5 Pedro CARDIM y Joan Lluis PALOS: «El gobierno de los imperios de España y Portugal en la Edad Moderna: problemas y soluciones compartidas», en Pedro CARDIM y Joan Lluis PALOS (eds.): *El mundo de los virreyes en las monarquías de España y Portugal,* Madrid, Iberoamericana Vervuert, 2012, p. 24.

6 Juan Bosco AMORES CARREDANO: «Diego Roque López Pacheco Cabrera y Bobadilla, VII duque de Escalona», *Diccionario Biográfico electrónico de la Real Academia de la Historia,* 2022, https://dbe.rah.es/biografias/12345/diego-roque-lopez-pacheco-cabrera-y-bobadilla.

7 Pablo PRESUMIDO CASADO: «La promoción al virreinato...», p. 592.

8 AGS, Dirección General del Tesoro, Registro General de Mercedes, leg. 17, Letra C, ff. 10-10v. Concesión de ayuda de costa al conde de Santisteban para ir a ejercer como nuevo virrey de Navarra. S.l., octubre de 1652.

9 AGS, Guerra y Marina, lib. 224, f. 193. El conde de Santisteban pide que se le dé la ayuda de costa como virrey de Navarra. Vista en la Junta de Guerra en Madrid, 16 de enero de 1653.

10 Alistair MALCOLM: *El valimiento y el gobierno...,* p. 211.

11 María Isabel OSTOLAZA ELIZONDO: *Gobierno y administración...,* p. 124.

12 Pablo PRESUMIDO CASADO: «Gobernar la Monarquía...», p. 966.

13 Alfredo FLORISTÁN IMÍZCOZ: «El virreinato de Navarra. Consideraciones históricas para una reinterpretación institucional», en Pedro CARDIM y Joan Lluis PALOS (eds.): *El mundo de los virreyes en las monarquías de España y Portugal,* Madrid, Iberoamericana Vervuert, 2012, p. 140.

14 Pedro CARDIM y Lluis PALOS: «El gobierno de los imperios...», p. 18.

15 Archivo Histórico Nacional (en adelante AHN), Consejos, Cámara de Castilla, Libros de Navarra, lib. 530. Instrucciones al conde de Santisteban como virrey de Navarra. Madrid, 3 de agosto de 1653. Agradecer desde aquí a Ana Amigo la localización de este importante documento y señalar que el mejor estudio sobre el mismo ha sido el recientemente publicado por Pablo PRESUMIDO: «Gobernar la Monarquía…», el cual seguiremos dado su análisis minucioso y acertado.

16 Pablo PRESUMIDO CASADO: «Gobernar la Monarquía...», p. 966.

17 *Ibid.,* p. 967.

18 *Ibid.,* pp. 968-969.

19 AHN, Consejos, Cámara de Castilla, Libros de Navarra, lib. 530, f. 393. Instrucciones al conde de Santisteban como virrey de Navarra. Madrid, 3 de agosto de 1653. También citado en Pablo PRESUMIDO CASADO: «Gobernar la Monarquía...», p. 966.

20 Alfredo FLORISTÁN IMÍZCOZ: «El virreinato de Navarra...», p. 131.

21 María Isabel OSTOLAZA ELIZONDO: *Gobierno y administración...,* p. 49.

22 Pablo PRESUMIDO CASADO: «Gobernar la Monarquía...», p. 995.

23 María Isabel DE LORCA MARTÍN DE VILLODRES: «Juan de Arce y Otalora», *Diccionario Biográfico electrónico de la Real Academia de la Historia,* 2022, https://dbe.rah.es/biografias/34403/juan-de-arce-y-otalora.

24 María Isabel OSTOLAZA ELIZONDO: *Gobierno y administración...,* p. 32.

25 Isabel MENDOZA GARCÍA y Teresa SÁNCHEZ RIVILLA: «Diego García de Trasmiera», *Diccionario Biográfico electrónico de la Real Academia de la Historia,* 2022, https://dbe.rah.es/biografias/30992/diego-garcia-de-trasmiera.

26 María Isabel OSTOLAZA ELIZONDO: *Gobierno y administración...,* p. 32.

27 Pablo PRESUMIDO CASADO: «Gobernar la Monarquía...», p. 983; Manuel RIVERO RODRÍGUEZ, *La edad de oro de los virreyes...,* p. 206.

28 Alfredo FLORISTÁN IMÍZCOZ: «El virreinato de Navarra...», p. 142.

29 Pablo PRESUMIDO CASADO: «Gobernar la Monarquía...», p. 984.

30 *Ibid.,* pp. 967-968.

31 Joaquín SALCEDO IZU: «Contrafueros y reparo de agravios», *Anuario de Historia del Derecho español,* 39 (1969), p. 764.

32 *Ibid.,* p. 763.

33 Pablo PRESUMIDO CASADO: «Gobernar la Monarquía...», pp. 969-970.

34 Pablo PRESUMIDO CASADO: «La promoción al virreinato...», p. 588.

35 Virginia GARCÍA MIGUEL: «La donación de un tercio navarro para la guerra de Cataluña en 1642», *Príncipe de Viana,* 9 (1988), p. 126.

36 Alfredo FLORISTÁN IMÍZCOZ: «Adaptaciones divergentes. Las Cortes de Navarra y los "États de Navarre" (siglos XV-XVIII)», *Anuario de Historia del Derecho español,* 77 (2007), p. 220.

37 Pablo PRESUMIDO CASADO: «La promoción al virreinato...», p. 581.

38 María Isabel OSTOLAZA ELIZONDO: *Gobierno y administración...,* p. 124.

39 José Javier DÍAZ GÓMEZ: «Las Cortes de Navarra de 1652-1654. Aportación del Reino a la recuperación de Cataluña», en *Euskal herriaren historiari buruzko biltzarra, v. III,* Bilbao, Txertoa, 1988, pp. 37-49.

40 Pedro CARDIM y Joan Lluis PALOS: «El gobierno de los imperios...», pp. 19-20.

41 Alfredo FLORISTÁN IMÍZCOZ: «Adaptaciones divergentes....», p. 221.

42 Pablo PRESUMIDO CASADO: «Gobernar la Monarquía...», pp. 974-976.

43 Sobre este fenómeno dieciochesco siguen siendo imprescindibles, como mínimo, las siguientes monografías: Julio CARO BAROJA: *La hora navarra del XVIII (personas, familias, negocios e ideas)*, Pamplona, Gobierno de Navarra-Institución Príncipe de Viana, 1985; Rafael TORRES SÁNCHEZ (ed.): *Volver a la «hora navarra». La contribución navarra a la construcción de la monarquía española en el siglo XVIII*, Pamplona, Universidad de Navarra, 2010; Rafael GUERRERO ELECALDE: *Las élites vascas y navarras en el gobierno de la monarquía borbónica: redes sociales, carreras y hegemonía en el siglo XVIII (1700-1746)*, Bilbao, Universidad del País Vasco, 2012.

44 Pablo PRESUMIDO CASADO: «Gobernar la Monarquía...», p. 981.

45 *Ibid*, pp. 979-980.

46 Juan Cruz LABEAGA MENDIOLA: «Concesión del título de ciudad a Sangüesa», *Zangotzarra* 14, n.º 14 (2010): 220-21.

47 Pablo PRESUMIDO CASADO: «Gobernar la Monarquía...», pp. 979-980.

48 Juan Cruz LABEAGA MENDIOLA: «Concesión del título...», p. 223.

49 Esteban ORTA RUBIO: «La Ribera tudelana bajo los Austrias. Aproximación a su estudio socio-económico», *Príncipe de Viana*, 166-167 (1982), pp. 760, 797.

50 *Ibid.*, p. 818.

51 Pablo PRESUMIDO CASADO: «Gobernar la Monarquía...», pp. 991-992.

52 Joaquín SALCEDO IZU: «El sistema fiscal navarro en la Cámara de Comptos Reales», *Príncipe de Viana*, 42, 163 (1981), p. 622.

53 Pablo PRESUMIDO CASADO: «Gobernar la Monarquía...», p. 993.

54 María Isabel OSTOLAZA ELIZONDO: *Gobierno y administración...*, p. 73; Pablo PRESUMIDO CASADO, «Gobernar la Monarquía...», p. 968.

55 AGS, Guerra y Marina, lib. 224, f. 33. El castellano de Pamplona sobre haber introducido mercancía de Francia. Visto en el Consejo de Guerra en Madrid, 12 de agosto de 1650.

56 Juan Ignacio FORTEA PÉREZ: «Los donativos en la política fiscal de los Austria (1625-1637)», en Luis Antonio RIBOT GARCÍA, Luigi DE ROSA y Carlos BELLOSO MARTÍN (eds.): *Pensamiento y política económica en la época moderna*, Madrid, Editorial Actas, 2000, pp. 31-76.

57 Pablo PRESUMIDO CASADO: «Gobernar la Monarquía...», p. 977.

58 *Ibid.*, p. 978.

59 María Isabel OSTOLAZA ELIZONDO: «Administración del Reino de Navarra en la etapa de los Austrias», *Hispania*, 60, 205 (2000), p. 587.

60 María Isabel OSTOLAZA ELIZONDO: *Gobierno y administración...*, p. 125.

61 Antonio DOMÍNGUEZ ORTIZ: «España ante la Paz de los Pirineos», *Hispania,* XIX, LXXVII (1959), p. 549.

62 R. A. STRADLING: *Felipe IV y el gobierno...,* p. 377.

63 *Ibid.,* p. 413.

64 Lynn WILLIAMS: «Jornada de D. Luis Méndez de Haro y Guzmán a Extremadura, 1658-1659: implicaciones para la política internacional española del momento», *Manuscrits,* 31 (2013), p. 120.

65 R. A. STRADLING: *Felipe IV y el gobierno...,* p. 414.

66 Antonio DOMÍNGUEZ ORTIZ: *Política y hacienda de Felipe IV,* Madrid, Ed. Pegaso, 1983, p. 73; R. A. STRADLING: *Felipe IV y el gobierno...,* p. 413.

67 AGS, Estado, leg. 2092. Carta del rey a Juan José de Austria. San Lorenzo del Escorial, 31 de octubre de 1658.

68 Antonio DOMÍNGUEZ ORTIZ: «España ante la Paz...», pp. 556-558.

69 R. A. STRADLING: *Felipe IV y el gobierno...,* p. 415.

70 Miguel LASSO DE LA VEGA Y MARAÑÓN: «Don Antonio Pimentel de Prado y la Paz de los Pirineos», *Hispania,* VII, XXVI (1947), p. 24.

71 R. A. STRADLING: *Felipe IV y el gobierno...,* p. 377.

72 Alistair MALCOLM: *El valimiento y el gobierno...,* p. 299.

73 AGA, Santisteban del Puerto, leg. 10, pieza 51, f. 49v. Memorial en que representa al rey nuestro señor la antigüedad, calidad y servicios de sus casas don Diego de Benavides y de la Cueva. Madrid, 1660.

74 Luis RIBOT GARCÍA: «El IX conde de Santisteban (1645-1716). Poder y ascenso de una casa noble a través del servicio a la Corona», *Espacio, tiempo y forma. Serie IV, Historia Moderna,* 31 (2018), p. 25; ÍD.: «Francisco de Benavides Dávila y Corella, IX conde de Santisteban», *Diccionario Biográfico electrónico de la Real Academia de la Historia,* 2022, https://dbe.rah.es/biografias/22189/francisco-de-benavides-davila-y-corella.

75 R. A. STRADLING: *Felipe IV y el gobierno...,* p. 416.

76 Pilar GARCÍA LOUAPRE: «María Teresa de Austria y Borbón», *Diccionario Biográfico electrónico de la Real Academia de la Historia,* 2022, https://dbe.rah.es/biografias/11503/maria-teresa-de-austria-y-borbon.

77 Luis IGNACIO SÁINZ: «La isla de los Faisanes: Diego de Velázquez y Felipe IV. Reflexiones sobre las representaciones políticas», *Argumentos,* 19, 51 (2006), p. 153.

78 Alistair MALCOLM: *El valimiento y el gobierno...,* p. 306.

79 Manuel RIVERO RODRÍGUEZ: *La edad de oro de los virreyes...,* p. 273.

80 Adolfo CARRASCO MARTÍNEZ: «Hacer anatomía del poder en la Monarquía de España: una nobleza y diversos reinos», en Adolfo CARRASCO MARTÍNEZ (ed.): *La nobleza y los reinos. Anatomía del poder en la Monarquía de España (siglos XVI-XVII)*, Madrid, Iberoamericana Vervuert, 2017, p. 14.

81 R. A. STRADLING: *Felipe IV y el gobierno...*, pp. 380, 417-418.

82 Pablo PRESUMIDO CASADO: «Gobernar la Monarquía...», p. 995. El autor, en este trabajo ejemplar, defiende que el balance positivo de Diego de Benavides en Navarra le sirvió para su promoción al virreinato del Perú.

83 José Antonio GUILLÉN BERRENDERO: «Honor y fama "por defecto"...», p. 37.

84 Conservamos al menos dos ejemplares de este memorial: BNE, R/23906(1); y, sobre el que hemos trabajado, AGA, Santisteban del Puerto, leg. 10, pieza 51.

85 José Antonio GUILLÉN BERRENDERO: «Honor y fama "por defecto"...», p. 68.

86 Adolfo CARRASCO MARTÍNEZ: «Hacer anatomía del poder...», p. 14.

87 Gloria Marisol CEREZO SAN GIL: *Atesoramiento artístico e historia...*, p. 40.

88 Pablo PRESUMIDO CASADO: «La promoción al virreinato...», p. 585.

89 AGA, Santisteban del Puerto, leg. 10, pieza 51, ff. 32-34.

90 AGA, Santisteban del Puerto, leg. 10, pieza 51, f. 34.

91 AGA, Santisteban del Puerto, leg. 10, pieza 51, ff. 37-37v.

92 AGA, Santisteban del Puerto, leg. 10, pieza 51, ff. 35-35v.

93 AGA, Santisteban del Puerto, leg. 10, pieza 51, f. 35v.

94 AGA, Santisteban del Puerto, leg. 10, pieza 51, ff. 45-45v.

95 AGA, Santisteban del Puerto, leg. 10, pieza 51, ff. 46-46v.

96 AGA, Santisteban del Puerto, leg. 10, pieza 51, ff. 46v-48v.

97 AGA, Santisteban del Puerto, leg. 10, pieza 51, ff. 48v-49v.

98 AGA, Santisteban del Puerto, leg. 10, pieza 51, f. 49v.

99 AGA, Santisteban del Puerto, leg. 10, pieza 51, ff. 57-58.

100 AGA, Santisteban del Puerto, leg. 10, pieza 51, f. 58v.

5. De Pamplona a Lima: elección y viaje del nuevo virrey del Perú

1 Archivo General de Indias (en adelante, AGI), Indiferente General, 773. Consulta de la Cámara de Indias al Rey para elegir nuevo virrey del Perú. Madrid, 4 de abril de 1659.

2 Antonio EIRAS ROEL: «Las juntas del Reino...», p. 10.

3 Manuel GÜELL I JUNKERT: «El sitio de Salses...», p. 52.

4 Santiago MARTÍNEZ HERNÁNDEZ: *Escribir la corte de Felipe IV...*, p. 69.

5 AGI, Indiferente General, 773. Listado de candidatos al virreinato del Perú confeccionado por la Cámara de Indias. Madrid, abril de 1659.

6 AGI, Indiferente General, 773. Anotación marginal de Felipe IV a la consulta de la Cámara de Indias para elegir sucesor al conde de Alba de Liste. Madrid, 6 de febrero de 1660.

7 AGI, Indiferente General, 775. Solicitud del presidente y consejeros de Indias para que se agasaje con 500 ducados al nuevo fiscal del Consejo, Álvaro de Benavides. Madrid, 31 [sic.] de junio de 1660.

8 AGI, Indiferente General, 773, doc. 3. Establecimiento de la media annata del virrey conde de Santisteban dirigido por el Consejo de Indias a Pedro de Monzón, del Consejo de Hacienda. Madrid, 17 de marzo de 1660.

9 AGI, Indiferente General, 773, doc. 3. Reconocimiento del Consejo de Indias de la media annata que debe pagar el virrey conde de Santisteban. Madrid, 18 de marzo de 1660.

10 AGI, Indiferente General, 773, doc. 4. Modo de cobrar la media annata del virrey conde de Santisteban dispuesta por Pedro de Monzón, del Consejo de Hacienda, dirigida al secretario de Indias Juan Bautista Sanz Navarrete. Madrid, 6 de abril de 1660

11 AGI, Indiferente General, 775, doc. 6. Consulta del Consejo de Indias al Rey sobre ordenar al conde de Santisteban disponer su viaje al Perú en la primera ocasión. Madrid, 30 de enero de 1660.

12 AGI, Indiferente General, 775, doc. 6. Carta del conde de Santisteban al secretario del Consejo de Indias Juan Sáenz [sic. Sanz] Navarrete. Pamplona, 8 de febrero de 1660.

13 AGI, Indiferente General, 775, doc. 6. Carta del conde de Santisteban al marqués del Carpio. Pamplona, 11 de marzo de 1660.

14 AGI, Indiferente General, 775, doc. 1. Relación de solicitudes del conde de Santisteban en tres memoriales dirigidas al Consejo de Indias. S.l., mayo-junio, 1660.

15 AGI, Indiferente General, 775, doc. 5. Respuesta de la Cámara de Castilla al memorial del 4 de julio de 1660 del conde de Santisteban solicitando el pago de las luminarias y propinas que se le debían. Madrid, 6 de julio de 1660.

16 AGI, Contratación, 5794, l. 2, ff. 152v-154v. Nombramientos de Diego de Benavides, conde de Santisteban, como virrey, gobernador y capitán general del Perú. Madrid, 16 de agosto de 1660.

17 AGI, Indiferente General, 775, doc. 2. Carta del Consejo de Castilla al presidente del Consejo de Indias, José González, sobre el crecimiento de la ayuda de costa al conde de Santisteban para pasar al Perú. Madrid, 10 de septiembre de 1660.

18 AGI, Indiferente General, 775, doc. 3. Respuesta de la Cámara de Indias al memorial de peticiones económicas entregado por el conde de Santisteban, provisto virrey del Perú. Madrid, 7 de septiembre de 1660.

19 AGI, Indiferente General, 775, doc. 6. Decreto del Rey resolviendo las solicitudes de mercedes del conde de Santisteban. Madrid, 13 de septiembre de 1660.

20 AGI, Indiferente General, 775, doc. 6. Consulta del Consejo de Indias al Rey sobre los retrasos del conde de Santisteban, provisto virrey del Perú. Madrid, 13 de septiembre de 1660.

21 AGI, Indiferente General, 775, doc. 6. Respuesta del Rey a la consulta del Consejo de Indias sobre los retrasos del conde de Santisteban, provisto virrey del Perú. Madrid, 14 de septiembre de 1660.

22 AGI, Indiferente General, 775, doc. 6. Orden del Rey al Consejo de Indias para averiguar los perjuicios ocasionados por los retrasos del conde de Santisteban. Madrid, 24 de septiembre de 1660.

23 AGI, Indiferente General, 775, doc. 6. Informe del Consejo de Indias al Rey sobre el apresto de la flota de Indias y la espera que están sufriendo para embarcar al provisto virrey de Perú. Madrid, 20 de septiembre de 1660.

24 AGI, Indiferente General, 775, doc. 6. Carta del fiscal del Consejo de Indias, Álvaro de Benavides, al presidente del mismo, José González, sobre la partida del provisto virrey del Perú, conde de Santisteban. Madrid, 24 de septiembre de 1660.

25 AGI, Indiferente General, 775, doc. 7. Consulta del Consejo de Indias al Rey sobre los adeudos que reclama el conde de Santisteban de su virreinato en Navarra. Madrid, 24 de septiembre de 1660.

26 AGI, Indiferente General, 775, doc. 6. Correo al Consejo de Indias sobre el viaje del conde de Santisteban, provisto virrey del Perú, hacia Cádiz. Toledo, 24 de septiembre de 1660.

27 AGI, Indiferente General, 775, doc. 6. Carta del conde de Santisteban al Consejo de Indias sobre su viaje a Cádiz. *En el camino*, 27 de septiembre de 1660.

28 AGI, Indiferente General, 775, doc. 6. Consulta del Consejo de Indias al Rey sobre el viaje a Cádiz del conde de Santisteban. Madrid, 30 de septiembre de 1660.

29 Antonio DOMÍNGUEZ ORTIZ: *América y la monarquía española,* Granada, Editorial Comares, 2010, p. 167.

30 *Ibid.*, p. 171.

31 José Manuel DÍAZ BLANCO: «Sobre las armadas de indias: la práctica del"beneficio"y la crisis de la avería (1660-1700)», *Gladius,* 35 (30 de diciembre de 2015), p. 119.

32 *Ibid.*, p. 119.

33 Pablo Emilio PÉREZ-MALLAINA BUENO: «Generales y almirantes de la Carrera de Indias. Una investigación pendiente», *Chronica Nova,* 33 (2007), p. 308.

34 María Guadalupe CARRASCO GONZÁLEZ: *Comerciantes y casas de negocios en Cádiz, 1650-1700,* Cádiz, Universidad de Cádiz, 1997, p. 14.

35 AGI, Contratación, 1204, n. 1-20. Navíos de la armada a Tierra Firme dirigida por el general Pablo Fernández de Contreras. Cádiz, 1660.

36 Este clérigo originó ciertos conflictos entre el linaje de los Benavides y la familia de la virreina, como bien se ha resaltado recientemente: Pilar PONCE LEIVA: «El nombre de chocolate ha quitado la mala palabra de soborno. Los dilemas del conde de Santisteban, virrey del Perú (1661-1666)», *Chronica Nova. Revista de Historia Moderna de la Universidad de Granada,* 47 (5 de diciembre de 2021), p. 43, https://doi.org/10.30827/cnova.v0i47.18484. Asimismo, la influencia de este dominico sería notoria durante el gobierno de Santisteban en Perú, hasta el punto de ordenarse investigar si por su mano se habían producido provisiones de cargos virreinales; véase Ismael JIMÉNEZ JIMÉNEZ: *Poder, redes y corrupción en Perú (1660-1705),* Sevilla, Editorial de la Universidad de Sevilla, 2019, pp. 394-395.

37 AGI, Contratación, 5432, n.2, r. 74. Peticiones de Antonio Clemente Natera, procurador del conde de Santisteban, a la Casa de la Contratación sobre el embarque del virrey del Perú en la armada de 1660. Cádiz, octubre de 1660.

38 AGI, Contratación, 5432, n.2, r. 74. Presentación por Alonso de Herrera de tres reales cédulas a favor del conde de Santisteban ante el oficial de la Casa de la Contratación encargado del despacho de la armada de 1660. Cádiz, octubre de 1660.

39 AGI, Contratación, 5432, n. 2, r. 74. Comisión de la Casa de la Contratación a su fiscal, Antonio de Salinas, para supervisar la armada de 1660 y el embarque, con las preeminencias que goza por reales cédulas, del virrey del Perú, conde de Santisteban. Sevilla, 22 de octubre de 1660.

40 AGI, Contratación, 5432, n. 2, r. 74. Auto del fiscal de la Casa de la Contratación, Antonio de Salinas, autorizando el embarque del conde de Santisteban, con su familia y su corte, en la armada de 1660. Cádiz, 3 de noviembre de 1660.

41 Pilar PONCE LEIVA: «El nombre de chocolate...», p. 46.

42 Pablo Emilio PÉREZ-MALLAINA BUENO: «Generales y almirantes...», p. 293.

43 AGI, Contratación, 5432, n. 2, r. 74. Segunda real cédula sobre el embarque de familiares y criados del conde de Santisteban en la armada de 1660. Madrid, 6 de agosto de 1660.

44 AGI, Contratación, 5432, n. 2, r. 90. Memoria de las personas que lleva el conde de Santisteban en la capitana de galeones del cargo del señor general don Pablo Fernández de Contreras. Cádiz, 2 de noviembre de 1660.

45 Este buque fue capitaneado por Gaspar de Argandoña y aunque partió con la armada, extrañamente no aparece reflejado en la relación de la misma: AGI, Contratación, 1204.

46 AGI, Contratación, 5432, n. 2, r. 74. Pasajeros que acompañaron al conde de Santisteban en la armada de 1660. Cádiz, 3 de noviembre de 1660.

47 Archivo Histórico Provincial de Cádiz (en adelante, AHPC), Protocolos de Cádiz, 3842. Testamento de don Diego de Benavides y de la Cueva, conde de Santisteban del Puerto, ante el escribano público Miguel Navarro. Cádiz, 2 de noviembre de 1660.

48 Gloria Marisol CEREZO SAN GIL: *Atesoramiento artístico e historia...*, pp. 41-42.

49 Pilar PONCE LEIVA: «El nombre de chocolate...», p. 43.

50 Carlos Daniel MALAMUD RIKLES: *Cádiz y Saint Malo en el comercio colonial peruano (1698-1725)*, Jerez de la Frontera, Diputación Provincial de Cádiz, 1986, p. 110.

51 AGI, Contratación, 1204, n. 1-20. Navíos de la armada a Tierra Firme dirigida por el general Pablo Fernández de Contreras. Cádiz, 1660.

52 AGI, Indiferente General, 775, doc. 4. Carta de Pablo Fernández de Contreras al Rey informando de la salida de la armada de 1660. Fuera de la bahía de Cádiz, 4 de noviembre de 1660.

53 José DEVEITIA LINAGE: *Norte de la Contratación de las Indias occidentales*, Sevilla, Imprenta de Juan Francisco de Blas, 1672, Lib. 2, cap. 4, n. 8.

54 *Ibid.*, n. 9.

55 *Ibid.*, cap. 25, n. 32.

56 Lourdes MÁRQUEZ CARMONA: «Cádiz puerto de América: naufragios históricos desde las fuentes documentales», en María del Mar BARRIENTOS MÁRQUEZ y Alberto J. GULLÓN ABAO (eds.): *América y el mar*, Cádiz, Universidad de Cádiz, 2019, p. 326.

57 AGI, Indiferente General, 775, doc. 5. Carta del general Pablo Fernández de Contreras al Rey. Bahía de Cádiz, 12 de noviembre de 1660.

58 AGI, Indiferente General, 775, doc. 5. Carta del fiscal de la Casa de la Contratación, Antonio de Salinas, al asistente de Sevilla, conde de Villaumbrosa. Cádiz, 12 de noviembre de 1660.

59 AGI, Indiferente General, 775, doc. 5. Carta de Pablo Fernández de Contreras a la Casa de la Contratación. Cádiz, 14 de noviembre de 1660.

60 AGI, Indiferente General, 775, doc. 5. Vista del Consejo de Indias sobre el naufragio de la armada a cargo del general Pablo Fernández de Contreras. Madrid, 17 de noviembre de 1660.

61 AGI, Indiferente General, 775, doc. 6. Memoria de las personas que se ahogaron en el naufragio de la armada del general Pablo Fernández de Contreras. S.l., noviembre de 1660.

62 AGI, Indiferente General, 775, doc. 4. Carta del fiscal de la Casa de la Contratación, Antonio de Salinas, al consejero de Indias Antonio de Monsalve. Cádiz, 28 de noviembre de 1660.

63 AGI, Indiferente General, 775, doc. 8. Solicitud de encomienda vaca del conde de Santisteban al Consejo de Indias. Cádiz, noviembre de 1660.

64 AGI, Indiferente General, 775, doc. 8. Respuesta del Consejo de Indias a la petición de una encomienda vaca por el conde de Santisteban. Madrid, 13 de diciembre de 1660.

65 AGI, Indiferente General, 773. El Consejo de Indias eleva al rey consulta sobre la condena por contrabando al general Pablo Fernández de Contreras. Madrid, 22 de febrero de 1659.

66 AGI, Indiferente General, 776. El Consejo de Indias eleva consulta al rey solicitando una merced para el general Pablo Fernández de Contreras. Madrid, 22 de septiembre de 1661.

67 AGI, Indiferente General, 776, doc. 2. Carta del consejero de Indias Antonio de Monsalve al rey. La Coruña, 25 de noviembre de 1661.

68 Antonio DOMÍNGUEZ ORTIZ: *América y la monarquía...*, p. 171.

69 AGI, Indiferente General, 776. Carta del general Pablo Fernández de Contreras al rey. Cádiz, 15 de diciembre de 1661.

70 Antonio DOMÍNGUEZ ORTIZ: *América y la monarquía...*, p. 173.

71 AGI, Contratación, 120, n. 2, r. 3. Real cédula para que el tesorero de la Casa de la Contratación venda los géneros rescatados del naufragio de 1660. Madrid, 16 de junio de 1664.

72 AGI, Contratación, 120, n. 2, r. 3. Testimonio de los géneros rescatados del naufragio de 1660 sacado por el escribano de la Casa de la Contratación, Gerónimo Dávila, por medio de las declaraciones del escribano del Consulado de Cargadores de Sevilla, Juan de Santa María. Sevilla, 29 de junio de 1664.

73 AGI, Contratación, 120, n. 2, r. 3. Testimonio del remate de los géneros rescatados del naufragio de 1660 por el contador de comisiones del Consulado de Cargadores de Sevilla, Juan de Espinosa. Sevilla, 23 de octubre de 1664.

74 AGI, Indiferente General, 775, doc. 7. Carta de la Casa de la Contratación al Rey sobre la reparación y disposición de la flota del general Pablo Fernández de Contreras. Sevilla, 29 de noviembre de 1660.

75 AGI, Indiferente General, 775, doc. 8. Certificación de los gastos del arreglo de la armada del general Pablo Fernández de Contreras, dada por Domingo de Vergara. Cádiz, 26 de noviembre de 1660.

76 AGI, Indiferente General, 776, doc. 5. Relación de los galeones de Tierra Firme que partieron a cargo del general Pablo Fernández de Contreras tras su primera salida. Cádiz, 21 de diciembre de 1660.

77 AGI, Indiferente General, 776, doc. 4. Carta de Gaspar Martínez de Herrera al Consejo de Indias sobre lo ejecutado por el almirante de la armada. Santa Cruz de Tenerife, 2 de diciembre de 1660.

78 AGI, Indiferente General, 775, doc. 10. Aviso del Consejo de Indias al Rey sobre el nuevo despacho de la flota de Tierra Firme. Madrid, 26 de diciembre de 1660.

79 José MUGABURU: *Diario de Lima,* Lima, Concejo Provincial de Lima, 1935, p. 58.

80 Ismael JIMÉNEZ JIMÉNEZ: «Niños con poder: mandos pueriles en el Virreinato del Perú en la segunda mitad del siglo XVII», en Sandra OLIVERO GUIDOBONO y José Luis CAÑO ORTIGOSA (eds.): *Temas Americanistas. Historia y diversidad cultural,* Sevilla, Universidad de Sevilla, 2015, pp. 127-28.

81 José MUGABURU: *Diario...*, pp. 59-62.

82 *Ibid.*, p. 63.

6. Reconstrucción fiscal, inspección fallida y alzamientos en Perú

1 Manfredi MERLUZZI: «"Con el cuidado que de vos confío": Las instrucciones a los virreyes de Indias como espejo de gobierno y enlace con el soberano», *Librosdelacorte.es,* 4, 4 (2012), p. 154.

2 *Ibid.*, p. 156.

3 Manfredi MERLUZZI: «Las instrucciones a los virreyes americanos», en Pedro CARDIM y Joan Lluis PALOS (eds.): *El mundo de los virreyes en las monarquías de España y Portugal,* Madrid, Iberoamericana Vervuert, 2012, p. 207.

4 AGI, Contratación, 5794, L. 2. Instrucciones del Consejo de Indias a don Diego de Benavides, conde de Santisteban, como virrey del Perú. Madrid, 16 de agosto de 1660.

5 Joaquín MERCADO EGEA: *Don Diego de Benavides...*, pp. 90-91.

6 Rodrigo VALDÉS: *Fundación y grandezas de la muy noble y muy leal Ciudad de los Reyes de Lima,* ed. Martina Vinatea, Nueva York, Instituto de Estudios Auriseculares, 2018, p. 36.

7 AGI, Indiferente General, 512, L. 2, ff. 137v-199. Instrucciones del Consejo de Indias a Diego de Benavides, conde de Santisteban, como virrey del Perú. Madrid, 17 de agosto de 1660. Agradecer desde estas líneas al profesor doctor Miguel Molina Martínez la entrega de esta copia de las instrucciones al conde de Santisteban, así como, en mayor medida, sus consejos e ideas sobre este libro.

8 Lewis HANKE y Celso RODRÍGUEZ: *Los virreyes españoles en América durante el gobierno de la Casa de Austria: Perú, v. IV,* Madrid, Ed. Atlas, 1978, p. 153.

9 AGI, Indiferente General, 512, L. 2, ff. 174v-175. Instrucciones al virrey conde de Santisteban.

10 AGI, Indiferente General, 512, L. 2, ff. 175v-176. Instrucciones al virrey conde de Santisteban.

11 AGI, Indiferente General, 512, L. 2, ff. 196v-197. Instrucciones al virrey conde de Santisteban.

12 AGI, Indiferente General, 512, L. 2, ff. 197-198. Instrucciones al virrey conde de Santisteban.

13 Ismael JIMÉNEZ JIMÉNEZ: «Economía y urgencia fiscal...», p. 42.

14 Manuel de MENDIBURU: *Diccionario histórico-biográfico del Perú,* Lima, Imprenta de J. Francisco Solís, 1874, voz «Conde de Santisteban».

15 Guillermo LOHMANN VILLENA: *El conde de Lemos...*, pp. 62-63.

16 AGI, Lima, 63. Carta del conde de Santisteban al rey. Lima, 27 de diciembre de 1661.

17 AGI, Lima, 63. Carta del conde de Santisteban al rey. Lima, 17 de febrero de 1662.

18 AGI, Lima, 63. Carta del conde de Santisteban al rey. Lima, 22 de noviembre de 1662.

19 AGI, Lima, 63. Carta del conde de Santisteban al rey. Lima, 23 de noviembre de 1662.

20 AGI, Lima, 63. Carta del conde de Santisteban al rey. Lima, 24 de noviembre de 1662.

21 AGI, Lima, 63. Escritura ante Fernando Dávila sobre el asiento entre el Consulado de Cargadores de Lima y el conde de Santisteban sobre los impuestos de la avería y el almojarifazgo. El Callao, 29 de noviembre de 1662.

22 AGI, Lima, 63. Carta del conde de Santisteban al rey. Lima, 26 de diciembre de 1662.

23 Ismael JIMÉNEZ JIMÉNEZ: «Economía y urgencia fiscal...», p. 45.

24 AGI, Lima, 66. Autos de la Junta de Hacienda celebrada el 16 de julio de 1664. El Callao, 26 de noviembre de 1664.

25 AGI, Lima, 66. Carta del conde de Santisteban al rey. El Callao, 8 de diciembre de 1664.

26 AGI, Lima, 66. Memorial del capitán Juan de Urdanegui, administrador general de los almojarifazgos, al rey. Lima, 24 de noviembre de 1666.

27 AGI, Lima, 107. Carta del Consulado de Comercio de Lima al rey. Lima, 2 de diciembre de 1666.

28 Ismael JIMÉNEZ JIMÉNEZ: «Economía y urgencia fiscal...», pp. 47-59.

29 BNE, mss. 3122; Lewis HANKE y Celso RODRÍGUEZ: *Los virreyes españoles...*, pp. 158-160.

30 *Ibid.*, p. 158.

31 *Ibid.*, p. 159.

32 *Ibid.*

33 *Ibid.*, pp. 159-160.

34 Guillermo LOHMANN VILLENA: *El conde de Lemos...*, pp. 67-68.

35 AGI, Lima, 66. Carta del conde de Lemos al Consejo de Indias. Lima, 20 de noviembre de 1664.

36 Guillermo LOHMANN VILLENA: *El conde de Lemos...*, p. 68.

37 *Ibid.*, pp. 86-87.

38 Guillermo LOHMANN VILLENA: «El apogeo del virreinato peruano», en Luis SUÁREZ FERNÁNDEZ, Demetrio RAMOS PÉREZ y Guillermo LOHMANN VILLENA (eds.): *Historia general de España y América, t. IX-2*, Madrid, Ed. Rialp, 1990, p. 366.

39 Joaquín MERCADO EGEA: *Don Diego de Benavides...*, pp. 109-110.

40 Guillermo LOHMANN VILLENA: *El conde de Lemos...*, pp. 72-73.

41 Ismael JIMÉNEZ JIMÉNEZ: «Una inspección sin resultados. La visita judicial y hacendística del Perú (1664-1696)», *Revista del Instituto Riva-Agüero,* 5, 1 (2020), p. 28.

42 AGI, Lima, 280. Consulta del Consejo de Indias al rey sobre el visitador Juan Cornejo. Madrid, 20 de septiembre de 1662.

43 AGI, Lima, 280. Consulta del Consejo de Indias al rey sobre el visitador Francisco Antonio Manzolo. Madrid, 27 de septiembre de 1662.

44 Ismael JIMÉNEZ JIMÉNEZ: «Una inspección sin resultados...», p. 29.

45 AGI, Lima, 64. Carta del conde de Santisteban al rey. Lima, 16 de abril de 1663.

46 AGI, Lima, 64. Carta del conde de Santisteban al rey. Lima, 11 de julio de 1663.

47 AGI, Lima, 65. Carta del conde de Santisteban al rey. Lima, 29 de julio de 1663.

48 Lewis HANKE y Celso RODRÍGUEZ: *Los virreyes españoles...*, p. 155.

49 Ismael JIMÉNEZ JIMÉNEZ: «Una inspección sin resultados...», p. 30.

50 Guillermo LOHMANN VILLENA: *El conde de Lemos...*, p. 75.

51 Luis Miguel GLAVE TESTINO: *Trajinantes. Caminos indígenas en la sociedad colonial, siglos XVI-XVII,* Lima: Instituto de Apoyo Agrario, 1989, p. 204.

52 AGI, Lima, 65. Carta del conde de Santisteban al rey. Lima, 3 de noviembre de 1664.

53 AGI, Lima, 280. Carta de Juan Cornejo al rey. Lima, 9 de diciembre de 1664.

54 AGI, Lima, 280. Carta de Juan Cornejo al rey. Lima, 4 de febrero de 1664.

55 AGI, Lima, 64. Carta de Juan Cornejo al rey. Lima, 9 de diciembre de 1664.

56 AGI, Lima, 280. Carta de Francisco Antonio Manzolo al rey. Lima, 20 de noviembre de 1665.

57 José MUGABURU: *Diario...*, pp. 122-123.

58 AGI, Lima, 170. Carta de Pedro Santiago Concha al rey. Lima, 18 de junio de 1666.

59 AGI, Lima, 72. Orden de la Audiencia de Lima al oidor Lope Antonio de Munibe. Lima, 1666.

60 AGI, Lima, 66. Carta de la Audiencia de Lima al rey. Lima, 3 de diciembre de 1666.

61 Ismael JIMÉNEZ JIMÉNEZ: «Una inspección sin resultados...», pp. 50-51.

62 Joaquín MERCADO EGEA: *Don Diego de Benavides...*, p. 114.

63 Manuel de MENDIBURU: *Diccionario histórico-biográfico del Perú,* voz «Conde de Santisteban».

64 Marciano BARRIOS VALDÉS: «Francisco Loyola y Vergara», *Diccionario Biográfico electrónico de la Real Academia de la Historia*, 2022, https://dbe.rah.es/biografias/47716/francisco-loyola-y-vergara.

65 Manuel de MENDIBURU: *Diccionario histórico-biográfico del Perú,* voz «Conde de Santisteban».

66 Julio RETAMAL ÁVILA: «Ángel de Peredo y Villaurrutia», *Diccionario Biográfico electrónico de la Real Academia de la Historia,* 2022, https://dbe.rah.es/biografias/34802/angel-de-peredo-y-villaurrutia.

67 Ismael JIMÉNEZ JIMÉNEZ: «Leyes de escasa aplicación. El sorteo de las normas de comportamiento personal para los magistrados de la Audiencia de Lima (siglo XVII)», *Cuadernos de Historia,* 56 (2022), p. 321.

68 Julio RETAMAL ÁVILA: «Francisco de Meneses», *Diccionario Biográfico electrónico de la Real Academia de la Historia*, 2022, https://dbe.rah.es/biografias/23435/francisco-de-meneses.

69 Juan Carlos CARAVAGLIA: «La guerra en el Tucumán colonial: sociedad y economía en un área de frontera, 1660-1760», *Hisla,* IV (1984), pp. 21-34.

70 Raúl MOLINA: «Alonso de Mercado», en *Diccionario biográfico de Buenos Aires, 1580-1720,* Buenos Aires, Academia Nacional de Historia, 2000, pp. 484-485.

71 Antonio ACOSTA RODRÍGUEZ: «Conflictos sociales y políticos en el sur peruano (Puno, La Paz y Laicacota, 1660-1668)», en *Primeras Jornadas de Andalucía y América, v. II,* Huelva, Diputación Provincial de Huelva, 1981, p. 31.

72 Joaquín MERCADO EGEA: *Don Diego de Benavides...,* p. 105.

73 Antonio ACOSTA RODRÍGUEZ: «Conflictos sociales y políticos...», p. 34.

74 *Ibid.,* p. 41.

75 *Ibid.,* p. 42.

76 AGI, Lima, 574. Carta de la reina al virrey conde de Lemos. Madrid, 30 de octubre de 1670.

77 Joaquín Mercado Egea: *Don Diego de Benavides...,* p. 106.

78 *Ibid.*

79 Guillermo LOHMANN VILLENA: *El conde de Lemos...,* p. 66.

80 *Ibid.,* p. 195.

81 AGI, Lima, 102. Carta de la Audiencia de Lima al rey. Lima, 6 de diciembre de 1666.

---

7. Los poderes del Perú frente al virrey Santisteban

1 José Antonio MARAVALL: *Poder, honor y élites en el siglo XVII,* Madrid, Siglo XXI, 1979, p. 195.

2 Ramón M.ª SERRERA CONTRERAS: «Geografía y poder en el siglo XVII indiano: el factor distancia en el incumplimiento de la norma», en Gustavo PINARD y Antonio MERCHÁN ÁLVAREZ (eds.): *Libro homenaje in memoriam Carlos Díaz Rementería,* Huelva, Universidad de Huelva, 1998, p. 694.

3 Horst PIETSCHMANN: «El ejercicio y los conflictos de poder en Hispanoamérica», en Alfredo CASTILLERO CALVO y Allan J. KUETHE (eds.): *Historia general de América Latina, v. 3, t. 2,* París, Ed. Trotta-UNESCO, 1999, p. 684.

4 Luis Ángel Di NUCCI: «Poder y corrupción del poder. El accionar y simbolismo de los funcionarios políticos en los espacios de articulación», en Luis Ángel di NUCCI (ed.): *Las ansias del poder. Funcionarios del gobierno santafesino en las cofradías coloniales: abnegación, corrupción, simbolismo y teatralización,* Rosario, Universidad Nacional de Rosario, 2008, p. 15.

5 *Ibid.*, p. 12.

6 José Antonio MARAVALL: *Teoría del Estado en España en el siglo XVII*, Madrid, Centro de Estudios Constitucionales, 1997, p. 352.

7 *Ibid.*, p. 350.

8 Pilar LATASA VASALLO: «La corte virreinal peruana: perspectivas de análisis (siglos XVI y XVII)», en Feliciano BARRIOS PINTADO (ed.): *El gobierno de un mundo: virreinatos y audiencias en la América hispánica*, Cuenca, Universidad de Castilla-La Mancha, 2004, p. 344.

9 Christian BÜSCHGES: «La corte virreinal en la América hispánica durante la época colonial (periodo Habsburgo)», en Eugenio Dos Santos (ed.): *Actas del XII Congreso Internacional de la Asociación de Historiadores Latinoamericanistas de Europa*, Oporto, Universidade do Porto, 2001, p. 2.

10 Ángel SANZ TAPIA: «La venta de oficios de Hacienda en la Audiencia de Quito (1650–1700)», *Revista de Indias*, 63, 229 (2003), p. 646.

11 *Ibid.*, p. 647.

12 Christian BÜSCHGES: «La corte virreinal...», p. 12.

13 Pilar LATASA VASALLO: «La corte virreinal peruana...», p. 353; Rafael RAMOS SOSA: *Arte festivo en Lima virreinal: siglos XVI-XVII*, Sevilla, Consejería de Cultura y Medio Ambiente, Junta de Andalucía, 1992.

14 José MUGABURU: *Diario...*, pp. 97-99, 116-117.

15 Guillermo LOHMANN VILLENA: *Los ministros de la Audiencia de Lima en el reinado de los Borbones*, Sevilla, Escuela de Estudios Hispanoamericanos, 1974, p. 18.

16 AGI, Lima, 280. «Avisos tocantes a los grandes fraudes que ay en el Reyno del Perú contra la Real Hacienda de su Magestad y otras cosas que se deven remediar», Lima, 12 de noviembre de 1660.

17 Sigue siendo indispensable para conocer este cuerpo el trabajo de Guillermo LOHMANN VILLENA: «Las compañías de gentileshombres, lanzas y arcabuces de la guarda del virreinato del Perú», *Anuario de Estudios Americanos*, 13 (1956), pp. 141-215.

18 AGI, Lima, 65. Carta del conde de Santisteban al rey, Lima, 4 de julio de 1663.

19 AGI, Lima, 62. Carta del conde de Santisteban al rey. Lima, 27 de noviembre de 1662.

20 Biblioteca Nacional de España (BNE), Mss. 19.699/37. Información que mandó hacer el conde de Santisteban, virrey y capitán general del Perú, sobre ciertos anónimos que llegaron a aquel Reino, procedentes de España, contra el gobierno del Conde, excesiva y vituperable parte que en él tomaba la Condesa y otras especies calumniosas. Lima, 4 octubre 1664.

21 AGI, Lima, 62. Carta del conde de Santisteban al rey. Lima, 25 de enero de 1662.

22 AGI, Lima, 169. Memorial anónimo al rey. Lima, 10 de julio de 1660.

23 AGI, Lima, 62. Carta del conde de Santisteban al rey. Lima, 23 de febrero de 1662.

24 AGI, Lima, 63. Carta del conde de Santisteban al rey. Lima, 14 de enero de 1662.

25 AGI, Lima, 303. Carta del arzobispo de Lima al rey. Lima, 8 de junio de 1663.

26 AGI, Lima, 303. Carta del arzobispo de Lima al rey. Lima, 8 de junio de 1663.

27 Continúa siendo indispensable, a la espera de nuevos estudios para el resto de la centuria, la monografía de Encarnación RODRÍGUEZ VICENTE: *El Tribunal del Consulado de Lima en la primera mitad del siglo XVII*, Madrid, Ed. Cultura Hispánica, 1960; asimismo, sobre la labor jurídica de la institución resulta de interés la reciente publicación de Antonio PEJOVÉS MACEDO: *El Tribunal del Consulado de Lima. Antecedentes del arbitraje comercial y marítimo en el Perú*, Lima, Universidad de Lima, 2018.

28 Rubén VARGAS UGARTE: *Historia general del Perú, t. III*, p. 287.

29 Horst PIETSCHMANN: «El ejercicio y los conflictos...», p. 678.

30 Pedro CARDIM y Joan Lluis PALOS: «El gobierno de los imperios...», p. 21.

31 Ismael JIMÉNEZ JIMÉNEZ: «Poder y corrupción administrativa en el Perú colonial (1660-1705)», Universidad de Sevilla, 2016, p. 21.

32 *Ibid.*, pp. 240-242.

33 *Ibid.*, pp. 309-311.

34 *Ibid.*, pp. 306-307.

35 *Ibid.*, pp. 320-322.

36 *Ibid.*, pp. 244-247.

37 Ismael JIMÉNEZ JIMÉNEZ: «Magistrados sevillanos en la Audiencia de Lima durante el siglo XVII», en Juan Manuel BERMÚDEZ REQUENA (ed.): *Estudios históricos sevillanos II*, Sevilla, Editorial Foro Sevillano-Academia Andaluza de la Historia, 2019, pp. 247-249.

38 Ismael JIMÉNEZ JIMÉNEZ: «Poder y corrupción...», pp. 260-261.

39 Ismael JIMÉNEZ JIMÉNEZ: «Magistrados sevillanos...», pp. 242-243.

40 Ismael JIMÉNEZ JIMÉNEZ: «Poder y corrupción...», pp. 315-317.

41 Ismael JIMÉNEZ JIMÉNEZ: «Magistrados sevillanos...», pp. 244-245.

42 Ismael JIMÉNEZ JIMÉNEZ: «Poder y corrupción administrativa...», pp. 259-260.

43 Ismael JIMÉNEZ JIMÉNEZ: «Magistrados sevillanos...», pp. 245-246.

44 Ismael JIMÉNEZ JIMÉNEZ: «Poder y corrupción administrativa...», pp. 311-313.

45 *Ibid.*, pp. 261-263.

46 Guillermo LOHMANN VILLENA: *Los ministros de la Audiencia...*, p. 83.

47 Ismael JIMÉNEZ JIMÉNEZ: «Una herramienta inútil. Juicios de residencia y visitas en la Audiencia de Lima a finales del siglo XVII», *Temas americanistas,* 35 (2015), p. 66.

48 Pedro CARDIM y Joan Lluis PALOS, «El gobierno de los imperios...», pp. 22-23.

49 José de la PUENTE BRUNKE: «Notas sobre el funcionamiento de la Audiencia de Lima a mediados del siglo XVII», en José de la PUENTE BRUNKE y Jorge Armando GUEVARA GIL (eds.): *Derecho, instituciones y procesos históricos: XIV Congreso del Instituto Internacional de Historia del Derecho Indiano, v. II,* Lima, Pontificia Universidad Católica del Perú-Instituto Riva-Agüero, 2003, p. 507.

50 *Ibid.*, p. 510.

51 Luis Ángel Di NUCCI: «Poder y corrupción...», p. 34.

52 José de la PUENTE BRUNKE: «Notas sobre el funcionamiento...», p. 516.

53 AGI, Lima, 63. Carta del conde de Santisteban al rey. Lima, 31 de enero de 1662.

54 AGI, Lima, 62. Carta del conde de Santisteban al rey. Lima, 12 de diciembre de 1661.

55 AGI, Lima, 102. Carta del conde de Santisteban al rey. Lima, 1665.

56 AGI, Lima, 66. Carta de la Audiencia de Lima al rey. Lima, 25 de noviembre de 1666.

57 Para saber más sobre las relaciones de los magistrados de la Audiencia de Lima entre sí y con el entorno de la Ciudad de los Reyes, véase el reciente artículo de Ismael JIMÉNEZ JIMÉNEZ: «Leyes de escasa aplicación...».

58 José de la PUENTE BRUNKE: «Notas sobre el funcionamiento...», p. 508.

59 John Leddy PHELAN: *El reino de Quito en el siglo XVII. La política burocrática en el imperio español,* Quito, Banco Central del Ecuador, 1995, p. 336.

60 Guillermo LOHMANN VILLENA, *Los ministros de la Audiencia...*, p. 93.

61 AGI, Lima, 102. El fiscal Nicolás Polanco de Santillana al Rey. Lima, 31 de diciembre de 1663.

62 AGI, Lima, 102. Carta de los oidores de la Audiencia al Rey. Lima, 14 de noviembre de 1665.

63 Guillermo LOHMANN VILLENA: *Los ministros de la Audiencia...*, p. 15.

64 Ángel SANZ TAPIA: «La venta de oficios...», p. 638.

65 AGI, Lima, 62. Carta del conde de Santisteban al rey. Lima, 30 de noviembre de 1662.

66 AGI, Lima, 66. Carta de la Audiencia de Lima al rey. Lima, 24 de mayo de 1666.

67 AGI, Lima, 66. Carta de la Audiencia de Lima al rey. Lima, 17 de junio de 1666.

68 AGI, Lima, 66. Carta de la Audiencia de Lima al rey. Lima, 4 de junio de 1666.

69 Guillermo LOHMANN VILLENA: *Los ministros de la Audiencia...*, p. 184.

70 AGI, Lima, 66. Carta de la Audiencia de Lima al rey. Lima, 8 de noviembre de 1666.

71 AGI, Lima, 280. Carta del visitador Juan Cornejo al rey. Lima, 15 de junio de 1666.

72 Ronald ESCOBEDO MANSILLA: *Control fiscal en el virreinato peruano. El Tribunal de Cuentas,* Madrid, Ed. Alhambra, 1986, pp. 13, 15-16, 37, 146.

73 *Ibid.*, p, 35.

74 *Ibid.*, p. 36.

75 AGI, Lima, 105. Relación de los trabajos encargados al Tribunal de Cuentas realizada por el contador José Suárez. Lima, ca. 1610.

76 Ronald ESCOBEDO MANSILLA: *Control fiscal...*, p. 53.

77 AGI, Lima, 115. Carta del contador Sebastián de Collado al rey. Lima, 28 de julio de 1663.

78 AGI, Lima, 280. Carta del visitador Francisco Antonio Manzolo al rey. Lima, 7 de diciembre de 1664.

79 Ángel SANZ TAPIA: «La venta de oficios...», p. 637.

80 AGI, Lima, 65. Carta del conde de Santisteban al rey. Lima, 21 de julio de 1663.

81 AGI, Lima, 280. Carta del visitador Francisco Antonio Manzolo al rey sobre los oficiales del Tribunal de Cuentas. Lima, 7 de diciembre de 1664.

82 Ismael JIMÉNEZ JIMÉNEZ: «Un virreinato "sin virrey"...», p. 92.

83 AGI, Lima, 280. Carta del visitador Francisco Antonio Manzolo al rey sobre los oficiales del Tribunal de Cuentas. Lima, 7 de diciembre de 1664.

84 Guillermo LOHMANN VILLENA: *Los regidores perpetuos...*, t. I, p. 18.

85 *Ibid.*, pp. 20-21.

86 *Ibid.*, pp. 16-17.

87 *Ibid.*, pp. 188, 190.

88 *Ibid.*, p. 265.

89 *Ibid.*, p. 107.

90 José MUGABURU: *Diario...*, p. 58.

91 Guillermo LOHMANN VILLENA: *Los regidores perpetuos...*, t. II, p. 26.

92 *Ibid.*, p. 42.

93 *Ibid.*, p. 155.

94 AGI, Lima, 109. Carta del Cabildo de Lima al rey. Lima, 8 de diciembre de 1664.

95 José MUGABURU: *Diario...*, pp. 115-116.

96 Guillermo LOHMANN VILLENA: *Los regidores perpetuos...*, t. II, p. 243.

97 *Ibid.*, pp. 29-30.

98 Encarnación RODRÍGUEZ VICENTE: «Una quiebra bancaria en el Perú en el siglo XVII», *Anuario de Historia del Derecho español*, 26 (1956), p. 727.

99 Guillermo LOHMANN VILLENA: *Los regidores perpetuos...*, t. II, pp. 124-126.

100 *Ibid.*, pp. 129-130.

101 *Ibid.*, pp. 111-112.

102 AGI, Lima, 109. Carta del Cabildo de Lima al rey. Lima, 30 de noviembre de 1666.

103 AGI, Lima, 109. Carta del Consejo de Indias al Cabildo de Lima. Madrid, 22 dc junio de 1668.

104 Martín MONSALVE: «Del Estudio del Rosario a la Real y Pontificia Universidad Mayor de San Marcos», *Histórica* XXII, 1 (1998), pp. 60, 68.

105 AGI, Lima, 63. Carta del Conde de Santisteban al Rey. Lima, 25 de febrero de 1662.

106 Enrique GONZÁLEZ y Víctor GUTIÉRREZ: *Juan de Palafox y Mendoza. Constituciones para la Real Universidad de México (1645)*, México, Instituto de Investigación sobre la Universidad y la Educación, 2014; Cayetana ÁLVAREZ DE TOLEDO: *Juan de Palafox. Obispo y virrey*, Madrid, Marcial Pons Historia, 2011, pp. 245-263.

107 AGI, Lima, 63. Carta del conde de Santisteban al rey. Lima, 16 de noviembre de 1662.

108 AGI, Lima, 64. Carta del conde de Santisteban al rey. Lima, 30 de junio de 1663.

109 AGI, Lima, 104B. Carta de los oidores de la Audiencia de Lima, a excepción de Bartolomé de Salazar, al Rey. Lima, 28 de noviembre de 1666.

110 El concepto, desarrollado por la Red Columnaria, se encuentra desarrollado inicialmente en Pedro CARDIM *et al.*: «Introduction», en *Polycentric Monarchies. How did Early Modern Spain and Portugal achieve and maintain a global hegemony?*, Toronto, Sussex Academic Press, 2012, pp. 3-8; e interesantes resultan las ideas que al efecto plantea el siguiente texto: Arrigo AMADORI: «Los territorios americanos y su integración en el mundo hispánico: itinerarios historiográficos entre el paradigma colonial y la monarquía policéntrica», *Historiapolitica.com*, 2022.

---

8. La corrupción en el Perú del conde de Santisteban

1 José Antonio MARAVALL: *Teoría del Estado...*, p. 322.

2 Alfredo ALVAR EZQUERRA: *El Duque de Lerma. Corrupción y desmoralización en la España del siglo XVII*, Madrid, Esfera de los Libros, 2010, p. 44.

3 Eduardo TORRES ARANCIVIA: «El problema historiográfico de la corrupción en el Antiguo Régimen. Una tentativa de solución», *Summa Humanitatis*, 1 (2007), p. 19.

4 Héctor Omar NOEJOVICH: «El consumo de azogue: ¿indicador de la corrupción del sistema colonial en el Virreinato de Perú? (siglos XVI–XVII)», *Fronteras de la Historia*, 7 (2002), pp. 80-81.

5 José Antonio MARAVALL: *Teoría del Estado...*, p. 327.

6 Eduardo SAGUIER: «La corrupción administrativa como mecanismo de acumulación y engendrador de una burguesía comercial local», *Anuario de Estudios Americanos*, 46 (1989), p. 273.

7 Joseph S. NYE: «Corruption and political development: a cost–benefit analysis», *The American Political Science Review*, 61, 2 (1967), p. 419.

8 Ismael JIMÉNEZ JIMÉNEZ: *Poder, redes y corrupción...*, pp. 177-286; Ramón M.ª SERRERA CONTRERAS: *La América de los Habsburgo (1517-1700)*, Sevilla, Editorial de la Universidad de Sevilla, 2011, p. 395.

9 Horst PIETSCHMANN: «Burocracia y corrupción en Hispanoamérica colonial. Una aproximación tentativa», *Nova Americana*, 5 (1982), pp. 11-37.

10 Héctor Omar NOEJOVICH: «El consumo de azogue...», p. 79.

11 Ismael JIMÉNEZ JIMÉNEZ: «Magistrados y clientes en la Lima de la segunda mitad del siglo XVII», *Chronica Nova*, 44 (2018), p. 360; ÍD.: «Leyes de escasa aplicación...», p. 328; Carlos GARRIGA ACOSTA: «Las Audiencias: justicia y gobierno de las Indias», en *El gobierno de un mundo: virreinatos y audiencias en la América hispánica*, 2004, p. 723; Jesús VALLEJO FERNÁNDEZ DE LA REGUERA: «Acerca del fruto del árbol de los jueces. Escenarios de la justicia en la cultura del ius commune», *Anuario de la Facultad de Derecho de la Universidad Autónoma de Madrid*, 2 (1998), p. 43.

12 Xavier TORRES ARANCIVIA: «El problema historiográfico...», p. 27.

13 Luis Ángel Di NUCCI: «Poder y corrupción...», p. 6.

14 Horst PIETSCHMANN: «Burocracia y corrupción...», p. 23; Ismael JIMÉNEZ JIMÉNEZ: «Una herramienta inútil...», p. 63.

15 Xavier TORRES ARANCIVIA: «El problema historiográfico...», p. 17.

16 Guillermo LOHMANN VILLENA: *Los ministros de la Audiencia...*, p. 53.

17 Ismael JIMÉNEZ JIMÉNEZ: «Magistrados y clientes...», p. 363.

18 Luis Ángel Di NUCCI: «Poder y corrupción...», p. 7.

19 Pilar LATASA VASALLO: «Transformaciones de una élite: el nuevo modelo de nobleza de letras en el Perú (1590-1621)», en Manuel Cristina GARCÍA BERNAL, Luis NAVARRO GARCÍA y Julian B. RUIZ RIVERA (eds.): *Élites urbanas en Hispanoamérica: de la Conquista a la Independencia*, Sevilla, Universidad de Sevilla, 2005, p. 416.

20 Ismael JIMÉNEZ JIMÉNEZ: «Magistrados y clientes...», p. 362.

21 AGI, Lima, 280. «Avisos tocantes a los grandes fraudes que ay en el Reyno del Perú contra la Real Hacienda de su Magestad y otras cosas que se deven remediar». Lima, 12 de noviembre de 1660.

22 José MUGABURU: *Diario...*, p. 62. AGI, Lima, 62. Carta del conde de Santisteban al rey. Lima, 20 de octubre de 1661.

23 AGI, Lima, 63. Carta del conde de Santisteban al rey. Lima, 1 de diciembre de 1661.

24 AGI, Lima, 66. Carta del conde de Santisteban al rey. Lima, 10 de noviembre de 1664.

25 AGI, Lima, 102. Carta de la Audiencia de Lima al rey. Lima, 4 de octubre de 1666.

26 Ismael JIMÉNEZ JIMÉNEZ: «Niños con poder...».

27 Pilar LATASA VASALLO: «La corte virreinal peruana...», p. 350.

28 AGI, Lima, 65. Carta del conde de Santisteban al Rey. Lima, 26 de julio de 1663.

29 AGI, Lima, 64. Carta del visitador Juan Cornejo al rey. Lima, 9 de diciembre de 1664.

30 Guillermo LOHMANN VILLENA: *El conde de Lemos...*, p. 78.

31 AGI, Lima, 280. Carta del visitador Juan Cornejo al rey. Lima, 9 de diciembre de 1664.

32 Guillermo LOHMANN VILLENA: *Los ministros de la Audiencia...*, p. 56.

33 Ismael JIMÉNEZ JIMÉNEZ: «Magistrados y clientes...», p. 363.

34 Guillermo LOHMANN VILLENA: *Los ministros de la Audiencia...*, p. 57.

35 AGI, Lima, 303. Carta del arzobispo de Lima, Pedro de Villagómez, al rey. Lima, 18 de julio de 1657.

36 Guillermo LOHMANN VILLENA: *Los ministros de la Audiencia...*, p. 66.

37 Ismael JIMÉNEZ JIMÉNEZ: «Poder y corrupción...», pp. 258-259.

38 AGI, Lima, 63. Carta del conde de Santisteban al rey. Lima, 15 de enero de 1662.

39 AGI, Lima, 62. Carta del conde de Santisteban al rey. Lima, 10 de noviembre de 1662.

40 AGI, Lima, 63. Carta del conde de Santisteban al rey. El Callao, 25 de noviembre de 1662.

41 AGI, Lima, 102. Carta del alcalde del crimen Juan Bautista Moreto al rey. Lima, 15 de noviembre de 1665.

42 Ismael JIMÉNEZ JIMÉNEZ: «El desfalco del siglo. La pérdida del socorro a Huancavelica de 1661 y su proceso judicial», *Estudios atacameños,* 67 (2021), p. 5.

43 AGI, Lima, 169. Carta del oidor Pedro González de Güemes al rey. Lima, 18 de noviembre de 1665.

44 Guillermo LOHMANN VILLENA: *Los ministros de la Audiencia...*, p. 172.

45 AGI, Lima, 102. Carta del oidor Pedro González de Güemes al rey. Lima, 15 de noviembre de 1665.

46 Guillermo LOHMANN VILLENA: *Los ministros de la Audiencia...*, p. 64.

47 José de la PUENTE BRUNKE: «Notas sobre el funcionamiento...», p. 513.

48 AGI, Lima, 171. Carta de Josefa Merlo de la Fuente al rey. Lima, 1666.

49 Christian BÜSCHGES: «La corte virreinal...», p. 13.

50 Xavier TORRES ARANCIVIA: «El problema historiográfico...», p. 18.

51 Pilar LATASA VASALLO: «La corte virreinal peruana...», p. 346.

52 Luis Ángel Di NUCCI: «Poder y corrupción...», p. 58.

53 Pilar LATASA VASALLO: «La corte virreinal peruana...», p. 351.

54 Horst PIETSCHMANN: «El ejercicio y los conflictos...», p. 675.

55 Luis Ángel Di NUCCI: «Poder y corrupción...», p. 12.

56 Ismael JIMÉNEZ JIMÉNEZ: *Poder, redes y corrupción...*, pp. 17, 98.

57 AGI, Lima, 64. Carta del conde de Santisteban al rey. Lima, 28 de enero de 1663.

58 Ángel SANZ TAPIA: *¿Corrupción o necesidad?: la venta de cargos de Gobierno americanos bajo Carlos II (1674-1700),* Madrid, Consejo Superior de Investigaciones Científicas, 2009, pp. 54-55.

59 *Ibid.*, p. 61.

60 Ramón M.ª SERRERA CONTRERAS: *La América de los Habsburgo...*, p. 401.

61 Guillermo LOHMANN VILLENA: *Los ministros de la Audiencia...*, p. 73.

62 AGI, Lima, 66, Carta del conde de Santisteban al rey. Lima, 4 de septiembre de 1664.

63 AGI, Lima, 109. Real cédula de Felipe IV sobre los oficios indianos. Madrid, 20 de marzo de 1662.

64 AGI, Lima, 109. Real cédula de Felipe IV sobre la provisión de oficios en allegados a los virreyes. Madrid, 20 de marzo de 1662.

65 AGI, Lima, 63. Carta del conde de Santisteban al rey. Lima, 9 de noviembre de 1662.

66 AGI, Lima, 64. Carta del conde de Santisteban al rey. Lima, 31 de octubre de 1663.

67 AGI, Lima, 65. Carta del conde de Santisteban al rey. Lima, 9 de julio de 1663.

68 AGI, Lima, 280. Carta del visitador Francisco Antonio Manzolo al rey. Lima, 7 de diciembre de 1664.

69 Ronald ESCOBEDO MANSILLA: *Control fiscal...*, p. 62.

70 AGI, Lima, 62. Carta del conde de Santisteban al rey. Portobelo, 3 de abril de 1661.

71 Sobre el asunto ya tratamos en capítulos precedentes, pero incluimos una nueva referencia al efecto: Guillermo LOHMANN VILLENA: *El conde de Lemos...*, pp. 60-61.

72 Manuel de MENDIBURU: *Diccionario histórico-biográfico del Perú*, voz: conde de Santisteban.

73 AGI, Lima, 62. Carta del conde de Santisteban al rey. Lima, 17 de febrero de 1662.

74 Guillermo LOHMANN VILLENA: *El conde de Lemos...*, p. 331.

75 *Ibid.*, pp. 332-333.

76 El caso se extendió desde 1661 hasta 1678 y fue analizado al completo en el siguiente artículo ya citado, aunque nosotros nos ceñiremos al período del conde de Santisteban: Ismael JIMÉNEZ JIMÉNEZ: «El desfalco del siglo. La pérdida del socorro a Huancavelica de 1661 y su proceso judicial».

77 *Ibid.*, p. 5.

78 Guillermo LOHMANN VILLENA: *El conde de Lemos...*, p. 141.

79 AGI, Lima, 102. Carta de Álvaro de Ybarra al rey. Lima, 13 de junio de 1666.

80 AGI, Escribanía de Cámara, 569-B. Sentencias del Consejo de Indias sobre el desfalco de Huancavelica de 1661. Madrid, 25 de junio de 1671.

81 Ismael JIMÉNEZ JIMÉNEZ: *Poder, redes y corrupción...*, p. 339.

82 AGI, Lima, 67. Propuesta de condena contra Tomás Berjón de Caviedes realizada por Álvaro de Ybarra. Lima, 26 de marzo de 1668.

83 Ismael JIMÉNEZ JIMÉNEZ: «El desfalco del siglo...», p. 21.

84 AGI, Lima, 280. Resumen hecho por Andrés Miguel de Angulo de la visita realizada en Lima por Juan Cornejo. Madrid, 22 de agosto de 1668.

85 AGI, Lima, 169. Carta del oidor Pedro González de Güemes al rey. Lima, 5 de diciembre de 1664.

86 AGI, Lima, 280. Carta del visitador Juan Cornejo al Rey. Lima, 15 de junio de 1666.

87 AGI, Lima, 280. Resumen hecho por Andrés Miguel de Angulo de la visita realizada en Lima por Juan Cornejo. Madrid, 22 de agosto de 1668.

88 AGI, Lima, 280. Carta del visitador Juan Cornejo al Rey. Lima, 15 de junio de 1666.

89 AGI, Lima, 280. Resumen hecho por Andrés Miguel de Angulo de la visita realizada en Lima por Juan Cornejo. Madrid, 22 de agosto de 1668.

90 Ismael JIMÉNEZ JIMÉNEZ: «Poder y corrupción...», p. 245.

91 AGI, Lima, 280. Carta del visitador Juan Cornejo al rey. Lima, 15 de junio de 1666.

92 AGI, Lima, 280. Resumen hecho por Andrés Miguel de Angulo de la visita realizada en Lima por Juan Cornejo. Madrid, 22 de agosto de 1668.

93 AGI, Lima, 280. Real cédula de la Reina Gobernadora dirigida a Álvaro de Ybarra. Madrid, 14 de marzo de 1669.

94 AGI, Lima, 280. Resumen hecho por Andrés Miguel de Angulo de la visita realizada en Lima por Juan Cornejo. Madrid, 22 de agosto de 1668.

95 AGI, Lima, 280. Resumen hecho por Andrés Miguel de Angulo de la visita realizada en Lima por Juan Cornejo. Madrid, 22 de agosto de 1668.

96 Horst PIETSCHMANN: «Burocracia y corrupción...», p. 29.

97 Guillermo LOHMANN VILLENA: *Los ministros de la Audiencia...*, p. 42.

98 AGI, Lima, 280. Carta de Juan de Valdés y Llano al rey. Lima, 15 de octubre de 1654.

99 AGI, Lima, 66. Carta de la Audiencia de Lima al rey. Lima, 29 de noviembre de 1666.

100 AGI, Lima, 102. Carta de la Audiencia de Lima al rey. Lima, 6 de diciembre de 1666.

101 AGI, Lima, 63. Carta del conde de Santisteban al rey. Lima, 20 de febrero de 1662.

102 AGI, Lima, 280. Carta del visitador Juan Cornejo al rey. Lima, 20 de noviembre de 1665.

103 AGI, Lima, 63. Carta del conde de Santisteban al rey. Lima, 22 de febrero de 1662.

104 AGI, Lima, 280. «Avisos tocantes a los grandes fraudes que ay en el Reyno del Perú contra la Real Hacienda de su Magestad y otras cosas que se deven remediar». Lima, 12 de noviembre de 1660.

105 AGI, Lima, 102. Carta de los oidores de la Audiencia de Lima al rey. Lima, 30 de octubre de 1666.

106 AGI, Lima, 63. Carta del conde de Santisteban al rey. Lima, 31 de diciembre de 1661.

107 Ángel SANZ TAPIA: *¿Corrupción o necesidad?...*, p. 107.

108 AGI, Lima, 66. Carta del conde de Santisteban al Rey. Lima, 20 de noviembre de 1664.

109 José María MARILUZ URQUIJO: *Ensayo sobre los juicios de residencia indianos*, Sevilla, Escuela de Estudios Hispanoamericanos, 1952, p. 185.

110 AGI, Lima, 63. Carta del conde de Santisteban al rey. Lima, 25 de diciembre de 1661.

111 AGI, Lima, 63. Carta del conde de Santisteban al rey. Lima, 20 de diciembre de 1661.

112 Horst PIETSCHMANN: «Burocracia y corrupción...», p. 19.

113 Jerónimo CASTILLO DE BOBADILLA: *Política para corregidores*, 1607, Madrid, Instituto de Estudios de Administración Local, 1978, t. I, p. 338.

114 Ángel SANZ TAPIA: *¿Corrupción o necesidad?...*, p. 193.

115 AGI, Lima, 64. Carta de Francisco Antonio Manzolo al rey. Lima, 19 de diciembre de 1663.

116 AGI, Lima, 65. Carta del conde de Santisteban al rey. Lima, 30 de octubre de 1664.

117 AGI, Lima, 169. Carta de Francisco Antonio Manzolo al rey. Lima, 20 de noviembre de 1665.

118 José Antonio MARAVALL: *Teoría del Estado...*, p. 330.

119 AGI, Lima, 63. Carta del conde de Santisteban al rey. Lima, 22 de febrero de 1661.

120 AGI, Lima, 63. Carta del conde de Santisteban al rey. El Callao, 28 de noviembre de 1662.

121 AGI, Lima, 63. Carta del conde de Santisteban al rey. El Callao, 25 de noviembre de 1662.

122 AGI, Lima, 63. Carta del conde de Santisteban al rey. El Callao, 25 de noviembre de 1662.

---

9. La muerte del conde de Santisteban

1 Guillermo LOHMANN VILLENA: «Testamentos de los virreyes del Perú en el Archivo General de la Nación», *Revista del Archivo General de la Nación*, 2 (1974), p. 50.

2 Manuel de MENDIBURU: *Diccionario histórico-biográfico del Perú*, voz «conde de Santisteban»; Guillermo LOHMANN VILLENA: *El conde de Lemos...*, p. 65.

3 Joaquín MERCADO EGEA: *Don Diego de Benavides...*, p. 130.

4 Guillermo LOHMANN VILLENA: *El conde de Lemos...*, p. 65.

5 José MUGABURU: *Diario...*, pp. 148-149.

6 Guillermo LOHMANN VILLENA: *El conde de Lemos...*, pp. 76-77.

7 José MUGABURU: *Diario...*, pp. 122-123.

8 AGI, Lima, 66. Carta de la Audiencia de Lima al rey. Lima, 3 de diciembre de 1666.

9 AHPC, Protocolos de Cádiz, 3842. Testamento de don Diego de Benavides y de la Cueva, conde de Santisteban del Puerto, ante el escribano público Miguel Navarro. Cádiz, 2 de diciembre de 1660.

10 Guillermo LOHMANN VILLENA: «Testamentos de los virreyes...», pp. 41-50. Citamos las páginas completas de la transcripción para no ir haciendo llamadas constantes a la misma y descargar esta falda. Espero, amable lector, que agradezca esto en lo visual.

11 *Ibid.*, pp. 50-54. Al igual que con el primer codicilo, para no cargar de llamadas al pie el texto y no ocupar con reiteraciones la falda de las siguientes páginas, remitimos a la referencia completa de la transcripción del segundo codicilo del conde de Santisteban.

12 José MUGABURU: *Diario...*, pp. 117-118.

13 Rafael RAMOS SOSA: *Arte festivo en Lima virreinal: siglos XVI-XVII*, 130; ÍD.:, «La fiesta barroca en Ciudad de México y Lima», *Historia*, 30 (1997), p. 286; Pablo GONZÁLEZ TORNEL: «Grande quien llora e inmortal quien muere. Entre Italia y América: los catafalcos por la muerte de Felipe IV en los dominios de los Habsburgo españoles», *Sémata, Ciencias Sociais e Humanidades*, 24 (2012), p. 230.

14 José MUGABURU: *Diario de Lima*, p. 119.

15 AHPC, Protocolos de Cádiz, 3842. Testamento de don Diego de Benavides. Cláusula primera. Cádiz, 2 de noviembre de 1660.

16 Guillermo LOHMANN VILLENA: «Testamentos de los virreyes...», p. 49.

17 *Ibid.*, p. 53.

18 *Ibid.*, p. 54. AGNP, Protocolos, Marcelo Antonio de Figueroa, 1666, f. 2069. Auto de entrega del cuerpo del virrey conde de Santisteban al convento de Santo Domingo. Lima, 18 de marzo de 1666.

19 Agradecer en estas líneas al arquitecto Juan Pablo El Sous Zavala las fotografías de la lápida del conde de Santisteban. Tras localizar el posible enterramiento, no dudó en hacer el favor de acercarse presto al convento de Santo Domingo y tomar las imágenes que acompañan este epígrafe. De nuevo, gracias.

20 José MUGABURU: *Diario...*, pp. 129-131.

21 AGA, Santisteban del Puerto, 002-019. Concierto ante el escribano público Andrés de Caltañazor para establecer un censo sobre el estado de Las Navas en favor del duque de Segorbe. Madrid, 23 de agosto de 1667.

22 Biblioteca Histórica de la Universidad Complutense de Madrid (en adelante, BHUCM), BH Der 8933(20). *Fúnebre oración en las debidas y suntuosas honras que a su excelentísimo dueño y señor don Diego de Benavides y de la Cueva […] hizo la capilla ilustre del Señor Santiago de Castellar*. Fray Juan del Santísimo Sacramento. Jaén, 2 de marzo de 1667, f. 3.

23 BHUCM, BH Der 8933(20). *Fúnebre oración…*, ff. 3v-4v.

24 BHUCM, BH Der 8933(20). *Fúnebre oración…*, f. 6v.

25 Apenas existen referencias a este viaje de Diego de Benavides, ni tan siquiera personales. Si este se hubiese producido creemos que habría muchas más alusiones, pero no las hay más allá de lo citado y su reiteración por otros historiadores.

26 BHUCM, BH Der 8933(20). *Fúnebre oración…*, f. 9v.

27 BHUCM, BH Der 8933(20). *Fúnebre oración…*, ff. 9v-11.

28 BHUCM, BH Der 8933(20). *Fúnebre oración…*, f. 10v.

29 BHUCM, BH Der 8933(20). *Fúnebre oración…*, f. 11.